La dépolitisation du monde

DERNIER TITRE PARU
DANS LA MÊME COLLECTION

Ninon Grangé, *Oubliez la guerre civile,* Stasis, *chronique d'une disparition,* 2015, 288 pages

Ghislain Casas

La dépolitisation du monde

Angélologie médiévale et modernité

CONTEXTES

VRIN | Éditions de l'EHESS

ISSN 1159-4535
ISBN Vrin 978-2-7116-3067-7
ISBN EHESS 978-2-7132-2865-0

www.vrin.fr | **www.editions.ehess.fr**

Un homme politique, une femme politique aujourd'hui ne peut plus éviter de parler du sens de notre monde.

Jean-Luc NANCY

Libération, 18 juillet 2016

Introduction

Imago mundi et *gubernatio mundi*

Que l'on se représente neuf cercles imbriqués les uns dans les autres. À chaque cercle correspondent une planète et un ordre angélique. Voilà très schématiquement l'image du monde que se faisaient les penseurs médiévaux. Si l'on veut être un peu plus précis, il faut ajouter que les cercles représentent les sphères célestes, dans lesquelles sont serties les planètes. C'est le mouvement des sphères qui met les planètes en mouvement. On ne voit pas les sphères, mais on peut voir leur mouvement à travers celui des astres. Ce sont les anges qui meuvent les sphères. Ce sont donc les anges qui meuvent les cieux.

Cette représentation du monde est illustrée par Dante au chant XXVIII du Paradis, dans la *Divine Comédie*.

> Et celle qui voyait en mon esprit mon doute, commença :
> Les premiers cercles t'ont montré Séraphins et Chérubins : vite, ils suivent ainsi leur chaîne ardente pour ressembler de leur mieux au point fixe ; et plus haute est leur vue, plus ils le peuvent.
> Et ces autres amours qui les encerclent s'appellent Trônes du divin regard ; par eux s'achève le premier ternaire.
> [...]
> Sa hiérarchie admet d'autres déesses : les Dominations, puis les Vertus : le troisième ordre est celui des Puissances.
> Après, dans les deux fêtes pénultièmes, Principautés et Archanges tournoient ; l'ultime est pleine de jeux angéliques.

> Tous ces ordres en haut sont dans l'extase; ils sont en bas si puissants que vers Dieu tous sont tirés et tous de même tirent.
> Denys se mit à contempler ces ordres avec tant d'attirance, qu'il les nomme et les distingue aussi bien que je fais [...] [1].

Dante établit un parallèle clair entre les ordres de la hiérarchie angélique et les sphères célestes. Comme le dit Béatrice : « à chaque ciel sa haute intelligence [2] ». Or, l'intelligence est le nom technique, philosophique, de l'ange. La théorie des intelligences célestes renvoie à la cosmologie aristotélicienne, dans laquelle le mouvement des sphères célestes est expliqué par l'action qu'exercent sur elles des intelligences qui sont autant de « moteurs immobiles » mouvant par leur simple activité contemplative. L'idée que les anges seraient des intelligences motrices des cieux n'est pas propre à Dante [3]. On la trouve chez certains théologiens médiévaux, et surtout chez les philosophes péripatéticiens arabes. C'est donc un lieu commun de la philosophie que Dante reprend ici.

C'est peut-être chez Dante que le parallèle entre les sphères célestes et les ordres angéliques est le plus parfait [4]. Sur le plan philologique, l'opération de Dante consiste à mettre en rapport la philosophie péripatéticienne et la théologie dionysienne. En effet, le modèle de la hiérarchie angélique vient du Pseudo-Denys l'Aréopagite, et plus particulièrement de son traité *La Hiérarchie céleste*. La théorie des intelligences motrices des cieux provient de la *Métaphysique* d'Aristote. Par-delà la question des sources philologiques, la question est celle de la signification générale

1. Dante, *La Divine Comédie*, Paradis, XXVIII, v. 97-130, dans *Œuvres complètes*, trad. M. Scialom sous la direction de C. Bec, Paris, Le Livre de Poche, 1996, p. 1002-1003.

2. *Ibid.*, v. 76, p. 1001.

3. Sur la façon dont l'angélologie de Dante a influencé l'imaginaire angélologique, surtout dans ses représentations picturales, *cf.* M. J. Gill, *Angels and the Order of Heaven in Medieval and Renaissance Italy*, Cambridge, Cambridge University Press, 2014, p. 15-59.

4. Ce point avait été aperçu par F. Yates, in *Giordano Bruno and the Hermetic Tradition*, London-New York, Routledge & Kegan Paul, 1964 (part. chap. VI « Pseudo-Dionysius and the theology of a christian magus », p. 130-145). Pour une analyse plus précise de l'angélologie de Dante, *cf.* S. Bemrose, *Dantes Angelic Intelligence. Their Importance in the Cosmos and in Pre-Christian Religion*, Roma, Edizioni di storia e letteratura, 1983 et S. Barsella, *In the Light of Angels. Angelology and Cosmology in Dante's* Divina Commedia, Firenze, Olschki, 2010 (en part. chap. III, « Moving the stars : angels and the order of the cosmos », p. 71-124). Voir aussi P. Porro, « Angeli e triadi. Una nota sull'ordinamento delle gerarchie angeliche nel *Convivio* di Dante », *in* D. Lassandro (ed.), *Multa eruditio mitis humanitas. Omaggio a Michele Bevilacqua*, Bari, Cacucci Editore, 2014, p. 103-121.

de cette image du monde, dont Dante est l'un des plus illustres représentants. En mettant précisément sur le même plan la motion des cieux et l'activité ministérielle des anges, quelle conception du monde se fait-on ? C'est ce que montre clairement un passage du *Banquet*, dans lequel Dante évoque les intelligences célestes.

> Comme la vie spéculative leur convient, leur convient aussi le mouvement du ciel, qui est gouvernement du monde ; comme une cité bien ordonnée, saisie dans la spéculation de ses moteurs [1].

Un peu plus haut dans le texte, le gouvernement du monde (*governare del mondo*) est qualifié de ministère (*ministerio*). Ici, le gouvernement du monde est littéralement identifié au mouvement du ciel (*circulazione del cielo*). Autrement dit, le ministère angélique – en tout cas, l'un des ministères principaux des anges – consiste à gouverner le monde en mouvant les cieux. Cela signifie que la mécanique céleste envisagée par Aristote et par toute la tradition péripatéticienne ne se réduit pas simplement à un phénomène cosmologique, mais relève d'une activité pratique. Non seulement les intelligences meuvent les cieux par un acte intellectuel (*speculazione*), mais cet acte contemplatif ou spéculatif constitue aussi une activité pratique. Dante résout ainsi l'opposition aristotélicienne entre la vie active et la vie contemplative : dans la figure de l'intelligence céleste, penser et agir sont une même chose. Les anges gouvernent le monde en mettant les cieux en mouvement [2].

Ce qui permet à Dante cette synthèse élégante, c'est l'ambiguïté de l'expression « gouvernement du monde ». En effet, celle-ci désigne aussi bien la production par les mouvements célestes de phénomènes naturels dans le monde sublunaire que l'activité politique par laquelle le monde est ordonné. Si le monde est comme une cité (*quasi una ordinata civilitade*), c'est parce que les phénomènes naturels et cosmiques sont régis par des opérations pratiques. Inversement, l'activité ministérielle des anges, c'est-à-dire leur activité politique, consiste à mettre en ordre le monde en mettant les cieux en mouvement. Le gouvernement du monde est indissociablement

1. Dante, *Le Banquet*, livre II, IV, dans *Œuvres complètes*, *op. cit.*, p. 221.

2. Voir P. Porro, « Intelligenze oziose e angeli attivi. Note in margine a un capitolo del *Convivio* dantesco (II, IV) », in « *Ad Ingenii Acuitionem* », S. Caroti, R. Imbach, Z. Kaluza, G. Stabile et L. Sturlese (ed.), *Studies in Honour of Alfonso Maierù*, Louvain-la-neuve, Fédération internationale des Instituts d'études médiévales, 2006, p. 302-351.

un problème de mécanique céleste et d'administration civile. Ou plutôt, Dante, identifiant les intelligences célestes et les anges, parvient à maintenir ensemble deux significations de l'expression « gouvernement du monde » en assimilant le monde des sphères et la hiérarchie. L'*imago mundi* dépeinte par le poète se confond parfaitement avec la *gubernatio mundi*.

Modernité

L'image médiévale du monde mêle indistinctement cosmologie et politique. Le gouvernement du monde se traduit immédiatement dans le mouvement harmonieux des sphères célestes. Inversement, les mouvements planétaires sont l'expression parfaite de l'activité gouvernementale des anges.

C'est que la distinction entre cosmologie et politique est moderne. Elle est apparue avec la modernité. Dans son cours de 1977-1978 au Collège de France, Michel Foucault avance une hypothèse, concernant ce qu'il appelle la « rupture du continuum théologico-cosmologique », qui permet de penser l'apparition de l'opposition entre ces deux catégories. Le gouvernement politique humain, s'inscrirait à l'époque médiévale – Foucault s'appuie sur une lecture de Thomas d'Aquin – dans un grand continuum qui unirait Dieu, la nature et les hommes. Cet ordre, que Foucault qualifie lui-même de « politique » (le terme est entre guillemets dans le texte), permet de penser le gouvernement humain par analogie aussi bien avec la création divine du monde qu'avec les phénomènes naturels. C'est précisément ce jeu d'analogies qui donne sa justification à l'exercice humain du pouvoir sous la forme d'un gouvernement royal. Il y aurait donc, au Moyen Âge, une continuité presque parfaite entre le gouvernement divin du monde, l'ordre de la nature et l'exercice humain du pouvoir. C'est ce continuum que la modernité va rompre.

> Un monde entièrement finaliste, un monde anthropocentré, un monde de prodiges, de merveilles et de signes, un monde enfin d'analogies et de chiffres, c'est cela qui constitue la forme manifeste d'un gouvernement pastoral de Dieu sur ce monde. Or c'est cela qui disparaît – à quelle époque ? Très exactement entre les années 1580 et 1650, au moment de la fondation même de l'*épistémè* classique. C'est cela qui disparaît, ou si vous voulez, en un mot, on peut dire que le déploiement d'une nature

> intelligible dans laquelle les causes finales petit à petit vont s'effacer, l'anthropocentrisme va être mis en question, un monde qui sera purgé de ses prodiges, de ses merveilles et de ses signes, un monde qui se déploiera selon des formes d'intelligibilité mathématiques ou classificatoires qui ne passeront plus par l'analogie et le chiffre, tout cela correspond à ce que j'appellerai, pardonnez le mot, une dégouvernementalisation du cosmos [1].

Ce que Foucault appelle une « dégouvernementalisation du cosmos », ce n'est rien d'autre que l'émergence de la science moderne – l'astronomie de Copernic et Kepler, la physique de Galilée – qui porte avec elle l'image d'un monde régi par des lois, mathématisable, mesurable, quantifiable. Ce que Foucault voit aussi comme un monde qui ne serait plus anthropocentré. À cette transformation de l'image du monde, Foucault associe une mutation des pratiques gouvernementales : l'apparition de la *res publica* et des arts de gouverner. Autrement dit, la naissance de l'État.

> *Principia naturae* et *ratio status*, principes de la nature et raison d'État, nature et État, nous avons là, enfin constitués ou enfin séparés, les deux grands référentiels des savoirs et des techniques qui sont donnés à l'homme occidental moderne [2].

Ce qui caractérise la modernité, c'est donc l'apparition conjointe d'une réalité scientifique – la nature régie par des lois mathématiques – et d'une réalité politique – l'État comme domaine propre de la gouvernementalité. Cependant, l'opposition entre la nature et l'État, leur constitution simultanée, procéderait d'une séparation. Avant d'être des réalités à part entière, la nature et l'État seraient demeurés confondus, précisément au sein de ce grand continuum qui caractérisait la culture médiévale.

De ce continuum, l'image du monde que l'on a vu illustrée par Dante donne une représentation assez juste. C'est en effet un monde dans lequel on passe indiscernablement du mouvement des cieux à l'activité des anges, de la nature à la pratique, de la cosmologie à la politique. L'ordre cosmique est le résultat d'une activité gouvernementale et, réciproquement, le gouvernement

1. M. Foucault, *Sécurité, territoire, population. Cours au Collège de France (1977-1978)*, éd. sous la direction de F. Ewald et A. Fontana par M. Senellart, Paris, EHESS-Gallimard-Seuil, 2004, p. 241-242.
2. *Ibid.*, p. 243.

n'est rien d'autre que l'harmonie du monde. Non pas qu'il n'y ait aucune différence entre le gouvernement angélique du monde, la politique humaine et les phénomènes naturels. Ce sont des réalités différentes, mais il y a entre elles une continuité si forte qu'elles se répondent par des jeux d'analogies et de ressemblances, par des rapports d'expression et de réflexion et que l'on passe très facilement de l'une à l'autre. C'est cette image du monde qui a disparu avec la modernité [1]. C'est-à-dire au moment de l'apparition simultanée d'une sphère propre de la nature et d'une sphère propre de l'État, avec leur distinction réciproque.

Cette double genèse de la modernité, Foucault avoue ne pouvoir l'expliquer – au sens où il ne peut en indiquer la source ou la cause. Il constate simplement qu'à la même époque, au tournant des XVIe et XVIIe siècles, apparaissent deux réalités singulières, la nature et l'État, qui indiquent des mutations dans le champ du savoir et des techniques. À la recherche des causes, Foucault oppose une méthode qui s'appuierait sur la « composition des effets » [2]. Il cherche à voir comment un objet tel que l'État s'est constitué à partir de la pluralité des techniques de gouvernement, ou comment une certaine image du monde a émergé à partir des transformations qui ont affecté les savoirs et les discours. Cependant, il ne prolonge pas cette recherche croisée. Le reste du cours est en effet consacré à la naissance de la gouvernementalité moderne, mais ne revient pas sur la question de la nature. C'est dire que l'on ne comprend pas, non pas pourquoi, mais simplement comment, l'État est devenu l'objet du gouvernement précisément en même temps que la nature a cessé de l'être.

Il nous semble que la recherche esquissée par Foucault pourrait être prolongée, en reprenant le problème médiéval du gouvernement du monde [3]. Cela suppose toutefois de revenir sur l'image du monde que l'on a retenue du Moyen Âge. C'est-à-dire sur l'angélologie médiévale.

1. Sur ce point, *cf.* C. S. Lewis, *The Discarded Image. An Introduction to Medieval and Renaissance Literature*, Londres-Cambridge-New York, Cambridge University Press, 1983.

2. M. Foucault, *Sécurité, territoire, population*, *op. cit.*, p. 244.

3. Sur la reprise de l'hypothèse de Foucault, dans une perspective différente, *cf.* G. Agamben, *Lerègne et la gloire. Pour une généalogie théologique de l'économie et du gouvernement. Homo Sacer* II, 2, trad. J. Gayraud et M. Rueff, Paris, Seuil, 2008, p. 173-178.

Angélologie

Malgré ce que donne à voir l'*imago mundi* médiévale, l'angélologie n'est pas fondamentalement une cosmologie, mais une théorie politique. Très peu de théologiens et d'historiens ont été attentifs à ce point.

Erik Peterson en a fait l'objet de son étude sur l'angélologie – intitulée *Le livre des anges* [1]. Selon lui, la substance politique de la théologie chrétienne se trouverait dans l'angélologie. Celle-ci décrirait en quelque sorte la dimension céleste de l'espace public pensé par la théologie et surtout par l'ecclésiologie chrétiennes. Paradoxalement, alors qu'il a été sensible à cette question, Peterson n'a rien dit ni au sujet du Pseudo-Denys l'Aréopagite ni au sujet du concept de hiérarchie – dont nous avons vu toute l'importance dans la construction de l'angélologie, avec l'exemple de Dante.

En reprenant l'intuition de Peterson, c'est sans doute le philosophe Giorgio Agamben qui a mis en évidence de la façon la plus claire en quoi consistait la dimension politique de l'angélologie. Il consacre en effet un chapitre de sa généalogie du gouvernement – *Le règne et la gloire* – à la question de l'angélologie et, plus particulièrement, à la théorie dionysienne de la hiérarchie ainsi qu'à ses reprises médiévales. Il montre que l'angélologie constitue littéralement une théorie de la bureaucratie céleste.

> L'introduction d'un thème hiérarchique dans l'angélologie – mieux : l'invention du terme même de « hiérarchie » – est l'œuvre d'un apocryphe dont le geste constitue l'une des mystifications les plus tenaces de l'histoire de la littérature chrétienne et qui attend encore d'être dévoilée. Cette équivoque, qui a marqué sa réception à partir du IXe siècle (et qui a surtout dominé l'Occident latin), a conduit à prendre pour une théologie mystique ce qui n'était en réalité qu'une sacralisation de la hiérarchie ecclésiastique (et peut-être de toute hiérarchie). Et pourtant, une lecture libérée de l'écran de cette interprétation consacrée par la tradition ne laisse aucun doute quant à la stratégie de l'apocryphe, qui fait suivre chaque fois l'évocation de sa *Hiérarchie céleste* d'une *Hiérarchie ecclésiastique*. Il s'agit, d'une part, de hiérarchiser les anges, en disposant leurs rangs selon un ordre à la rigidité bureaucratique

1. *Cf.* E. Peterson, *Le livre des anges*, trad. C. Champollion, Paris, Desclée de Brouwer, 1954.

et, d'autre part, d'angéliser les hiérarchies ecclésiastiques, en les distribuant selon un critère essentiellement sacral[1].

Pour Agamben, le concept de hiérarchie sert une stratégie de sacralisation du pouvoir. L'angélologie rejoint donc, en particulier à partir du Pseudo-Denys l'Aréopagite, la théorie politique. À la différence de Peterson, Agamben ne cherche pas à penser la « publicité » de la théologie chrétienne, mais plutôt la façon dont cette dernière a élaboré une théorie du pouvoir et, plus précisément, un modèle de gouvernement. La hiérarchie est intégrée par Agamben au paradigme général du gouvernement qu'il tente de déduire à partir du concept théologique d'*oikonomia*. Or, l'« économie », au sens théologique du terme, se caractérise précisément par le fait qu'elle s'oppose à la « théologie », c'est-à-dire à la considération du divin selon son être. L'économie concerne donc le rapport du divin avec le monde – la façon dont il gouverne le monde. Cette scission interne à la théologie chrétienne est, d'après Agamben, la clé pour comprendre le concept de gouvernement (*gubernatio*). De même que l'on oppose la théologie et l'économie, l'être divin et son agir, on oppose la souveraineté et le gouvernement et, dans le gouvernement lui-même, la rationalité du plan et son exécution. De ce point de vue, la théorie de la hiérarchie est une théorie de l'administration du monde, au double sens du terme. Elle montre que le gouvernement divin du monde est confié à des ministres qui sont les anges et elle décrit ce ministère sous la forme d'une grande bureaucratie. L'angélologie constitue, en ce sens, une théorie du gouvernement du monde.

Toute la question reste cependant de savoir ce que l'on entend par « gouvernement du monde » ? S'agit-il véritablement d'une activité pratique, administrative, politique ? Ou bien doit-elle être pensée selon une dimension cosmologique ? Cette ambiguïté n'est pas tranchée par Agamben. Le modèle de gouvernement qu'il construit s'appuie autant sur l'élaboration théologique du concept d'économie que sur les théories philosophiques de la providence ; il répond à la fois au problème chrétien du rapport entre la divinité et la création et au problème aristotélicien de la motion des cieux par le Premier Moteur[2].

1. G. Agamben, *Le règne et la gloire*, *op. cit.*, p. 234-235.
2. Sur le rôle d'Aristote dans la théorie du gouvernement, *cf.* G. Agamben, *Le règne et la gloire*, *op. cit.*, p. 94, 131-138.

Or, si la hiérarchie angélique apparaît comme un modèle à la fois cosmologique et politique chez Dante, cela laisse la question complètement indéterminée du point de vue conceptuel. Malgré toute la finesse de son analyse de la *gubernatio mundi*, Agamben reste tributaire de l'*imago mundi* médiévale construite par Dante. Il montre que l'angélologie est une théorie politique, sans préciser ce que politique signifie quand on l'envisage du point de vue de l'angélologie.

C'est Emanuele Coccia, dans son travail commun avec Agamben sur les anges, qui a mis en évidence la spécificité de l'angélologie par rapport à toute théorie générale du gouvernement du monde. En considérant avec précision la figure de l'ange, telle qu'elle apparaît dans la théologie chrétienne, il montre son irréductibilité aux autres formes de réalités intermédiaires qui peuplent la cosmologie grecque classique.

> La hiérarchie n'est rien d'autre que le pouvoir en tant qu'il concerne l'exécution et non l'institution des choses, le pouvoir qui commence après le septième jour, après que l'*opus naturae* a été définitivement accompli. [...] L'ange sanctionne l'impossibilité de déduire l'ordre politique de l'ordre naturel. [...] S'il existe une politique séparée du simple fait d'exister et de la simple considération de notre nature, c'est parce que les anges existent [1].

Le pouvoir gouvernemental se distingue clairement du pouvoir de création. Si celui-ci institue la nature, l'être même des choses, celui-là ne sert qu'à les gouverner. Il n'a aucun effet sur ce qu'elles sont, mais seulement sur ce qu'elles font. Autrement dit, le pouvoir n'est pas une détermination naturelle ou essentielle des choses. C'est une réalité strictement pratique. Le concept de hiérarchie ne nommerait donc pas un ordre naturel des choses et des êtres, mais précisément la façon dont ils sont gouvernés pratiquement. L'ange en tant que tel est un être qui ne crée pas, mais qui ne fait qu'exercer son pouvoir sur des réalités déjà créées. Il n'intervient pas dans la création du monde, mais seulement dans son gouvernement. La hiérarchie constitue le plan excédentaire à partir duquel l'ange exerce son pouvoir sur le monde. L'ange est la figure même du surcroît

1. E. Coccia, « Introduzione », II, 2, *in* G. Agamben et E. Coccia (ed.), *Angeli. Ebraismo, Cristianesimo, Islam*, Vicenza, Neri Pozza Editore, 2009, p. 457-460 (notre traduction).

de pouvoir que représente le gouvernement du monde par rapport à sa création. En ce sens, l'ange institue la possibilité même de la politique, c'est-à-dire d'une sphère de l'existence qui se surajoute à la nature et dans laquelle les rapports entre les êtres échappent à leurs déterminations naturelles. La hiérarchie serait le paradigme primordial de la politique.

Coccia montre que c'est là l'un des enjeux les plus profonds du débat médiéval entre théologiens et philosophes concernant la possibilité d'identifier les anges et ce que le péripatétisme appelle les « intelligences » [1]. C'est ce débat que recouvre l'angélologie de Dante – qu'elle résout tout en le dissimulant. Si toutefois il y a eu un tel débat à l'époque médiévale, c'est que la solution est loin d'être évidente. Il n'est pas absolument certain que l'ange puisse être assimilé à une intelligence céleste, mais il n'est pas non plus tout à fait impossible qu'il puisse l'être. C'est que l'idée même de gouvernement du monde, encore une fois, est ambivalente. Si, comme le pense Agamben, le problème du gouvernement du monde se pose déjà chez Aristote, alors l'angélologie ne fait que développer un modèle dont la logique interne est simplement celle de l'opposition entre la transcendance du principe et son action immanente. Si, au contraire, on prend au sérieux la dimension politique de l'angélologie, comme le fait Coccia, il apparaît alors que l'angélologie introduit une nuance importante dans la question du gouvernement du monde. En effet, si la politique constitue une réalité irréductible à la nature, le gouvernement angélique du monde ne saurait se confondre avec l'ordre cosmique des intelligences célestes. C'est cela qui est au cœur du débat médiéval sur les anges – dont Dante est un acteur à la fois tardif et original. Que signifie gouverner le monde ? Si la question se pose historiquement sous la forme d'une opposition entre théologie et philosophie, entre ange et intelligence, elle a une signification philosophique beaucoup plus large. Elle concerne le rapport général entre politique et cosmologie et plus précisément la possibilité de penser le monde comme possédant une signification pratique ou l'action comme une réalité appartenant à l'ordre naturel des choses. La difficulté même à répondre à la question témoigne d'un flou quant à la relation entre *praxis* et *cosmos*, entre l'ordre de l'action et celui du monde.

1. E. Coccia, « Introduzione », II, 2, *op. cit.*, p. 458.

L'hypothèse de ce travail est que l'angélologie médiévale constitue le champ dans lequel les rapports entre cosmologie et politique se sont réorganisés, de telle manière qu'elles en sont sorties comme deux catégories distinctes. C'est précisément dans le débat concernant les anges et les intelligences célestes que la polarité entre l'État et la nature, entre la *polis* et le *cosmos*, s'est peu à peu constituée. L'idée de nature n'est pas la même dans la pensée médiévale et dans la science moderne, de même que l'État n'existait pas comme forme politique au Moyen Âge : il ne s'agit donc pas de chercher à retrouver ces réalités dans la pensée médiévale, même à l'état embryonnaire. C'est plutôt un ensemble de transformations discursives et de déplacements conceptuels affectant la question du gouvernement du monde, dans le jeu combiné des rationalités théologique, philosophique et cosmologique, qui a contribué à faire exister les conditions de possibilité d'une nouvelle image du monde et d'une nouvelle conception de la politique. Il ne s'agit donc pas de faire la genèse de la modernité à partir de la pensée médiévale, mais plutôt d'envisager la modernité à partir de l'héritage d'un problème médiéval – celui du gouvernement du monde, c'est-à-dire de la providence, dans ses aspects à la fois politiques et cosmologiques. C'est la résolution, ou en tout cas la discussion médiévale de ce problème qui a opéré ce que Foucault appelle une « dégouvernementalisation du cosmos ». Le chiasme qui caractérise la modernité – la dégouvernementalisation de la nature et la gouvernementalisation de l'État – n'est, en ce sens, que l'effet d'un problème théologique : celui de savoir si les anges sont les moteurs des corps célestes.

L'angélologie médiévale délimiterait donc un espace dans lequel se jouent les rapports entre politique et cosmologie. Nous voudrions montrer comment ils se sont joués précisément à partir du débat sur les anges-moteurs. L'opposition entre le concept théologique d'ange et le concept philosophique d'intelligence motrice recouvre en effet une question plus large : celle du gouvernement du monde. Plus précisément, celle de la signification précise de l'expression « gouvernement du monde ». Si l'on se représente les choses schématiquement, la question admet trois réponses. Soit le gouvernement du monde est une activité politique, soit il est un phénomène cosmique. Il est cependant possible qu'il soit les deux à la fois. La réalité historique du problème n'est toutefois pas aussi simple que sa schématisation. Ce que montre le débat qui parcourt l'angélologie médiévale, tout au long du XIIIe siècle, c'est précisément que les rapports entre politique et cosmologie ne sont pas clairs. On dit d'une part que les anges gouvernent le monde, on dit d'autre part que le monde est un ensemble de sphères dont les mouvements affectent la nature : pourquoi ne dirait-on pas que le gouvernement angélique du monde consiste précisément à mettre les sphères en mouvement ? La possibilité même de définir le gouvernement du monde comme réalité politique ou cosmologique, en envisageant une distinction claire entre ces deux catégories, n'appartient pas aux coordonnées du problème. C'est un point de vue moderne sur la question. On présuppose que la sphère de l'action est distincte de celle des phénomènes naturels et que l'ordre de la cité ne se confond pas avec celui du monde. Or, ce qui est en jeu dans le débat médiéval, ce ne sont pas des catégories abstraites. S'il avait été possible de dire aussi simplement et aussi clairement ce qui est politique et ce qui est cosmique, il n'y aurait sans doute même pas eu matière à débat. Au contraire, le problème des théologiens médiévaux est précisément qu'ils ont à se prononcer sur un objet de croyance – le rôle des anges dans le monde – en le confrontant avec un objet de savoir – la structure du cosmos et les principes qui le régissent. Autrement dit, ils sont confrontés à une réalité, ou à un ensemble de réalités potentiellement contradictoires et pour lesquelles ils ne possèdent pas *a priori* de catégories communes et univoques. Le conflit entre les rationalités théologique et philosophique doit être entendu ici comme une impossibilité de dire *a priori* ce qu'est le gouvernement du monde, si c'est une réalité politique ou cosmique, voire même simplement de dire ce qui est politique et ce qui est cosmique. Ce que nous essayons de saisir est l'émergence conjointe de la nature et de l'État, dans un double processus de dénaturalisation de la politique et de dépolitisation du monde.

Histoire d'un problème

Il ne s'agit donc pas de refaire la genèse de la modernité. La thèse que nous avançons n'implique pas d'avancer la naissance de la modernité de quelques siècles. Nous n'entendons pas dire que l'État ou que la science modernes sont apparus non pas au XVIIe mais au XIIIe siècle. Notre propos consiste plutôt à dire que la modernité

– si on la caractérise par la relation en chiasme entre politique et cosmologie que décrit Foucault – est l'effet très tardif d'un ensemble d'opérations ou de déplacements conceptuels et discursifs effectués dans la pensée médiévale. Il ne s'agit donc pas non plus de dire que la pensée médiévale serait prémoderne, au sens où elle préparerait la modernité, la porterait potentiellement en elle, en installerait les fondements. La transformation que nous voudrions mettre en évidence dans la pensée médiévale concerne un héritage : celui de la pensée antique. Autrement dit, c'est dans la façon dont la pensée médiévale a hérité du problème antique du gouvernement du monde et dans la façon dont elle l'a reformulé qu'elle a contribué à mettre en place les conditions de possibilité de la modernité. Non pas que la modernité constituerait un *telos* historique que la culture médiévale se devait d'atteindre. Au contraire, en parlant des conditions de possibilité de la modernité, nous avançons que la science moderne et la fondation de la société et de l'État modernes sont des phénomènes qui n'ont pu advenir que sur la base d'une certaine image du monde et d'une certaine organisation des savoirs et des discours.

Nous ne voulons mettre en évidence ni un effet de continuité, ni un effet de rupture, mais plutôt une transformation discrète et presque imperceptible, une ligne qui parcourt l'histoire de la pensée en mutant. Il peut paraître surprenant que l'angélologie médiévale ait un quelconque rapport avec l'émergence de la science et de la politique modernes, voire avec la science et la politique tout simplement. Pourtant, dans la mesure où c'est l'angélologie qui recode le problème du gouvernement du monde, c'est elle qui contribue à reformuler le rapport entre la question pratique du gouvernement et la représentation générale de l'ordre du monde et des phénomènes naturels. L'angélologie constitue, dans les sommes théologiques du XIIIe siècle, un savoir à part entière[1]. La formalisation scolastique de l'angélologie et la constitution de ses problèmes propres n'empêche cependant pas qu'elle entretienne des rapports avec d'autres savoirs et ait des effets sur eux. Nous voudrions montrer comment un problème propre à l'angélologie – celui des anges-moteurs – a contribué à transformer la pensée politique et la pensée cosmologique en reconfigurant leur rapport.

1. Sur la formation de l'angélologie médiévale *cf.* M. Colish, « Early Scholastic Angelology », *Recherches de théologie et philosophie médiévales* 62, 1995, p. 80-109.

L'idée d'une genèse médiévale de la modernité n'est pas nouvelle. Aussi bien en ce qui concerne la politique qu'en ce qui concerne la science, les historiens ont montré que l'on pouvait trouver dans la culture médiévale les premiers jalons de la modernité. Notre propos n'est précisément pas d'en trouver de nouveaux. Il n'est pas d'avancer de quelques siècles ou de quelques années l'origine de la modernité, pas plus qu'il n'est de la situer là où on ne penserait pas à la chercher. Nous voulons plutôt montrer que les lignes qui vont de la pensée médiévale à la pensée moderne passent par un point à partir duquel elles peuvent être envisagées conjointement et à partir duquel la modernité apparaît sous un éclairage nouveau. Aussi nous faut-il situer notre recherche par rapport aux travaux des historiens concernant la genèse de la modernité – aussi bien sur le plan de la pensée politique que sur celui de la pensée scientifique.

Théologie politique

La genèse politique de la modernité est une genèse théologico-politique. Si l'on cherche à faire remonter au Moyen Âge les origines de la pensée politique moderne, c'est dans la théologie que l'on en trouve les fondements. On pourrait qualifier de « théologico-politique » le dispositif théorique et pratique qui a contribué à former l'idée moderne de politique à partir des problèmes théologiques médiévaux. Il y a toutefois plusieurs façons d'envisager ce dispositif. Nous voudrions donc distinguer les différentes significations du « théologico-politique », afin de situer notre recherche par rapport à cette problématique [1].

On peut distinguer deux significations principales des termes « théologico-politique » ou « théologie politique ». Ces distinctions sont évidemment schématiques et les significations se recoupent partiellement.

En un premier sens, on qualifie de « théologico-politique » la forme du pouvoir exercé au Moyen Âge par les institutions politiques et ecclésiastiques – c'est le sens que l'on trouve déjà chez Spinoza [2]. Les rapports complexes entre les pouvoirs laïcs et l'institution ecclésiastique, entre le pouvoir temporel et le pouvoir

1. Sur Foucault et la théologie politique, *cf.* A. Skornicki, *La grande soif de l'État. Michel Foucault avec les sciences sociales*, Paris, Les Prairies ordinaires, 2015, p. 136-144.

2. *Cf.* Spinoza, « Tractatus theologico-politicus », *Traité théologico-politique*, éd. P.-F. Moreau, trad. J. Lagrée et P.-F. Moreau, Paris, Puf, 1999.

spirituel, engendrent un dispositif gouvernemental double, dans lequel l'autorité spirituelle s'exerce au moyen de la force publique en même temps que celle-ci se trouve légitimée par celle-là. En ce sens, on pourrait dire que l'adjectif « théologico-politique » est synonyme de « théocratique » [1]. La réalité historique de ce dispositif est cependant beaucoup plus complexe. Les rapports entre les deux pouvoirs, temporel et spirituel, ont souvent pris la forme d'un conflit ou d'une rivalité. C'est de la tension entre ces deux formes de pouvoir qu'émerge, de la fin du Moyen Âge jusqu'à l'époque moderne, la politique au sens strict, c'est-à-dire telle qu'elle s'incarne dans l'existence concrète de l'État. Chercher à penser l'origine « théologico-politique » de la politique moderne, c'est, en ce sens, réinscrire la politique dans une formation de pouvoir plus large, qui articule plusieurs institutions – par exemple, l'Église et la royauté – et plusieurs types de pouvoir – religieux, royal, militaire, etc. – et qui fournit les coordonnées de ce que peut signifier « politique » à l'époque médiévale. Il s'agit alors de comprendre comment une certaine idée, plus précise ou plus restrictive, de la politique a pu émerger de cette réalité plus complexe et plus indistincte.

Le deuxième sens que l'on peut donner au terme « théologico-politique » est moins immédiatement historique et plus généalogique. Il renvoie à la dimension originairement théologique des catégories politiques modernes. Parce que l'exercice du pouvoir temporel a été lié pendant des siècles à l'autorité religieuse, ce dernier, même quand il s'est affranchi de celle-ci, a gardé la marque, pour ainsi dire, de son origine théologique. Penser la politique moderne dans une perspective théologico-politique consiste alors à réactiver les significations théologiques qui travaillent, plus ou moins secrètement, les catégories politiques modernes. C'est ce que donnent à voir les travaux de Carl Schmitt ou d'Ernst Kantorowicz sur la souveraineté ou l'État [2]. Ces notions seraient profondément marquées par une détermination théologique, au sens où elles seraient issues de réflexions concernant, respectivement, le pouvoir divin ou le corps spirituel de l'Église, et théorisées au moyen de

1. *Cf.* M. Pacaut, *La théocratie. L'Église et le pouvoir au Moyen Âge*, Paris, Aubier-Montaigne, 1957.

2. *Cf.* C. Schmitt, *Théologie politique*, trad. fr. J.-L. Schlegel, Paris, Gallimard, 1988 et, dans une perspective différente, E. Kantorowicz, *Les deux corps du roi. Essai sur la théologie politique au Moyen Âge*, trad. J.-P. Genet et N. Genet, Paris, Gallimard, 1989.

concepts théologiques ou issus de la théologie. Il s'agit donc moins de penser la rupture opérée par la modernité que de mettre en évidence la continuité des problématiques ou des catégories, entre le Moyen Âge et l'époque moderne, entre la théologie et la politique. Le sens d'une telle interprétation est lui-même politique : la théologie sert d'outil critique de la pensée politique.

Ces deux régimes du théologico-politique entretiennent un rapport différent avec la question de la sécularisation[1]. Dans le premier cas, la sécularisation signifie la sortie du religieux effectuée par le politique. Dans le second cas, la sécularisation signifie la continuation du religieux dans le politique. Ils ont en commun cependant de chercher à articuler théologie et politique de façon historique, c'est-à-dire sous la forme de l'opposition entre l'époque médiévale et l'époque moderne. La perspective généalogique – c'est-à-dire l'interprétation du politique au moyen de catégories théologiques – ouvre cependant une autre possibilité de compréhension qui échappe à la problématique historique. En analysant les catégories politiques comme des catégories théologiques, on fait implicitement l'hypothèse que la politique peut être comprise en termes théologiques – quel que soit le lien historique exact entre les deux sphères. On se situe sur un plan où politique et théologie ne se distinguent plus vraiment. Si la question de la souveraineté ou du gouvernement peut être analysée à partir de la théologie, c'est que la théologie constitue déjà en elle-même un champ politique. En ce sens, la théologie politique est moins la réactivation du théologique dans le politique que la politisation de la théologie[2].

1. Sur la sécularisation, *cf.* M. Weber, *L'éthique protestante et l'esprit du capitalisme*, suivi de *Les sectes protestantes et l'esprit du capitalisme*, trad. J. Chavy, Paris, Pocket, 1985 ; *Sociologie des religions*, éd. et trad. J.-P. Grossein, Paris, Gallimard, 1996. Pour un autre point de vue, opposé à celui de la sécularisation, *cf.* M. Gauchet, *Le désenchantement du monde. Une histoire politique de la religion*, Paris, Gallimard, 1985.

2. Ce jeu de renvois entre théologie et politique caractérise l'interprétation du messianisme chez Walter Benjamin, *cf.* « Fragment théologico-politique », dans *Œuvres*, t. 1, trad. M. De Gandillac, R. Rochlitz et P. Rusch, Paris, Gallimard, 2000, p. 263-265 ; « Sur le concept d'histoire », *Œuvres*, *op. cit.*, t. 3, p. 427-444. Les travaux de G. Agamben continuent, malgré la substitution d'un paradigme théologico-économique au modèle théologico-politique, de s'inscrire dans cette perspective, cf. *Le règne et la gloire*, *op. cit.* ; *De la très haute pauvreté. Règles et formes de vie*, trad. J. Gayraud, Paris, Payot & Rivages, 2011.

La recherche que nous voulons mener sur l'angélologie ne relève de la théologie politique qu'en un sens particulier. Nous cherchons à montrer que l'angélologie médiévale est politique. Ce qui signifie deux choses. Premièrement, qu'elle constitue un savoir immédiatement politique. L'angélologie médiévale est codée par le concept de hiérarchie. Si ce concept est à la fois angélologique et ecclésiologique, il a cependant nourri une réflexion politique sur l'angélologie qui ne passe pas par la question ecclésiologique. C'est en tout cas ce que nous essayons de montrer. Si l'on peut parler d'angélologie politique, c'est avant tout parce que le concept de hiérarchie a servi à formaliser la question du pouvoir. C'est précisément en tant qu'elle est une science du pouvoir hiérarchique que l'angélologie est devenue politique en un second sens – au sens où elle a influencé la réalité politique elle-même. Ce dont témoigne la « sécularisation » de la notion de hiérarchie, qui est passée du domaine de la théologie au langage courant, en particulier politique.

À cet égard, il y a comme une transformation de la question théologico-politique dans l'angélologie. Il ne s'agit pas de révéler l'existence d'un lien historique entre la théologie et la politique, lequel permettrait de comprendre la politique en termes théologiques, mais de montrer que l'angélologie a été interprétée de façon politique, au point d'influencer l'exercice du pouvoir et la connaissance scientifique du monde. Le concept de hiérarchie n'est pas un concept originairement théologique qui serait devenu politique, mais un concept de pouvoir originairement angélologique, qui se soustrait presque à l'articulation du théologique et du politique. L'angélologie médiévale se caractérise en effet moins par une problématique théologico-politique que par une problématique cosmologico-politique. Si elle a participé d'une forme de sécularisation du concept de hiérarchie, l'interprétation politique de l'angélologie prend toutefois sens avant tout dans son opposition à l'interprétation philosophique et cosmologique de l'angélologie. Le concept de hiérarchie n'opère pas tant une nouvelle articulation entre la théologie et la politique qu'une distinction inédite entre la politique et la cosmologie. L'angélologie politique n'est pas réductible à la théologie politique.

Science

La révolution scientifique inaugure l'époque moderne. Aucun phénomène culturel n'est plus attaché à une époque que la révolution scientifique à la modernité. Ce sont Copernic, Kepler et Galilée qui ont engendré la nouvelle image du monde. Ils n'ont pas seulement révolutionné la science, mais ils ont aussi donné à voir le monde différemment. Malgré ces évidences, de nombreux historiens ont cherché à montrer que la révolution scientifique n'avait pas surgi d'un coup, qu'elle s'inscrivait dans un processus de transformation des savoirs et que l'on pouvait lui assigner des origines plus lointaines qu'on ne l'avait pensé.

C'est sans doute Pierre Duhem qui a avancé la thèse la plus forte concernant les origines de la science moderne, faisant remonter cette dernière au XIVe siècle[1]. Selon Duhem, ce qui fait le sens profond de la science moderne, c'est l'unification entre l'astronomie et la physique sous un même paradigme. Si c'est la loi de gravitation universelle de Newton qui donne sa formule ultime à la science unifiée, celle-ci commence bien avant, quand Copernic, Tycho Brahe ou Galilée montrent qu'il n'y a pas de différence fondamentale entre la Terre et les autres planètes. Que l'on puisse penser la totalité de l'univers selon un même modèle, avec les mêmes lois, au moyen d'une même science, voilà qui est tout à fait nouveau dans la science moderne. En effet, les cosmologies ancienne et médiévale avaient tracé une ligne entre le monde terrestre et le monde céleste, les assignant chacun à un régime d'intelligibilité différent. La distinction cosmologique entre le monde sublunaire et le monde supralunaire – pour le dire en termes aristotéliciens – impliquait une différence épistémologique entre physique et astronomie. Or, Duhem croit déceler les premières manifestations de l'unification des deux domaines dans la physique médiévale. Plus précisément, la théorie de l'*impetus* de Jean Buridan aurait pour conséquence d'abolir la nécessité d'une distinction entre le sublunaire et le supralunaire, au moins du point de vue épistémologique, parce qu'elle expliquerait les mouvements terrestres et célestes selon un même principe. Pour

1. *Cf.* P. Duhem, *Le système du monde. Histoire des doctrines cosmologiques de Platon à Copernic*, 10 vol., Paris, Librairie scientifique A. Hermann et fils, 1913-1959 ; *Sôzein ta phainomena. Essai sur la notion de théorie physique de Platon à Galilée*, introduction P. Brouzeng, Paris, Vrin, 1989.

Duhem, les transformations de la science médiévale peuvent être interprétées comme les conséquences directes des condamnations de 1277, qui ont fait peser des contraintes épistémologiques très fortes sur le péripatétisme et l'ont conduit à adapter ses principes scientifiques jusqu'à les modifier profondément. En ce sens, la théologie serait à l'origine de la science moderne.

La thèse de Duhem a été très largement critiquée et révisée par ses successeurs. On lui a tout autant reproché son caractère « idéologique » que ses inexactitudes historiques. Nous retiendrons deux de ces critiques, qui intéressent particulièrement notre propos.

Le premier argument que l'on peut opposer à Duhem concerne la continuité historique de la genèse qu'il propose. Il n'est pas évident que les « avancées » de la physique médiévale – par exemple la théorie de l'*impetus* – aient vraiment été à l'origine des théories de la physique moderne. S'il y a une ressemblance entre certains énoncés de la physique parisienne du XIVe siècle et certaines hypothèses galiléennes, ceux-ci ne sont pas pour autant les précurseurs de celle-là, dans la mesure où aucun lien direct ne saurait être établi entre eux. La physique médiévale a peut-être anticipé la science moderne, elle ne l'a cependant pas engendrée. La science moderne procède de ses propres intuitions et de ses propres expérimentations, elle construit ses propres modèles et son propre discours. La genèse duhemienne s'appuie sur des ressemblances ou des analogies mais n'est pas vraiment éclairante historiquement : elle ne permet pas d'établir des continuités et des filiations réelles. Elle reste historiquement trop approximative[1].

Le deuxième argument que l'on peut opposer à Duhem concerne son interprétation de la physique médiévale. Il croit voir dans la théorie de l'*impetus*, et dans toutes les théories médiévales qui s'en rapprochent, une remise en question profonde de la cosmologie aristotélicienne et du partage épistémologique entre le sublunaire et le supralunaire. Toutefois, si l'on examine ces théories de plus près,

1. Sur ce point, *cf.* A. Koyré « Les origines de la science moderne », *Études d'histoire de la pensée scientifique*, Paris, Gallimard, 1973, p. 61-86 ; « À l'aube de la science classique », *Études galiléennes*, Paris, Hermann, 1939, p. 11-79 ; « Le vide et l'espace infini au XIVe siècle », *Études d'histoire de la pensée philosophique*, Paris, Gallimard, 1971, p. 37-92. Pour un autre point de vue, *cf.* A. Maier, *Die Vorläufer Galileis im 14. Jahrhundert. Studien zur Naturphilosophie der Spätscholastik*, Rome, Edizioni di Storia e Letteratura, 1949.

elles n'apparaissent en aucune façon « révolutionnaires ». Elles ne remettent pas en cause le paradigme aristotélicien – comme Galilée le fait dans son fameux dialogue [1]. Au contraire, les innovations de la physique médiévale procèdent du péripatétisme lui-même : elles sont parfaitement intégrées au système cosmologique et ne font qu'en tirer les conséquences les plus lointaines. Les nouvelles idées de la science médiévale ne s'opposent pas à lui mais le confirment ou, plus précisément, confirment les principes sur lesquels il repose, en tentant de s'y conformer entièrement [2]. Il n'y a donc rien de « moderne » dans la science médiévale, précisément parce qu'elle ne change absolument pas de paradigme, même dans ses théories les plus innovantes [3].

Les deux points sur lesquels s'appuie la thèse de Duhem – l'anticipation de la physique moderne et la remise en question de la cosmologie ancienne – se trouvent donc être infirmés par les recherches ultérieures. Cela remet-il pour autant en question la contribution de son auteur à l'histoire des sciences ? Il nous semble que sa thèse mérite d'être reconsidérée. En envisageant la science du point de vue de la cosmologie, elle permet de mettre en évidence les enjeux non scientifiques de la science. Ce qui se joue dans la révolution scientifique ne relève pas simplement de la physique ou de l'astronomie, mais d'une représentation du monde plus profonde. Ce que la science moderne a transformé, c'est aussi l'image du monde et le rapport de l'homme au monde. Est-ce toutefois la science qui a transformé l'image du monde ? Ne faudrait-il pas envisager la question dans l'autre sens ? Ce que montre Duhem, c'est précisément qu'il a fallu une transformation cosmologique profonde pour que la science moderne soit possible.

Cependant, la transformation ne se situe peut-être pas là où Duhem le pense. En effet, les énoncés de la physique médiévale n'ont pas directement remis en question la cosmologie aristotélicienne. Nous voudrions montrer qu'ils s'inscrivent dans un ensemble de

1. *Cf.* Galilée, *Dialogue sur les deux grands systèmes du monde*, Paris, Seuil, 1992.

2. *Cf.* A. Maier, *Zwei Grundprobleme des scholastichen Naturphilosophie. Das Problem der intensiven Grösse; die Impetustheorie*, 2. Auflage, Rome, Edizioni di Storia e Letteratura, 1951, p. 113-126.

3. Sur la spécificité de la physique céleste au Moyen Âge, *cf.* E. Grant, *Planets, Stars and Orbs. The Medieval Cosmos, 1200-1687*, Cambridge, Cambridge University Press, 1994 et P.-M. Lerner, *Le monde des sphères*, 2 vol., Paris, Les Belles Lettres, 1996-1997.

problèmes et que c'est seulement en les interprétant à la lumière de cet ensemble que l'on peut comprendre leur signification historique.

Ce que remet en question la théorie de l'*impetus*, c'est la théorie des anges-moteurs. En effet, s'il est possible d'expliquer les mouvements des sphères comme on explique les mouvements terrestres, il n'est plus besoin de supposer que ce sont des intelligences angéliques qui meuvent les astres. Cette idée ne remet peut-être pas en cause le péripatétisme dans ses principes physiques, mais elle modifie profondément le sens de la cosmologie péripatéticienne. Ou plutôt, elle témoigne d'une modification profonde de la cosmologie péripatéticienne. En effet, en expliquant les mouvements célestes au moyen d'un principe de physique, on ne remet pas tant en cause le partage entre sublunaire et supralunaire que la façon même dont l'un se rapporte à l'autre. Si le monde supralunaire n'est plus régi par des intelligences, c'est que le monde sublunaire ne l'est plus lui non plus. C'est tout le système du gouvernement du monde qui est remis en question. Si les mouvements sublunaires et supralunaires peuvent être expliqués selon des lois naturelles, c'est que l'on cesse de penser que le monde est gouverné. Ou plutôt, c'est que le gouvernement du monde se joue ailleurs. La différence pertinente n'est pas, comme le pense Duhem, celle du sublunaire et du supralunaire, mais celle d'une interprétation cosmologique du gouvernement du monde et d'une interprétation politique du gouvernement du monde. Nous voudrions essayer de lire la physique médiévale parallèlement à l'angélologie, afin de mettre en évidence comment la question du gouvernement du monde se reformule entre l'une et l'autre, dans l'écart même qui se creuse entre elles. L'intuition de Duhem demeure éclairante : il faut interpréter la science médiévale par rapport à la théologie [1].

Plan

Nous souhaiterions donc exposer comment l'angélologie médiévale opère une double genèse de la modernité, en construisant d'un côté un imaginaire politique « hiérarchique » et de l'autre une image « naturaliste » du monde. Ce mouvement de disjonction

1. Sur le lien entre théologie et science, *cf.* A. Funkenstein, *Theology and the Scientific Imagination, from the Middle Ages to the Seventeenth Century*, Princeton, Princeton University Press, 1986.

entre politique et cosmologie – dégouvernementalisation de la nature et gouvernementalisation de l'État – s'opère précisément à partir de la question du gouvernement du monde, à partir de ses ambiguïtés et de ses contradictions. C'est parce qu'il a fallu décider si le gouvernement du monde était une réalité naturelle ou pratique, cosmique ou politique, que l'on a réorganisé progressivement le champ du savoir, polarisé les valeurs et redistribué les discours de part et d'autre d'une ligne qui passait désormais entre le politique et le cosmologique. Que ce problème se soit joué dans l'angélologie tient à la place stratégique que celle-ci a occupée dans l'économie de la pensée médiévale. Il s'agit donc de montrer le lien précis qui existe entre deux problèmes de l'angélologie médiévale – celui des anges-moteurs et celui de la hiérarchie – et les effets plus larges liés à l'impossibilité de les articuler en un seul paradigme.

La première partie de ce travail part du problème cosmologique pour aller vers le problème politique. Son point de départ est la question des anges-moteurs et, plus précisément, une consultation réalisée en 1271 par Jean de Verceil auprès de trois théologiens – Thomas d'Aquin, Albert le Grand et Robert Kilwardby – afin de savoir si les anges sont les moteurs des corps célestes (*an angeli sint motores corporum cœlestium*). Si la question se pose, c'est que l'hypothèse des anges-moteurs est loin d'être évidente en théologie chrétienne : elle a été héritée du péripatétisme des philosophes arabes et fait donc problème aux yeux des théologiens. À partir des trois réponses qui lui sont données, nous tentons de cartographier ce problème. En effet, chacune d'entre elles représente une position possible eu égard à la question. Le premier chapitre tente de montrer, à partir de la réponse d'Albert le Grand, comment l'angélologie médiévale est travaillée par une distinction profonde entre ce qui relève de la nature et donc de la philosophie, et ce qui relève de la grâce et donc de la théologie. Cette distinction entre deux rationalités contribue à situer les réalités pratiques sur un plan et les réalités cosmiques sur un autre. Le deuxième chapitre envisage, à partir de la réponse de Thomas d'Aquin, les difficultés liées à la théorie des anges-moteurs. Nous essayons de montrer qu'elle ne parvient jamais à surmonter l'écart entre politique et cosmologie et doit soit penser la cosmologie comme un cas particulier du gouvernement angélique du monde, soit penser les anges comme des forces neutres qui meuvent les sphères. Dans un cas comme dans l'autre, la théorie des anges-moteurs ne parvient jamais à unifier politique et cosmologie. Le troisième chapitre essaie d'établir, à partir de la réponse de Robert Kilwardby, le lien entre les théories physiques « modernes » de la science médiévale et les questions d'angélologie, en montrant comment l'explication naturaliste du mouvement des sphères consiste précisément en une « dégouvernementalisation ».

La deuxième partie suit un mouvement inverse : elle part de la question politique pour aller vers la question cosmologique. Son point de départ est la théorie dionysienne de la hiérarchie. Le concept de *hierarchia* est une invention du Pseudo-Denys l'Aréopagite [1], qui forge le terme en grec en même temps qu'il élabore la notion. Il s'agit d'un concept angélologique appliqué par le ps.-Denys à l'ecclésiologie et dont l'interprétation politique est l'œuvre des commentateurs médiévaux. Nous essayons de montrer le rôle stratégique du concept dionysien dans l'interprétation politique de l'angélologie – dont les effets s'observent dans l'imaginaire angélique de la pensée politique médiévale – ainsi que dans la faillite, qui en résulte, de toute interprétation cosmologique de celle-ci. Le chapitre IV est consacré à la notion de hiérarchie. Il expose l'interprétation médiévale de la hiérarchie en termes de « pouvoir sacré (*sacer principatus*) » à partir des commentaires de *La Hiérarchie céleste* du ps.-Denys l'Aréopagite. L'enjeu est de montrer qu'il s'agit d'un concept technique pour penser le pouvoir, et non d'une notion très générale de l'ordre du monde. Le chapitre V souligne la « politisation » de l'angélologie médiévale, en indiquant comment le concept de hiérarchie a servi à penser la réalité politique et comment l'angélologie a nourri l'imaginaire gouvernemental et administratif des hommes de pouvoir. Nous tentons de présenter les effets concrets de l'angélologie sur la pratique du pouvoir au XIIIe siècle et le rôle qu'elle a joué dans la construction de l'État à partir de cette époque. Dans le chapitre VI, il s'agit de mettre en évidence le fait que l'impossibilité, ou du moins la difficulté, d'une angélologie cosmique est l'effet direct de cette politisation.

Ces deux parties dessinent donc un double mouvement, au moyen duquel nous voudrions dégager le partage fondamental qui s'effectue dans l'angélologie médiévale entre politique et cosmologie, en analysant les opérations précises de redistribution des savoirs,

1. Désormais : ps.-Denys.

de resémantisation des termes, de réinterprétation des textes. C'est ce partage qui installe les conditions de possibilité de la modernité. Notre thèse n'est cependant pas que la modernité commence à l'époque médiévale, mais plutôt qu'elle est l'effet de la reformulation médiévale d'un problème : celui du gouvernement du monde.

Ce livre constitue la version abrégée et remaniée d'une thèse de doctorat intitulée *La dépolitisation du monde. Angélologie cosmique et politique de l'Antiquité tardive au Moyen Âge*, dirigée par Philippe Hoffmann (EPHE) et Sylvain Piron (EHESS), soutenue le 9 décembre 2017, devant un jury composé de : Olivier Boulnois, Gwenaëlle Aubry, Ruedi Imbach, Dominic O'Meara, Emmanuele Coccia, Philippe Hoffmann et Sylvain Piron. La version présentée ici a donc pu bénéficier des remarques, des critiques et des suggestions qui nous ont été faites à cette occasion.

PREMIÈRE PARTIE

An angeli sint motores corporum cœlestium ?

En 1271, Jean de Verceil, Maître général de l'ordre des Frères prêcheurs, consulte trois maîtres dominicains – Thomas d'Aquin, Albert le Grand, Robert Kilwardby – au sujet de quarante-trois questions, dont les dix-neuf premières portent sur les anges [1]. La troisième question posée est : *an Angeli sint motores corporum cælestium*, les anges sont-ils les moteurs des corps célestes ? En un sens, cette question constitue un lieu commun de la pensée scolastique, mais le fait qu'elle ait été posée à la fin du XIIIe siècle de façon presque officielle n'est pas anodin. En effet, dans les années 1270, l'Université de Paris était agitée par les controverses liées à la réception du péripatétisme « arabe », dont la plus fameuse est celle de l'« averroïsme ». Un an plus tôt, en 1270, l'évêque de Paris Étienne Tempier avait condamné dans un décret treize propositions jugées contraires à la foi, qui portaient, entre autres, sur la toute-puissance divine et sur le déterminisme astral. En 1277, il réitérera une opération similaire dans la célèbre condamnation, au sujet cette fois de deux cent dix-neuf thèses [2]. Le débat sur l'angélologie s'inscrit dans ce climat intellectuel de doute et de censure. Ce que la philosophie, c'est-à-dire le péripatétisme des penseurs arabes, a apporté à la théologie chrétienne au XIIIe siècle, c'est principalement une philosophie de la nature : une biologie, une

1. *Cf.* J. Destrez, « La lettre de St Thomas d'Aquin dite lettre au lecteur de Venise », dans *Mélanges Mandonnet. Études d'histoire doctrinale et littéraire du Moyen Âge*, vol. 1, Paris, Vrin, 1930, p. 103-189 ; M.-D. Chenu, « Les réponses de S. Thomas et de Kilwardby à la consultation de Jean de Verceil (1271) » dans Mélanges Mandonnet, *op. cit.*, p. 191-221.

2. Sur le lien entre l'angélologie et la condamnation de 1277, *cf.* D. Piché, *La condamnation parisienne de 1277*, prop. 69-86, Paris, Vrin, 1999, p. 100-105 ; sur la cohérence de ce bloc textuel, *cf.* S. Piron, « Le plan de l'évêque. Pour une critique interne de la condamnation du 7 mars 1277 », dans *Recherches de théologie et philosophie médiévales* 78,2, 2011, p. 383-415. Au sujet de l'effet des condamnations de 1277 sur l'angélologie, *cf.* P. Duhem, *Le système du monde*, *op. cit.*, t. 6, p. 20-59.

physique, une cosmologie. Dans cette cosmologie, les anges sont les moteurs des corps célestes [1]. Plus précisément, « ange » est le nom théologique qui peut être donné à ce qu'Aristote appelle les « intelligences » célestes et que les philosophes à sa suite, Al-Fârâbî, Avicenne ou Maïmonide, nomment les substances séparées. Ce à quoi les théologiens se sont confrontés, c'est donc à une angélologie philosophique, véritable synthèse de la philosophie aristotélicienne et de l'angélologie théologique du judaïsme ou de l'islam – synthèse que la théologie patristique n'était pas parvenue à réaliser et qui en constituait un point faible ou du moins un angle mort [2]. Autrement dit, les théologiens ne savaient pas exactement comment intégrer les données de la cosmologie à la théologie et inversement.

La question de la motion des astres par les anges, thèse importée du péripatétisme arabe et reformulée en termes chrétiens, s'insère donc dans l'ensemble des préoccupations doctrinales de l'évêque [3]. Si ce sont les anges qui meuvent les astres, le font-ils à la place de Dieu et usurpent-ils ainsi sa puissance ? Comment, eu égard à la toute-puissance divine, faudrait-il répartir les rôles entre Dieu et ses anges, quant à la motion des cieux ? En mouvant les astres, les anges exercent-ils une influence sur le monde sublunaire ? Quel type d'influence faut-il reconnaître aux astres sur les réalités terrestres, et donc, quel degré de causalité faut-il accorder aux anges sur la création ? Il apparaît donc, à y regarder d'un peu plus près, que cette question que nous jugions si terriblement saugrenue cristallise, eu égard au contexte intellectuel des années 1270, des enjeux doctrinaux et polémiques majeurs.

La question sur les anges-moteurs adressée aux trois maîtres dominicains par Jean de Verceil s'inscrit dans le cadre d'une vaste opération de consulting théologique appelée par le climat

1. Sur le problème de la motion angélique des corps célestes, *cf.* E. Grant, *Planets, Stars and Orbs*, Cambridge, Cambridge University Press, 1994, p. 545-568 et P.-M. Lerner, *Le monde des sphères*, I, *Genèse et triomphe d'une représentation cosmique*, *op. cit.*, p. 165-194.

2. Sur l'angélologie patristique, *cf.* J. Daniélou, *Les anges et leur mission d'après les Pères de l'Église*, Chevretogne, Éditions de Chevretogne, 1952. Sur le rapport avec les questions cosmologiques et astrologiques, *cf.* B. Teyssèdre, *Anges, astres et cieux. Figures de la destinée et du salut*, Paris, Albin Michel, 1986 ; M.-H. Congourdeau (éd.), *Les Pères de l'Église et l'astrologie*, Paris, Migne, 2003.

3. Dans le *syllabus*, la thèse des anges-moteurs n'est explicitement mentionnée qu'à l'article 77, mais la question de l'animation des cieux apparaît aux articles 92, 94, 95 et 102.

d'incertitude et de censure doctrinale, à l'occasion de laquelle le maître général de l'ordre dominicain, en plus d'interroger les experts sur des points de doctrine difficiles, leur demande implicitement de se prononcer sur leur rapport au péripatétisme, c'est-à-dire à la philosophie.

Il est possible, à partir de cette question, de cartographier l'angélologie scolastique [1]. En effet, la consultation de Jean de Verceil, avec les trois réponses claires qu'elle apporte, fournit un petit échantillon au moyen duquel on peut mettre en évidence les diverses lignes de forces qui traversent le problème et les différentes positions sur lesquelles il ouvre, et ainsi en établir une carte lisible. Nous partirons donc de la constellation formée par les trois réponses données à Jean de Verceil pour mettre en lumière les multiples voies selon lesquelles angélologie et cosmologie se sont combinées dans la pensée scolastique, en vue d'essayer de cerner la cohérence de tout cet ensemble. Ce que permet d'observer immédiatement la consultation, c'est qu'à la question de savoir si les anges sont les moteurs des corps célestes, deux réponses négatives sont données – celles d'Albert le Grand et de Robert Kilwardby – contre une réponse positive – celle de Thomas d'Aquin. Il apparaît donc que la théorie des anges-moteurs soutenue par ce dernier le place dans une situation d'isolement, contrairement à ce qu'une idée reçue laisse souvent penser.

1. Sur l'angélologie scolastique en général, *cf.* M. Colish, « Early Scholastic Angelology », art. cit. ; I. Iribarren et M. Lenz (ed.), *Angels in Medieval Philosophy Inquiry. Their Function and Significance*, Aldershot, Ashgate, 2008 ; T. Hoffmann (ed.), *A Companion to Angels in Medieval Philosophy*, Leiden, Brill, 2012.

CHAPITRE PREMIER

La nature et la grâce

L'identification entre les anges et ce que les philosophes nomment des intelligences représentait une option séduisante pour les théologiens chrétiens confrontés à partir du XIIIe siècle à la cosmologie péripatéticienne. D'autant plus que le modèle d'une telle synthèse entre théologie et philosophie leur était déjà fourni par les philosophes arabes. Il ne s'agissait donc pas seulement de confronter la religion et la philosophie, mais d'évaluer un argument philosophique au sujet des anges. En un sens, c'est cet argument qui invitait les théologiens à repenser les rapports entre religion et philosophie, afin de savoir s'il était possible de construire une angélologie sur un modèle péripatéticien.

Albert le Grand occupe face à ce problème une position paradoxale. Parmi tous les penseurs de son époque, il est celui qui a accueilli le péripatétisme avec le plus d'enthousiasme – en commentant l'intégralité du corpus aristotélicien et en se confrontant aux thèses les plus audacieuses de la philosophie arabe. D'autre part, il est celui qui a le plus radicalement et avec le plus d'acharnement refusé et réfuté l'identification entre les anges de la théologie et les intelligences de la philosophie, au motif d'une séparation radicale entre ces deux disciplines.

Cela apparaît clairement dans la longue réponse qu'il donne à Jean de Verceil.

> Si l'on demande si tout ce qui est mû naturellement est mû par le ministère des anges mouvant les corps célestes, il n'y a aucun doute quant au fait que les anges ne meuvent pas les corps célestes. Les

anges ont en effet d'autres distinctions relativement à l'acte des vertus d'assistance et de ministère, comme l'ont transmis Denys et Grégoire. Si quelqu'un disait que les anges sont des intelligences, il faudrait dire qu'« intelligence » selon le nom et la définition ne signifie rien d'autre que l'intelligence agente par elle-même et par sa lumière et ne recevant rien selon le mode des passions. Je veux dire par « sur le mode des passions » qu'elle reçoit la forme intelligible par quelque agent, comme l'intellect possible. Aristote a prouvé en *Métaphysique* XI qu'une telle intelligence pour chaque ordre d'intelligences ne reçoit rien sur ce mode ; et si elle recevait quelque chose, elle aurait un autre intellect agent de son ordre qui la ferait passer de la puissance à l'acte – ce qui est frivole et impossible, puisque toutes les intelligences sont premières dans leur ordre, de sorte que n'importe laquelle d'entre elles du fait d'agir dans son ordre est première et universelle – tout ce qui est de cet ordre peut être fait par elle. Dans n'importe quel ordre il est en effet impossible que quelque chose précède le premier. Les anges ne sont pas des intelligences en ce sens, mais comme le dit Denys, des âmes célestes et des intellects divins illuminés et purifiés par les théophanies et les contemplations descendues de Dieu en eux et perfectionnés par la conversion vers la source des illuminations premières, qu'ils reçoivent sur le mode des passions afin d'être perfectionnés. Rien n'est purifié de l'habitus de la dissemblance sinon ce qui reçoit les choses sur le mode de la passion. Cela va contre la nature de l'intelligence, qui est totalement en acte par elle-même comme le disent les philosophes. Mais l'intelligence inférieure reçoit de la supérieure l'influence de la lumière pour sa constitution dans l'être et la vertu active, tout comme une lumière flue sur une autre par quoi elle est constituée dans son être de lumière et sa vertu illuminative. Et cela n'est pas le mode des passions, mais le mode par lequel une forme en fluant sur une forme la perfectionne dans sa vertu formelle. C'est pourquoi il est prouvé dans le prologue du *De causis* que le supérieur n'est pas formé par l'inférieur, mais plutôt, au contraire, que l'inférieur l'est par le supérieur, mais le supérieur n'est pas déterminé par l'inférieur, mais dans l'inférieur. Et il en va de même pour les astres, comme le disent Ptolémée, Geber [Jâbir], Albatenius [Al-Battânî], Albumasar [Abû Ma'shar] et tous les auteurs, Saturne ne s'applique à aucune des planètes, mais toutes s'appliquent à elle.

Ayant pris connaissance de cela, il est évident que l'intelligence ne meut pas sinon en demeurant immobile, de la même façon que le désiré meut le désir. Puisque l'intelligence produit par sa lumière toutes les formes de sa sphère et de son ordre, et que ces formes sont sa lumière, cette lumière désirant faire exister quelque chose, le moteur prochain de son orbe meut l'orbe et en le mouvant fait venir la forme à l'être. Toutes ces choses ont été prouvées dans la philosophie, et nous avons attentivement expliqué les preuves des philosophes dans notre livre sur le *De causis*. Il est donc évident que l'intelligence n'est pas un ange, et si elle l'était, elle ne serait pour autant pas le moteur prochain d'une sphère céleste. Et s'il en est ainsi, comme cela a été prouvé de façon certaine, alors les anges ne meuvent pas les corps célestes par leur ministère, et ainsi il suit de cela qu'aucun autre des corps inférieurs n'est mû par eux.

Si quelqu'un dit que Dieu meut les sphères célestes en donnant des ordres, leur mouvement sera un mouvement d'obéissance et non un mouvement naturel. Et à ce sujet, rien ne peut être déterminé selon la philosophie, parce que les principes de la philosophie qui sont des propositions connues par elles-mêmes ne suffisent pas pour cela. Et donc, qui s'exprime ainsi, puisqu'il ne respecte pas les principes de la philosophie, ne doit discuter de rien avec le philosophe ; Aristote dit en effet qu'il n'y a pas de discours sur la géométrie sans géomètre.

Ainsi la réponse à la troisième question est-elle évidente, puisque les anges ne sont pas les moteurs des corps célestes selon la philosophie, comme cela a été démontré par nécessité. [1]

L'argument d'Albert emprunte la voie d'une distinction technique précise entre ce que la théologie appelle « ange » et ce que la philosophie appelle « intelligence » en confrontant certaines données de l'angélologie traditionnelle – dionysienne et grégorienne – à la théorie péripatéticienne des intelligences célestes tirée de *Métaphysique* Λ, telle qu'elle est reprise et développée dans la philosophie arabe, par le biais notamment du *Livre des causes*.

En quel sens les intelligences peuvent-elles être dites les moteurs des corps célestes ? L'intelligence, au sens fort de l'intellect agent, est une substance perpétuellement en acte. Son activité intellectuelle consiste en une production incessante de lumière, c'est-à-dire, techniquement, un flux perpétuel de formes. Ces formes sont celles qu'épouse la matière des différentes sphères célestes et qui lui confèrent aussi bien son être que son mouvement. Albert pose

1. Albert le Grand, *Problemata determinata <XLIII>*, q. II, *in* J. A. Weisheipl, « The problemata determinata XLIII ascribed to Albertus Magnus, 1271 », *Mediaeval Studies*, vol. 22, 1960, p. 323-327 (notre traduction).

donc une intelligence unique effluant une multiplicité de formes – correspondant à une multiplicité de mouvements – dans l'orbe qu'elle produit ainsi. Si donc l'intelligence meut le ciel, c'est comme un objet de désir, en demeurant immobile et par l'intermédiaire de la lumière qu'il émet, que contemple ce qui se meut vers cet objet désiré. Ce processus décrit par Albert comme un flux de forme est tout à la fois métaphysique et cosmologique : il constitue la sphère dans son être et la détermine dans son mouvement. Plus largement, c'est la constitution des cieux et leurs mouvements qui sont pensés uniment.

Ce processus de diffusion des formes n'est pas, malgré des ressemblances superficielles, assimilable à ce que les théologiens décrivent comme la transmission des illuminations dans les ordres angéliques. S'appuyant sur la lettre du ps.-Denys, Albert met en évidence la différence majeure qui distingue les deux phénomènes : alors que l'effusion des formes relève d'une activité intellectuelle perpétuelle, l'illumination angélique relève de la passion. L'illumination (*illuminatio*) est un acte hiérarchique, qu'Albert qualifie de contemplation (*theoria*) ou de théophanie (*theophania*), et qui comporte une dimension de purification (*purgatio*) et de perfectionnement (*perfectio*). Ces trois processus – illumination, purification, perfectionnement – évoqués par Albert renvoient aux termes techniques dont se sert le ps.-Denys pour nommer les opérations hiérarchiques [1]. L'illumination est le processus par lequel un ange transmet à un autre ange la connaissance hiérarchique de ce qu'il doit faire. Cela nécessite une purification et a pour effet un perfectionnement : l'ange ne passe pas seulement de l'ignorance au savoir, mais de la dissimilitude à la conformité [2]. L'illumination suppose donc la réceptivité ou l'affectivité de l'ange. Par contraste, la façon dont une intelligence perfectionne une autre intelligence relève d'un processus formel ou métaphysique : c'est en effluant une forme sur une intelligence inférieure qu'une intelligence supérieure la perfectionne. La métaphore de la lumière n'a donc pas la même signification dans les deux cas. Dans le cas de l'illumination, au sens technique et dionysien du terme, il s'agit d'un mode de transmission

1. Sur la triade dionysienne, *cf.* R. Roques, *L'Univers dionysien, Structure hiérarchique du monde selon le Pseudo-Denys*, Paris, Cerf, 1983, p. 94-101.

2. Sur l'illumination angélique, *cf.* Albert le Grand, *Summa theologiae*, II, tract. 10, q. XL, m. 2, art. 1, part. 1 (*Utrum Angelis conveniat purgare, illuminare, et perficere ?*).

hiérarchique des connaissances par lequel un ange se conforme aux instructions qu'il reçoit d'un ange de rang supérieur. Dans le cas de la lumière intellectuelle, il s'agit d'un flux (*fluxus*) au sens métaphysique, c'est-à-dire d'une effusion des formes substantielles par laquelle les intelligences sont constituées les unes par les autres.

La réponse d'Albert le Grand ne consiste en aucun cas en une critique de la philosophie, sauf à prendre le terme en son acception kantienne – il délimite la portée du discours philosophique. Il ne s'agit pas pour lui de faire valoir le concept théologique de l'ange contre le concept philosophique d'intelligence, de critiquer ou de remplacer celui-ci par celui-là, mais d'affirmer, au contraire, que « les anges ne sont pas des intelligences (*angeli non sunt intelligencie*) » ou que « l'intelligence n'est pas un ange (*intelligencia nec angelus est*) », c'est-à-dire de les distinguer le plus radicalement possible, afin d'éviter qu'un discours n'empiète sur l'autre et que les caractéristiques de l'intelligence céleste des péripatéticiens ne soient transférées sur la figure théologique de l'ange.

La distinction conceptuelle entre intelligence et ange permet donc de faire tenir tout un réseau d'oppositions – entre philosophie et théologie, raison et foi, nature et grâce – dont nous voudrions montrer le rôle structurant dans la séparation entre cosmologie et politique.

Anges et intelligences

Si les réponses d'Albert à la consultation de Jean de Verceil font état d'une position tranchée et tout à fait explicite, il n'en va pas de même dans tous ses textes : il semble avoir changé d'avis tout au long de sa carrière. À en juger d'après ses premiers écrits, il aurait même assez favorablement accueilli la synthèse entre angélologie et cosmologie péripatéticienne pendant un temps.

> Si donc les saints contredisent ce qui est dit ici par les philosophes, ce ne sera pas une contradiction dans la chose, mais seulement dans le nom : cela n'est en effet ni contre les saints ni contre la foi catholique que quelques anges servent Dieu en mouvant les sphères pour la génération et la corruption des choses inférieures [1].

1. Albert le Grand, *De homine*, qu. iv, art. 2, ad 5, éd. H. Anzulewicz et J. R. Söder, Münster, Aschendorff, 2008, p. 45 (notre traduction).

On retrouve ce type d'énoncé dans plusieurs textes de la *Summa de creaturis* qui datent des années 1240 [1]. Les commentateurs s'accordent à situer un tournant majeur autour de 1250 – alors qu'Albert le Grand quitte Paris pour Cologne – à partir duquel il accentue sur le plan méthodologique le hiatus entre philosophie et théologie [2]. Si la signification générale du geste d'Albert fait l'objet de nombreux débats [3], on ne s'attachera ici qu'à ses conséquences quant au problème des anges et des intelligences. La question de l'identité ou de la différence entre anges et intelligences célestes représente en effet un point de cristallisation particulièrement intense du conflit entre théologie et philosophie et il n'est pas étonnant qu'elle soit posée de façon récurrente dans les textes d'Albert. On ne s'attachera pas non plus ici à suivre en détail l'évolution de la position d'Albert qui, du reste, engage, outre la stricte question de l'identification entre les intelligences et les anges, toutes les questions afférentes au problème plus large du mouvement des cieux, dont celles de l'existence des âmes célestes ou du nombre de moteurs célestes. Sur le plan méthodologique, de telles questions appellent aussi celle de la différence de statut entre les traités théologiques et les commentaires philosophiques [4]. On voudrait plutôt envisager ici comment la méthode albertienne s'applique au cas particulier des anges et des intelligences et la façon dont, à l'inverse ce cas d'école, pour ainsi dire, permet de comprendre le sens de cette distinction ou de cette disjonction méthodologique.

Pour ce qui est de la distinction générale entre théologie et philosophie, l'énoncé le plus clair et le plus connu, et qui vaut

1. Albert le Grand, *De quattuor coaequaevis*, tract. I, qu. i, art. 3, ad 3 (éd. Borgnet, p. 313); tract. III, qu. xvi, art. 2 (éd. Borgnet, p. 445-446).

2. Sur le tournant des années 1250, *cf.* L. Sturlese, *Storia della filosofia tedesca nel medioevo, Il secolo XIII*, Firenze, Olschki, 1996, p. 76-84.

3. *Ibid.*, p. 69-90 ; A. de Libera, *Raison et foi. Archéologie d'une crise d'Albert le Grand à Jean-Paul II*, Paris, Seuil, 2003, p. 262-286 ; A. Oliva, *Les Débuts de l'enseignement de Thomas d'Aquin et sa conception de la* sacra doctrina, Paris, Vrin, 2006, p. 331-332. H. Anzulewicz a montré que la distinction était opérante avant le tournant des années 1250, *cf.* « Die Emanationslehre des Albertus Magnus : Genese, Gestalt und Bedeutung », *in* L. Honnefelder, H. Möhle, S. Bullido del Barrio (ed.), *Via Alberti, Texte – Quellen – Interpretationen*, Münster, Aschendorff Verlag, 2009, p. 219-242.

4. Sur ces questions, *cf.* D. Twetten, « Albert the Great's Early Conflations of Philosophy and Theology on the Issue of Universal Causality », in *Medieval Master. Essays in Memory of Msg*, R. E. Houser ed *r. E. A. Synan*, Houston, Center for Thomistic Studies, 1999, p. 25-62 ; « Albert the Great, Double Truth, and Celestial Causality », *Documenti e studi sulla tradizione filosofica medievale* 12, 2001, p. 275-358.

en quelque sorte comme règle de méthode, se trouve dans le commentaire de la *Métaphysique* :

> Les matières théologiques ne s'accordent pas sur le plan des principes avec les matières philosophiques, puisqu'elles sont fondées sur la révélation et l'inspiration et non sur la raison, c'est pourquoi nous ne pouvons pas discuter de ces choses en philosophie [1].

La remarque intervient précisément dans le cadre d'une discussion sur les principes de la substance et sur l'impossibilité pour la philosophie d'outrepasser le domaine de la production des substances matérielles par la causalité céleste en direction de l'idée de création *ex nihilo*. Il ne convient pas de prouver la création rationnellement, car un tel objet de pensée échappe aux principes de la connaissance philosophique.

Tout comme le problème de la création, la figure de l'ange ne saurait faire l'objet d'un discours philosophique, et l'on verra donc la même distinction appliquée au cas des intelligences célestes dans le commentaire de l'*Éthique à Nicomaque* :

> Il faut dire que nous pouvons parler de deux façons au sujet des intelligences : ou bien selon l'ordre de la nature ou bien selon l'ordre des offices divins, selon lequel elles se distinguent en neuf ordres et reçoivent les illuminations du premier et sont intelligentes sur le mode de l'intellect spéculatif. Et nous ne parlons pas d'elles de cette façon ici, ni le Commentateur ni le Philosophe, car nous ne saurions atteindre à de telles réalités par les principes de la connaissance humaine. Si au contraire nous en parlons selon l'ordre de la nature, ainsi qu'en parlent les philosophes, leur intellect a la raison d'un intellect pratique relativement à ceux qui leur sont inférieurs [2].

Il y a donc deux façons de considérer les intelligences célestes. Du point de vue théologique, ce sont les anges, tels que la tradition, depuis le ps.-Denys, les classe en neuf ordres hiérarchiques selon le type d'offices divins (*ordinem divinorum officiorum*) qu'ils se voient attribuer. De ces réalités, ni Aristote ni Averroès ne disent mot, car ils parlent seulement du point de vue philosophique, où les

1. Albert le Grand, *Metaphysica*, lib. XI, tract. 3, c. 7 (éd. B. Geyer, Münster, Aschendorff, 1964, p. 542) (notre traduction). Voir la traduction d'Isabelle Moulin, *Métaphysique, Livre XI, Traités II et III*, Paris, Vrin, 2009.

2. Albert le Grand, *Super ethica*, lib. VI, lect. VIII, éd. W. Kübel, Münster, Aschendorff, p. 446 (notre traduction).

intelligences sont envisagées selon l'ordre naturel. Il semblerait que la distinction opérée ici par Albert le Grand soit simplement méthodologique ou épistémologique : la philosophie et la théologie ne s'opposent que comme deux points de vue pris sur le même objet ou sur la même réalité. Le fait que les anges soient aussi nommés dans la tradition dionysienne « intelligences » (νοΐ) ne peut que nourrir l'équivoque entre philosophie et théologie au sujet de celles-ci et justifie sans doute qu'on ne les distingue que sur le plan de la méthode. On serait donc tenté d'interpréter l'opposition en un sens faible et de n'y voir qu'une opposition entre différents principes de la connaissance.

On remarquera toutefois que parallèlement aux deux modes de connaissance sont posés deux ordres distincts, celui de la nature et celui des offices divins, c'est-à-dire deux champs de la réalité qui semblent fonctionner selon des lois différentes, et dans lesquels un même objet se comportera de façon différente et pourra s'appeler, selon le cas, « ange » ou « intelligence ». Toute la question est donc de savoir si et dans quelle mesure la différence de point de vue engage la position d'une différence réelle au niveau de l'objet considéré : s'agit-il de deux façons différentes de comprendre la réalité ou de deux réalités distinctes ? De la distinction épistémologique à la distinction ontologique, c'est-à-dire d'une distinction de méthode à une différence réelle, il n'y a cependant qu'un pas, qu'Albert semble franchir ailleurs, aussi bien dans des écrits philosophiques que dans des écrits théologiques.

Dans le *De causis et processu universitatis* – qui est comme une longue paraphrase du *Liber de causis* –, après avoir exposé dans un chapitre l'ordre des intelligences qui fluent à partir de la cause première (*De ordine eorum quae fluunt a primo secundum omnem gradum entium universorum*), il se démarque très nettement d'une tradition de philosophes péripatéticiens juifs qui voudraient identifier ces intelligences avec des anges :

> Les ordres des intelligences que nous avons déterminés, certain disent que ce sont les ordres des anges, et ils nomment les intelligences « anges » : ceux qui disent cela sont Isaac, Rabbi Moïse et d'autres philosophes juifs. Mais nous ne pensons pas que cela soit vrai. En effet, les ordres des anges se distinguent selon des différences d'illuminations et de théophanies, qui sont reçues par la révélation et crues par la foi, et ils sont ordonnés dans la grâce

> et la béatitude pour la perfection du règne céleste : de ces choses, la philosophie ne peut rien déterminer par raison philosophique [1].

Bien qu'il soit à nouveau question des limites du discours philosophique quant aux contenus de la révélation et de la foi, Albert semble aller dans son propos au-delà d'une simple mise en garde scientifique : il oppose à l'ordre des intelligences émanées à partir de la cause première un ordre de distinction selon les illuminations et les théophanies (*secundum differentias illuminationum et theophaniarum*) et il nie tout simplement l'identification opérée par les péripatéticiens juifs entre anges et intelligences. On peut y voir comme une opposition entre un ordre de la nature et un ordre de la grâce, qui non seulement justifie la partition opérée sur le plan du savoir, mais aussi destitue les prétentions de la philosophie ou de la science naturelle à sortir de ses limites épistémologiques et rend impossible toute forme de synthèse entre ange et intelligence.

Dans la *Summa theologiae*, il réfute cette même identification, plus en détail cette fois, à l'occasion d'une question consacrée à la multiplication (*causa multiplicationis*) des anges :

> Si à cause de cela quelqu'un disait que les anges sont des intelligences à qui il est donné de mouvoir les corps célestes, et que les anges sont multipliés par le nombre des corps et des mouvements célestes, cela est frivole :
>
> 1. On sait bien qu'autre est la multiplication de l'ordre des intelligences, qui selon le philosophe sont multipliées en dix ordres, et ce sont des intelligences actives qui utilisent les mouvements de leurs orbes, comme le dit le philosophe, de la même façon que l'intellect pratique utilise la main. Il est donc frivole de dire que les anges sont multipliés selon le nombre des mouvements supérieurs.
>
> 2. En outre, l'intelligence ne revient d'aucun lieu et ne retourne en aucun. L'ange va souvent d'un lieu à un autre, et c'est pourquoi on l'appelle ange, c'est-à-dire messager. Il est donc frivole de dire qu'une intelligence qui meut l'un des corps célestes est un ange.
>
> 3. En outre, l'intelligence ne revêt jamais un corps dans lequel elle apparaît, ni ne peut le revêtir : puisque, selon le philosophe, elle est partout et tout le temps, comme universellement. Les anges, quant

1. Albert le Grand, *De causis et processu universitatis*, lib. I, tract. 4, cap. VIII, éd. W. Fauser, Münster, Aschendorff, 1993, p. 58 (notre traduction).

à eux, revêtent des corps, et en eux conversent avec les hommes. L'intelligence n'est donc pas un ange [1].

Albert rejette l'option qui consisterait à déterminer la multiplication des anges d'après le nombre des corps célestes ou des mouvements célestes en les identifiant avec les intelligences qui sont les causes de ceux-ci. Par définition, un ange est un messager (*nuntius*), c'est-à-dire un être envoyé en mission auprès des hommes pour leur porter des messages, donc un être en mouvement, mais aussi en relation ou en interaction avec les hommes. Un tel être doit donc se mouvoir, se localiser et revêtir un corps afin d'accomplir ses différentes missions. À l'inverse, les intelligences existent sur le mode de l'universel, c'est-à-dire qu'elles sont immobiles, hors du temps et de l'espace. Elles n'ont qu'un rapport instrumental avec les corps célestes qu'elles meuvent. De telles intelligences ne sauraient donc remplir les fonctions dévolues aux anges. Il apparaît clairement, dans ce petit tableau comparatif, que l'ange et l'intelligence sont tout simplement des êtres différents.

On passe donc d'une interprétation faible à une interprétation forte de la distinction albertienne. Ou plutôt, la distinction épistémologique entre théologie et philosophie semble se doubler, dans ce cas précis, d'une différence de nature, non pas entre les modes de connaissances, mais entre leurs objets mêmes [2]. À cet égard, le texte le plus représentatif se trouve dans le commentaire des *Sentences*. L'ensemble du commentaire présente des incohérences, ou du moins de fortes disparités de jugement quant à la question de l'identité entre anges et intelligences, que l'on pourrait interpréter d'un point de vue génétique comme autant d'étapes de la rédaction du texte à l'occasion desquelles se donne à voir l'évolution de la pensée albertienne sur ces questions [3]. Quoi qu'il en soit des problèmes de lecture interne, à l'article 3 de la troisième distinction, Albert pose explicitement la question : les théologiens nomment-ils « anges » les

1. Albert le Grand, *Summa theologiae*, II, tract. 2, qu. vii, éd. Borgnet, p. 132 (notre traduction).

2. Sur cette évolution du sens de la distinction d'Albert le Grand, *cf.* S. Piron, « Deplatonising the Celestial Hierarchy. Peter John Olivi's interpretation of the Pseudo-Dionysius », *in* I. Iribarren, M. Lenz (eds.), *Angels in Medieval Philosophy Inquiry. Their Function and Significance*, Aldershot, Ashgate, 2008, p. 29-44.

3. Sur l'évolution d'Albert dans la rédaction du commentaire des *Sentences*, cf. D. Twetten, « Albert the Great's Early Conflations of Philosophy and Theology on the Issue of Universal Causality », *loc. cit.*

substances séparées que les philosophes nomment « intelligences » (*An Theologi vocant Angelos illas substantias separatas quas Philosophi vocant intelligentias*) ?

> On voit que oui : parce que
> 1. Ainsi le dit Avicenne, que les intelligences sont ce que le peuple et les *mutakallimun* nomment « anges » dans la loi.
> 2. De même, Algazel dit la même chose avant la fin de sa *Métaphysique*.
> 3. De même, Rabbi Moïse dit cela dans la deuxième partie du *Guide des égarés* : on voit donc qu'eux-mêmes comprennent cela.
> 4. De même, les philosophes posent comme intelligences les substances séparées, et nous appelons « anges » les substances séparées : donc nous entendons dire la même chose par « anges » qu'eux par « intelligences », comme on le voit.
> 5. De même, il n'y a rien qui précède la substance intellectuelle dans l'ordre de l'univers selon les philosophes sinon la cause première : nous disons la même chose des anges : on voit donc que nous entendons par anges la même chose qu'eux par intelligences [1].

Les arguments *quod sic* indiquent bien l'origine philosophique de la thèse : ce que les philosophes – Avicenne, Algazel et Maïmonide – nomment « intelligences », eux-mêmes les identifient à ce que les théologiens appellent « anges ». L'identification procède par analogie, dans la mesure où les intelligences et les anges occupent la même place dans les discours des uns et des autres : ce sont des substances séparées qui se tiennent entre la cause première et le monde. Ces arguments demeurent toutefois très superficiels et si l'on y regarde de plus près, on voit que l'identification n'est pas si évidente qu'il n'y paraît.

> PAR CONTRE :
> 1. Aucun philosophe n'a jamais posé que les intelligences se mouvaient localement, au contraire ils écrivent bien plutôt qu'elles sont immobiles : nous disons que l'ange est un messager, ce pour quoi il est souvent envoyé selon un mouvement local : donc nous n'entendons pas la même chose.
> 2. De même, tout philosophe qui pose des intelligences dit qu'elles meuvent les cieux, comme le désiré meut le désirant : mais nous ne disons pas cela à propos des anges : donc, etc.

1. Albert le Grand, *In II sententiarum*, dist. III, art. 3, éd. Borgnet, p. 65-66 (notre traduction).

3. De même, tous les philosophes s'accordent en cela que le nombre des intelligences est selon trois modes, à savoir, ou bien selon le nombre des sphères mobiles, ou bien selon le nombre des mouvements, ou bien selon le nombre des étoiles qui sont dans les mobiles : mais nous tenons tout cela pour absurde concernant les anges : donc, etc. [1]

Les arguments *contra* dressent un diptyque dans lequel la différence entre les anges et les intelligences apparaît de façon criante, sur la base de trois points techniques de comparaison, relatifs au mouvement et au nombre des substances. Alors que les intelligences sont tenues pour des substances immatérielles et immobiles – la pluralité de moteurs immobiles posée par Aristote en *Métaphysique* Λ, VIII [2] – il est clair que les anges sont doués de mouvement local, puisqu'ils sont, littéralement, et comme le montrent en maints endroits les récits bibliques, des messagers envoyés à travers le monde porter les messages divins aux hommes. De même, l'existence d'une pluralité de substances intelligentes qui sont autant de moteurs immobiles est postulée, chez Aristote, afin d'expliquer la multiplicité des mouvements célestes selon une causalité finale conçue sur le modèle du rapport entre le désirant et le désiré [3], en corrélation étroite avec les données de l'astronomie, à savoir le nombre de sphères, d'étoiles ou de mouvements célestes, à partir duquel est déduit le nombre des intelligences motrices [4]. On voit mal en quoi la figure biblique de l'ange pourrait correspondre à ce type de substance postulée par la métaphysique et la cosmologie aristotéliciennes.

Autrement dit, Albert déconstruit le montage péripatéticien en mettant en évidence le fait que le concept philosophique d'intelligence ne représente pas, loin s'en faut, la version théorique de ce que le texte biblique dépeint comme des messagers divins. Là où le concept d'intelligence sert à penser, à partir d'un problème de physique et d'astronomie, le mouvement des cieux, le concept d'ange s'inscrit dans une réflexion d'ordre théologique sur la façon dont le divin communique avec les hommes. Malgré des similitudes

1. Albert le Grand, *In II sententiarum*, dist. III, art. 3, éd. Borgnet p. 65-66 (notre traduction).

2. *Cf.* H. A. Wolfson, « The Plurality of Immovable Movers in Aristotle and Averroës », *Harward Studies in classical Philology* 63, 1958, p. 233-253.

3. *Cf.* Aristote, *Métaphysique*, Λ, VIII, 1072b13, trad. J. Tricot, Paris, Vrin, 1991.

4. *Ibid.*, 1073b31-1074a30.

qui ne sont qu'apparentes, ces deux idées s'avèrent irréductibles l'une à l'autre.

Il ne s'agit toutefois pas d'opposer la figure biblique de l'ange au concept philosophique d'intelligence, mais simplement de les distinguer et de les séparer.

> Il se pourrait que quelqu'un dise que je n'ai pas compris ce que disent les philosophes à propos des intelligences. Mais à cela je réponds que ma compréhension est limitée, mais il n'est pas douteux pour moi que c'est bien ainsi que comprennent les philosophes quand ils parlent des intelligences, et ce qui est certain pour moi, c'est que celui qui dit que les anges sont des intelligences, qu'ils se meuvent localement, mais aussi qu'ils meuvent immédiatement les cieux, et pas seulement comme le désiré meut le désirant, celui-là n'a jamais connu la nature de l'intelligence, ni n'a compris les philosophes qui parlent des intelligences. Ceux-ci posent en effet une unique intelligence qui est l'étant nécessaire, et de sa splendeur dont il est possible qu'elle ne lui fasse jamais défaut, comme ils disent, elle éduit l'intelligence du premier ordre, et de celle-là le deuxième orbe et avec l'âme de l'orbe l'intelligence du deuxième ordre, et de celle-là le troisième orbe et l'intelligence du troisième ordre, et ainsi jusqu'à l'intelligence du dixième ordre, qui meut comme le désiré la sphère des actifs et des passifs, qui est éduite par la distinction des lieux sous l'orbe de la lune, intelligence dont ils disent que la splendeur est toute forme de la matière des choses générables et corruptibles, et la forme de l'intellect possible : et tout cela nous pensons que c'est faux quand on le dit des anges. [1]

Contrairement à ce que l'on pourrait croire, ici l'adversaire d'Albert n'est pas tant le philosophe péripatéticien que le théologien chrétien qui penserait pouvoir adapter le péripatétisme à l'angélologie, ou l'inverse, et soutenir, par exemple, que l'ange meut immédiatement les cieux (*immediate movere cœlos*). Car une telle assertion recouvre, malgré son apparente simplicité, un ensemble de considérations techniques qui la rendent tout à fait problématique. Pour poser les choses explicitement, dire que l'ange meut immédiatement les cieux revient à éluder du dispositif céleste l'âme de la sphère qui occupe, en particulier chez Avicenne, une fonction de médiation entre l'intelligence motrice et le mouvement effectué par le corps

1. Albert le Grand, *In II sententiarum*, dist. III, art. 3, éd. Borgnet p. 65-66 (notre traduction).

céleste : c'est elle qui, contemplant l'intelligence séparée, transmet son désir d'assimilation au corps sous la forme du mouvement circulaire. Évidemment, une version théologique de l'explication du mouvement des cieux par un moteur intellectuel séparé, nommément un ange, ne peut que faire l'économie de l'hypothèse d'une telle âme céleste, et postule plutôt un rapport direct entre l'ange-moteur et le corps céleste qu'il meut. Albert vise sans doute ici les positions de Bernard de Clairvaux[1] et de Philippe le Chancelier[2], peut-être aussi celle de Thomas d'Aquin. Le problème est cependant de savoir si une telle explication ne rencontre pas, sur le plan philosophique, des difficultés, comme celle de devoir rendre compte du mode de relation entre une intelligence immobile et séparée et un corps en mouvement – à laquelle répond précisément le concept d'âme céleste. Autrement dit, il s'agit de savoir s'il est philosophiquement légitime de faire valoir des exigences théologiques, comme la critique de l'animation des cieux, sur les matières scientifiques. La critique d'Albert porte donc sur la lecture superficielle ou erronée des textes philosophiques, vraisemblablement ceux d'Avicenne, par certains théologiens qui en reprennent arbitrairement un élément – le concept d'intelligence motrice – au détriment du reste du système, en ignorant toute la complexité et la subtilité, à savoir la façon dont la question du mouvement des cieux s'articule à une métaphysique du flux qui pense la production du réel à partir de la cause première selon un processus d'émanation ternaire. En un sens, Albert prend la défense du philosophe contre le théologien qui n'aurait pas bien compris la philosophie et se la serait réappropriée de façon indue. Le problème n'est pas, encore une fois, de décider qui du théologien ou du philosophe a raison, mais de faire la part entre les deux discours, afin de ne pas les mélanger. L'argument d'Albert est tout simplement que si l'on comprend ce que dit la philosophie au sujet des intelligences, on ne peut pas l'appliquer sans reste aux anges.

Albert conclut donc que ce que les philosophes nomment « intelligence » et les théologiens « ange » sont des réalités différentes. À propos de cette différence, il fait encore deux remarques importantes dans les réponses aux objections.

1. *Cf.* Albert le Grand, *In II sententiarum*, dist. II, art. 1, éd. Borgnet, p. 45 (notre traduction).

2. *Cf.* Albert le Grand, *Super Dionysium de Caelesti Hierarchia*, cap. VI, éd. P. Simon et W. Kübel, Münster, Aschendorff, 1993, p. 86.

À une [objection], nous disons que nous séparons les anges selon une autre séparation que celle selon laquelle ils séparent les intelligences : en effet, ils posent qu'elles ne sont pas conjointes à la matière et qu'elles n'ont pas de formes matérielles, mais universelles et simples, qui sont les raisons du mouvement des cieux : mais ils ont déterminé l'intelligence en relation au moteur déterminant qui reçoit l'espèce de la splendeur de l'intelligence, et meut son ciel selon la consécution de ses espèces mobiles, comme si elle le produisait dans l'être : mais cela, nous le tenons pour une idiotie, car nous disons que Dieu a causé et disposé le monde selon sa volonté, et nous séparons tous les anges de la matière, et de la détermination selon le moteur et le mouvement de quelque corps que ce soit : mais ils tendent vers Dieu par la contemplation seulement, et vers nous par le ministère.

À l'autre objection, nous disons que l'ordre de l'univers selon les philosophes est tout à fait différent du nôtre. Car ils posent l'ordre à partir de l'un, à partir duquel, parce qu'il est nécessaire et un, ne peut provenir que l'un qui est possible et nécessaire : possible en soi, nécessaire par le premier : et du fait que celui-là est deux, ils éduisent deux choses, à savoir son ciel et une autre intelligence, comme nous l'avons dit plus haut, et le ciel par le mouvement, dont une partie va vers un point et rétrocède de ce point, est le principe de la diversité : et quant à l'intelligence ils éduisent encore d'autres intelligences. Quant à nous nous posons un ordre tel que le corporel et le spirituel sont en même temps à partir d'un agent unique par la liberté de sa volonté, et non par nature et nécessité, comme eux le posent : et nous disons que l'ange est le premier après Dieu non pas dans l'ordre des causes, mais dans l'ordre du rang et de la dignité [1].

C'est dans les réponses aux objections que la différence entre ange et intelligence se précise de façon décisive.

En premier lieu, si tous deux peuvent être qualifiés de « substances séparées » (*substantias separatas*), il ne s'agit pas dans les deux cas de la même séparation. L'intelligence est certes séparée de la matière, mais elle lui est toutefois liée comme un moteur à son mobile, qui lui transmet la forme même de son mouvement – la multiplicité successive des espèces mobiles (*speciei mobilis*) – et pour ainsi dire son être même. En ce sens très particulier, l'intelligence

1. Albert le Grand, *In II sententiarum*, dist. III, art. 3, éd. Borgnet, p. 65-66 (notre traduction).

est la forme du corps céleste. L'ange quant à lui est tout à fait séparé de la matière et ne participe en aucun sens de la disposition du monde ou du mouvement des cieux – qui relèvent chacun de la seule œuvre divine. Il se rapporte à Dieu par la contemplation (*per contemplationem*) et à l'homme par le ministère (*per ministerium*) : par les voies de la connaissance dans un cas et de l'action dans l'autre.

En second lieu, si l'intelligence et l'ange occupent structurellement la même place dans leurs systèmes respectifs, la comparaison demeure superficielle en raison de la différence profonde entre les deux systèmes en question. L'ordre du monde décrit par la philosophie – le système avicennien en particulier – est celui des causes, qui engendrent à chaque niveau du réel une intelligence, une âme et un ciel selon un mode d'éduction complexe. Or, la théologie ne tient pas que les anges sont des causes secondes qui participeraient à la production du monde. Au contraire, toute la réalité, corporelle et spirituelle, procède en bloc de la volonté divine créatrice, et pas par degrés selon une causalité naturelle et nécessaire. La place que l'ange occupe entre Dieu et le monde n'a rien à voir avoir la préséance causale de la réalité spirituelle par rapport à la réalité corporelle : elle ne s'inscrit pas dans l'ordre ontologique des causes (*causae*), mais dans l'ordre pratique du rang (*status*) et de la dignité (*dignitatis*).

La différence établie par Albert entre l'intelligence et l'ange recoupe donc une distinction épistémologique radicale entre la philosophie et la théologie ainsi qu'une distinction ontologique forte entre deux ordres de réalité. On pourrait se contenter de voir dans la différence entre ange et intelligence une simple application de cette distinction méthodologique. Cela laisse toutefois dans l'ombre un certain nombre de questions. Ce n'est qu'en tournant le problème dans l'autre sens, c'est-à-dire en se demandant en quoi la critique de la théorie des anges-moteurs appelle une telle distinction méthodologique, que l'on en voit apparaître le nœud.

Le mouvement des cieux représente en effet un point délicat à propos duquel il n'est pas toujours aisé de faire la part entre le discours de la philosophie et celui de la théologie et où ils risquent d'entrer en concurrence. Dans la plupart des cas, la philosophie ou les sciences naturelles admettent, sous la forme du miracle, une exception à leurs principes, au sujet de laquelle seule la théologie est en mesure de se prononcer. Dans le cas particulier du mouvement des cieux cependant, si l'on part de l'hypothèse selon laquelle les intelligences dont parle la philosophie sont identiques aux anges dont parle la théologie, ce partage épistémologique se trouve compromis. La théologie n'a, de fait, presque rien à dire au sujet du mouvement des cieux et c'est alors la cosmologie péripatéticienne qui dicte ses règles à l'angélologie [1]. Le théologien pourrait donc se contenter de nommer « ange » ce que le philosophe appelle « intelligence » afin de simplement maintenir, de loin, un droit de regard sur ces questions de cosmologie. Cela pose toutefois un double problème. Il apparaît tout d'abord, quand on en déploie toutes les implications, que la théorie péripatéticienne des intelligences motrices contrevient à un certain nombre de contenus de la foi – pour ce qui touche, par exemple, à la création du monde ou à l'animation des cieux. Ensuite, là où la théologie entend s'accommoder des théories païennes en les christianisant sous la forme d'une théorie des anges-moteurs, elle risque fort de commettre des erreurs sur les plans scientifiques et philosophiques – par exemple, d'affirmer qu'un moteur séparé peut mouvoir directement un corps. De deux choses l'une : soit la théologie cède le pas à la philosophie, au risque de devoir admettre des énoncés contredisant la foi, soit la théologie prend le pas sur la philosophie, et toute la cosmologie relève du miracle.

Face à cette alternative, le geste d'Albert consiste à séparer au maximum les discours théologique et philosophique, au point de scinder en deux leur hypothétique objet commun : l'ange ou l'intelligence. Car tout le problème tient à ce que l'on identifie les anges et les moteurs des corps célestes. En répartissant entre les deux disciplines ce qui revient à chacune en propre, on met au clair les différentes questions que l'on démêle : le rôle des anges, l'existence des intelligences séparées, l'animation des cieux, le mouvement des sphères, etc. En faisant de l'ange un objet propre à la théologie, Albert le soustrait au discours des sciences naturelles en même temps qu'il s'interdit d'importer en théologie tout le réseau des problèmes cosmologiques du péripatétisme.

Ces problèmes, toutefois, il ne les abandonne pas aux philosophes. En commentant les textes péripatéticiens, Albert entend s'y attacher et éventuellement leur apporter une solution en tant que philosophe. Or, ce qu'il dit au sujet des questions de

1. *Cf.* L. Sturlese, *Storia della filosofia tedesca nel medioevo*, *op. cit.*, p. 90.

cosmologie nous intéresse au moins à double titre. D'abord parce que cela représente précisément tout ce qu'il ne dit pas au sujet des anges. Dans toute la partie philosophique de l'œuvre d'Albert – et même parfois dans les textes théologiques [1] – est déployée une théorie des intelligences motrices, parallèlement à l'angélologie. Ensuite parce que la disjonction opérée par Albert entre un ordre de la nature et un ordre de la grâce invite à se demander ce qu'il en est de l'ordre du monde en général. Doit-on dire qu'il y a deux ordres du monde ? S'ils sont hétérogènes, comment se rapportent-ils l'un à l'autre ? Ou participent-ils tous deux, *in fine*, d'un même ordre ? Mais alors, à quoi tient leur différence ? On se tournera donc vers la cosmologie « péripatéticienne » d'Albert le Grand.

L'ordre du monde

Opus naturae

La pensée philosophique développée par Albert le Grand parallèlement à son œuvre de théologien – et tout le problème consiste précisément à comprendre la signification de ce parallélisme – est couronnée, dans sa grande entreprise de lecture intégrale du corpus aristotélicien, par ce que ses commentateurs nomment une théorie ou une métaphysique du flux et qu'il déploie dans le *De causis et processu universitatis a causa prima*. Que ce dernier texte, consistant en un commentaire du *Liber de causis*, appartienne à l'édifice des commentaires aristotéliciens ne doit pas surprendre : comme on le sait, le *Liber de causis* pouvait, au Moyen Âge, être tenu pour un texte authentiquement aristotélicien. Albert le Grand y voit, plus précisément, une collection d'aphorismes d'Aristote, compilée et commentée par un certain David le Juif, peut-être le philosophe juif Ibn Daûd, que les Latins appellent Avendauth [2]. Il y a dans cette erreur d'attribution aujourd'hui à peine concevable plus qu'une simple curiosité philologique comme l'histoire de la transmission des textes en connaît tant, au Moyen Âge en particulier, dans la mesure où elle

1. Sur l'appropriation, dans les écrits théologiques et en son nom propre, des thèses péripatéticiennes par Albert, *cf.* D. Twetten, « Albert the Great, Double Truth, and Celestial Causality », *loc. cit.*

2. Cf. *De causis et processu universitatis*, II, 1, 1, trad. I. Moulin, *op. cit.*, p. 59-61. Sur le sens de cette attribution, *cf.* A. de Libera, « Albert le Grand et Thomas d'Aquin interprètes du *Liber de causis* », *loc. cit.*

conditionne non seulement la lecture albertienne du *Liber de causis*, mais aussi l'interprétation générale qu'il donne de la métaphysique aristotélicienne. Sa division du corpus aristotélicien, c'est-à-dire de la philosophie, lui permet de dégager, à côté de la métaphysique à proprement parler – la science aristotélicienne de l'être en tant qu'être –, une théologie philosophique, correspondant à une science du principe ou de la cause première, elle aussi aristotélicienne, puisqu'énoncée, précisément, dans le *Liber de causis* [1]. Il ne faut pas s'y tromper, cette théologie philosophique ne s'identifie pas avec la théologie chrétienne ou révélée, à laquelle elle demeure radicalement étrangère sur le plan épistémologique, mais consiste plutôt en une connaissance naturelle ou naturaliste du divin qui s'apparente d'assez près à la métaphysique et la cosmologie du péripatétisme gréco-arabe. Les deux théologies, révélée et philosophique, chrétienne et péripatéticienne, demeurent donc séparées.

À ceci près qu'elles partagent un horizon commun : la pensée du ps.-Denys. Celle-ci joue un rôle tout à fait ambivalent dans l'économie des sources d'Albert, puisqu'elle représente d'une part l'autorité par excellence en matière de théologie chrétienne, tout en étant constamment sollicitée d'autre part, sur le versant philosophique, comme un point de comparaison presque inévitable permettant souvent d'accréditer telle thèse ou tel énoncé de la métaphysique péripatéticienne [2]. Les deux formes de théologie se rejoindraient donc par le haut, pour ainsi dire, sans toutefois s'identifier – en demeurant irrémédiablement étrangères l'une à l'autre [3]. La division épistémologique entre théologie et philosophie en ressort doublement compliquée. En premier lieu par le redoublement interne de la philosophie en métaphysique et théologie, qui implique l'existence de deux théologies, l'une révélée et l'autre philosophique. En second lieu par le jeu ambivalent de la référence dionysienne, qui constitue comme un point de contact entre théologie et philosophie.

1. Sur la distinction entre « théologie » et « théiologie », *cf.* Albert le Grand, *Summa theologiae*, *op. cit.*, lib. I, tract. 2, qu. III, p. 14-15, et A. de Libera, *Albert le Grand et la philosophie*, Paris, Vrin, 1990, p. 43-54 ; *Métaphysique et noétique*, Paris, Vrin, 2005, p. 61-67.

2. Sur l'élection en théologie de la pensée dionysienne par Albert le Grand, *cf.* A. de Libera, *Raison et foi*, *op. cit.*, p. 270-279.

3. Sur ce paradoxe, *cf.* A. de Libera, *Albert le Grand et la philosophie*, *op. cit.*, p. 46-47 ; *Raison et foi*, *op. cit.*, p. 61-62.

On voudrait envisager les effets de cette double complication sur la distinction entre anges et intelligences.

La « métaphysique du flux [1] » d'Albert le Grand forme un écheveau complexe dont on ne s'attachera pas ici à démêler les nombreux fils, mais on peut dire grossièrement qu'elle articule dans une perspective chrétienne, au moyen de la notion de *fluxus*, une doctrine de l'analogie de l'être, une théorie « néoplatonicienne » des intelligences et une cosmologie péripatéticienne. Elle s'inspire bien évidemment de la métaphysique du péripatétisme arabe, en particulier de celle d'Avicenne, qu'elle prétend toutefois reformuler au nom d'un péripatétisme plus pur, qu'Albert croit trouver dans le *Liber de causis*, et au nom d'une plus grande conformité avec la doctrine chrétienne, sous l'aspect de la théologie dionysienne, en particulier du *De divinis nominibus*. Autrement dit, il s'agit d'articuler théologie, métaphysique, noétique et cosmologie en une théorie unifiée du flux. Celle-ci vise à expliquer comment la forme circule, de la cause première jusqu'aux réalités sublunaires, et constitue le monde dans son ordre [2]. L'intelligence joue évidemment un rôle crucial dans le processus de diffusion du flux, puisqu'elle est la première réalité engendrée par la cause première et celle qui, en un sens, ordonne tout le reste du réel.

Quand il aborde le concept d'intelligence, au début du traité *De intelligentiis*, Albert se prononce clairement sur sa position de commentateur du texte « aristotélicien » et sur la différence doctrinale entre les perspectives théologique et péripatéticienne.

> Les anges sont dits par les théologiens être envoyés du ciel sur la terre, et passer de lieu en lieu, revêtir des formes corporelles ou des corps, se distinguer selon les illuminations, dont la position, aussi concordante soit-elle avec la raison, ne nous est pas donnée à expliquer dans cette œuvre.
> Nous défendons ici la position des péripatéticiens, qui nient que l'intelligence se définisse par le lieu, disant que toute intelligence

1. Sur la métaphysique du flux, *cf.* A. de Libera, *Albert le Grand et la philosophie*, *op. cit.*, p. 117-177 ; *Raison et foi*, *op. cit.*, p. 286-298 ; *Métaphysique et noétique*, *op. cit.*, p. 143-209.

2. « De cela il ressort que le flux est l'émanation de la forme à partir de la source première, qui est la source et l'origine de toutes les formes [*Ex his patet, quod fluxus est emanatio formae a primo fonte, qui omnium formarum est fons et origo*] » (Albert le Grand, *De causis et processu universitatis*, *op. cit.*, lib. I, tract. 5, cap. 1, p. 43).

> est partout et tout le temps, en ceci qu'elle ne mêle dans sa raison ni différence de lieu ni différence de temps[1].

Sans qu'elle soit jugée irrationnelle, l'angélologie chrétienne est mise hors de propos par Albert, pour des raisons épistémologiques. Il commence par distinguer la notion philosophique d'intelligence de la figure théologique de l'ange. Contrairement à l'ange, il n'appartient pas à l'intelligence, par définition, de se situer dans l'espace ou dans le temps. Ce qui invite à se demander naïvement comment une telle réalité, qui échappe aux coordonnées spatio-temporelles du monde, pourrait être, en quelque sens que ce soit, le principe de son ordre. Qu'est-ce que l'intelligence pour qu'elle joue un rôle si important dans la transmission du flux de la cause première à toutes les choses ? On peut en retenir la définition suivante :

> L'intelligence est une substance qui est intellectuelle par soi et non par acquisition ou par possession, dont la première lumière intellectuelle est désirée par tout ce qui se meut et tout mouvement. Donc elle meut tout en restant immobile tout ce qui est, comme le désiré meut de façon immobile le désir. C'est pourquoi il n'est pas nécessaire qu'elle s'étende essentiellement à toute chose. Mais il est nécessaire, par la présence de la lumière et l'influence et la puissance de la vertu, qu'elle s'étende par la puissance de la vertu à tout ce qui la désire. C'est pourquoi toute l'œuvre de la nature est l'œuvre de l'intelligence, par laquelle toute l'œuvre de la nature reçoit l'intention droite, la fin et l'appétit pour la perfection[2].

L'intelligence n'est donc rien d'autre que ce qu'elle est : une substance intellectuelle, une substance qui pense. Par là elle est cependant le principe de tous les phénomènes naturels : *totum opus naturae est opus intelligentiae*[3]. Elle est le principe qui met en mouvement les choses, à la façon dont un objet désiré met en mouvement le désir. Elle ne s'étend donc pas aux choses pour les affecter, mais elle les attire à elle, pour ainsi dire, par le seul effet de sa lumière intellectuelle. Non pas que les choses se meuvent à proprement parler vers l'intelligence :

1. *Ibid.*, lib. II, tract. 2, cap. I, p. 92 (notre traduction).

2. *Ibid.*, p. 62 (notre traduction).

3. Sur l'énoncé albertien, *cf.* J. A. Weisheipl, « The axiom "*Opus naturae est opus intelligentiae*" and its origins » *in* G. Meyer, A. Zimmermann, P.-B. Lüttringhaus, Mainz, Matthias-Grünewald-Verlag (ed.), *Albertus Magnus, doctor universalis : 1280/1980*, 1980, p. 441-463.

leur mouvement est plutôt la manifestation concrète de l'attraction ou de l'influence de la lumière de l'intelligence. C'est dire que tous les phénomènes naturels – toutes les générations, toutes les corruptions, toutes les altérations, tous les mouvements, etc. – sont produits par l'effusion de la lumière de l'intelligence. Albert décrit le circuit qu'emprunte la lumière intellectuelle pour aller jusqu'aux choses comme une transformation de la lumière en influence céleste (*influentia coeli*) puis en puissance de la vertu (*potentia virtutis*), c'est-à-dire de la vertu formative (*virtus formativa*) [1]. À quoi correspond ce circuit ?

> C'est comme si l'on disait, par exemple, que l'art était l'âme de l'artisan et qu'il n'avait aucune autre âme. Alors aucun intellect ne serait possible dans l'artisan, mais l'art lui-même comme une sorte d'âme produirait la forme de l'art dans l'esprit mouvant, et l'esprit dans la main, et la main dans la pioche, et la pioche par le mouvement dans la pierre et le bois. De même, l'intelligence, par la lumière intellectuelle, constituée par la lumière de la cause première, par laquelle elle est, est active pour les intellects, c'est-à-dire les formes, qui sont les intellects de n'importe quelle chose, dont ils sont les formes. Ici la lumière flue dans l'âme et par l'âme dans la sphère et par le mouvement de la sphère dans le chaud, le froid, l'humide et le sec, de sorte que toutes les choses meuvent et sont mues, formées par la lumière de l'intelligence qui les meut, et qui meut comme le désiré meut le désir. Le désiré en effet ne meut le désir que pour autant que le désir contracte la forme du désiré soit par appréhension soit par influxion [2].

De la lumière aux mouvements naturels des choses, ce qui se transmet n'est rien d'autre que la forme, c'est-à-dire le *fluxus*. Ou plutôt, le flux qui va de la cause première à l'intelligence, puis à l'âme, puis à la nature par le mouvement des sphères célestes, ne consiste que dans les états successifs d'une unique forme divine qui se transmet au monde en se diversifiant et en se démultipliant. Il en va ici comme dans la production technique, où une œuvre peut être envisagée comme l'état ultime d'une forme qui se serait transmise de la pensée du fabriquant ou de l'artisan à sa main, puis à son instrument, puis à son matériau, adoptant successivement

1. Voir *infra*, p. 95, note 51 sur la *virtus formativa*.

2. Albert le Grand, *De causis et processu universitatis*, *op. cit.*, lib. II, tract. 2, cap. II, p. 95 (notre traduction).

des états différents, de l'idée au geste de la main, au mouvement de l'instrument, à la forme du matériau. Comme s'il n'y avait qu'un seul flux pour une multiplicité de formes ou qu'une seule forme en ses différentes inflexions [1]. Techniquement, cette variation de la forme tient à ce que le *fluxus* est aussi un *influxus* : la forme est contractée de façon chaque fois différente selon la capacité de réception de la chose en quoi elle influe. La différence entre le flux et l'influx tient à une possibilité propre à la chose qui reçoit la forme [2]. Aussi l'intelligence ne contribue-t-elle à former les choses qu'en pensant, en émanant sa lumière propre, sans se rapporter aux choses en aucune façon, selon l'espace ou le temps, c'est-à-dire sans quitter son éternité et son immobilité.

Il apparaît clairement que l'instrument principal de la propagation du flux de lumière intellectuelle jusqu'au monde sublunaire est le mouvement des cieux. D'où la signification cruciale de la question des moteurs célestes, à laquelle Albert consacre un chapitre entier du traité *De fluxu* : « *De quaestione, utrum caelum movetur ab anima vel a natura vel ab intelligentia* ». La réponse d'Albert à la question est évidemment celle des péripatéticiens, selon laquelle les sphères célestes sont mues par les intelligences. La motion des cieux est l'opération par laquelle le flux de l'intelligence se traduit en un mouvement régulier des corps supérieurs, dont l'influence sur les corps inférieurs génère leurs diverses formes élémentaires eau, terre, air, feu – par le mélange de certaines propriétés fondamentales chaud, froid, sec humide. Albert répond donc encore une fois par la théorie du flux à la question difficile du mode de relation entre le moteur séparé et le corps mû, que rencontre immanquablement toute théorie des intelligences motrices :

1. Sur la différence entre *forma fluens* et *fluxus formae* chez Albert, en particulier en lien avec la question du mouvement, *cf.* A. Maier, « Die scholastiche Wesensbestimmung der Bewegung », in *Die Vorläufer Galileis im 14. Jahrhundert*, *op. cit.*, p. 9-25, et E. J. McCullough, « St. Albert on Motion as Forma fluens and Fluxus formae », *in* J. A. Weisheipl (ed.), *Albertus Magnus and the Sciences. Commemorative Essays 1980*, Toronto, Pontifical Institute of Mediaeval Studies, 1980, p. 129-153.

2. « Si l'on demande en quoi consiste le contenu apporté par la préposition, lorsque l'on dit "influer", il faut répondre que c'est dans la possibilité de la chose, dont est fait l'influx. » (Albert le Grand, *De causis et processu universitatis*, *op. cit.*, lib. I, tract. 5, cap. II, p. 44). Sur la distinction entre *fluxus* et *influxus*, *cf.* les remarques de B. Decossas, *dans* Thomas d'Aquin, *Commentaire du* Livre des causes, trad. B. et J. Decossas, Paris, Vrin, 2005, p. 26-29.

> Si l'on se demande comment ce qu'ils disent peut avoir lieu, puisque tout moteur est conjoint et immédiat à son mobile, comme cela a été prouvé en *Physique* VII, alors que l'intelligence est séparée et en aucune façon conjointe par nature, ils disent que l'intelligence est rendue immédiate et conjointe par sa lumière émise en celui-ci ou celui-là, ou par sa lumière influée en celui-ci ou celui-là. Ils disent en effet que le fait qu'il y ait des intelligences en nous ou en n'importe quoi d'autre n'est rien d'autre que le fait qu'il y ait des illustrations des intelligences en nous ou en n'importe quoi d'autre [1].

Les intelligences s'illustrent ou se reflètent dans les corps qu'elles meuvent. La question du mouvement des cieux appelle une réponse noétique : l'intelligence n'est pas le moteur mécanique du ciel, mais quelque chose qui s'y reflète, comme l'intellect agent se reflète dans nos intelligences humaines. C'est donc l'influx de la forme par illustration (*illustratio*) dans le moteur ou dans le mû qui produit le mouvement céleste. La formulation d'Albert laisse penser qu'il y aurait encore quelque chose entre le moteur séparé et le corps mû – l'âme ou la nature – qui jouerait le rôle de moteur conjoint, en tant que transmetteur de l'influx intellectuel [2]. Quelle que soit la position exacte et définitive d'Albert sur ce point – plutôt averroïste, en faveur d'un unique moteur séparé, ou plutôt avicennienne, en faveur d'une intelligence motrice séparée et d'une âme céleste [3] – il apparaît, par-delà les considérations techniques, que le mouvement des cieux constitue un moment crucial dans l'économie générale du flux, dans la mesure où s'y joue la subordination de la nature à l'intelligence – *opus naturae est opus intelligentiae* – et la jonction de la cosmologie et de la noétique céleste, c'est-à-dire l'idée que la

1. Albert le Grand, *De causis et processu universitatis*, *op. cit.*, lib. I, tract. 5, cap. VII, p. 54 (notre traduction).

2. Albert le dit explicitement plus loin : « On tiendra seulement pour se mettre d'accord, qu'entre l'intelligence et le ciel il y a quelque chose soit comme l'âme soit comme la nature, par quoi le ciel participe de la bonté de ce qui déflue en lui de l'intelligence » (*ibid.*, p. 55). Sur l'interprétation de ce passage, *cf.* D. Twetten, « Albert the Great, Double Truth, and Celestial Causality », *loc. cit.*

3. Sur les positions des deux auteurs, *cf.* H. A. Wolfson, « The Problem of the Souls of the Spheres from the Byzantine Commentaries on Aristotle through the Arabs and St. Thomas to Kepler », *Dumbarton Oaks Papers* 16, 1962, p. 65-93 (81-87) ; D. Twetten, « Averroes on the Prime Mover proved in the Physics », *Viator* 26, 1995, p. 107-134 (126-129).

question du mouvement et de l'ordre des cieux relève d'une théorie de l'esprit.

De façon symptomatique, le *De fluxu* se clôt sur une remarque – que nous avons citée plus haut – concernant l'impossibilité d'identifier les intelligences motrices séparées et les anges de la théologie chrétienne.

> Les ordres des intelligences que nous avons déterminés, certain disent que ce sont les ordres des anges, et ils nomment les intelligences « anges » : ceux qui disent cela sont Isaac, Rabbi Moïse et d'autres philosophes juifs. Mais nous ne pensons pas que cela soit vrai. En effet, les ordres des anges se distinguent selon des différences d'illuminations et de théophanies, qui sont reçues par la révélation et crues par la foi, et ils sont ordonnés dans la grâce et la béatitude pour la perfection du règne céleste : de ces choses, la philosophie ne peut rien déterminer par raison philosophique [1].

Pourquoi affirmer ou réaffirmer, à l'issue d'un long développement sur le concept métaphysique de flux, une distinction de principe entre théologie et philosophie ? Pourquoi rappeler encore une fois la différence entre ange et intelligence ? Une lecture faible y verrait une simple précaution rhétorique, mais on pourrait aussi bien l'interpréter comme l'expression d'une difficulté véritable. L'affirmation de la différence entre les anges et les intelligences semble osciller entre l'*a priori* méthodologique et l'incertitude empirique [2]. L'angélologie, dans son irréductibilité à toute forme de noétique cosmologique, jouerait un rôle stratégique en opérant de façon évidente la distinction entre l'ordre naturel du monde, celui qui flue de la cause première par la médiation des intelligences, et cet ordre supérieur qui ne se manifeste au croyant que dans la foi par la révélation et la grâce. C'est donc sur le terrain de l'angélologie, une fois encore, que se négocie la différence entre la théologie philosophique et la théologie révélée. La remarque d'Albert, un peu trop explicite et presque intempestive, sonne toutefois comme l'aveu d'une porosité trop grande entre les deux domaines et comme une tentative pour en maîtriser les effets de brouillage.

1. Albert le Grand, *De causis et processu universitatis*, *op. cit.*, lib. I, tract. 4, cap. VIII, p. 58 (notre traduction).

2. Dans une tout autre perspective, Sébastien Milazzo interprète la remarque d'Albert dans le sens d'une articulation possible entre philosophie et théologie, *cf.* Albert le Grand, *Le Traité du flux*, trad. S. Milazzo, Paris, Les Belles Lettres, 2013, p. 254-257.

Regimen

C'est que la confusion entre les deux ordres semble toujours possible, y compris dans le texte albertien. Le traité 4 du second livre du *De causis et processu universitatis* s'intitule : « *De regimine universorum a causa prima* ». On traduira provisoirement : « Sur le gouvernement [ou] Sur la direction de l'univers par la cause première. » Il consiste en une paraphrase des propositions 20 à 24 du *Liber de causis* [1]. Il ne s'agit donc plus seulement de considérer l'ordre des choses qui fluent ou qui émanent à partir de la cause première, mais la façon dont cette cause les régit. Non pas donc la structure générale de l'univers telle qu'elle est produite par le flux, mais l'action ou la rection exercée par la cause sur ce qu'elle produit. L'emploi du terme *regimen* indique un léger décalage d'une perspective à l'autre. Il apporte en effet à la métaphysique du flux une connotation indéniablement « politique ». Deux questions se posent alors. La première est évidemment de savoir ce que signifie le terme de *regimen* sur le plan politique. La seconde est de déterminer ensuite si le terme est utilisé ici dans un sens proprement politique ou dans un sens dérivé que l'on qualifiera de métaphysique.

Il convient d'abord de rappeler que ce n'est pas Albert qui a importé le terme de *regimen* du langage de la politique à celui de la métaphysique, mais Gérard de Crémone, dans la traduction latine du *Liber de causis*. Ce dernier ne fait d'ailleurs que traduire assez littéralement le mot arabe *tadbîr* qui provient de la racine DBR, suggérant l'idée de finalité, et qui signifie en arabe classique l'action de diriger ou de gouverner [2]. C'est donc au niveau du *Liber de causis* lui-même qu'il faudrait poser la question. Une telle exégèse dépasse de loin nos compétences et ne saurait être entreprise ici. Il n'est cependant pas tout à fait certain que le texte du *Liber de causis*, étant donné l'aridité de son langage et l'extrême concision de ses propositions, puisse nous renseigner sur la signification du terme

1. Sur le plan du *De causis et processu universitatis* et le parallèle avec le *Liber de causis*, *cf.* A. de Libera, « Albert le Grand et Thomas d'Aquin interprètes du *Liber de causis* », *Revue des sciences philosophiques et théologiques* 74, 1990, p. 354-367.

2. Sur la notion de *tadbîr* dans la pensée politique arabe, et son rapport avec la notion de *regimen*, *cf.* M. Abbès, *Islam et politique à l'âge classique*, Paris, Puf, 2009, p. 49-53. Pour le texte arabe du *Liber de causis*, *cf.* O. Bardenhewer (ed.), *Die pseudo-aristotelischer Schrift über das reine Gute bekannt unter dem Namen* Liber de Causis, Freiburg im Breisgau, Herdersche Verlagshandlung, 1882, p. 95.

regimen plus que ne le ferait le commentaire qu'en donne Albert. Toute la question est de savoir si ce dernier, lisant le *Liber de causis*, interprète la notion de *regimen* en un sens politique ou en un sens métaphysique. Quel sens y a-t-il à parler d'un usage strictement métaphysique du terme ? Quel sens y a-t-il, inversement, à utiliser un terme politique dans une théorie métaphysique ? On voit l'enjeu du problème : si *regimen* signifie gouvernement à proprement parler, alors tout l'ordre du monde décrit par Albert en termes de causalité naturelle devient une affaire pratique ou politique et cesse de se distinguer clairement de l'ordre institué non par nature mais par grâce. Les deux théologies, philosophique et révélée, n'en viennent-elles pas à se confondre ? La cause première régit-elle l'univers de la même façon que Dieu gouverne le monde ? Il faut revenir au sens premier du terme, pour tenter de comprendre comment la métaphysique se le réapproprie.

L'histoire du mot *regimen* est sinueuse. En latin classique, il s'applique aussi bien au domaine de la navigation, où il signifie « direction » au sens d'« action du gouvernail », qu'à celui de la politique, où il signifie « gouvernement » ou « commandement »[1]. Sans doute en raison de sa polysémie, le terme a été utilisé à la fin de l'Antiquité par les Pères de l'Église dans le contexte de la direction spirituelle des croyants, entendue comme gouvernement des âmes (*regimen animarum*[2]), acquérant ainsi une signification indécidablement ecclésiologique et politique. Comme par un effet de chiasme, la conduite des croyants devient une question politique en même temps que l'exercice du pouvoir se soumet aux normes éthiques de l'Église. Si bien qu'au Moyen Âge, jusqu'au XIIe siècle au moins, le pouvoir royal se conçoit dans le cadre d'une téléologie : il est moralement et spirituellement subordonné à l'Église et à la tâche supérieure de conduire les âmes vers le salut, à laquelle il contribue sur le plan de la contrainte corporelle[3]. Le fait de gouverner (*regere*)

1. On trouve ces deux sens de façon distincte chez Tacite, par exemple dans les *Annales* : au livre I, XXXI, à propos des légions de Germanie (*regimen summae rei penes Germanicum*), et au livre II, XXIII, à propos d'une tempête en mer (*incerti fluctus* [...] *regimen inpedire*).

2. *Cf.* Grégoire le Grand, *Règle pastorale*, éd. F. Rommel, trad. C. Morel, Paris, Cerf, 1992 (en particulier première partie, chap. I-XI, p. 129-173).

3. Pour une analyse détaillée de cette problématique, *cf.* M. Senellart, *Les arts de gouverner. Du* regimen *médiéval au concept de gouvernement*, Paris, Seuil, 1995, p. 22-32, 91-107.

est conçu non pas tant comme un pouvoir de dominer (*dominari*) que comme une action de conduire (*dirigere*). C'est cette subordination du pouvoir politique au pouvoir spirituel, cette interprétation presque sacerdotale de l'office royal, que recouvre le concept médiéval de *regimen*, qui absorbe de fait presque totalement celui de *regnum*. Il faut avoir présent à l'esprit cet arrière-fond historique, lié à la tradition littéraire des miroirs des princes (*specula principum* [1]), si l'on veut comprendre la singularité du concept de *regimen*.

Tout se complique, évidemment, au XIIIe siècle. Sur le plan de la pensée politique, l'introduction du corpus aristotélicien – en particulier l'*Éthique* et la *Politique*, dans les traductions latines de Robert Grosseteste et de Guillaume de Moerbeke – change considérablement la donne en invitant les penseurs scolastiques à poser la question du *regimen* et du *regnum* sur un nouveau terrain, celui de l'autonomie du politique comme réalité naturelle [2]. Bien qu'il ne soit presque pas présent dans les traductions latines d'Aristote [3], le terme de *regimen* appartient de plein droit, à cette époque, au vocabulaire politique, et apparaît dans tous les traités sur le gouvernement qui affrontent ou commentent plus ou moins directement la pensée politique aristotélicienne. Ainsi est-il couramment utilisé dans les commentaires albertiens – *Super Ethica* et *Comentarii in octo libros politicorum* – sans toutefois y être particulièrement thématisé. De fait, le terme concentre encore une multiplicité de significations à la fois morales, politiques et ecclésiologiques [4].

Que signifie donc *regimen* dans le contexte métaphysique du *De regimine universorum ?* Albert en donne, à cette occasion, une définition technique et précise :

> En premier lieu, il faut examiner ce en quoi consistent le fait d'être régi et le fait de régir. Être régi, c'est être conduit à son être parfait et à sa fin, et régir, c'est conduire à l'être parfait et à la fin. Je dis que l'être parfait pour chaque chose par analogie, c'est quand rien ne lui manque de ce qu'exige sa perfection propre, et quand rien

1. Sur le *regimen* dans le genre littéraire des miroirs, *cf. ibid.*, p. 47-52, 111-154.

2. Sur ce changement de paradigme, *cf. ibid.*, p. 155-205.

3. On le trouve seulement deux fois, dans la *Rhetorica*, lib. I, cap. IV, 1360a et lib. I, cap. V, 1361a, sous la forme *regimen populi* utilisée pour traduire le grec *demokratia*.

4. Sur ce point, on se reportera au *Liber de regimine civitatum* de Jean de Viterbe, cité par Senellart (cf. *Les arts de gouverner, op. cit.*, p. 25-26).

> ne lui manque de ce par quoi elle peut atteindre sa fin propre et substantielle, qui est son opération propre, connaturelle et la meilleure selon la nature [1].

On retrouve l'association traditionnelle entre *regere* et *dirigere*, selon laquelle le *regimen* relève de la conduite, au sens littéral. S'il s'agit bien d'une activité téléologique, il s'agit surtout d'un processus métaphysique par lequel une chose parvient à la perfection de son être, c'est-à-dire à sa fin. Albert définit l'être parfait comme une absence de privation, un état dans lequel rien ne manque de ce qui contribue à la perfection ou à l'opération qui permet de l'atteindre, et il en donne l'exemple suivant :

> Cette rection s'accomplit par le premier et celui qui est le plus proprement formant. Ce qui signifie qu'il conduit toute puissance à la perfection, de telle sorte qu'il puisse faire un autre, tel qu'il est lui-même. Par exemple, la puissance formative, qui se trouve dans le sperme, déduit l'embryon et le régit vers l'espèce et la forme du géniteur, dont l'habitus ne cesse pas, jusqu'à ce qu'il ait déduit les membres selon la quantité et la solidité requise, de sorte que les vertus renforcées dans les membres puissent avoir une opération complète, qui est la fin ultime de chaque existant. C'est pourquoi non seulement l'homme est produit à partir du sperme, mais aussi l'adulte à partir de l'enfant, et c'est dans la perfection de l'adulte que se trouve la direction du premier formant [2].

Albert évoque ici un point technique de biologie, à savoir le mode de transmission graduel de la forme ou de l'espèce (*species*) humaine par la vertu formative contenue dans le sperme [3], depuis l'embryon jusqu'au corps humain parfaitement constitué. Plus généralement, il s'agit du processus d'actualisation de la forme à partir de la puissance. Albert l'envisage comme une éduction de la forme en chaque chose par le principe formant, qui n'est autre que la réalité d'ordre supérieur, transmettant sa propre forme à la réalité inférieure – ainsi

1. Albert le Grand, *De causis et processu universitatis a causa prima*, *op. cit.*, lib. I, tract. 4, cap. 1, p. 155-156 (notre traduction).

2. *Ibid.*, p. 156 (notre traduction).

3. Sur la *virtus formativa*, *cf.* A. Delorme, « La morphogenèse d'Albert le Grand dans l'embryologie scolastique », *Revue thomiste* 65, 1960, 1931, p. 352-360 ; B. Nardi, « L'origine dell'anima umana secondo Dante », in *Studi di filosofia medievale*, Rome, Edizioni di storia e letteratura, p. 9-68 ; A. de Libera, *Penser au Moyen Âge*, *op. cit.*, p. 277-286, 385-386 (n. 34) ; A. Takahashi, « Nature, Formative Power and Intellect in the Natural Philosophy of Albert the Great », *Early Science and Medicine* 13, 2008, p. 451-481.

l'homme pour le sperme, mais aussi l'homme adulte pour l'enfant. À chaque degré d'actualisation de la puissance, le principe formant correspond au niveau formel supérieur et plus achevé. On retrouve la dimension téléologique du *regimen*, déployée selon une logique de récurrence qui s'étend bien au-delà de la biologie, jusqu'au mode de rection universel du premier principe :

> Si donc dans l'ordre des choses, le postérieur s'explique dans l'antérieur, ce qui est antérieur est tout le temps formant de ce qui est postérieur. Et il est nécessaire que cela se répète jusqu'au premier, en quoi l'être et le « ce que c'est » sont identiques.
> Celui-ci n'agit donc pas par quelque chose de lui-même, qui le formerait lui-même, mais par lui-même selon « ce qu'il est ». Mais du fait d'agir en un autre, en émettant ses processions et ses influences, il forme et en formant régit, vers la perfection et la fin. Donc, par le fait d'agir, il régit. Il n'agit toutefois pas par quelque chose de lui, qui aurait quelque différence par rapport à « ce qu'il est ». Donc, du fait d'agir et de régir, il ne mélange pas son unité pure, simplissime et absolument vraie, qui se situe au-delà de toute chose.
> Or cela n'est vrai d'aucune réalité qui suit. N'importe laquelle des réalités qui suivent, en effet, est en puissance, et selon « ce qu'elle est », n'est rien et est à partir de rien. Or, rien de ce qui est n'agit, ne forme ou ne régit selon « ce rien qu'il est ». Il agit donc selon son être. Du fait de l'action, il détruit donc son unité. Il en découle qu'en lui, il y a l'être et le « ce que c'est » [1].

Ce par quoi se définit techniquement le premier principe, à savoir, l'identité en lui de l'*esse* et du *quod est*, est aussi ce qui permet d'assigner un terme à la logique récurrente du *regimen*. En effet, la cause première, en qui l'être et le « ce que c'est » coïncident, représente l'essence même du *regimen* en ce que son activité est par soi rectrice. Causer les choses consiste, pour elle, à les faire être, à leur donner l'être, donc à agir par l'*esse* même qui émane d'elle comme autant de processions et d'influences. Or cet *esse* n'est rien d'autre que son essence (*id quod est*). En agissant par ce qu'elle est, la cause première n'agit donc pas par quelque chose d'autre qu'elle-

1. Albert le Grand, *De causis et processu universitatis a causa prima*, *op. cit.*, lib. I, tract. 4, cap. 1, p. 156 (notre traduction).

même, et donc par rien qu'elle partagerait avec un autre [1]. L'identité de son être et de son essence préserve son unité et sa transcendance. Ainsi, ce dont le *regimen* coïncide avec l'essence est-il aussi le *regimen* premier, le principe qui régit absolument [2].

Il en va tout autrement des réalités secondes. Comme elles ne possèdent pas leur être par elles-mêmes, ce qu'elles sont est lesté de néant : elles ne sont, en elles-mêmes et par elles-mêmes, rien, et ne sont qu'*ex nihilo*. Une chose qui n'est rien en elle-même n'agit pas par ce qu'elle est (*id quod est*), puisqu'elle n'est précisément rien. Elle agit donc par son être (*esse*), c'est-à-dire par cet être qui lui a été donné par sa cause et qui la fait être ce qu'elle est. L'agir d'une réalité d'ordre second est donc scindé par la différence ontico-ontologique, c'est-à-dire par la non-coïncidence en elle entre l'*esse* et le *quod est* [3].

C'est aussi cette différence qui, formellement au moins, permet d'expliquer la diversité essentielle de la réalité, le fait que les choses se distinguent non seulement du premier principe, mais aussi entre elles [4]. L'idée fondamentale de la métaphysique albertienne est qu'un unique flux d'être (*esse*) provenant de la cause première est coupé et retransmis par différentes essences (*quod est*), qui ne sont qu'autant de degrés variables de réceptivité du flux. Cette « métaphysique du flux » articule donc, en faisant jouer la différence ontico-ontologique, une causalité univoque avec une théorie de l'analogie de réception (*analogia recipientium*) [5]. Ce qui suppose, en partie pour respecter le principe hérité d'Avicenne selon lequel *ex*

1. La notion d'un agir « par l'être » vient de Proclus, *cf.* J. Trouillard, « "Agir par son être même." La causalité selon Proclus », *Revue des sciences religieuses* 32, 4, 1958, p. 347-357. Sur la fortune de cette notion dans l'école dominicaine allemande, *cf.* L. Sturlese, « Il "De animatione caeli" di Teodorico di Freiberg », *in* R. Creystens et P. Künzle (ed.), *Xenia Medii Aevi Historiam illustrantia oblata Thomae Kaeppeli, o. p.*, Rome, Edizioni di storia e letteratura, 1978, p. 175-247 (201-229) ; A. de Libera, *Métaphysique et noétique*, *op. cit.*, p. 200-209.

2. À cet égard, la formulation du *Liber de causis* est tout à fait explicite : « donc son être est également son gouvernement [*ergo ens eius iterum est regimen eius*] », P. Magnard, O. Boulnois, B. Pinchard, J.-L. Solère (éd.), *La demeure de l'être. Autour d'un anonyme.* Étude et traduction du Liber de causis, Paris, Vrin, 1990, p. 71-72.

3. La différence entre *quod est* et *esse* (ou *quo est*) vient du *De Hebdomadibus* de Boèce, *cf.* Albert le Grand, *Le Traité du flux*, *op. cit.*, p. 24-27.

4. Sur cette problématique générale, *cf.* Th. Bonin, *Creation as Emanation. The Origin of Diversity in Albert the Great's* On the Causes and the Procession of the Universe, The University of Notre Dame Press, Notre Dame (Indiana), 2017.

5. *Cf.* A. de Libera, *Métaphysique et noétique*, *op. cit.*, chap. III : « Dieu et l'être », p. 95-142.

uno nisi unum fit, mais surtout pour maintenir la transcendance de la cause première tout en rendant compte de la diversité du causé, d'envisager une causalité seconde intermédiaire dans la production de la réalité. Ce sera la création *mediante intelligentia*. Non pas une délégation de la puissance créatrice de la cause première aux intelligences, mais une complémentarité de la puissance créatrice divine et de la puissance formatrice de l'intelligence. C'est-à-dire l'articulation d'un unique *esse*, d'une unique *forma fluens*, qui se module en différents *id quod est*, selon qu'il est reçu par des capacités différentes. C'est précisément en ce point qu'il faut penser le *fluxus* comme *regimen*. La fonction de l'intelligence n'est pas créatrice, mais rectrice, au sens où elle ne fait qu'ordonner un flux, le moduler selon diverses formes [1].

Il ne s'agit toutefois pas de dire que la cause divine serait créatrice et que l'intelligence serait seulement rectrice. Bien au contraire, le *regimen* n'est pas une prérogative de l'intelligence, mais de la cause première. Le *Liber de causis* énonce, à la proposition 22 : « Toute intelligence divine connaît [*scit*] les choses en tant qu'elle est intelligence, et les gouverne [*regit*] en tant qu'elle est divine [2]. » Albert en donne l'interprétation suivante :

> Le premier est régissant en ce qu'il crée les formes régies, qui, du fait d'être divines, conduisent à l'être parfait et à l'opération, et non pas du fait d'être des intelligences. Aucune réalité secondaire ne peut créer quelque chose, puisque n'importe quelle réalité secondaire suppose quelque autre pour faire ce qu'elle fait. Seul le premier fait ce qu'il fait à partir de lui-même sans présupposer aucun autre. C'est pourquoi tout ce qui est régi, désire ce par quoi il est régi en tant que divin et non en tant qu'intelligence, quand bien même ce qu'il désire, c'est la lumière de l'intelligence. Car c'est du fait d'être divine qu'elle est le terme et la fin du désir. Du fait d'être lumière de l'intelligence, elle est une notion notifiant ce dont elle est la notion [3].

1. Sur la « fonction gubernatrice » de l'intelligence, *cf.* les remarques de B. Decossas, dans Thomas d'Aquin, *Commentaire du « Livre des causes »*, *op. cit.*, p. 31-32.

2. P. Magnard, O. Boulnois, B. Pinchard, J.-L. Solère (éd.), *La demeure de l'être*, *op. cit.*, p. 72-73.

3. Albert le Grand, *De causis et processu universitatis a causa prima*, lib. II, tract. 4, cap. IX, p. 163 (notre traduction).

La rection consiste, pour la cause première, à créer, et pour les causes secondes, à mener les choses à leur perfection formelle. Ce n'est toutefois pas en tant qu'intelligences qu'elles régissent, mais en tant qu'elles participent du divin. Cela apparaît clairement quand on envisage la question dans l'autre sens : ce qui est désiré dans l'intelligence, c'est la forme en tant que divine et non pas en tant que lumière intellectuelle, même si c'est sur le mode de la lumière intellectuelle qu'elle est désirée. L'intelligence ne régit donc pas en vertu de sa fonction intellective, qui est de connaître les choses, mais en vertu de la puissance rectrice qui lui parvient de plus haut. En tant qu'intelligence, l'intelligence ne transmet que la connaissance, la notion de la forme dont elle est la pensée. Sa fonction rectrice, qui est de conduire les choses à la perfection de leur forme, c'est-à-dire, du point de vue cosmologique, d'influer les formes dans la matière par le truchement des corps célestes, ne lui appartient pas en propre, mais lui est transmise de la cause première. Les formes intelligées par les intelligences, qui seront éduites dans les choses, correspondent à des degrés d'intellection ou de compréhension de la *forma fluens* divine, de la réception par les intelligences du flux divin. Il faut donc considérer l'intelligence comme la conjonction d'une fonction noétique propre et d'une fonction rectrice dérivée.

Il apparaît alors que ce qui se joue dans le *regimen*, dans la distribution différenciée du *fluxus*, n'est rien d'autre que l'ordre du monde. Toute la difficulté tient à ce que cet ordre, Albert ne le situe ni tout à fait du côté de la cause, ni tout à fait du côté des effets. Il maintient, par l'univocité, la transcendance de la cause, et par l'analogie, la multiplicité des effets : il n'y a qu'un seul être, mais reçu différemment par tous les étants. La théorie du flux tente d'expliquer le passage de l'une à l'autre, l'articulation problématique d'une causalité univoque et d'une diversité d'effets, par le jeu des inflexions et des modulations du flux. Ce qui implique de médiatiser le rapport frontal – et comme tel incompréhensible – de la cause et des effets, non seulement par le flux qui passe de l'un aux autres, mais aussi par tout ce qui coupe ce flux, le retransmet et le distribue, autrement dit, par tous les artifices de la causalité seconde intermédiaire. Il faut donc interroger le rôle des intelligences dans l'économie générale de la causalité. Ou plutôt, car on connaît le rôle des intelligences – qui est d'éduire les formes des choses, de préparer la matière à la réception de la forme – il faut déterminer la nature de cette causalité seconde, qui ne relève pas à proprement parler de la production ontologique, mais qui ne se réduit pas non plus à l'activité noétique.

Que signifie donc introduire de l'ordre dans l'être, dans la production des choses ? Albert identifie cette activité à l'exercice d'un pouvoir :

> Là où il n'y a pas d'antérieur et de postérieur, il ne peut y avoir d'ordre. « L'ordre est une partie du pouvoir », comme dit le GRAMMAIRIEN, et à moins qu'il ne se trouve un pouvoir différent d'un autre pouvoir, il ne peut pas y avoir d'ordre. Car selon l'équidistance il n'y a pas de pouvoir et de partie du pouvoir [1].

La citation est de Priscien, dans les *Institutiones grammaticae*, et elle a rapport au langage. Selon le grammairien, la prononciation d'un mot ou d'un discours, qu'il définit comme un pouvoir (*potestas*), dépend de l'ordre de ses parties, les lettres ou les mots. C'est pourquoi il affirme que l'ordre (*ordo*) est une partie du pouvoir [2]. Albert interprète l'énoncé sur un tout autre plan, métaphysique et cosmologique, afin de montrer que l'être du premier principe ne se communique pas de façon identique et égale à toutes les choses, mais selon un ordre ou une gradation particulière. Si le premier principe diffusait son être également à toute chose, toute chose se tiendrait à égale distance de lui et il serait présent à tout de manière semblable. Autrement dit, il n'y aurait plus aucune différence ni entre le premier principe et les réalités qu'il engendre, ni entre ces réalités elles-mêmes. Or pour qu'il y ait de l'ordre, il faut de l'antérieur et du postérieur (*prius et posterius*). Ce qui se traduit métaphysiquement par la causalité seconde, la médiation des intelligences dans la transmission du flux et cosmologiquement, par un monde ordonné, étagé, d'intelligence en intelligence et de ciel en ciel, du premier principe jusqu'à la région sublunaire. Comment rendre compte, cependant, du fait que le flux s'ordonne, que l'être se communique selon l'antérieur et postérieur, autrement que par une simple pétition de principe ? La réponse d'Albert semble être qu'il y va du pouvoir.

1. Albert le Grand, *De causis et processu universitatis a causa prima*, lib. I, tract. 5, cap. V, p. 49 (notre traduction).

2. Pour la référence précise et le commentaire de la citation, *cf.* Albert le Grand, *Le traité du flux*, *op. cit.*, p. 333-335.

Le lien entre les notions d'*ordo* et de *potestas* n'est pas évident à saisir. Que l'ordre soit une partie du pouvoir (*ordo enim pars potestatis est*), comme le répète Albert après Priscien, signifie que l'ordre contribue à la puissance – l'ordre des lettres permet la prononciation du mot. Cela signifie aussi, inversement, que le pouvoir dispose les différents éléments. La relation du pouvoir et de l'ordre semble donc relever d'une présupposition réciproque : il faut de l'ordre pour qu'il y ait du pouvoir et il faut du pouvoir pour qu'il y ait de l'ordre. La logique est toutefois encore plus subtile. De même qu'il n'y a pas d'ordre s'il n'y a pas d'antérieur et de postérieur, il n'y a pas d'ordre s'il n'y a pas différents pouvoirs (*nisi potestas differens a potestate inveniatur*) – on pourrait aussi comprendre : si un pouvoir différent ne vient pas d'un autre pouvoir. Il faut l'entendre dans les deux sens : le rapport de l'antérieur et du postérieur est un rapport de pouvoir, c'est le rapport d'un pouvoir qui diffère du pouvoir qui l'institue. Sans ce jeu des pouvoirs, il n'y aurait pas d'ordre. L'ordre n'est pas simplement un ensemble de choses ordonnées, c'est aussi un rapport entre des puissances. Le pouvoir institue de l'ordre par sa propre récurrence, par sa propre différentiation. C'est pourquoi il ne peut y avoir d'équidistance (*aequidistantia*) entre les choses et le principe.

On reconnaît là le dynamisme de la causalité *mediante intelligentia* et, plus techniquement, le jeu de la différence ontico ontologique dans la procession du réel à partir de la cause première, où l'*esse* forme chaque fois un autre *quod est*, qui lui-même produit un autre *esse*, et ainsi de suite.

> C'est donc par le degré de « ce qu'il est » dans l'être en puissance que toutes les réalités postérieures diffèrent du premier, et les réalités postérieures ne se tiennent pas sur le même mode par rapport au premier. Il apparaît que c'est selon la différence de puissance qui est en elles que diffèrent l'être en acte et l'essence. Toutes les réalités postérieures diffèrent donc et selon l'être et selon l'essence. La première procession en effet, qui procède immédiatement du premier, réalise l'essence du second par un certain être, et par un autre être elle réalise l'essence du troisième, et ainsi de suite jusqu'au dernier en qui se tient une telle procession[1].

1. Albert le Grand, *De causis et processu universitatis a causa prima*, *op. cit.*, lib. I, tract. 5, cap. V, p. 49 (notre traduction).

L'essence du second, ou son *quod est*, avant que de recevoir l'être par le premier, n'est rien ou presque, ne possédant que ce degré ontologique minimal qu'est l'être en puissance (*in potentia esse*). Parce que dans le premier coïncident parfaitement l'être et l'essence, l'*esse* et le *quod est*, il peut être dit acte pur. Toute réalité qui en dérive, ne tenant pas son être d'elle-même mais d'un autre, nommément du premier, en diffère précisément en ce que ce qu'elle est, elle ne l'est que potentiellement. C'est donc la puissance qui, en chaque réalité, sépare l'être et l'essence, et qui donc distingue toute réalité de la cause première. Encore une fois, ce qui distingue les réalités secondes du premier est aussi ce qui les distingue entre elles : l'essence du second, qui est actualisée par le premier selon un certain être, diffère de l'essence du troisième, dont l'actualisation, qui dépend du premier et du second, se fait selon un autre être – et ainsi de suite pour toute la procession. La distinction des étants relève donc d'une logique de la puissance, qui ne consiste en rien d'autre qu'en leur différence de potentiel ontologique.
Les deux schémas, celui de la relation entre pouvoir et ordre et celui de la différence ontico-ontologique, semblent bien se superposer, au point que l'on pourrait interpréter la différence potentielle entre les différents degrés d'être comme une véritable relation de pouvoir. On passe en effet insensiblement, dans un même chapitre, de la *potestas* à la *potentia* comme si les logiques de la puissance et du pouvoir étaient, sinon absolument identiques, du moins strictement parallèles. De même que le flux de l'être est coupé par différentes essences, de même, le flux de pouvoir est coupé par différentes puissances.

À la théorie du *fluxus*, il faut donc adjoindre une pensée du *regimen*, qui en est comme le revers. Alors que la première tente de penser l'articulation de la cause et de l'effet, du principe et du principié, la seconde décrit cette articulation en termes de puissance et de pouvoir. Avec ce léger changement de perspective, il apparaît que la circulation fluide de la forme est aussi un mode de gouvernement. La production du réel par l'intermédiaire des intelligences se donne à penser comme une activité gouvernementale, comme l'institution de rapports de pouvoir. Certes, Albert ne rappelle pas l'origine politique du terme *regimen*, mais le rôle qu'il attribue aux intelligences dans le gouvernement universel relève de l'exercice d'une *potestas*. La façon dont l'être se communique aux étants par la médiation des intelligences correspond à une mise en ordre du monde par un pouvoir politique.

L'usage métaphysique du terme ne va pas sans une tendance à l'abstraction et le traité sur le gouvernement universel, bien qu'il parle de *regimen* et de *potestas*, n'est cependant pas à proprement parler un traité politique. S'il parle de pouvoir, c'est de façon très abstraite, mais il apparaît tout de même que la signification « métaphysique » du terme n'en neutralise pas toutes les connotations politiques. Le *De causis et processu universitatis* fait intervenir dans la compréhension de la notion de *regimen* les dimensions de la puissance et du pouvoir. Les usages albertiens du terme dans d'autres contextes confirmeraient sans peine qu'il s'agit d'un concept politique : il va de soi, par exemple, que l'emploi du mot *regimen* dans les commentaires d'Albert à l'*Éthique* et à la *Politique* d'Aristote revêt une signification politique. Plus significatifs sont, en revanche, les emplois du terme dans le corpus des écrits théologiques. On y retrouve souvent, en effet, non pas simplement le terme de *regimen*, mais la référence à la proposition 19 (20) du *Liber de causis*. C'est donc à l'usage théologique – et non pas politique – de la notion de *regimen* qu'il faut comparer son usage métaphysique, si l'on veut en saisir l'ambivalence de façon encore plus fine.

Dans le commentaire des *Noms divins*, Albert cite le *Liber de causis* et la théorie du *regimen* de la cause première dans un développement sur la toute-puissance divine.

> Ensuite, il exprime la toute-puissance avec la notion d'emprise. Il exprime l'emprise de façon double, c'est-à-dire en soi double : quant à l'emprise elle-même, et ainsi dit-il que la *théarchie*, c'est-à-dire la divinité principale, *est dite tout tenir et comme tenant à toute chose*, c'est-à-dire contenant et régissant, et deuxièmement quant au mode de rection, car, comme le dit le LIVRE DES CAUSES, « la cause première régit toutes les choses, sans qu'elle ne se mélange à elles », et ainsi dit-il *commandant sans se mélanger avec les gouvernés* [1].

La difficulté du texte tient à la richesse de son vocabulaire. Albert interroge l'expression par le ps.-Denys de l'*omnipotentia* divine par la

1. Albert le Grand, *Super Dionysius de divinis nominibus*, cap. X, éd. P. Simon et W. Kübel, Münster, Aschendorff, 1993, p. 398 (notre traduction).

notion d'*omnitenentia*. Dans la version latine du texte dionysien [1], le terme grec παντοκράτωρ est traduit alternativement par les termes *omnipotens* et *omnitenens*. Le premier met l'accent sur la puissance en tant que telle, alors que le second exprime davantage le fait de tout embrasser ou de tout contenir. Albert détaille la signification de l'*omnitenentia* sur un double plan : selon qu'on la considère en elle-même (*ad tenentiam*) et selon qu'on la considère dans sa relation à ce qu'elle embrasse (*ad modum regendi*). C'est précisément la notion de *regimen* qui permet d'articuler ces deux plans. En tant qu'*omnitenens*, la divinité contient et régit les choses, mais son mode de rection particulier doit être envisagé comme une préservation de la transcendance divine et non comme un abaissement vers les choses. C'est là qu'intervient la proposition du *Liber de causis* selon laquelle la cause première régit les choses sans se mêler à elles. Albert la met en parallèle avec le texte dionysien : la divinité commande sans se mélanger à ceux qu'elle gouverne (*principans immixte gubernatis*). Ou plutôt, il commente le *De divinis nominibus* au moyen du *Liber de causis* en raison de leur grande proximité doctrinale et textuelle. Il voit en effet dans les deux textes la même idée d'un régime double, à la fois de transcendance et d'immanence du premier principe [2]. Par-delà l'exercice d'harmonisation entre les sources albertiennes [3], le texte opère une inscription subtile du terme de *regimen* dans un champ sémantique riche lié à l'idée de pouvoir – *omnipotens*, *omnitenens*, *principans*, *gubernatis* – qui fait migrer la question du *regimen* d'une problématique métaphysique et ontologique – celle du *Liber de causis* et du *De causis et processu universitatis* – vers une réflexion plus directe sur la puissance divine et sur le gouvernement divin.

On retrouve, de façon surprenante, la même citation du *Liber de causis* dans un passage de la *Summa theologiae* qui ne concerne plus la divinité comme cause première, mais les anges. Il s'agit d'une

1. Pseudo-Denys l'Aréopagite, *De divinis nominibus*, X, I, 937 A, in *Corpus Dyonisiacum I*, éd. B. R. Suchla, Berlin-New York, De Gruyter, 1990, p. 214-215 : « Λέγεται δὲ παντοκράτωρ ἡ θεαρχία καὶ ὡς πάντων κρατοῦσα καὶ ἀμιγῶς τοῖς διοικουμένοις ἐπαρκοῦσα »

2. Sur la proximité entre les deux textes sur ce point, *cf.* C. D'Ancona Costa, *Recherches sur le* Liber de causis, Paris, Vrin, 1995, p. 50-51.

3. A. de Libera cite ce texte pour illustrer ce qu'il nomme le « péripatétisme dionysien », cf. *Raison et foi*, *op. cit.*, p. 262, n. 460.

considération d'ensemble sur la hiérarchie angélique médiane – celle des Dominations, des Vertus et des Puissances – et sur son ordonnancement interne. Albert en déploie la logique propre dans un développement que l'on peut lire comme un véritable petit abrégé sur le gouvernement du monde (*gubernatio mundi*) :

> Il faut dire que les trois ordres de la hiérarchie médiane sont attribués à trois qui remplissent le pouvoir public relevant du gouvernement du monde. [...]
> De cela apparaît l'ordre des trois ordres. Les Dominations et les Vertus disent le pouvoir général, soit de disposer les ministères, comme les Dominations, et c'est pourquoi elles sont premières dans cette hiérarchie : soit généralement d'atteindre la puissance ultime du fait de sa propre virilité, comme les Vertus, et c'est pourquoi les Vertus se tiennent en second par rapport aux Dominations, comme les ministres par rapport aux maîtres. Après cela il y a les Pouvoirs, recevant la puissance spirituelle d'écarter les contraires, et c'est pourquoi elles sont posées en dernier lieu [1].

Le pouvoir fonctionne de façon ternaire : la disposition des tâches (*disponendi ministeria*), l'effectuation de la puissance (*attingendi ultimum potentiae*), l'écartement des obstacles (*arcendum contrarium*). À ces trois dimensions abstraites du pouvoir correspondent les trois ordres angéliques de la hiérarchie médiane. Le premier d'entre eux, celui des Dominations, se caractérise non seulement par le fait de dominer les inférieurs, mais aussi de posséder la beauté et la bonté de façon parfaite et entière [2]. Dans cette double caractérisation s'expriment à la fois la supériorité des Dominations et leur relation à leurs subordonnés. C'est ce qui justifie, aux yeux d'Albert, la référence à la théorie « aristotélicienne » du *regimen*. Il en va des Dominations comme de la cause première, qui régit les réalités inférieures sans se mêler à elles. Il ne s'agit plus toutefois, dans ce contexte, d'une causalité ontologique, mais d'une direction ou d'un gouvernement au sens littéral. En effet, posséder la beauté et la bonté revient, pour les Dominations, à dépasser et à dominer les réalités

1. Albert le Grand, *Summa theologiae*, pars II, tract. 10, q. XXXIX, m. 2, art. 2, éd. Borgnet, p. 467-468 (notre traduction).

2. *Cf.* Pseudo-Denys l'Aréopagite, *De divinis nominibus*, XII, II, 969 B : « *Dominatio est non pejorum (sive inferiorum) excessus tantum, sed et omnis pulchrorum et bonorum perfecta et omnimoda possessio, et vera et cadere non valens fortitudo.* », cité in *op. cit.*, art. 1, p. 1, q. I, p. 450.

subordonnées, en sorte de disposer et d'ordonner leurs ministères, selon leur propre commandement et leur propre disposition[1]. Le *regimen* doit donc être entendu comme la direction des opérations, la transmission des ordres, la répartition des tâches. Le pôle de la domination est celui de la décision et du commandement, alors que l'exécution sera l'affaire des ordres inférieurs, des Vertus et des Pouvoirs. Ce que nomment les trois ordres angéliques de la hiérarchie médiane, ce sont bien trois fonctions du pouvoir public détaché au gouvernement du monde (*tria complentia potestatem publicam pertinentem ad gubernationem mundi*).

L'usage ambivalent du terme *regimen* met en évidence, malgré la distinction tranchée d'Albert entre la théologie et la philosophie et entre les anges et les intelligences, des parallèles remarquables, voire des effets d'indistinction, entre les deux plans qu'il essaie de maintenir séparés. Non pas que les anges et les intelligences en viennent à se confondre véritablement, mais plutôt que les deux plans auxquels ces réalités appartiennent semblent à bien des égards fonctionner selon les mêmes principes[2]. Le concept de *regimen*, indécidablement politique et métaphysique, désigne dans chaque cas, en théologie comme en ontologie, des logiques de puissance très similaires : couplage de la transcendance et de l'efficacité, délégation de la puissance régissante, diversification des effets d'une puissance unique, etc. Cela ne remet pas en cause la distinction albertienne, mais invite à en interroger le sens profond. Pourquoi distinguer le gouvernement divin du monde par l'institution de pouvoirs angéliques hiérarchisés et le gouvernement de la cause première par diffusion d'un flux selon l'ordre des intelligences qui dirigent le mouvement des cieux? Ou plutôt, pourquoi décrire ces deux phénomènes distincts selon les mêmes logiques, en utilisant le même terme de *regimen* ? Si le Dieu des théologiens n'est pas la cause première des philosophes, et si les anges sont autre chose que les intelligences, les façons d'exercer le gouvernement (*regimen*) sur le

1. Pseudo-Denys l'Aréopagite, *De divinis nominibus*, XII, II, 969 B : « *quia illi possessione pulchrorum et bonorum excedunt et superponuntur aliis : ita ut ad nutum et dispositionem eorum ministeria aliorum inferiorum disponi et ordinari dicantur.* », cité in *op. cit.*, art. 1, p. 1, q. I, p. 452

2. S. Milazzo envisage le *fluxus* comme un paradigme albertien, dont il tente de mettre en évidence le rôle dans la théologie et l'ecclésiologie d'Albert le Grand, *cf.* Albert le Grand, *Le traité du flux*, *op. cit.*, p. 463-580.

plan de la nature et sur le plan de la grâce se ressemblent pourtant. Qu'essaie-t-on de distinguer en séparant des réalités dont on fait apparaître par ailleurs les ressemblances ?

Malgré toutes les similitudes et toutes les analogies possibles, et peut-être aussi à cause d'elles, Albert maintient la distinction radicale entre philosophie et théologie. Il achève le second livre du *De causis et processu universitatis*, et par là le livre entier, par une remarque, encore une, sur les anges et les intelligences :

> Nous savons aussi, que certains affirment que les esprits, qu'ils appellent vulgairement des anges, sont des intelligences. Mais il est certain que les anges sont des substances intellectuelles selon les ministères de la grâce distribuée. Mais qu'ils soient des intelligences sur le mode par lequel les péripatéticiens posent les intelligences, à savoir qu'ils soient immobiles selon le lieu et l'opération, cela est tout à fait absurde et ne convient pas avec ce qui est dit au sujet des mouvements, des apparitions et des opérations des anges [1].

Les anges et les intelligences sont des choses vraiment trop différentes pour que l'on puisse les confondre. Certains après Albert tenteront pourtant de le faire, comme on sait. D'autres, au contraire, maintiendront la distinction qu'il a posée et la pousseront encore plus loin, au niveau même du *regimen* où, chez Albert, elle semble parfois se brouiller.

Les deux providences

Dans un passage du *Super Ethica* concernant la vertu de libéralité, Albert le Grand emploie le terme de *regimen* pour parler de la gestion du foyer domestique :

> La substance du libéral est triple. C'est ce qui est nécessaire à la vie, et c'est ce qui est nécessaire à la maison ou à la famille, que certains appellent le nécessaire à la personne, au sens où « personne » se dit du degré de dignité dans l'homme, auquel appartient la direction, le gouvernement et la providence de la famille selon le mode d'honnêteté et de convenance dans lequel il se trouve [2].

1. Albert le Grand, *De causis et processu universitatis a causa prima*, *op. cit.*, lib. II, tract. 5, cap. XXIV, p. 191-192 (notre traduction).

2. Albert le Grand, *Ethica*, lib. IV, tract. 1, cap. III, éd. Borgnet, p. 278 (notre traduction).

Si la libéralité représente une vertu pour le chef de famille, c'est parce qu'il lui revient de savoir combien et comment dépenser pour ce qui est nécessaire au foyer domestique. Dans le cadre de cette discussion sur l'économie au sens aristotélicien, c'est-à-dire sur la gestion du foyer, Albert emploie le terme de *regimen* et semble le mettre en équivalence avec ceux de *gubernatio* et de *providentia*. Il ne fait en tout cas aucune distinction quant à leurs significations respectives[1].

On retrouve la même association de termes dans les pages de la *Summa theologiae* consacrées à la question de la providence divine, dans la restitution de la position de certains philosophes – Albert mentionne Cicéron et Empédocle – qui en nient l'existence :

> Ils disent que la rectitude et l'ordonnancement des gouvernants s'examinent dans la rectitude de la rection de la part du régent. Or dans ceux qui sont régis on ne voit que confusion et désordre. Et ils invoquent le verset suivant : « quand régneront les impies ce sera le désastre pour les hommes » (Pr 28, 12). Ainsi que celui-ci : « là où il n'y a pas de gouverneur, le peuple s'effondre » (Pr 11, 14). Et ils soutiennent cela de la façon suivante : le peuple visiblement s'effondre de façon désordonnée et injuste, donc il n'y a pas de gouverneur qui gouverne le peuple avec la prévoyance de la sagesse, l'équité de la justice et la direction de la bonne disposition et de l'ordonnancement[2].

L'argument est politique : de même que le désordre au sein du peuple témoigne de l'absence de gouvernement, du moins d'un gouvernement juste, de même le chaos apparent du monde met en évidence l'inexistence de la providence divine, qui relève par essence de la justice. Il apparaît d'une part que la prévoyance (*providentia*, c'est-à-dire aussi « providence ») est un gouvernement (*gubernatio*) ou une direction (*regimen*), qu'elle est, pour être plus précis, la sagesse (*sapientia*) qui préside à ce gouvernement et, d'autre part,

1. On trouve l'association de *regimen* et *gubernatio* dans le cadre domestique dans un passage du commentaire des Sentences sur le rôle adjuvant de la femme, *cf.* Albert le Grand, *In IV Sententiarum*, dist. XXXII, art. 1, éd. Borgnet, p. 270 : « *Ad aliud dicendum, quod adjutorium illud pertinet ad actum generationis, et non ad gubernationem et regimen domus.* »

2. Albert le Grand, *Summa theologiae*, II, tract. 17, q. LXVII, m. 1, éd. Borgnet, p. 675 (notre traduction).

qu'il faut l'entendre en un sens politique, comme une activité d'ordonnancement (*ordinatio*) d'un peuple ou d'un royaume.

Dans la réponse d'Albert à la question *quid sit providentia ?*, les trois mêmes termes apparaissent à nouveau, dans un contexte non plus politique, cette fois, mais « économique ».

> Il en va de même, comme le dit Boèce, dans l'esprit de l'artisan qui, à partir de l'habitus de l'art, prévoit ce qu'il faut faire ou détruire pour tout le foyer et pour ses parties, et ce qui peut être disposé utilement, et comment, en vue de la maison en totalité et dans ses parties. C'est pourquoi il possède quelque chose qui relève de la science ou de la sagesse, à savoir l'habitus directeur, et quelque chose qui relève de la volonté, à savoir la conduite de chaque chose à sa fin et son gouvernement : c'est en effet un acte volontaire, qui relève de la bonté et du soin apporté à toute chose [1].

L'artisan (*artifex*), c'est-à-dire le créateur, prévoit (*providet*) ce qui est utile et inutile au foyer ou à la maison (*domus*) en la faisant. Il s'appuie pour cela sur sa sagesse (*sapientia*), qui est une disposition rectrice (*regentem*), et sur sa volonté, à laquelle revient le gouvernement (*gubernationem*) des choses, qui consiste à les porter à leur fin. Encore une fois, la providence apparaît comme une science (*scientia*) du gouvernement, qui n'est toutefois plus l'apanage du politique, mais de l'artisan qui fabrique une maison.

Ce glissement métaphorique met en évidence une difficulté de taille : la providence relève aussi bien de la production du monde que de sa gestion. Selon Albert, Dieu est à la fois le créateur et le gouverneur du monde (*sicut necesse est Deum poni mundi factorem, ita necesse est poni mundi gubernatorem secundum providentiam* [2]). Comme l'artisan qui produit la maison en fonction non seulement des exigences de la construction, mais aussi des principes de l'économie domestique, le créateur du monde ne se distingue pas de celui qui pourvoit à son gouvernement. À la limite, la création est déjà providentielle. C'est pourquoi la providence doit être pensée, au minimum, selon un triple régime – production, gestion, direction – et peut être exprimée dans trois registres différents – technique, économique, politique. Elle appartient aussi bien à l'artisan (*artifex*) qu'au chef de famille (*paterfamilias* et au roi (*rex*). Si cette

1. *Ibid.*, m. 2, p. 679 (notre traduction).
2. Albert le Grand, *Summa theologiae*, II, tract. 17, q. LXVII, m. 2, p. 676.

interpénétration des champs thématiques et lexicaux demanderait à être interrogée comme telle [1], elle ne nous intéressera ici que dans la perspective de l'angélologie.

À la question de savoir quel rôle jouent les anges dans la providence divine, la réponse d'Albert est fortement compliquée par ses choix méthodologiques et épistémologiques. En effet, il va de soi que les anges, s'ils participent à la providence, étant par essence incapables de créer, ne peuvent le faire qu'au titre de la gestion ou de la direction, et non de la production. Le *regimen* ou la *gubernatio* angéliques devraient donc être circonscrits à ces domaines. Il faut toutefois noter que ces domaines ne sont pas clairement et explicitement délimités par Albert, mais au contraire se juxtaposent les uns aux autres et semblent parfois se recouper. Le terme de *regimen*, comme on l'a vu, appartient aussi bien au langage de la métaphysique qu'à celui de la politique, et sert à la fois à dire l'ordre du monde selon l'être que son ordonnancement pratique. Il y a un *regimen* des intelligences séparées comme il y a un *regimen* des anges. S'ils relèvent de deux plans distincts, leurs logiques sont toutefois similaires. Or, ce qui apparaît ici, c'est que cette confusion ne tient pas seulement à l'embarras d'Albert devant le langage de la métaphysique péripatéticienne, mais découle aussi d'une difficulté d'ordre théologique. Si la théorie du *regimen* de la cause première et des intelligences motrices a pour effet d'importer un vocabulaire politique en métaphysique, l'usage théologique du terme de *regimen* au sens de *providentia* brouille tout autant les choses en ce qu'il désigne parfois indistinctement aussi bien la création que le gouvernement.

C'est donc à partir d'un double problème qu'il faut envisager, chez les successeurs d'Albert le Grand – Thierry de Freiberg et Berthold de Moosburg – la radicalisation et la réinterprétation doctrinale des positions du maître. Il y va toujours, en premier lieu, de la confrontation entre la théologie chrétienne et la philosophie péripatéticienne – et sur ce point, Thierry et Berthold paraissent mieux informés que leur prédécesseur de la dimension

1. Sur la dimension « économique » du pouvoir, *cf.* G. Agamben, *Le règne et la gloire*, *op. cit.* ; sur sa dimension productive, *cf.* E. Coccia, « *Potestas dicitur multipliciter*. Le pouvoir et la nature », dans D. Boquet, B. Dufal et P. Labey (éd.), *Les Historiens et Michel Foucault aujourd'hui*, Paris, CNRS Éditions, 2013, p. 261-281.

néoplatonicienne du péripatétisme auquel ils se confrontent – ainsi que de la nécessité d'une disjonction épistémologique entre les deux, mais cette disjonction est comme réinscrite sur le plan doctrinal et justifiée par une interprétation théologique de la notion de providence. Si la philosophie et la théologie empruntent deux voies distinctes et irréductibles l'une à l'autre, ce n'est pas au nom de la double vérité [1], mais en raison de la double providence. Il faut entendre par là le fait que la providence comprend aussi bien la création que le gouvernement du monde. Si la providence consiste aussi bien à instituer les choses dans leur être qu'à les mener à la perfection de leur forme, alors la théologie peut faire place à un discours sur la nature, une *scientia naturalis*, qui n'envisage les choses que du point de vue de leur nature, sans rien dire de ce qu'elles reçoivent de la grâce divine. C'est ainsi que Thierry de Freiberg s'accommodera du parallèle embarrassant entre intelligences célestes et anges, sans pour autant faire de leur différence radicale le signe d'un hiatus insurmontable. En un sens, la plus grande autonomie du discours philosophique se paie de sa subsomption à la théologie et au dispositif de la double providence.

Les dominicains allemands sont allés chercher l'idée de double providence chez Augustin. Celui-ci distingue en effet deux modalités dans la providence divine, selon qu'elle s'exerce selon la nature ou selon la volonté : *gemina operatio providentiae reperitur, partim naturalis, partim voluntaria*. Ces deux modes d'action possèdent leurs champs d'application respectifs :

> Il y découvre la double opération de la providence, l'une naturelle, l'autre volontaire : l'opération naturelle, par l'action secrète de Dieu, qui donne croissance même aux arbres et aux herbes ; l'opération volontaire, par les œuvres des anges et des hommes. Selon la première, Dieu ordonne, en haut, les créatures célestes, en bas, les créatures terrestres ; il fait luire astres et luminaires, règle l'alternance du jour et de la nuit, fonde la terre que les eaux sillonnent et entourent, déploie l'air au-dessus d'elle, régit la conception et la naissance des arbustes et des animaux, leur croissance, leur vieillissement, leur mort et tout ce qui, dans les choses, vient d'un mouvement intérieur et naturel. Selon la seconde, les créatures

1. Sur la différence entre la position albertienne et la double vérité, *cf.* L. Bianchi et E. Randi, *Vérités dissonantes*, *op. cit.*, chap. II, p. 39-70 ; A. de Libera, *Raison et foi*, *op. cit.*, chap. I et V, p. 35-82, 231-261.

échangent des signes, enseignent et s'instruisent, cultivent les champs, ordonnent les sociétés, s'adonnent aux arts, et exercent toutes autres activités, soit dans la société céleste, soit dans la société terrestre et mortelle, au point que même les méchants concourent à leur insu au bien des bons[1].

De façon assez schématique, le plan de la providence naturelle correspond à celui du cosmos et des phénomènes physiques, alors que celui de la providence volontaire recouvre celui de la société et de l'activité morale. D'un côté, l'ordre naturel des plantes, des animaux et des étoiles, de l'autre, la vie pratique des hommes et des anges. La providence recouvre donc à la fois l'ordre physique et l'ordre moral :

> Ainsi Dieu, par la double opération de sa providence, gouverne la totalité de sa créature : les natures, pour qu'elles soient, les volontés, pour qu'elles ne fassent rien sans son ordre ou sa permission[2].

Il apparaît clairement que la providence naturelle produit l'être des choses (*ut fiant*) alors que la providence volontaire institue un régime d'autorité (*iussu vel permissu*). Plutôt que de rigidifier l'opposition entre physique et moral, il convient peut-être de souligner la dimension presque politique de la providence volontaire : Dieu crée les natures par sa bonté, mais il ordonne les volontés par son pouvoir (*naturas creans bonitate, uoluntates ordinans potestate*[3]). La sphère de la volonté est non seulement celle – morale – du bien et du mal, mais aussi celle – pratique – du pouvoir, de l'ordre et de la permission, de la société et des échanges symboliques.

On notera que si les anges, en tant que créatures morales et spirituelles, semblent appartenir, pour Augustin, à l'ordre de la providence volontaire, ils jouent néanmoins un rôle dans la providence naturelle, dans la mesure où :

> [...] dans un seul et même acte, ils contemplent Dieu hors de l'espace et du temps et ils accomplissent ses volontés dans les créatures inférieures, en se mouvant dans le temps et en mouvant les corps dans le temps et l'espace, selon les limites départies à leur action[4].

1. Augustin d'Hippone, *De genesi ad litteram*, livre VIII, IX, 17, *op. cit.*, p. 37-39 (notre traduction).
2. *Ibid.*, XXIV, 45, p. 79 (notre traduction).
3. *Ibid.*, XXIII, 44, p. 75.
4. *Ibid.*, XXIV, 45, p. 79 (notre traduction).

Augustin ne précise pas ici comment les anges meuvent les corps ni de quels corps il s'agit – et nous avons vu quels doutes il émettait par ailleurs sur la question des rapports entre les anges et les astres [1] – mais il leur attribue indéniablement un rôle dans l'articulation des plans spirituel et matériel. En effet, les anges font ce qu'exige l'ordre de la nature en toute chose (*agant, quod naturae ordo poscit in omnibus* [2]). Il y a donc, en même temps qu'une subordination de la créature corporelle à la créature spirituelle, qui la dirige, un ajustement de celle-ci à celle-là, dans l'action double de l'ange qui, en même temps qu'il contemple la volonté divine hors du temps et de l'espace, l'accomplit selon des coordonnées spatio-temporelles dans les corps. À la limite, l'ange apparaît comme la figure en laquelle providence volontaire et providence naturelle coïncident.

Chez les dominicains allemands, la théorie augustinienne de la double providence, plutôt que d'alimenter l'ambiguïté de la figure angélique, sert à en dissiper les équivoques. Cela tient bien évidemment au contexte dans lequel elle est mobilisée, à savoir en comparaison, sinon en opposition, avec l'intelligence céleste des péripatéticiens, dans le cadre d'un imposant dispositif épistémologique hérité d'Albert le Grand, qui s'attache à différencier au maximum ces deux figures. De fait, Thierry de Freiberg, dans le *De subiecto theologiae*, met en équivalence la distinction théologique d'Augustin et la distinction épistémologique d'Albert :

> La science divine des philosophes considère l'univers des étants selon l'ordre de la providence naturelle, en vertu de laquelle les choses se tiennent dans leur nature et sont gouvernées selon leurs modes et leurs propriétés naturels par le prince de l'univers, et qui ne tend vers aucune autre fin ultérieure au-delà de cet ordre naturel.
>
> Notre science divine, celle des saints, s'occupe des étants selon qu'ils se tiennent et sont disposés sous l'ordre de la providence volontaire, dans laquelle elle s'occupe de la raison des mérites et des récompenses, et des choses qui tendent vers la vie bonne et sainte, et de l'acquisition de la béatitude éternelle, et du fait de parvenir à la fin ultérieure, soit dans le bien soit dans le mal, aussi

1. Cf. *supra* chap. I, p. ? ? ?.
2. Augustin d'Hippone, *De genesi ad litteram*, *op. cit.*, VIII, XXIV, 45, p. 79.

> après la fin de ce monde, quand la science divine des sages de ce monde sera détruite (1 Cor 13)[1].

L'objet de la philosophie est l'étant sous l'ordre de la providence naturelle, alors que celui de la théologie est l'étant sous l'ordre de la providence volontaire. L'opposition est établie sur une différence de rapport au monde : la philosophie, en tant que connaissance de la nature ou de la providence naturelle, constitue la science de ce monde, vouée, dans une perspective eschatologique, à disparaître avec le monde dont elle est la science. La théologie se tient, quant à elle, en quelque sorte au-delà du monde, dans la mesure où elle considère l'étant en tant qu'il appartient aussi et déjà à un plan surnaturel et supramondain. En réinterprétant la distinction augustinienne dans les termes de l'épistémologie albertienne, Thierry ne se contente pas de délimiter dans la réalité le champ d'application et d'autonomie de la philosophie, il fait glisser l'opposition des deux sciences au-delà de la cosmologie : la ligne qui partage la philosophie et la théologie coïncide avec la limite même du monde[2].

Dans cette perspective, l'opposition entre les anges et les intelligences motrices n'exemplifie plus seulement celle de la théologie et de la philosophie, mais elle incarne les deux voies divergentes de la providence. Thierry consacre une section du *De animatione caeli* à réfuter l'opinion selon laquelle les substances séparées mouvant les corps célestes seraient des anges.

> (1) Certains disent que cette substance qui meut le ciel est une substance séparée, mais séparée du fait d'être élevée selon sa nature et son essence au-dessus de toute nature corporelle. Et de ce point de vue, elle est en son essence un esprit du genre et du nombre de ceux qu'on appelle « anges », qui sont intellectifs parce qu'il y a en eux une puissance d'intelliger, non pas parce qu'ils sont eux-mêmes des intellects par essence.
> (2) Mais cette position, concernant le fait que de telles substances peuvent mouvoir les corps célestes, est inconvenante[3].

1. Thierry de Freiberg, *De subiecto theologiae*, III, 69-81, in *Opera omnia*, III, éd. L. Sturlese, Hamburg, F. Meiner, 1983, p. 281 (notre traduction).

2. Selon L. Sturlese, une reformulation possible de l'idée de providence naturelle chez Thierry de Freiberg pourrait être, dans un langage plus moderne, « l'ensemble des lois de la nature empirique » (*Storia della filosofia tedesca nel medioevo*, *op. cit.*, p. 213).

3. Thierry de Freiberg, *De animatione caeli*, XIX, in *Opera omnia*, III, *op. cit.*, p. 29-30 (notre traduction).

La réfutation de Thierry repose sur la distinction tranchée entre un ordre de la nature et un ordre de la grâce, qui s'appuie sur la distinction augustinienne des deux providences, naturelle et volontaire. À la première appartient la connexion causale de l'univers selon les propriétés naturelles et essentielles des étants, en fonction de laquelle sont envisagés les mouvements naturels des corps célestes. La seconde, quant à elle, relève d'une tout autre dimension, celle de la volonté et de la grâce, qui n'a tout simplement rien à voir avec l'ordre naturel du monde.

> (2) L'un d'eux, celui des esprits, dont traite ce discours, procède dans l'ordre de la providence volontaire, en vertu duquel ils sont disposés les uns par rapport aux autres selon des hiérarchies distinctes, et des ordres et des rangs divers, non seulement de nature, mais de grâce et d'actes hiérarchiques, dont la providence parvient jusqu'à nous, et qui tous appartiennent à l'ordre de la providence volontaire.
> (3) L'autre genre d'êtres, à savoir les corps célestes, procède de Dieu dans l'ordre de la providence naturelle selon la disposition de la nature, les propriétés naturelles et les mouvements des êtres naturels, dans lesquels se trouve nécessairement une connexion naturelle.
> (4) Augustin a distingué ce double ordre de la providence en *Super Genesim ad litteram*, VIII.
> (5) Il apparaît donc, en ce qui concerne le mouvement des cieux, qui par soi appartient à l'ordre de la providence naturelle, qu'il n'appartient en rien à ces substances, dont ils disent qu'elles sont des principes qui meuvent ces corps célestes, puisqu'elles sont d'un ordre tout à fait séparé et distinct, et par conséquent tout à fait étrangères à la participation à l'ordre de la providence naturelle pour ce qui est de régir le mouvement des cieux, qui est naturel[1].

Thierry ne soutient pas toutefois que les deux ordres de la providence n'ont aucun rapport. Ce sont deux voies issues de la même source, dont il faut souligner le caractère hétérogène, mais dont on peut envisager qu'elles se recoupent parfois. Autrement, on ne comprendrait pas comment les anges peuvent être dits, dans les récits bibliques, intervenir dans le monde et agir sur le cours naturel des choses, et être définis comme des « esprits administrateurs » (*administratorii spiritus*), comme le dit Hb 1, 14. Thierry concède

1. *Ibid.*, XX, p. 30 (notre traduction).

donc qu'il existe un point de jonction entre la providence volontaire et la providence naturelle.

> (6) Ce qui a été dit n'empêche pas que selon les écritures de vérité ces esprits angéliques accomplissent de nombreuses transformations dans les choses naturelles, qui sont auprès de nous, cela, dis-je, n'empêche pas que ceux-ci fassent de telles choses auprès de nous dans les choses naturelles, en tant qu'ils « sont des esprits administrateurs », et ces choses naturelles qui sont auprès de nous viennent à notre usage, et de ce fait nous appartiennent et tombent sous l'ordre de la providence volontaire : ils ne font pas ces choses en vertu de l'habitus de quelque ordre naturel ou d'une dépendance causale de tels êtres naturels envers eux, mais en tant qu'ils servent Dieu selon l'ordre de la providence volontaire « pour ceux qui reçoivent l'héritage du salut (Hb 1) »[1].

En quoi consiste l'administration angélique du monde ? Bien qu'il reste très allusif sur ce point, Thierry parle de transformations dans les choses naturelles (*transmutationes in rebus naturalibus*), c'est-à-dire d'une capacité à affecter les choses dans leur nature et à modifier celle-ci. Par une telle transformation, les choses naturelles passent à notre usage (*veniunt in usum nostrum*) et tombent sous la providence volontaire (*cadunt in ordinem voluntariae providentiae*). Il s'agirait donc d'un basculement d'un ordre à l'autre, par lequel les phénomènes naturels seraient comme moralisés, acquerraient une signification eschatologique – puisqu'il s'agit d'administrer le monde dans la perspective du salut – et appartiendraient en ce sens aussi à la providence volontaire. Or cela ne dépend aucunement d'un habitus naturel (*habitudine naturalis ordinis*) ou d'une dépendance causale (*causalis dependentiae*) mais de la seule puissance d'irruption de la providence volontaire dans la providence naturelle. Le terme n'apparaît certes pas dans le texte, mais ce type de modification de l'ordre naturel par la grâce correspond à ce que l'on appelle généralement un miracle. La jonction des deux providences relève donc du miracle – à moins qu'elle ne soit tout simplement la définition technique de celui-ci[2]. Il apparaît alors que les deux

1. Thierry de Freiberg, *De animatione caeli*, XX, p. 31 (notre traduction).

2. La lecture par L. Sturlese du motif des deux providences se fonde sur l'opposition entre loi naturelle et miracle, cf. *Storia della filosofia tedesca nel medioevo*, *op. cit.*, p. 208, et A. de Libera, *Raison et foi*, *op. cit.*, p. 263. Sur le problème du miracle chez Thierry de Freiberg, *cf.* R. Imbach, « Le traité de l'eucharistie de Thomas d'Aquin et les averroïstes »,

ordres distingués par Thierry, dans le sillage d'Augustin et d'Albert le Grand, ne sont pas tant parallèles l'un par rapport à l'autre que perpendiculaires.

Comme chez Augustin, l'ange est le point de jonction des deux providences, non plus cette fois en tant qu'il permet leur articulation, mais plutôt en ce qu'il manifeste de façon spectaculaire, dans le miracle, leur radicale hétérogénéité. L'ange ne participe pas providentiellement à l'ordre de la nature en mouvant les corps célestes mais, au contraire, manifeste la providence volontaire en altérant le cours de leurs mouvements [1]. Toute la distinction entre les anges et les intelligences est fondée, chez Thierry, sur la non-appartenance foncière de l'ange à l'ordre de la nature [2]. Qu'il s'agisse du mode de leur création [3], de la nature de leur connaissance [4] ou de leur rapport avec les corps célestes, tout ce qui permet d'établir une comparaison entre les anges et les intelligences est traversé par une même ligne de partage entre l'ordre des causes naturelles et les phénomènes spirituels et moraux qui lui sont irréductibles parce qu'ils relèvent d'un autre plan. C'est en tant qu'êtres non naturels que les anges relèvent de la théologie et non pas de la philosophie, parce que les principes des sciences naturelles qui servent à décrire le monde dans sa structure essentielle s'avèrent complètement inopérants dès lors qu'il est question de la réalité angélique et de la providence volontaire à laquelle elle appartient. Si la distinction entre les deux ordres de la providence est bien d'origine augustinienne, l'interprétation forte qu'en donne Thierry, elle, ne l'est pas. En premier lieu, elle dépend du dispositif épistémologique mis en place par Albert le Grand. Thierry ne se contente toutefois pas de superposer la théologie d'Augustin et la méthodologie d'Albert, il les utilise pour creuser le hiatus entre la nature et la grâce, afin de

Revue des Sciences théologiques et philosophiques 77, 1993, p. 173-228, et « L'antithomisme de Thierry de Freiberg », *Revue thomiste* 97, 1997, p. 245-258.

1. Ce cas est envisagé dans la réponse de Robert Kilwardby à Jean de Verceil. Cf. *supra*, chap. I, p. 69-70.

2. Sur la place ambiguë de l'ange dans l'*ordo rerum*, *cf.* T. Suarez-Nani, *Les anges et la philosophie. Subjectivité et fonction cosmologique des substances séparées à la fin du* XIIIe *siècle*, Paris, Vrin, 2002, p. 65, n. 3 et 146, n. 1.

3. *Cf.* Thierry de Freiberg, *De intellectu et intelligibili*, I, 12, éd. B. Mojsisch, in *Opera omnia*, I, *op. cit.*, p. 144-145.

4. *Cf.* Thierry de Freiberg, *De cognitione entium separatorum*, LV-LVI, éd. H. Steffan, in *Opera omnia*, II, *op. cit.*, p. 219.

marquer la limite non seulement de la science mais aussi de l'ordre naturel. L'ange n'est pas le lieu où les deux ordres se réunissent, mais celui où leur différence se manifeste avec le plus de force. Cet élément d'antinaturalisme ou d'acosmisme qui teinte l'angélologie de Thierry ne vient précisément pas d'Augustin. Il nous semble qu'il vient d'Albert, et plus particulièrement de ce qu'il y a de dionysien dans la pensée d'Albert. Dire que les anges sont disposés les uns par rapport aux autres selon des hiérarchies distinctes (*secundum distinctas hierarchias*), selon des rangs non seulement de nature, mais aussi d'actes hiérarchiques (*diversos gradus non solum naturae, sed gratiae et actoruum hierarchicorum*), c'est, de fait, parler le langage dionysien [1]. C'est la notion dionysienne de hiérarchie qui sert à nommer l'autre de la nature [2].

Nous voudrions chercher une confirmation de cette hypothèse de lecture chez Berthold de Moosburg. Il s'inscrit, lui aussi, dans le sillage de l'épistémologie d'Albert le Grand qu'il exprime, à la suite de Thierry, dans les termes de la distinction augustinienne [3]. Ainsi, dès l'introduction du commentaire aux *Éléments de théologie* de Proclus, il met en rapport la théologie comme science et la providence volontaire :

> [...] tout de même que la théologie qui porte sur le bien divin selon l'ordre de la Providence volontaire est, elle aussi, fondée sur des principes (assumés) par croyance : les articles de la foi chrétienne [4].

1. Les actes hiérarchiques (purifier, illuminer, perfectionner) sont décrits par Thierry dans le *De cognitione entium separatorum*, xlix, *op. cit.*, p. 213-214, et explicitement rapprochés de la connaissance du soir (*cognitio vespertina*) d'Augustin, qui est elle-même liée à la providence volontaire (cf. *De cognitione entium separatorum*, lv, 3, *op. cit.*, p. 219).

2. Ce point échappe à la lecture de T. Suarez-Nani, qui va jusqu'à opposer l'angélologie dionysienne et l'angélologie théodoricienne, précisément parce que cette dernière s'appuie sur une interprétation trop néoplatonisante du Pseudo-Denys, qui ne permet pas de percevoir les différences profondes entre celui-ci et Proclus, notamment à l'endroit du concept de hiérarchie. Cf. *Les anges et la philosophie*, *op. cit.*, p. 148-149.

3. Sur les choix épistémologiques de Berthold de Moosburg, *cf.* L. Sturlese, « Il *De animatione caeli* di Teodorico di Freiberg », *loc. cit.*, p. 193-196 ; M. Führer et S. Gersh, « Dietrich of Freiberg and Berthold of Moosburg », *in* S. Gersh (ed.), *Interpreting Proclus. From Antiquity to Renaissance*, Cambridge-New York, Cambridge University Press, 2014, p. 308-310.

4. Berthold de Moosbourg, *Commentaire des* Éléments de théologie *de Proclus*, préambule, trad. A. de Libera, dans *Philosophes médiévaux. Anthologie de textes philosophiques, XIIIe-XIVe siècles*, R. Imbach et M.-H. Méléard (dir.), Paris, UGE, 1993, p. 348 (notre traduction).

La distinction réapparaît dans un passage difficile où Berthold entreprend de distinguer la notion curieuse d'*antarkia* – qu'il croit trouver chez Proclus là où ce dernier parle en fait d'*autarkeia*, d'autosuffisance[1] – de celle, dionysienne, de *hierarchia*. L'une sera donc philosophique, liée à la providence naturelle, et l'autre théologique, relevant de la providence volontaire.

> De ce qui a été dit apparaît la différence entre l'*antarkia* et la hiérarchie, car l'*antarkia* est un ordre divin selon les conditions posées plus tôt dans la description, émanant de Dieu selon la disposition de la providence naturelle; la hiérarchie quant à elle est un ordre divin émanant de Dieu selon la disposition de la providence volontaire. Il convient de les nommer toutes deux « ordre divin », mais cela toutefois ne peut être fait selon la même raison, car l'*antarkia* est un ordre divin et essentiel : divin, en ce que tout *antarkes* est uniquement bon, le bien étant la même chose que Dieu; essentiel, de par la défluxion formelle et essentielle de l'un à l'autre, sous l'ordre cependant de la cause principale. Alors que dans la hiérarchie, il n'y a pas un ordre à proprement parler formel, et en aucune façon causal, puisque dans la hiérarchie, l'un ne saurait être la cause d'un autre sur le plan de l'être, mais plutôt de l'agir, ni un ordre à proprement parler divin, sinon, comme il a été dit, par participation aux dons bienfaisants et gracieux de la science et de l'opération déiformes selon les actes hiérarchiques, à savoir, purifier, illuminer et perfectionner, selon les lois de la providence volontaire, comme il a été dit[2].

Si l'on laisse de côté les difficultés propres à l'interprétation de Proclus par Berthold, et donc l'erreur de lecture dont est issue la notion d'*antarkia*, pour ne s'intéresser qu'à l'opposition entre les deux ordres mentionnés par Berthold, l'*antarkia* et la *hierarchia*, il apparaît que le premier désigne un ordre essentiel, constitué par un flux formel (*defluxum formalem*) qui émane de Dieu selon la

1. L'erreur semble provenir de Berthold lui-même, car la traduction latine de Guillaume de Moerbeke donne : « *Omne autarkes simpliciter bono deterius est* » (*cf.* C. Vansteenkiste (ed.), « *Procli elementatio theologica translata a Guilelmo de Moerbeke (textus ineditus)* », in *Tijdschrift voor Philosophie* 13, 2, 1951, p. 263-302); H. Boese (ed.), *Proclus. Elementatio theologica, translata a Guillelmo Morbecca*, Leuven, Leuven University Press, 1987, p. 8. Pour le texte original, *cf.* E. R. Dodds (ed.), *Proclus. The Elements of Theology*, Oxford, Oxford University Press, 1963, p. 10.

2. Berthold de Moosburg, *Expositio super Elementationem theologicam Procli, propositio 10*, éd. L. Sturlese, Hamburg, F. Meiner Verlag, 1984, p. 179-180 (notre traduction).

providence naturelle, alors que le second forme un ordre pratique (*in operari ; operationis secundum actus hierarchicos*) qui n'est divin qu'en vertu d'une participation de type hiérarchique et qui procède de Dieu selon la providence volontaire. La distinction augustinienne alimente une opposition entre l'ordre causal de l'être, tel qu'il est mis en lumière par Proclus, et l'ordre pratique de la hiérarchie décrit par le ps.-Denys. De façon tout à fait explicite, la providence volontaire et la hiérarchie s'identifient, dans leur commune opposition à la structure ontologique de la réalité. Comme c'était déjà le cas chez Thierry de Freiberg, mais de façon encore plus manifeste, Berthold joue le ps.-Denys et Augustin ensemble contre Proclus.

On voit ainsi, d'Albert le Grand à Berthold de Moosburg, se dessiner une ligne dionysienne qui se démarque nettement de la tradition philosophique. Si, chez Albert, c'est surtout aux aristotéliciens arabes et juifs que s'oppose le ps.-Denys, la situation change un peu chez Thierry et chez Berthold en raison de leur connaissance plus avertie du néoplatonisme, en particulier de Proclus. Certes, c'est aussi au néoplatonisme qu'Albert oppose la théologie dionysienne, mais à un néoplatonisme dérivé, déformé par la philosophie arabe, non seulement mélangé à la pensée aristotélicienne, mais travesti en aristotélisme. Il y a trois néoplatonismes médiévaux. Le néoplatonisme « péripatéticien » : celui que les penseurs arabes ont connu par le *Livre des causes* – qui est une réécriture des *Éléments de théologie* de Proclus – et par la *Théologie d'Aristote* – qui consiste en un collage des *Ennéades* de Plotin – et qu'ils ont intégré à la philosophie d'Aristote[1]. Cette espèce de néoplatonisme rassemble des éléments hétérogènes et ne forme pas nécessairement un bloc. Dans la culture latine, avant qu'elle ne découvre le néoplatonisme comme tel, sa réception est tellement liée à celle de la pensée aristotélicienne qu'elle tend toutefois à devenir indiscernable du péripatétisme. Aux yeux d'un penseur comme Albert, il y a un air de famille entre Aristote, Avicenne et le *Liber de causis*. Ce n'est qu'avec la traduction en latin des textes de Proclus par Guillaume de Moerbeke – l'*Elementatio theologica* (1268), les *Tria opuscula* (1280) et l'*In Parmenidem* (après

1. Sur la tradition arabe du néoplatonisme, *cf.* C. D'Ancona Costa, *Recherches sur le* Liber de causis, *op. cit.* ; P. Adamson, *The Arabic Plotinus. A philosophical study of the « Theology of Aristotle »*, London, Duckworth, 2002 ; A. Vallat, *Farabi et l'École d'Alexandrie. Des prémisses de la connaissance à la philosophie politique*, Paris, Vrin, 2004.

1280) – que la proximité entre la doctrine du *Liber de causis* et le néoplatonisme est devenue patente[1]. Ce deuxième néoplatonisme, celui des traductions latines de Proclus, bien qu'il soit plus pur d'un point de vue doctrinal, est arrivé tardivement, après la première vague du néoplatonisme « arabe », et n'a eu d'influence sur la pensée médiévale que par le biais de l'*Elementatio theologica*, en raison de sa proximité avec le *Liber de causis*. Il existait cependant, bien avant ces deux courants du XIIIe siècle, un néoplatonisme « dionysien », que les médiévaux ont connu très tôt, dès le IXe siècle, avec la traduction en latin des écrits du ps.-Denys[2]. Comme on le sait, bien que ce texte soit largement dépendant de Proclus, ses lecteurs latins n'en ont jamais rien su et ont adopté de ce fait une sorte de néoplatonisme chrétien qui passait pour la plus authentique des théologies. On assiste donc, entre la fin du XIIIe siècle et le XIVe siècle, chez les dominicains allemands, à un phénomène tout à fait curieux : la rencontre entre trois traditions néoplatoniciennes qui héritent toutes plus ou moins directement de Proclus et qui pourtant s'opposent les unes aux autres[3]. Il faut souligner, dans ce contexte, le statut particulier de la tradition dionysienne. Souvent assimilée par les historiens et les commentateurs modernes aux autres formes de néoplatonisme, elle s'en démarque pourtant de façon claire, si l'on en croit les dominicains allemands.

C'est peut-être sur le plan de l'angélologie que la différence est la plus forte. Alors que la théorie péripatéticienne ou néoplatonicienne des intelligences envisage l'univers d'un point de vue métaphysique, c'est-à-dire selon l'ordre des causes et des principes, le propos de l'angélologie est tout autre : il s'agit de décrire la structure hiérarchique dans le cadre de laquelle se définissent et s'exercent les fonctions et les ministères angéliques. Les anges ne jouent aucun rôle au niveau de la causalité ontologique ou naturelle, leur intervention sur le monde est seulement pratique. Albert le Grand pose une distinction explicite entre le plan de la nature – celui du flux de l'être et des mouvements célestes – et le plan de la grâce – celui

1. Sur la réception médiévale de Proclus, *cf.* E. P. Bos, P. A. Meijer (eds.), *On Proclus and His Influence in Medieval Philosophy*, Leiden-New York-Köln, Brill, 1992.

2. Voir *infra*, deuxième partie, chap. V, 1, p. 191-197.

3. À cet égard, le commentaire de Thomas d'Aquin sur le *Liber de causis*, qui confronte presque systématiquement les propositions du *Liber* avec Proclus et le Pseudo-Denys, s'avère décisif (cf. *Commentaire du « Livre des causes »*, *op. cit.*).

des illuminations et des théophanies – qui lui permet d'opérer un tri entre ses sources philosophiques, d'Aristote au *Liber de causis*, et ses sources théologiques, principalement le ps.-Denys. Si ce parallèle se traduit directement au niveau méthodologique et épistémologique par la séparation entre philosophie et théologie, il laisse néanmoins certaines difficultés dans l'ombre : comment comprendre la juxtaposition entre le gouvernement (*regimen*) du monde par la cause première et les intelligences, et le gouvernement angélique ? À cet égard, le geste de Thierry de Freiberg et de Berthold de Moosburg nous semble éclairant. Reformuler la distinction albertienne au moyen des catégories augustiniennes de providence naturelle et de providence volontaire permet d'articuler plus précisément les deux plans. L'ordre de la nature et l'ordre de la grâce appartiennent alors à un même dispositif – la providence – au sein duquel ils se distinguent. Ils apparaissent moins comme deux sphères extérieures l'une à l'autre que comme deux plans perpendiculaires : celui des phénomènes naturels et celui de l'action pratique. L'action dans et sur le monde se distingue du monde lui-même, non pas en tant qu'elle en est absolument séparée, mais précisément parce qu'elle s'inscrit en lui en des points singuliers où s'indique sa différence. À la limite, l'action angélique revêt la forme paradigmatique du miracle.

Si cette interprétation de la doctrine albertienne s'appuie sur Augustin, elle n'en fait pas moins ressortir un motif proprement dionysien : celui de la hiérarchie. Ici, Augustin et le ps.-Denys sont rangés du même côté, celui de la théologie, en opposition à la métaphysique et aux sciences naturelles. Ce qui se distingue avant tout de l'ordre du monde décrit par les philosophes, c'est la hiérarchie angélique. La différence entre les anges et les intelligences célestes recouvre, en fin de compte, non seulement une distinction méthodologique entre deux régimes de savoir, théologie et philosophie, mais aussi une partition de la réalité en deux ordres hétérogènes, providence volontaire et providence naturelle, qui se manifeste dans la spécificité de la hiérarchie angélique par rapport à la structure générale de l'univers. De ce point de vue, on comprend mieux le sens de la question de Jean de Verceil. Si les anges étaient les moteurs des corps célestes, c'est tout ce système d'oppositions générales et structurantes qui s'effondrerait. En demandant si les anges sont les moteurs des corps célestes, on pose implicitement tout un ensemble de questions beaucoup plus larges : par exemple, si le discours de la science naturelle a quelque chose de nouveau à dire sur les anges par rapport à la théologie, ou de quelle façon le pouvoir qu'exercent les anges, leur action providentielle, s'insère dans l'ordre des phénomènes naturels décrit par la philosophie, ou encore si la hiérarchie angélique a sa place dans la structure du cosmos ou si elle lui est extérieure. Autrement dit, il s'agit de savoir s'il faut réinterpréter la théologie, ou du moins l'angélologie, à la lumière de cette noétique cosmologique et métaphysique que l'on trouve dans le péripatétisme et le néoplatonisme, noétique qui lui ressemble à bien des égards sans toutefois se confondre avec elle. Les dominicains allemands répondent par la négative, en s'appuyant sur une pensée théologique profondément dionysienne. Il nous faudra mettre en lumière ce motif dionysien et tenter de comprendre ce qui en lui résiste de manière si tenace à l'intégration par la philosophie et les sciences naturelles. Ce que nous permet de comprendre pour l'instant la voie albertienne, c'est qu'une ligne sépare l'angélologie et la cosmologie. C'est la ligne dionysienne, qui demande à être soigneusement distinguée des autres, celle du péripatétisme arabe comme celle du néoplatonisme proclien. À la division des problèmes correspond donc une répartition scrupuleuse des sources.

En opérant ce partage, Albert le Grand et ses successeurs ne critiquent ni ne condamnent la philosophie. Bien au contraire. En excluant les anges du champ de la cosmologie ou inversement en excluant les astres du champ de la théologie, ils importent telles quelles la physique et la cosmologie péripatéticiennes dans la culture chrétienne. Si c'est aux sciences naturelles de parler de la nature, alors la physique sera aristotélicienne. En étant réactionnaires sur le plan théologique, ils se montrent ouverts et modernes sur le plan philosophique. Tout dépend cependant de ce que l'on qualifie de « moderne ». En refusant l'hypothèse des anges-moteurs, Albert et les dominicains allemands acceptent qu'il y ait un discours autonome sur la nature. Les sciences naturelles n'auront donc aucun compte à rendre à la théologie au sujet de leur objet propre. Cette répartition des domaines et des compétences semble garantir à la science son autonomie. En maintenant les anges en dehors de la cosmologie, on se garde en effet de faire peser une exigence théologique sur la question du mouvement des cieux. Si l'on y regarde de plus près cependant, la science dont il est ici question n'a rien de très « moderne » : c'est la philosophie aristotélicienne. Or il ne va pas de soi – c'est même plutôt le contraire – qu'il y ait une continuité entre la physique aristotélicienne et la physique moderne. Si l'on en croit les historiens des sciences, il a même fallu intégralement déconstruire la physique aristotélicienne pour produire les énoncés de la physique moderne. La question se pose donc de savoir si la séparation entre science et théologie proposée par Albert a vraiment œuvré à la « modernisation » de la science. En faisant du mouvement des cieux et du gouvernement des anges deux questions distinctes, elle donne une large place à l'idée de l'autonomie de la nature – mais elle se réfère à un concept de nature qui vient de la *Physique* d'Aristote et de la métaphysique néoplatonicienne du *Liber de causis*. Au lieu que ce soient les anges qui meuvent les sphères, ce sont les intelligences célestes. Il faut bien l'avouer, cette différence si lourde de conséquences philosophiques et théologiques est, aux yeux de la science moderne, tout à fait ridicule.

On ne cherche pas, à travers ces remarques, à intenter un procès anachronique à Albert le Grand et à ses successeurs, mais à indiquer la complexité du problème et la multiplicité des causalités en jeu. La mutation épistémologique et discursive qui sous-tend la question des anges-moteurs est moins simple qu'il n'y paraît. Ce n'est qu'en confrontant la réponse d'Albert le Grand à celles de Thomas d'Aquin et de Robert Kilwardby que l'on peut en saisir la signification historique.

CHAPITRE 2

La théorie des anges-moteurs

On associe généralement la doctrine des anges-moteurs au nom de Thomas d'Aquin, non pour la lui attribuer expressément, mais parce qu'il apparaît comme l'un de ses plus illustres tenants – ce qu'il est sans conteste. On ignore cependant la signification historique de cette doctrine. C'est-à-dire l'ensemble de problèmes qu'elle recouvre et dont elle n'est qu'une solution possible et, en l'occurrence, la solution la moins évidente. Il faut donc replacer la doctrine de Thomas d'Aquin dans son contexte historique et théorique pour en saisir le sens.

Paradoxalement, Thomas se contente de donner une réponse très brève à la question que lui adresse le maître de l'ordre. Il en récuse, par avance, la dimension théologique.

> Pour le dire brièvement, tous les articles précédents n'ont rien ou presque à voir avec la doctrine de la foi, mais ils sont profondément philosophiques[1].

Que la question du mouvement des corps célestes relève de la philosophie, c'est-à-dire des sciences naturelles, est indéniable. L'idée qu'elle n'a rien à voir avec la théologie, par contre, ne va de soi. De fait, les questions d'angélologie, en particulier celles qui ont trait à des problèmes de physique ou de philosophie, ne font pas l'objet d'un dogme ou d'une position doctrinale officielle. Toutefois, faire intervenir les anges dans des problèmes de physique céleste n'est

1. *Responsio ad lectorem Venetum de 43 articulis, art. 7*, éd. Léonine, p. 329 (notre traduction).

pas une opération complètement anodine : il y va d'une articulation possible entre la théologie et les sciences naturelles. Pourquoi, sinon, si cela n'a aucune importance pour la théologie, soutenir que ce sont les anges – et non pas simplement les substances séparées – qui sont les moteurs des corps célestes ?

La réponse de Thomas d'Aquin est stratégique : puisqu'il cherche précisément à concilier philosophie et théologie, il fait mine ne pas vraiment comprendre le sens de la question – c'est-à-dire le reproche qui lui est possiblement et implicitement adressé.

C'est pourquoi Thomas ne donne pas une réponse philosophique et technique, alors même qu'il prétend que le problème est strictement philosophique. Par comparaison, Albert le Grand affirme lui aussi que la question du mouvement des sphères n'a rien à voir avec la théologie, mais c'est au prix d'une séparation claire entre le domaine de la théologie et celui de la philosophie et d'une distinction forte entre le concept d'ange et celui d'intelligence céleste. La position de Thomas est plus complexe.

> Il apparaît que l'on peut répondre à ces deux articles en même temps, car le deuxième dépend du troisième, et le troisième dépend lui-même du premier. Si en effet les corps sont régis par Dieu au moyen de la créature spirituelle, la motion des corps appartient à cette même opération d'administration divine, comme dit Augustin dans *Sur la Genèse au sens littéral*, VIII, il en résulte que Dieu meut les corps célestes par l'intermédiaire de la créature spirituelle. Et Augustin dit explicitement au même endroit : « De même qu'il meut le corps selon le lieu et le temps, l'esprit créé qui lui-même n'est mû que selon le temps, de même il meut l'esprit créé selon le temps, l'esprit créateur qui lui-même n'est mû ni selon le temps ni selon le lieu. » Que les corps célestes soient animés, Jean Damascène le nie au livre II, quoiqu'Augustin laisse cette question dans le doute en *Sur la Genèse au sens littéral* II. Mais que les corps célestes soient mus par les créatures spirituelles, je ne me souviens pas avoir lu que cela ait été nié par aucun saint ou aucun philosophe. Supposé donc que les anges meuvent les corps célestes, il n'est mis en doute par aucun savant que les mouvements naturels des corps inférieurs sont causés par le mouvement céleste, ce qui a été prouvé selon la raison par les philosophes, apparaît dans l'expérience et est confirmé par l'autorité des saints : parce que, comme il a été dit, Augustin dit en *De la Trinité* III que « les corps grossiers et inférieurs sont régis selon un certain ordre par les corps plus subtils

et supérieurs », et Denys dit au chapitre IV des *Noms divins* que « le rayon du soleil contribue à la génération des corps sensibles et les meut, les nourrit, les augmente et les perfectionne en vue de la vie ». D'où il découle que tout ce qui se meut naturellement est mû par le ministère des anges mouvant les corps célestes [1].

Thomas répond en fait simultanément à deux questions : « Les choses qui se meuvent naturellement sont-elles mues par le ministère des anges qui meuvent les corps célestes (*an omnia que mouentur naturaliter moueantur ministerio angelorum mouente corpora celestia*) ? » et « Les anges sont-ils les moteurs des corps célestes (*an angeli sint motores corporum celestium*) ? » La première question présuppose la seconde. En répondant positivement à la première, on répond donc positivement à la seconde.

Pour ce faire, Thomas invoque d'une part l'idée – qu'il trouve chez Augustin – que le corps est régi par l'esprit et que donc les créatures corporelles le sont par les créatures spirituelles et, d'autre part, l'idée – qu'il trouve à la fois chez Augustin et chez le ps.-Denys – que les corps inférieurs, c'est-à-dire terrestres, sont ordonnés par les corps supérieurs, c'est-à-dire célestes, pour en conclure que le mouvement naturel des corps est causé par les anges qui meuvent les corps célestes.

À bien y regarder, cependant, rien ne permet de passer de la première proposition – les créatures spirituelles régissent les créatures corporelles – à la deuxième – les corps célestes régissent les corps grossiers – pour en conclure que les créatures spirituelles régissent les corps grossiers par l'intermédiaire des corps célestes. Le point d'articulation des deux arguments est très fragile : ce n'est qu'en supposant que les anges meuvent les corps célestes que l'on peut leur attribuer la fonction cosmologique dévolue aux corps célestes, qui est de produire les mouvements naturels des corps sublunaires ou grossiers. Or, c'est précisément l'objet de la question posée par Jean de Verceil.

Autrement dit, Thomas ne prouve pas que les anges sont les moteurs des corps célestes. Il se contente de remarquer que la chose n'a jamais été explicitement niée par les théologiens : Jean Damascène nie que les corps célestes soient animés mais il ne nie pas pour autant qu'ils soient mus par des anges. Cela ne constitue

1. *De 43 articulis, art. 2-3, op. cit.*, p. 328 (notre traduction).

qu'une preuve *a contrario*. Rien cependant dans la réponse de Thomas ne constitue à proprement parler, ni sur le plan philosophique ni sur le plan théologique, un argument fort en faveur de la doctrine des anges-moteurs.

Quel est alors le sens de sa réponse ? Il s'agit seulement d'assurer la compatibilité de la théorie des anges-moteurs avec la théologie.

> Ces choses à propos desquelles les philosophes se sont en général accordés et qui ne répugnent pas à notre foi, il me semble plus prudent de ne pas les affirmer comme des dogmes de la foi, même si parfois elles sont introduites sous le nom des philosophes, et de ne pas non plus les nier comme contraires à la foi, afin de ne pas offrir aux savants de ce monde une occasion de mépriser la doctrine de la foi [1].

Thomas adopte une stratégie de prudence. Les thèses philosophiques qui ne sont pas en contradiction avec la foi ne doivent être ni affirmées ni niées. Elles ne constituent pas des dogmes de la foi (*dogmata fidei*), mais elles ne leur sont pas non plus contraires. Il s'agit donc de maintenir la question des anges-moteurs en marge de la théologie, dans cette zone neutre où elle n'est ni tout à fait intégrée ni tout à fait exclue.

Si la réponse à Jean de Verceil ne fournit pas un exposé substantiel de la doctrine des anges-moteurs, elle jette néanmoins une lumière éclairante sur les enjeux théologiques et dogmatiques de la question – et elle nous permet de le réactiver dans notre lecture de la théorie thomiste et de ses reprises ultérieures.

Le montage thomiste

À la position d'Albert le Grand et des dominicains allemands, on serait tenté d'opposer le concordisme de Thomas d'Aquin qui lui est, en apparence, diamétralement opposé. Là où Albert maintient séparées la question philosophique des moteurs des corps célestes et la problématique théologique du gouvernement angélique du monde, Thomas les lie en une synthèse originale. Il faut toutefois souligner deux choses. En premier lieu, que la position thomiste ne consiste pas en une simple transposition chrétienne de l'angélologie philosophique du péripatétisme arabe. Pour des raisons doctrinales,

1. *De 43 articulis*, proem., *op. cit.*, p. 327 (notre traduction).

voire dogmatiques, Thomas ne peut accepter la thèse de l'animation des cieux et doit donc reformuler en profondeur la théorie des moteurs angéliques. Il apparaît alors, en second lieu, et comme cela a déjà été remarqué, que le propos de la théorie des anges-moteurs, loin d'être philosophique et cosmologique, est fondamentalement théologique [1]. On remarque en effet que dans la réponse de Thomas à Jean de Verceil, les arguments qu'il mentionne sont empruntés à Augustin et à Denys l'Aréopagite, et servent non pas à expliquer le mouvement des cieux mais à mettre en avant l'idée que ce mouvement contribue à la direction divine (*opus regiminis divini*) du monde. On se gardera donc de conclure hâtivement que la position de Thomas, même si elle procède en apparence d'une réappropriation de la position péripatéticienne, exprimerait un quelconque concordisme. Thomas ne cherche pas à défendre la cosmologie péripatéticienne pour elle-même, mais à l'intégrer dans la théologie chrétienne, en vue de transformer la théorie de l'animation des cieux en une théorie du gouvernement divin du monde. En ce sens, Albert le Grand est plus proche des péripatéticiens, précisément parce qu'il exclut *a priori* la théologie du champ de la philosophie, et inversement.

Mécanique et gouvernement

C'est donc dans le cadre d'une doctrine de la providence que s'insère le montage théorique de Thomas qui articule l'administration divine, le ministère angélique, le mouvement des corps célestes et l'influence des cieux sur le monde d'en bas. Toute la difficulté et la subtilité du propos est de parvenir à penser une action ministérielle angélique dont le résultat s'exprime dans le mouvement naturel des choses. L'enjeu général pour Thomas est polémique. Il vise les doctrines émanatistes du péripatétisme arabe, auxquelles il oppose une théorie du gouvernement angélique du monde qui permet de conjuguer le monopole de l'action créatrice divine et la délégation de l'action gouvernementale dans le monde. Il n'est pas possible, selon lui, de penser l'action des intelligences séparées en continuité avec

1. T. Suarez-Nani insiste sur la subordination de la cosmologie à une doctrine métaphysique, mais celle-ci demeure à ses yeux essentiellement philosophique et étrangère à toute considération théologique. Cf. *Les anges et la philosophie*, *op. cit.*, p. 102-142. Sur l'importance et le rôle précis des corps célestes dans le gouvernement du monde selon Thomas, *cf.* l'étude classique de Thomas Litt, *Les corps célestes dans l'univers de saint Thomas d'Aquin*, Louvain-Paris, Publications universitaires-B. Nauwelaerts, 1963.

la création. Il n'est toutefois pas possible non plus, inversement, de la distinguer absolument du plan de la nature. Il faut donc essayer de les articuler.

Il s'agit, en quelque sorte de transformer l'adage aristotélicien « *omne quod movetur ab alio movetur* » en la formule théologique : « *omnia que naturaliter moventur moveantur ministerio angelorum* ». Pour penser cette équivalence entre la providence et la nature, il faut concevoir, dans un processus de transformation des opérations angéliques en mouvements corporels, la façon dont s'articulent ce qui relève d'une opération pratique d'administration et ce qui relève d'une causalité naturelle. C'est l'enjeu de l'article 8 de la question 5 du *De veritate*, où Thomas demande si la providence divine gouverne la créature corporelle par l'intermédiaire des anges (*utrum toto corporalis creatura gubernetur divina providentia, mediante creatura angelica*). Toute la question est de savoir ce que l'on entend par « gouverner ».

> Il y a deux façons de gouverner : soit par influx de lumière ou de connaissance, comme le maître gouverne les écoles, et le chef la cité, soit par influx de mouvement, comme le pilote gouverne le navire. Or les créatures spirituelles ne gouvernent pas les corporelles par influx de connaissance ou de lumière, car les réalités corporelles de ce monde ne peuvent recevoir de connaissance. Ni de même par influx de mouvement, car le moteur doit nécessairement être lié au mobile, comme cela est prouvé en Physique VII ; or les substances spirituelles ne sont pas liées aux corps inférieurs de ce monde. Donc en aucune façon les substances corporelles ne sont gouvernées au moyen des spirituelles [1].

Que signifie exactement « gouverner » ? Thomas indique deux modèles possibles de gouvernement (*modus gubernationis*) : celui du chef qui commande à la cité et du maître qui enseigne à l'élève, ou bien celui du pilote qui dirige le navire. Le premier consiste en l'acte spirituel ou moral de communiquer une information, qu'il s'agisse d'un ordre que l'on donne ou d'un savoir que l'on enseigne, le second consiste en l'action physique de transmission d'un mouvement. Dans un cas, il s'agit d'une relation de pouvoir et d'autorité entre un supérieur et un inférieur, dans l'autre, d'un rapport mécanique entre un moteur et ce qu'il meut. Or aucun de

1. Thomas d'Aquin, *De veritate*, q. V, art. 8, éd. Léonine, p. 157 (notre traduction).

ces deux modèles ne semble convenir à la rection des corps par les substances spirituelles puisque, dans un cas, les corps ne sauraient recevoir de connaissances et dans l'autre, les esprits ne sauraient être liés à des corps. Le gouvernement des substances corporelles par les substances spirituelles paraît donc impensable. Thomas retient toutefois le second mode, celui de la transmission du mouvement, dont il essaie de préciser le sens. Il le distingue en un premier temps de l'action créatrice :

> Cependant, il nous est nécessaire de nous séparer des philosophes, en ce que certains d'entre eux soutiennent que les réalités corporelles non seulement sont administrées, mais encore ont été créées par la providence des anges; or cela est étranger à la foi. Il est donc nécessaire de déclarer, suivant les sentences des saints, que les réalités corporelles de ce monde sont administrées par l'intermédiaire des anges seulement par voie de mouvement, c'est-à-dire en tant qu'ils meuvent les corps supérieurs, par les mouvements desquels sont causés les mouvements des corps inférieurs[1].

Identifier la providence angélique à une action par voie de mouvement (*per viam motus*) permet de la distinguer de la providence divine et de la création, et donc aussi de se démarquer de la position des philosophes, c'est-à-dire des péripatéticiens, qui pensent l'une dans la stricte continuité de l'autre. C'est dit encore plus clairement à l'article suivant, au sujet des corps célestes :

> Nous posons donc que les corps célestes sont causes des corps inférieurs par voie de mouvement seulement, et ainsi sont des intermédiaires dans l'œuvre de gouvernement et non dans l'œuvre de création[2].

La seule causalité exercée par les anges, et par les corps célestes qu'ils meuvent, sur les corps inférieurs, s'accomplit par voie de mouvement, c'est-à-dire seulement sur le mode du gouvernement. Thomas paraît donc retenir du terme *gubernatio* son sens étymologique : le mot latin *gubernatis* traduit directement le grec κυβερνήτης qui signifie « pilote », et gouverner n'est donc rien d'autre que piloter, c'est-à-dire diriger un mouvement. La différence entre création et

1. *Ibid.*, p. 159 (notre traduction).
2. *Ibid.*, p. 164-165 (notre traduction).

gouvernement, entre la production du monde et son administration, ne se situe pas tant entre un processus métaphysique et une activité pratique qu'entre une causalité génétique et une causalité mécanique. C'est en termes d'action mécanique que se dit le gouvernement. D'où la question de savoir comment une telle action est possible entre l'esprit et le corps.

> La créature spirituelle gouverne la créature corporelle par influx de mouvement; et il n'en résulte pas nécessairement que les créatures spirituelles soient unies à tous les corps, mais seulement à ceux qu'elles meuvent immédiatement, à savoir les premiers corps; et elles ne leur sont pas unies comme des formes, comme certains l'ont dit, mais seulement comme des moteurs [1].

La position de Thomas donne lieu à deux problèmes. Le premier, qui est explicitement posé ici, est celui du lien entre la créature spirituelle et la créature corporelle. La première n'est pas unie à la seconde comme une forme ou une âme à un corps, mais comme un moteur à un objet mû. Les anges agissent sur les corps inférieurs par l'intermédiaire des corps célestes, dont ils ne sont pas les formes substantielles ou les âmes, mais seulement les moteurs. En posant ainsi une distinction forte entre motion et animation, Thomas peut donner à la relation mécanique de l'ange et du corps céleste une signification strictement dynamique et non organique. Le second problème consiste alors à définir la relation de gouvernant à gouverné, dès lors qu'elle se dit en termes de mouvement, de moteur et de mû. Thomas cherche à penser, d'une façon qui semble tout à fait paradoxale, un pouvoir spirituel qui ne passe pas par l'esprit – la transmission d'information – mais par le mouvement, selon un rapport de l'esprit et du corps qui n'est cependant pas naturel – hylémorphique – mais pratique. Il nous faut comprendre en quel sens gouverner ne consiste pas à commander mais à mouvoir et en quel sens mouvoir ne consiste pas à animer mais à diriger.

Contactum virtutis

En naturalisant de la sorte l'idée de gouvernement, Thomas abandonne-t-il la signification proprement politique du terme au profit d'un sens purement physique ? Rien n'est moins sûr. Le problème qui se pose à Thomas est que l'on ne peut pas véritablement

1. Thomas d'Aquin, *De veritate*, q. V, art. 8, p. 159 (notre traduction).

donner une explication mécanique du mouvement des cieux. Celle-ci supposerait en effet qu'il y ait un contact entre le moteur et le mobile, ce que la différence de nature entre le spirituel et le corporel rend précisément impossible. Toute forme de contact physique entre l'ange et la sphère qu'il meut est exclue par nature. C'est pourquoi Thomas recourt à l'idée de contact dynamique ou virtuel (*contactum virtutis*) :

> Il y a pourtant un mode de contact par lequel la substance intellectuelle peut être unie au corps. En effet, les corps naturels s'altèrent en se touchant, et ils s'unissent ainsi entre eux non seulement selon les limites quantitatives, mais aussi selon une ressemblance qualitative ou formelle, quand celui qui altère imprime sa forme dans celui qui est altéré. Et bien que, à ne considérer que les limites quantitatives, le toucher doive être mutuel en toutes choses, cependant, dans l'ordre de l'action et de la passion, on trouvera que certains êtres sont seulement touchant et d'autres seulement touchés. En effet, les corps célestes touchent de cette manière les corps élémentaires, en tant qu'ils les altèrent, mais ils ne sont pas touchés par eux, car ils ne pâtissent pas de leur fait. Si donc certains agents ne touchent pas par leurs limites quantitatives, on dira néanmoins qu'ils touchent, dans la mesure où ils agissent : c'est de cette manière que l'on dit que ce qui nous attriste nous touche [*cf.* Ar., *De la gén. et de la corr.*, I, 323a32-33]. Selon ce mode de toucher, il est donc possible que la substance intellectuelle soit unie à un corps par contact. En effet, les substances intellectuelles agissent sur les corps et les meuvent, alors qu'elles sont immatérielles et existant davantage en acte.
> Or ce toucher n'est pas de l'ordre de la quantité, mais du pouvoir [1].

Dans le cas de l'ange et du corps céleste, le contact entre le moteur immatériel et le mobile corporel ne peut pas être déterminé selon la catégorie de la quantité, puisqu'il ne procède pas par l'application d'un corps sur un autre corps. L'absence de quantité équivaut ici à l'absence de commensurabilité entre les limites des deux corps en contact [2]. Le mode de contact que cherche à penser Thomas consiste en une transmission dynamique, mais non quantitative,

1. *Somme contre les gentils*, livre II, chap. LVI, trad. C. Michon, Paris, Flammarion, 1999, p. 227 (notre traduction).

2. Sur la définition du contact, *cf.* Aristote, *De generatione et corruptione*, I, VI, 323a1-323b30.

de la forme, c'est-à-dire une action sur un corps, une modification de ce corps, qui n'implique toutefois pas d'union à ce corps, pas de lien corporel ou physique entre l'agent et le patient. Qu'un tel contact non physique ou en tout cas non quantitatif – ce qui est une contradiction dans les termes – existe, Thomas en trouve un exemple, qu'il emprunte à Aristote, dans la façon dont on dit qu'on est « touché » par la tristesse. Il s'agit avant tout d'une expression, mais on pourrait tenter de la prendre au mot. L'effet produit sur nous par ce qui nous attriste n'est jamais simplement moral : que ce soit dans les larmes, dans la lourdeur des gestes empreints de lassitude ou dans la convulsion violente des sanglots, il y a toujours aussi un effet physique – on dirait en langage moderne qu'il y a somatisation. L'impression d'être « touché » ne traduit pas simplement l'effet physique du sentiment, mais aussi une forme d'impuissance ou de passivité : le fait d'être saisi par la tristesse et comme « agi » par elle, sans pour autant pouvoir la toucher. On pourrait dire en ce sens que l'affect est une forme de contact immatériel. On comprend sans peine qu'un tel contact ne soit pas de l'ordre de la quantité, mais en quel sens peut-on dire qu'il relève du pouvoir ?

Le problème du contact entre l'ange et le corps céleste qu'il meut est un cas particulier du problème général du rapport entre l'ange et le lieu [1]. Il s'agit de savoir en quel sens un ange est localisé, présent dans un lieu, quand, par exemple, il s'unit à un corps céleste pour le mouvoir. Le concept de *contactum virtutis* sert précisément à résoudre ce problème.

> Quand on dit que les anges sont dans le ciel ou dans d'autres lieux corporels, il ne faut pas comprendre qu'ils sont en eux sur un mode corporel, à savoir par le contact de la quantité dimensionnelle, mais sur un mode spirituel par une sorte de contact dynamique. Le lieu propre des anges est spirituel, au sens où Denys dit au chapitre V des *Noms divins* que les substances spirituelles les plus hautes sont « situées dans le vestibule de la Trinité ». Et Basile dit en II *Hexaemeron* qu'elles sont « dans une lumière et une joie spirituelles ». Et Grégoire de Nysse dit dans le *De homine* que « les existences intelligibles sont dans des lieux intelligibles, soit

1. Sur cette question, *cf.* T. Suarez-Nani, « Angels, Space and Place : The Location of Separate Substances According to John Duns Scotus », *in* I. Iribarren et M. Lenz (eds.), *Angels in medieval philosophical Inquiry. Their Function and Significance*, Aldershot-Burlington, Ashgate, 2008, p. 89-111.

> en elles-mêmes soit dans les intelligibles au-dessus d'elles, donc lorsqu'on dit que de l'intellectuel est localement dans du corporel, on ne dit pas qu'il est dans le corps comme dans un lieu, mais comme en habitus et dans ce en quoi il est présent, comme on dit que Dieu est en nous » et un peu plus loin il ajoute « Quand donc il y aurait quelque intelligible en habitus soit dans un lieu soit dans une chose comme existant dans un lieu, nous disons abusivement qu'il est là parce que son acte est là, supposant par habitude le lieu ; alors que nous devrions dire "il agit là", nous disons "il est là" ». En suivant cela, Damascène a dit que l'ange est où il opère. Augustin aussi, au livre VIII de *Sur la Genèse au sens littéral*, dit que « l'esprit créateur meut l'esprit créé selon le temps mais sans lieu, quant au corps, il le meut selon le temps et le lieu ». [1]

Les expressions bibliques qui laissent entendre que les anges seraient dans le ciel ou dans quelque autre lieu ou corps particulier ne sauraient être prises à la lettre, puisque les anges sont des créatures spirituelles. Les anges ne sont pas dans le lieu de façon corporelle (*corporali modo*), par le contact de la quantité dimensionnelle (*per contactum dimensivae quantitatis*), mais de façon spirituelle (*modo spirituali*), par une sorte de contact dynamique (*per quendam contactum virtutis*). Thomas trouve la justification de son hypothèse théorique dans la littérature patristique, qui abonde d'exemples concernant la nature spirituelle des anges. C'est surtout Grégoire de Nysse – en réalité le texte provient de Némésius d'Émèse [2] – qui lui fournit la matière d'une distinction cruciale entre être et agir, laquelle permet de résoudre la question de la localisation des anges. L'être intelligible ou spirituel ne se trouve en un lieu qu'en habitus (*in habitudine*), c'est-à-dire selon une relation de présence externe. Il n'est pas dans le lieu (*in loco*) mais il lui est présent (*in eo quod adest*) sans s'y trouver inclus ou inscrit. Ce par quoi un ange est présent à un lieu tout en lui restant externe, c'est précisément son action (*actum*). Si l'action de l'ange s'inscrit localement ici ou là (*illic*), ce n'est qu'abusivement (*abusivius*) qu'on dit que l'ange lui-même est là. On utilise la proposition « *illic est* » à la place de la proposition plus exacte « *illic agit* ». C'est en ce sens qu'il faut

1. Thomas d'Aquin, *De substantiis separatis*, cap. XVIII, éd. Léonine, p. 75-76 (notre traduction).

2. Cf. *De natura hominis*, cap. III, traduction latine de Burgundio de Pise, éd. G. Verbeke, J. R. Moncho, Leiden, Brill, 1975, p. 54-55.

comprendre l'idée de Damascène selon laquelle l'ange est là où il opère (*angelus ubi operatur ibi est* [1]). À proprement parler, l'ange n'est pas là où il opère, puisqu'il est toujours au-delà de tout lieu, en soi non localisable, mais là où son opération s'inscrit dans l'espace, on peut dire que l'ange est. L'opération est ce qui permet à l'ange d'être là où il n'est pas et de demeurer extérieur au lieu où il est. Ce n'est qu'au moyen d'une distinction forte entre l'être et l'agir que l'on parvient à surmonter le hiatus entre le corporel et le spirituel : la localisation de l'ange est précisément la dislocation entre son être et son action. Le concept de *contactum virtutis* est ce par quoi Thomas tente de penser techniquement cette articulation paradoxale de l'être et de l'opération. Il s'agit de comprendre le mode précis selon lequel l'ange s'applique au lieu.

> Quelque chose n'est déterminée à être en un lieu particulier que pour autant qu'elle s'applique selon un certain mode à ce lieu et non à un autre. Cette application peut être entendue selon la position ou le contact, ou selon la forme, ou selon une certaine opération. Selon la forme, comme l'âme est dans le corps – selon ce mode l'ange ne peut être localisé dans la chose, puisqu'il n'est pas l'acte d'un corps. Selon une position déterminée, comme le point dans la ligne qu'il délimite – selon ce mode, l'ange n'est pas dans un lieu, car son essence est séparée de tout lieu. Selon le contact, comme le corps est dans un lieu. Le contact se dit cependant en deux sens : au sens propre et au sens métaphorique. Au sens propre, toucher c'est avoir les extrémités ensemble – il est évident que cela ne peut pas convenir à l'ange. Le toucher métaphorique se fait par l'action, comme on dit toucher en rendant triste – ce toucher peut convenir à l'ange. Il reste donc que l'ange ne peut être circonscrit ou délimité en un lieu que par l'action ou par l'opération. J'appelle communément « opération » ce par quoi l'ange se rapporte au corps contenu dans un lieu, sur le mode du commandement ou de l'administration, ou sur un mode d'action ou de passion. [2]

Entre tous les modes selon lesquels on peut envisager l'application (*applicatio*) d'une chose à un lieu, Thomas retient, par élimination, le seul qui puisse convenir à l'ange. Il distingue trois types d'application : selon la forme (*secundum formam*), selon le contact

1. *Cf.* Jean Damascène, *La foi orthodoxe*, *op. cit.*, II, III, p. 230-231.

2. Thomas d'Aquin, *Scriptum super libros sententiarum*, I, d. 37, q. III, a. 1, éd. R. P. Mandonnet, Paris, P. Lethielleux, 1929, p. 870-871 (notre traduction).

(*secundum contactum*), selon l'opération (*secundum operationem*). S'il est entendu que l'inhérence de la forme dans la matière ne constitue pas un modèle adéquat pour penser le rapport de l'ange avec le lieu, l'argument de Thomas vise à montrer que l'application selon l'opération peut être envisagée comme une forme de contact. Il faut toutefois distinguer entre le contact au sens propre (*proprie*) et le contact au sens métaphorique (*metaphorice*). On retrouve l'exemple de la tristesse, qui « touche » métaphoriquement celui qui est triste. Il ne s'agit évidemment pas d'un contact au sens technique et physique d'une coïncidence entre les extrémités des corps en contact, mais d'un toucher – *tactus* plutôt que *contactus*. Or, le toucher au sens métaphorique, c'est l'action (*tactus autem metaphoricus est per actionem*). On peut qualifier le toucher d'action (*actio*) ou d'opération (*operatio*) dans la mesure où il cause un effet (*effectum causat*) dans le lieu ou le corps qu'il touche. Être en un lieu consiste à opérer, à agir dans ce lieu, c'est-à-dire à y causer un certain nombre d'effets. Dire qu'un ange est en un lieu, c'est dire métaphoriquement qu'il touche à ce lieu, qu'il opère en ce lieu. En ce sens, le *contactum virtutis* est une catégorie de l'agir.

Inversement, l'action est un contact au sens métaphorique. Comment comprendre ce glissement entre le registre de la physique et celui de la praxis ? Il semblerait qu'entre la réalité spirituelle et la réalité corporelle, l'écart ne puisse être réduit qu'au moyen d'une métaphore : un contact virtuel qui demeure à distance. Ce qui s'énonce métaphoriquement dans les termes de la physique ne peut-il être entendu littéralement comme une forme de pouvoir ? Thomas dit en effet que l'ange agit sur le corps sur le mode du commandement (*praesidentis*, *praesidendo*) ou sur le mode de l'administration (*ministrantis*, *ministrando*). Que faut-il entendre par là ? S'agit-il de métaphores pour exprimer le rapport entre la substance spirituelle et la substance corporelle, ou bien d'opérations de pouvoir précises ? Dans quel sens peut-on dire que l'ange commande ou administre le corps qu'il meut ?

> De même que le corps est dans le lieu par le contact de la quantité dimensionnelle, de même l'ange est dans le lieu par le contact dynamique. Si l'on voulait appeler le contact dynamique « opération », parce qu'opérer est proprement l'effet d'une puissance, on dirait que l'ange est dans le lieu par opération, de sorte cependant que par « opération » on n'entende pas seulement

le mouvement, mais n'importe quelle union par laquelle il s'unit par sa puissance à un corps, en le commandant, en le contenant, ou de n'importe quelle autre façon [1].

Agir est toujours l'effet d'une puissance (*effectus virtutis*). Thomas laisse entendre que l'action de l'ange sur le lieu – sur le corps – ne relève pas seulement de la motion, mais de toute sorte d'union par laquelle l'ange cause un effet sur le corps, en le commandant (*praesidendo*) ou en le contenant (*continendo*), ou d'une autre façon encore. C'est dire que l'opération angélique ne se réduit pas à un phénomène physique. Thomas semble déployer le sens du terme *operatio* au-delà de la simple traduction du grec ἐνέργεια. Le mouvement, défini comme acte de la puissance en tant que puissance, n'est pas le paradigme de l'opération, mais un exemple d'action parmi beaucoup d'autres. Ce qui définit l'opération, c'est d'être l'effet d'une puissance, en l'occurrence, de la puissance angélique exercée sur les corps. En généralisant de la sorte la notion d'opération et en l'inscrivant dans le champ de la praxis, Thomas déplace la question de la localisation des anges du domaine de la physique à celui de la théologie ou, plutôt, il transforme un problème concernant le mode d'union de la substance corporelle et de la substance spirituelle en une réflexion plus large sur l'action et le gouvernement angéliques. Demander comment l'ange se rapporte au lieu et au corps, c'est avant tout envisager comment il agit sur eux, selon quelles modalités, et quel type d'effets il produit sur eux. C'est se demander, en fait, comment il les gouverne et les commande.

Là où la physique ne parvient pas tout à fait à combler l'écart entre le spirituel et le corporel s'insinue la question du pouvoir. Le contact dynamique, par quoi l'ange agit sur les corps, n'est pas un concept rigoureux de physique, mais plutôt une métaphore. Il constitue par contre une notion tout à fait opérante pour penser le pouvoir. Si c'est en termes de pouvoir que doit être pensée la relation de l'ange avec le corps qu'il meut, il faut alors, après avoir remarqué que le mouvement n'était pas le paradigme de l'opération, montrer en quoi, par contre, le mouvement est une opération de pouvoir. On ne sera donc pas surpris de voir Thomas identifier la puissance angélique, qui agit sur les corps célestes et les met en mouvement par un pur acte de l'esprit, à un commandement (*imperium*) :

1. Thomas d'Aquin, *Quodlibet*, I, q. III, art. 1 (éd. Léonine, p. 181) (notre traduction).

> Le troisième article demande si les anges meuvent les corps célestes par leur commandement, en vertu du pouvoir que Dieu leur a transmis ?
> Je ne vois pas vraiment comment il peut y avoir un doute sur cette question. Personne, je pense, ne doutera que tout ce que font les anges, ils le font en vertu d'un pouvoir donné par Dieu ; et si on met en doute qu'ils meuvent les corps célestes par leur commandement, ce doute semble déraisonnable. Ils ne peuvent en effet mouvoir un corps par un contact quantitatif, puisqu'ils sont incorporels, mais par un contact dynamique. Or il n'y a rien de plus élevé dans les anges que leur intellect, car Denys les appelle intellects ou esprits, donc leurs mouvements procèdent d'une puissance de l'intellect. Or, la conception de l'intellect, dans la mesure où elle possède la capacité de transformer les choses, se nomme commandement. Si donc ils meuvent, ils ne peuvent mouvoir que par le commandement[1].

La puissance motrice des cieux par laquelle s'établit le contact virtuel entre l'ange et le corps céleste s'avère être une véritable puissance ou un pouvoir (*potestas*) de commandement. Thomas nomme *imperium* la puissance effective de transformer les choses (*efficaciam aliquid transmutandi*) que possède l'intellect. C'est donc en donnant des ordres que les anges gouvernent le monde, parce que c'est par voie de commandement qu'un esprit peut faire se mouvoir un corps. En ce sens, il n'y a de pouvoir que spirituel : dans la capacité d'un esprit à diriger un corps, non seulement à le mettre en mouvement, mais à contrôler ce mouvement. C'est peut-être dans la notion d'ordre ou de commandement que se manifeste de la façon la plus pure cette mystérieuse capacité d'action à distance qui constitue le secret du pouvoir[2]. On retrouve ainsi, au cœur de la mécanique céleste, la dimension politique impliquée par l'idée de gouvernement[3].
Le *contactum virtutis* nomme donc une relation de pouvoir. À la fois un contact dynamique et un contact virtuel : dynamique en ce qu'il

1. Thomas d'Aquin, *Responsio de 36 articulis*, a. 3 (éd. Léonine, p. 339) (notre traduction).

2. Sur la notion de commandement, comme forme pure du pouvoir, *cf.* G. Agamben, *Qu'est-ce que le commandement ?*, Paris, Payot & Rivages, 2013.

3. Sur la signification prépolitique du gouvernement, voir les remarques de Michel Foucault : « On voit que le mot "gouverner" couvre en réalité aux XIIIe-XIVe-XVe siècles une masse considérable de significations diverses. Premièrement, on trouve le sens purement matériel, physique, spatial de diriger, de faire avancer, ou même d'avancer soi-même sur un chemin, sur une route. "Gouverner", c'est suivre une route, ou faire suivre une route. » (*Sécurité, territoire, population*, *op. cit.*, p. 124-125).

est le mode d'action sur le corps d'une puissance qui l'affecte mais virtuel en ce que ce rapport ne suppose aucune relation matérielle. C'est précisément ce caractère virtuel qui en fait un pur rapport de forces ou, plutôt, une pure relation de pouvoir, dans la mesure où cette relation demeure fondamentalement asymétrique. Alors que le contact suppose, par essence, la réciprocité du touchant et du touché, il n'y a, dans l'idée de contact dynamique, aucune réversibilité. Les positions d'agent et de patient ne s'inversent jamais, au contraire, l'esprit qui touche le corps agit sur lui sans pâtir de lui et le corps mû n'influence en aucune manière l'intelligence qui le meut. La seule chose qui se trouve en contact avec le corps, c'est la puissance qui agit sur lui. Cette asymétrie structurelle institue une relation de supériorité et d'infériorité. Celui qui touche sans être touché est en position d'agent absolu, alors que celui qui est touché sans pouvoir toucher devient un patient impuissant. Dans cette perspective, le *contactum virtutis* apparaît comme une catégorie non pas de la physique mais du pouvoir, en ce qu'elle donne à penser le rapport dynamique entre l'esprit et le corps comme l'exercice d'une véritable puissance par une substance séparée sur le corps qu'elle met en mouvement et gouverne de la sorte. Être présent par son opération, sans toutefois se trouver dans ce sur quoi l'on opère, comme l'est l'ange dans le lieu, c'est précisément affecter sans être affecté. Cette asymétrie dans le contact, dont la physique ne parvient qu'imparfaitement à rendre compte, est la marque profonde du pouvoir et c'est pourquoi elle appelle une théorie du gouvernement.

Le mouvement comme forme de gouvernement

Loin d'épouser sans reste le système cosmologique du péripatétisme, il apparaît que Thomas le subvertit en profondeur. Il opère une réinterprétation politique de la catégorie physique et métaphysique centrale de l'aristotélisme : le mouvement (κινήσις). Gouverner, au sens mécanique comme au sens politique, c'est mettre en mouvement, c'est diriger le mouvement des corps par voie de commandement. Thomas déploie tout l'éventail de significations du terme *gubernatio* afin de formuler une théorie du gouvernement angélique par le mouvement des corps célestes, qui permet d'intégrer à la problématique de la providence divine la question technique – péripatéticienne – du mouvement des sphères et de leurs moteurs séparés. C'est dans la théorie dionysienne de la hiérarchie que

Thomas trouve le modèle général du gouvernement angélique. Aussi n'est-il pas surprenant de voir la question de la motion des cieux intégrée au schéma dionysien de la hiérarchie angélique.

> Même entre ces dernières substances intellectuelles, il doit exister un ordre. Car la disposition universelle <établie par> la providence est premièrement répartie entre ses nombreux exécutants : cela se fait à travers l'ordre des Dominations, car c'est le rôle de ceux qui exercent la domination de prescrire ce que les autres exécutent. [...]
> Deuxièmement, cette disposition est répartie et multipliée en divers effets par l'agent exécutant. Cela se fait à travers l'ordre des *Vertus* [...]. Il en ressort que le principe de l'opération universelle est du ressort de cet ordre. Aussi semble-t-il que le mouvement des corps célestes soit du ressort de cet ordre, les corps célestes étant les causes universelles dont résultent les effets particuliers dans la nature : c'est pourquoi elles sont appelées *Vertus célestes* en Luc, 21 [v. 26], où il est dit : *Les vertus célestes seront mues*. [...] [1]

Thomas assigne la motion des cieux à l'ordre des Vertus (*Virtutes*), en jouant sur l'homonymie entre le nom même de cet ordre angélique et le concept technique de *virtus*, au moyen duquel il pense le rapport du moteur angélique à son mobile céleste sous la forme d'un contact dynamique ou virtuel (*contactum virtutis*) [2]. Si le gouvernement articule le commandement et l'exécution, tout se joue dans la deuxième hiérarchie, dans laquelle les principes généraux se particularisent. Avant de se réaliser dans des effets particuliers, les décrets providentiels doivent se traduire sous la forme d'ordres généraux. Ce travail de diversification et de répartition des commandements, de traduction des principes généraux en consignes particulières, est très précisément celui des Vertus. C'est donc à la motion des cieux qu'est attribué le passage du général au particulier par lequel la providence se déploie dans le monde. Le mouvement des cieux représente, du point de vue de la créature spirituelle, une première spécification, mais du point de vue de la créature corporelle, le degré le plus haut de l'ordre de la nature.

1. Thomas d'Aquin, *Somme contre les gentils*, livre III, chap. LXXX, trad. V. Aubin, Paris, Flammarion, 1999, p. 280-281.

2. Sur l'ordre des Vertus chez Thomas d'Aquin, voir aussi *Somme théologique*, I^{a}, q. CVIII, a. 6 et *Responsio de 36 articulis*. *Cf.* T. Suarez-Nani, *Les anges et la philosophie*, *op. cit.*, p. 116-119.

C'est dans la motion des corps célestes que les décrets universels se précisent en tâches particulières, que la providence coïncide avec la nature, que l'esprit se traduit dans les corps.

Si, en un sens, Thomas d'Aquin donne une solution dionysienne au problème aristotélicien du mouvement céleste, dans l'autre sens, en inscrivant au centre de la hiérarchie la problématique de la motion des cieux, il fait de la cosmologie le cœur secret de la providence. Le mouvement devient lui-même gouvernement, en tant qu'il est la mise en œuvre du pouvoir divin, l'exécution même de la providence divine. Alors, de même que la hiérarchie intermédiaire se fait le miroir de la totalité de la machine providentielle qui se reflète en son propre centre, de même, l'ordre des cieux et de leurs mouvements réguliers devient l'image splendide du pouvoir divin.

La signification de la synthèse thomiste se précise. On est loin d'une simple reformulation chrétienne de la métaphysique et de la cosmologie péripatéticiennes. La question du mouvement des cieux, et plus particulièrement du rôle qu'y jouent les anges, que Thomas jugeait superficielle et de peu d'importance pour la théologie dans la réponse qu'il donnait à Jean de Verceil, apparaît au contraire décisive pour penser la providence divine. C'est dans la motion des corps célestes par les anges que celle-ci trouve son point d'articulation avec le monde sublunaire et la réalité naturelle. La question constitue donc pour Thomas le lieu d'une théorie du gouvernement, plutôt que d'une analyse de physique astronomique ou de cosmologie. Comme le montre l'intégration du mouvement céleste dans le schéma dionysien de la hiérarchie, la motion des sphères ne représente qu'un moment dans un processus plus vaste, une action particulière dans le champ d'opérations plus large que constitue le gouvernement providentiel du monde. Un moment crucial, certes, puisque c'est là que les décrets divins se traduisent en mouvements naturels, que les ordres disposent les corps en un ordre unique, pour ainsi dire. S'il y a indéniablement une naturalisation de la providence divine, il faut observer que c'est en ce point précis, où l'esprit trouve à s'articuler avec la matière et les intelligences angéliques séparées avec les corps célestes qu'elles dirigent, que se pose avec le plus d'acuité la question du pouvoir. Non seulement, donc, les mouvements célestes sont intégrés dans une grande machine gouvernementale, dont ils ne sont qu'une fonction déterminée mais, loin de s'en distinguer à titre de phénomènes naturels, ils constituent le point où le gouvernement (*gubernatio*) se pense le plus radicalement comme pouvoir (*potestas*) et comme commandement (*imperium*). Plutôt qu'il ne donne, au moyen du péripatétisme, une interprétation cosmologique de l'angélologie, Thomas d'Aquin semble donner, au moyen de l'angélologie dionysienne, une interprétation théologique du péripatétisme.

L'ange comme métaphore du mouvement

La double aporie

La question technique du mode de relation entre l'ange et le corps céleste constitue à la fois le talon d'Achille de la théorie des anges-moteurs et le point où elle doit se montrer la plus inventive et la plus radicale, parce qu'elle s'y trouve confrontée à ses difficultés les plus grandes et à ses enjeux les plus décisifs. Afin de penser comment l'ange, substance spirituelle séparée, se lie au corps qu'il meut, Thomas propose la catégorie de contact dynamique ou virtuel (*contactum virtutis*) en vue de rendre compte de l'effet réel de l'esprit sur le corps tout en maintenant leur séparation. Le contact dynamique ou virtuel désigne, on l'a vu, un mode de relation asymétrique dans lequel celui qui touche n'est pas touché et celui qui est touché ne touche pas, instituant entre le principe moteur et l'objet mû un véritable rapport de pouvoir.

Ce pouvoir s'exprime dans un ordre ou un commandement (*imperium*) au moyen duquel l'ange meut le ciel. Thomas le rapporte à la faculté de la volonté.

> À la huitième objection, il faut répondre que c'est avec une grande probabilité que l'on dit que la substance spirituelle meut les corps célestes par le commandement de la volonté. Quoique la matière corporelle, pour ce qui est de la transmutation formelle, n'obéisse pas à l'ordre d'un esprit créé, mais seulement à Dieu, comme le dit Augustin dans De la Trinité, III, qu'elle puisse toutefois obéir à son ordre, pour ce qui est de la transmutation locale, cela apparaît aussi chez nous, où au commandement de la volonté suit immédiatement le mouvement des membres du corps[1].

1. Thomas d'Aquin, *Les créatures spirituelles*, a. 6, ad. 8, trad. J.-B. Brenet, Paris, Vrin, 2010, p. 170.

Ce qui dans l'intellect donne des ordres est la volonté. C'est donc par la volonté que l'ange commande (*imperio uoluntatis*) au corps céleste de se mouvoir. Bien que la volonté angélique n'ait pas le pouvoir de transformer la matière des corps – ce qui est une prérogative de la volonté divine – elle peut néanmoins causer en elle un changement selon le lieu, c'est-à-dire la mouvoir. On observe le même phénomène lorsque l'on bouge ses membres du simple fait de le vouloir et de le signaler par un ordre (*ad nutum*) à son corps. L'ange se tient, de ce strict point de vue, dans le même rapport avec le corps céleste. Il faut donc entendre l'*imperium* par lequel il meut le ciel comme un *imperium uoluntatis*.

Ce point technique est au cœur des critiques qu'Albert le Grand et Robert Kilwardby adressent, de façon implicite, dans leurs réponses à Jean de Verceil, à la théorie thomiste des anges-moteurs. Pour Albert, si l'on pose que l'ange meut le ciel par voie de commandement (*imperante*), on devra penser le mouvement céleste comme un mouvement d'obéissance (*motus obediencie*) et l'on fera alors un saut hors du domaine de la nature et donc hors du domaine de validité des énoncés philosophiques.

> Si quelqu'un dit que Dieu meut les sphères célestes en donnant des ordres, leur mouvement sera un mouvement d'obéissance et non un mouvement naturel. Et à ce sujet, rien ne peut être déterminé selon la philosophie, parce que les principes de la philosophie qui sont des propositions dignes d'êtres connues par elles-mêmes ne suffisent pas pour cela. Et donc, qui s'exprime ainsi, puisqu'il ne conserve pas les principes de la philosophie, ne doit discuter de rien avec le philosophe; Aristote dit en effet qu'il n'y a pas de discours sur la géométrie sans géomètre [1].

Pour Kilwardby, si l'on s'en tient à la définition des anges selon les théologiens, à savoir des esprits rationnels séparés des corps, affirmer que les corps célestes sont mus par des anges revient à envisager le mouvement des cieux comme un mouvement violent, au sens technique de mouvement non-naturel.

> Quand donc on demande si les corps célestes sont mus par le ministère des anges, si l'on entend « anges » au sens propre pour nous les catholiques, c'est-à-dire des esprits rationnels qui n'ont

1. Albert le Grand, *Problemata determinata* <XLIII>, q. II, *loc. cit.*, p. 327 (notre traduction).

> pas de corps et ne peuvent pas s'unir à des corps, il est évident que les tenants de la première et de la dernière opinion répondent que non, et les autres répondent que oui, mais il leur faut examiner comment ces corps ne sont pas mus violemment et sur quelle nature s'appuient les anges-moteurs du mouvement des corps, car nous posons que les anges ne sont pas naturellement unis à des corps[1].

Dans un cas comme dans l'autre, l'argument de fond porte sur la naturalité du mouvement des cieux, ou plutôt sur sa non-naturalité. La motion d'un corps par un moteur séparé et extérieur, tel que l'ange, ne peut que s'accomplir de façon violente, dans la mesure où aucun principe interne au corps n'y contribue. La violence, au sens technique, c'est-à-dire aristotélicien, caractérise le mouvement en tant qu'il n'est pas par soi mais par accident.

On pourrait aussi cependant interpréter cette « violence » en un sens plus trivial, en la liant au mode de motion par commandement des anges ou au mode de mouvement par obéissance des corps célestes qui lui correspond. La violence des mouvements célestes serait, en ce sens, la contrepartie du pouvoir exercé par les moteurs angéliques.

Le point n'a pas échappé aux censeurs de 1277. La proposition 212 du syllabus d'Étienne Tempier est en effet : « L'intelligence meut le ciel par sa seule volonté (*intelligentia sola uoluntate mouet coelum*) »[2]. Il semble bien que Thomas d'Aquin ait été rétrospectivement visé par cette proposition[3]. La logique qui préside à la condamnation d'une telle proposition – comme à celle de nombreuses autres propositions du syllabus d'ailleurs – est celle de l'idée de toute-puissance divine. Les censeurs semblent avoir voulu minimiser le rôle des causes ou des réalités intermédiaires dans l'ordre général de l'univers et ici, celui des anges dans le gouvernement divin du monde. Dire que l'ange meut le ciel selon sa volonté, c'est dire tout aussi bien, au moins potentiellement, que l'ange pourrait ne pas le mouvoir ou le mouvoir autrement, déroger à l'ordre de la nature, ce qui revient à lui accorder une autonomie beaucoup trop grande eu égard à la

1. Robert Kilwardby, *De 43 questionibus*, q. II, *op. cit.*, p. 14 (notre traduction).

2. D. Piché, *La condamnation parisienne de 1277*, *op. cit.*, p. 144-145.

3. Sur le rapport entre la théorie thomiste des anges-moteurs et la condamnation de 1277, *cf.* T. Suarez-Nani, *Les anges et la philosophie*, *op. cit.*, p. 174-181. Sur le contexte général, *cf.* S. Piron, « Le plan de l'évêque. », *loc. cit.*

puissance divine[1]. Il y a là une question d'ordre presque politique, concernant le partage du pouvoir entre les instances rectrices de l'univers. À quel degré de pouvoir peuvent prétendre les ministres? La ligne de la condamnation parisienne est de les reléguer à une fonction subsidiaire ou instrumentale.

La voie permettant d'échapper à la condamnation serait de suivre une ligne plus « naturaliste », telle qu'elle est opposée par Albert le Grand et Robert Kilwardby à la thèse des anges-moteurs. Il faudrait attribuer le mouvement céleste à un principe interne qui serait l'acte ou la forme du corps céleste, éventuellement son âme. Or, la thèse de l'animation des cieux fait aussi l'objet d'une condamnation dans le syllabus, à la proposition 92 :

> Les corps célestes sont mus par un principe intrinsèque, qui est l'âme; et ils sont mus par l'âme et par la vertu appétitive, comme l'animal. En effet, comme l'animal est mû par son appétit, ainsi est mû le ciel[2].

La condamnation parisienne de l'animation des cieux intègre la critique classique, depuis les Pères de l'Église, des doctrines astrales de la philosophie païenne, à la logique de maximisation de la toute-puissance divine. Il s'agit non seulement de dénoncer la dérive idolâtrique de telles positions philosophiques, mais aussi, conformément à la tendance générale de la condamnation, de réduire l'autonomie de fonctionnement de la réalité supralunaire. Surtout, ce sont des maîtres ès arts chrétiens qui sont visés. La thèse de l'animation des cieux, dans la version grossière que retient le syllabus, n'appartient pas à Thomas d'Aquin. Celui-ci ne soutient pas en effet que les cieux seraient mus par une âme appétitive. Il identifie cependant, avec certaines précautions, l'âme des cieux avec leur moteur angélique.

On peut lire la condamnation comme un contre-modèle ou un garde-fou, eu égard à la théorie plus sophistiquée des anges-moteurs. Le syllabus ne la vise pas directement, en tout cas pas explicitement, mais on devine qu'elle constitue aux yeux des censeurs un point doctrinal extrêmement délicat. De fait, les intelligences célestes

1. Sur la question de la toute-puissance divine dans les condamnations de 1277, *cf.* E. Grant, « The Condemnation of 1227, God's Absolute Power and Physical Thought in the Late Middle Ages », *Viator* 10, 1979, p. 211-244.

2. D. Piché, *La condamnation parisienne de 1277*, *op. cit.*, p. 106-107.

font aussi l'objet d'une censure, sur des points qui indiquent une confusion possible entre les intelligences et les âmes célestes. Ainsi dans la proposition 102 :

> L'âme du ciel est une intelligence, et les orbes célestes ne sont pas les instruments des intelligences <célestes> mais leurs organes, comme l'oreille et l'œil sont les organes de la puissance sensitive [1].

Et dans la proposition 213 :

> La nature qui est le principe du mouvement dans les corps célestes est une intelligence qui meut. – C'est une erreur, si on l'entend dans le sens d'une nature intrinsèque, qui est l'acte ou la forme [2].

Les deux propositions vont dans le sens d'une trop grande naturalisation du concept d'intelligence céleste. Soit qu'on l'identifie sans reste avec l'âme céleste, soit qu'on la réduise au statut de forme naturelle du corps. Le double écueil pour la théorie des anges-moteurs serait donc de soutenir une thèse trop proche de celle de l'animation des cieux ou, inversement, trop proche d'un pur et simple naturalisme.

Encore une fois, on ne saurait attribuer telles quelles à Thomas d'Aquin les thèses qui peuvent sembler lui être imputées, et reprochées, dans le syllabus d'Étienne Tempier. D'une part, parce que ce ne sont que des hypothèses de lecture et qu'il convient d'observer un doute méthodologique minimal, d'autre part, parce qu'à peu près aucune des propositions du syllabus ne correspond comme telle à une proposition effectivement soutenue par les auteurs supposément visés par les condamnations. L'animation des cieux, par exemple, ne constitue pas chez Thomas une thèse, mais l'objet d'une question ou d'un doute [3]. Si Thomas attribue une âme aux corps célestes, ce n'est assurément pas au sens littéral et caricatural tel que le laissent entendre les condamnations.

> Il est donc clair que les corps célestes ne sont pas animés de la même façon que les plantes et les animaux, mais en un sens équivoque. Entre ceux qui posent qu'ils sont animés et ceux qui posent qu'ils

1. *Ibid.*, p. 110-11. Sur la question de la toute-puissance dans la pensée médiévale, *cf.* O. Boulnois (dir.), *La puissance et son ombre. De Pierre Lombard à Luther*, Paris, Aubier, 1994.
2. *Ibid.*, p. 144-145.
3. *Cf.* T. Suarez-Nani, *Les Anges et la philosophie*, *op. cit.*

> sont inanimés, il n'y a pas de différence réelle, mais seulement une différence de mots, et elle est minime, voire nulle [1].

Thomas réduit donc l'opposition entre les tenants de l'animation du ciel et leurs critiques à une question de langage. Ce qu'on appelle l'âme d'un corps céleste n'est rien d'autre que le principe de son mouvement, qui lui est uni non pas comme une forme substantielle, une âme à proprement parler, mais comme un moteur à un objet mû, par contact dynamique ou virtuel. À la limite, cette « âme » pourrait tout aussi bien être nommée « ange ».

> Que les corps célestes soient mus par leur seule nature, comme les corps graves et légers, est absolument impossible : donc, à moins qu'ils ne soient mus immédiatement par Dieu, il en résulte soit que les corps célestes sont animés et mus par leurs propres âmes, soit qu'ils sont mus par des anges, ce qu'il est plus juste de dire [2].

Dès lors que l'on admet un moteur externe pour les corps célestes – la nature ne pouvant mouvoir les corps supralunaires comme elle meut les corps sublunaires lourds et légers – et que l'on exclut l'idée d'une motion divine immédiate, on peut indifféremment dire que les corps célestes sont mus par leurs âmes ou par des anges. Thomas semble simplement dire que l'idée de moteur angélique est un peu plus justement ou adéquatement formulée que celle d'âme céleste. Les deux hypothèses reviennent cependant, au fond, à la même chose, c'est-à-dire à supposer un moteur externe intermédiaire. L'externalité du moteur n'implique toutefois pas que le mouvement céleste soit un mouvement violent.

> À la septième objection [selon laquelle le mouvement céleste ne serait pas naturel], il faut répondre que la substance spirituelle qui meut le ciel possède une force naturelle déterminée pour le mouvement d'un tel corps. Et semblablement, le corps du ciel possède une aptitude naturelle à être mû par un tel mouvement. Pour cette raison, le mouvement du ciel est naturel, bien qu'il procède d'une substance intelligente [3].

1. Thomas d'Aquin, *Somme théologique*, Ia, q. LXX, a. 3, éd. Léonine, p. 180 (notre traduction).
2. Thomas d'Aquin, *De 43 articulis*, a. 5, éd. Léonine, p. 328 (notre traduction).
3. Thomas d'Aquin, *Les créatures spirituelles*, q. VI, ad. 8, *op. cit.*, p. 170 (notre traduction).

Thomas sauve la naturalité du mouvement céleste par l'idée d'une proportion entre le moteur et le mû, plus précisément entre la force naturelle (*virtus naturalis*) que possèdent la substance intelligente et l'aptitude naturelle (*aptitudo naturalis*) au mouvement que possède le corps céleste [1]. La naturalité ne se dit pas alors du principe du mouvement mais de la relation entre le moteur et le mû, laquelle, bien qu'externe, n'en est pas pour autant violente. La thèse n'est pas très convaincante : elle paraît contredire celle de la motion volontaire des corps célestes et semble mal résister aux critiques d'Albert le Grand, de Robert Kilwardby ou même d'Étienne Tempier. Sans doute parce qu'il n'admet l'animation du ciel que de façon équivoque – au sens où l'âme du ciel n'est rien d'autre que son moteur séparé, voire son moteur angélique – Thomas doit-il trouver un moyen de sauver de justesse la naturalité du mouvement céleste.

Ces hésitations nous semblent indiquer un certain nombre de difficultés ou de contraintes structurelles de la théorie des anges-moteurs. La physique aristotélicienne en est une première, qui non seulement fournit à la scolastique la grammaire de sa science naturelle, mais lui lègue aussi une contradiction à résoudre concernant le mouvement des corps célestes : la double exigence de penser un mouvement naturel et un moteur immobile et séparé [2]. La théologie en est une seconde, qui impose un cadre non-naturaliste à la physique céleste : penser le mouvement des cieux au sein du dispositif plus général du gouvernement du monde, ou penser un gouvernement providentiel en termes de mouvement naturel.

Sur la base de ces contraintes doctrinales, on voit clairement comment les voies albertienne et thomiste divergent. Alors qu'Albert choisit de résoudre les contradictions de l'aristotélisme en péripatéticien, dans un dialogue serré avec la philosophie arabe, et exclut *a priori* le mélange de la philosophie et de la théologie, Thomas entreprend de résoudre ces difficultés en les confrontant les unes aux autres. La théorie des anges-moteurs n'est qu'une partie de la théorie du gouvernement du monde, mais sa partie centrale : si la providence donne leur signification aux mouvements des cieux,

1. Sur le caractère « averroïste » de cette thèse, *cf.* les remarques de J.-B. Brenet, dans Thomas d'Aquin, *Les créatures spirituelles*, *op. cit.*, p. 31-36.

2. Cette double exigence renvoie probablement à la double détermination du mouvement des sphères chez Aristote, à la fois naturel dans le *De caelo* (III, I) et causé par une intelligence séparée dans la *Métaphysique* (Λ, VIII).

ceux-ci sont le moyen principal de sa réalisation et de son effectivité dans le monde. La théorie des anges-moteurs représente donc une tentative audacieuse de résoudre les difficultés de la théologie au moyen de celles de la philosophie, et inversement.

À cet égard, les propositions du syllabus concernant le mouvement céleste laissent deviner une critique des positions de Thomas d'Aquin. Elles se font surtout l'écho de difficultés théoriques profondes que Thomas avait mises en lumière et partiellement, ou imparfaitement, résolues. Le syllabus ne fait que les amplifier et les transformer en contraintes dogmatiques. De façon insidieuse, le double écueil que tente d'éviter tant bien que mal la théorie des anges-moteurs devient, dans la condamnation parisienne, un véritable *double bind* pour l'angélologie scolastique. Celle-ci ne peut affirmer que l'ange meut le corps céleste ni sous la modalité de la violence ni sous celle de la nature. Autant dire que les condamnations de 1277 rendent la théorie des anges-moteurs presque informulable.

Quelques tentatives après 1277

Les continuateurs de Thomas s'y sont pourtant essayés, tout en respectant la censure parisienne. On trouve dans un certain nombre de textes d'après 1277, en même temps qu'une tentative de reformulation de la théorie des anges-moteurs, la trace de la censure, dont on peut voir le poids qu'elle a exercé sur l'angélologie et la physique céleste. On se gardera d'exagérer la portée de la condamnation de l'évêque de Paris : il nous semble, sur ce point en tout cas, que ce n'est pas à titre d'interdiction qu'elle a principalement affecté l'angélologie, mais plutôt par un effet de convergence, entre la censure externe et les difficultés internes de la théorie, qui rendait la question particulièrement délicate. On s'attachera donc à suivre l'évolution de la théorie des anges-moteurs afin de mettre en évidence les transformations induites par la censure.

Le principal problème qu'ont dû affronter les tenants de la théorie des anges-moteurs concerne la volonté de l'ange et l'article 212 du syllabus. Pour distinguer la théorie des anges-moteurs d'une théorie « vulgaire » de l'animation des cieux, Thomas avait eu besoin de faire intervenir la volonté. C'est elle en effet qui marque la différence entre l'influence d'un moteur externe par contact dynamique et le mouvement causé par une forme ou un acte immanents ou naturels. Malgré tous les raffinements de la théorie thomiste, il est nécessaire de rapporter le mouvement des cieux à la volonté des anges pour que ce dernier apparaisse comme un acte de gouvernement et non comme un phénomène naturel. C'est le point sur lequel la théorie de Thomas est la plus exposée aux critiques de l'évêque de Paris. Les versions ultérieures de la théorie des anges-moteurs s'attachent donc à contourner l'article 212 en corrigeant ou en précisant la version initiale sur ce point.

On voit clairement comment la double contrainte des condamnations opère sur la théorie des anges-moteurs dans la solution adoptée par Hervé de Nédellec [1]. Alors que les péripatéticiens (*Aristotelis et suorum sequacium*) posent que l'intelligence est par nature plus déterminée à mouvoir son orbe que le feu ne l'est à chauffer (*intelligentia ex natura sua erat magis determinata ad mouendum orbem suum quam sit ignis ad calefaciendum* [2]), Hervé, pour des raisons théologiques, entend sauver la liberté de l'ange. Son argument passe par la dénaturalisation du lien entre l'ange et l'orbe qu'il meut.

> Il apparaît que c'est autre chose qu'il faut dire, à savoir que l'ange n'est pas déterminé à mouvoir un orbe au point que cela, à savoir mouvoir un orbe, il le désire comme ce sans quoi il n'aurait pas le statut parfait de sa nature : sans cela aussi il peut avoir le statut parfait de sa nature. Cependant aucun n'aurait le statut parfait de sa nature s'il ne pouvait mouvoir, car ce pouvoir suit de leur nature. Aussi ne disons nous pas qu'à cause de cela il appartient à leur statut de perfection qu'ils meuvent cette planète ou celle-là. Je crois plutôt qu'il faut comprendre cette détermination ainsi : la fonction de mouvoir un corps convient davantage à un certain ange, comme si, parmi plusieurs officiers au service d'un prince, en pensant leurs diverses conditions, on voyait que l'un convient davantage qu'un autre pour une fonction particulière. Comme si régir un royaume convenait davantage à l'un et régir une cité davantage à un autre ; et régir un village encore à un inférieur. Non pas cependant que le statut parfait de leur nature requiert nécessairement qu'ils soient attachés à de telles fonctions. C'est une telle détermination qui existe entre le moteur d'un orbe et son mobile [3].

1. *Cf.* P. Duhem, *Le système du monde. Histoire des doctrines cosmologiques de Platon à Copernic*, *op. cit.*, t. 6, p. 46-50.

2. Hervé de Nédellec, *In quatuor libros sententiarum commentaria*, lib. 2, dist. XIV, q. I, art. 3, Paris, 1647 (reprint Farnborough, Gregg Press, 1966), p. 244.

3. *Ibid.*, p. 245 (notre traduction).

Le lien entre l'ange et le corps qu'il meut ne relève donc pas de la nature, au sens où la perfection naturelle de l'ange ne dépend pas de ce lien. Il appartient pourtant à la nature angélique de pouvoir mouvoir des corps. Hervé de Nédellec ne disjoint pas l'ange de sa fonction motrice, mais l'ange-moteur et le corps céleste qu'il meut. Plus précisément, il relativise et dénaturalise la relation entre les deux afin de souligner qu'il n'appartient pas à l'ordre de la nature que tel ange meuve tel orbe. S'il est nécessaire qu'un ange puisse mouvoir un corps, il n'est cependant pas nécessaire qu'il meuve tel corps en particulier. Ce qui détermine tel ange à mouvoir tel corps céleste est un rapport fonctionnel. La motion des corps célestes est en effet envisagée comme une fonction officielle (*officium mouendi corpus*) : il en va des anges qui meuvent les différents cieux comme d'officiers (*officialibus in seruitio*) qui se verraient attribuer différentes charges de gouvernement (*regere*), selon différentes divisions administratives et territoriales, du royaume au village. De même que tel officier peut être plus adapté à telle fonction qu'un autre, sans pour autant que sa nature implique qu'il l'exerce, ni que l'exercice soit intrinsèquement lié à cette nature, de même, il n'y va pas de la nature de l'ange dans son action de mouvoir la sphère céleste, car cette action relève d'une fonction pratique et non d'une nécessité naturelle.

La motion des corps célestes sera donc rapportée à la volonté, c'est-à-dire à la liberté de l'ange. Hervé doit toutefois éviter l'autre écueil, celui qu'énonce l'article 212 du syllabus. Il pose donc la question de savoir si l'ange meut l'orbe par l'intellect et la volonté ou par une autre puissance (*utrum moueat per intellectum et voluntatem, vel per aliquam potentiam*), en se référant directement à l'article condamné :

> Quant au quatrième point, il faut savoir qu'il existe un article qui, comme il le dit, condamne comme erroné le fait de poser que les anges meuvent les orbes par leur volonté seulement, de sorte que sur leur ordre, par leur volonté, ils puissent mouvoir des corps[1].

La stratégie d'Hervé pour contourner la censure consiste à interpréter ce que signifie mouvoir un corps par le commandement de la volonté (*ad nutum, pro voluntate*). L'article est réinterprété, au sens où ce

1. Hervé de Nédellec, *In quatuor libros sententiarum commentaria*, lib. 2, dist. XIV, q. I, art. 3, p. 245 (notre traduction).

qui est mis en question, aux yeux d'Hervé, n'est pas tant le fait que l'ange meuve l'orbe par sa volonté, mais le fait qu'il puisse, plus généralement, sur un simple ordre, mouvoir des corps.

> Puisque leur vouloir est une force finie, leur vouloir peut mouvoir ou faire quelque chose de déterminé, mais pas davantage. De sorte que la volonté de l'ange peut être accouplée à quelque chose comme une volition, et comme un effet. Par exemple le vouloir de l'ange de mouvoir l'orbe est accouplé au mouvement de l'orbe en tant que volition, et de la même manière en tant qu'effet. Mais en ce qui concerne la création de choses il est accouplé à une volition, mais non à un effet. Car l'ange peut vouloir donner des choses créées, mais il ne peut pas par sa volonté créer. Pas plus que n'importe quel ange ne peut indifféremment n'importe quoi : par exemple mouvoir un corps de n'importe quelle grandeur.
> Et ainsi l'article peut être compris en ce sens, que l'ange ne meut pas par sa seule volonté, de sorte que ce qu'il importe indifféremment de mouvoir soit soumis à son commandement. Car outre le vouloir qui est du côté de l'ange, une proportion déterminée est requise entre le corps mobile et sa volonté de mouvoir, car le vouloir mouvoir est une force motrice finie. [1]

Hervé déploie une petite théorie générale de l'action pour expliquer le rôle précis, et limité, de la volonté dans la motion angélique des corps célestes. La volonté n'est jamais à elle seule le principe immédiat d'une action. Elle se rapporte (*comparatur*) en effet à ce qu'elle vise sur deux modes différents : celui de la volition (*volitum*) et celui de l'effectuation (*effectum*). L'objet de la volonté peut exister comme quelque chose de simplement voulu, ou comme quelque chose d'effectivement réalisé. Quand nous voulons bouger notre main, nous visons ce mouvement comme une volition qui coïncide presque instantanément avec sa réalisation. Il est aussi des cas où ce que nous visons demeure une simple volition, sans pouvoir se réaliser, par exemple si notre main est paralysée, ou bien si nous voulions mettre en mouvement les cieux. Le mouvement des cieux ne nous est accessible qu'à titre de volition, mais jamais comme effet de notre volonté. Il en va de même pour les anges, mais à une échelle différente. Tout comme nous voulons bouger notre main et la bougeons du même coup, l'ange veut mouvoir le ciel et le meut

1. Hervé de Nédellec, *In quatuor libros sententiarum commentaria*, lib. 2, dist. XIV, q. I, art. 3, p. 246 (notre traduction).

par un unique acte de sa volonté. Il ne peut toutefois pas créer des choses : la création ne peut être visée par la volonté angélique qu'à titre de volition, non d'effet.

La volonté – à l'exception de la volonté divine – est une force finie (*virtus finita*). Elle est déterminée ou proportionnée à des objets particuliers. C'est seulement quand il existe entre la volonté et son objet une proportion déterminée (*determinata proportio*) que le hiatus entre volition et effectuation disparaît. On voit là comment, en arrière-fond, travaille la problématique de la toute-puissance divine : seule la volonté divine peut et fait tout ce qu'elle veut. Toute volonté créée est, quant à son pouvoir, à sa puissance d'effectuation, proportionnée à des objets déterminés. Elle est constitutivement marquée par une division entre volition et effectuation, si bien qu'elle peut vouloir au-delà de son pouvoir, mais sur le seul mode de la volition. L'impuissance de la volonté est la conséquence de sa finitude.

Dans le cas de l'ange, il existe donc une proportion déterminée entre la volonté de mouvoir et le mobile, qui fait de la volonté angélique une force motrice finie (*virtus motiua finita*). L'idée d'une proportion entre le moteur et le mobile renvoie certes à la toute-puissance divine, mais aussi, en un autre sens, à quelque chose de l'ordre d'une détermination naturelle, au sens où ce à quoi la volonté est proportionnée, ce n'est pas le divin, mais bien le corps céleste. Pour qu'une volonté puisse mettre en mouvement tel corps, il faut qu'elle soit proportionnée à ce corps. On pourrait presque dire que la maximisation de la toute-puissance divine a pour effet une minimisation de la causalité seconde – la volonté de l'ange – au profit des déterminations naturelles des choses sur lesquelles agissent les causes secondes.

Il semblerait que la même idée se trouve déjà chez Godefroid de Fontaines, énoncée à peu près dans les mêmes termes [1]. Il y a cependant un détail dans la version de la théorie des anges-moteurs proposée par Godefroid qui la distingue de celle d'Hervé de Nédellec.

> L'ange n'est cependant pas dit mouvoir le ciel par sa seule volonté, ce qui est réprouvé parmi les articles condamnés, car est dit être mû par la seule volonté de quelque chose, ce qui est mû entièrement par son désir et non selon une certaine détermination et une

1. *Cf.* P. Duhem, *Le système du monde*, *op. cit.*, t. 6, p. 50-52.

certaine proportion de cette chose à cela et à la fin pour laquelle il lui est échu de mouvoir. Ainsi l'ange n'est-il pas dit mouvoir le ciel par sa volonté, parce que l'ange bon ne meut que selon ce qui lui a été ordonné par Dieu dont il est le ministre, tout comme le mauvais n'agit dans les corps que selon ce qui lui est permis par Dieu[1].

La motion des corps célestes par les anges, selon la proportion et la détermination adéquates entre le moteur et le mobile, paraît donc relever de la providence divine et non de la volonté de l'ange. Comme Hervé cependant, Godefroid n'exclut pas la volonté, mais l'intègre dans un schéma d'action plus large, où elle n'intervient plus toute seule (*sola voluntate*).

Comme je n'entends pas contredire l'article, et puisqu'il semble qu'en Dieu seul, où vouloir est agir, il arrive que par la seule volonté il fasse ce qu'il lui plaît dans toutes les créatures, il semble que dans l'ange une sorte d'appétit doit être distingué de la vertu motive comme de la vertu appréhensive. De fait, de même que l'œuvre de l'appréhensive est l'opération externe de saisir et de réguler, et en cela de diriger l'appétit lui-même, de même l'œuvre de la volonté apparaît être de désirer ou de vouloir ce qui est saisi comme devant être fait extérieurement, et cela c'est ordonner. Et puisqu'ordonner qu'une chose soit n'est pas la faire, mais mouvoir ou ébranler la puissance motrice ou opérative pour qu'elle provoque de cette manière l'acte qui se réalise à l'extérieur, il semble qu'avec la volonté il faille poser ici, de quelque façon, une force motrice, qui est mue par l'intellect et la volonté à exercer son acte, et s'applique à mouvoir le corps, que la volonté, ou l'ange par sa volonté, veut mouvoir[2].

Le schéma de l'action est ternaire : la faculté appréhensive (*apprehensiva*) régule (*regulare*) et dirige (*dirigere*), la volonté ordonne (*imperare*) et la puissance motrice ou opérative (*potentiam motivam vel operativam*) exécute. L'action se compose d'une direction, d'un ordre et d'une opération.

La différence entre les deux auteurs tient à ce que, là où Hervé se refuse d'ajouter à l'intellect et à la volonté une puissance à part entière, mais scinde plutôt la volonté en volition et effectuation, Godefroid fait de la force motrice (*virtus motiva*) une puissance

1. Godefroid de Fontaines, *Quodlibeta*, V, q. VI, éd. M. De Wulf et J. Hoffmans, Louvain, Institut supérieur de philosophie de l'université, 1914, p. 23 (notre traduction).
2. *Ibid.*, p. 23-24 (notre traduction).

opérative comme telle. À la réalisation ou à l'exécution d'un ordre, la volonté ne suffit pas, mais ce qui garantit le passage à l'acte n'est pas seulement la proportion entre la volonté et son objet, mais aussi l'existence d'une puissance opérative. À la volonté de l'ange s'ajoute donc une force motrice [1]. En un sens, on dira que la volonté suppose la puissance pour se réaliser, que c'est donc celle-ci qui fait passer à l'acte celle-là, ce qui en rigueur est faux, puisque c'est bien la volonté qui fait passer la puissance à l'acte (*movere vel impellere potentiam motivam vel operativam ad eliciendum huiusmodi actum*).

La puissance motrice représente donc à la fois un surcroît d'effectivité nécessaire à la réalisation de la volonté angélique et une potentialité du corps céleste dont l'actualisation nécessite l'intervention de la volonté. Elle nomme une sorte de codétermination circulaire entre l'ange et l'orbe. Elle apparaît aussi comme une diagonale tracée pour sortir de la double impasse délimitée par la censure : penser une causalité motrice ni tout à fait naturelle ni tout à fait volontaire. C'est-à-dire envisager le mouvement céleste ni comme une propension interne des orbes ni comme une détermination externe par les anges. La théorie des anges-moteurs contient potentiellement une réflexion sur la force motrice comme telle.

La force motrice

Pour mettre ce point en évidence, il faudrait se tourner vers un auteur qui précède aussi bien Hervé de Nédellec que Godefroid de Fontaines : Richard de Mediavilla. Au premier abord, ce dernier semble, dans son *Commentaire aux Sentences*, formuler la même théorie dans les mêmes termes.

> Je dis donc que le ciel est mû par l'intelligence en ce sens qu'une autre puissance que l'intelligence elle-même – l'intellect dirigeant et la volonté commandant – éduit une certaine force de la puissance du ciel à l'acte, par laquelle le ciel est déterminé à un mouvement déterminé, commandé par la volonté de l'intelligence, et par cette force le ciel lui-même se meut. Ces choses sont donc ordonnées de

1. L'idée d'une puissance accompagnant la volonté de l'ange dans la motion des corps célestes se trouve déjà chez Thomas d'Aquin, bien qu'elle ne soit pas systématisée. Cf. *Les créatures spirituelles*, a. 6, ad. 8 : « Si toutefois l'on ajoute aux commandements de la volonté (*imperium uoluntatis*) l'influx d'un pouvoir (*influxus uirtutis*), il n'en résulte pas pour autant une fatigue qui serait due au caractère fini de [ce] pouvoir. » (*op. cit.*, p. 170-173.)

> la sorte dans la motion du ciel, que l'ange est le moteur principal du ciel après Dieu : la force causée dans le ciel par l'ange lui-même sur le mode qui a été dit est comme un moteur instrumental. Quant à la forme naturelle, tant accidentelle que formelle du ciel lui-même, elle est ce qui dans le ciel est une aptitude naturelle, de sorte qu'il se meuve ainsi, et aussi longtemps que cette force persistera dans le ciel, ce dernier sera mû par la puissance de cette intelligence, et quand elle cessera de causer l'influence dont on a parlé, et de conserver le ciel, le ciel s'arrêtera [1].

Le schéma ternaire de l'action se retrouve à l'identique : direction intellectuelle (*intellectus dirigens*), ordre volontaire (*voluntas imperans*), puissance exécutive (*potentia exequens*). Or, le rôle de cette dernière est d'éduire une force en acte à partir de la potentialité du ciel (*aliquam virtutem educit de potentia caeli ad actum*). Cette force mérite le statut de moteur instrumental (*instrumentalis motor*), distinct du moteur principal (*principalis motor*) qu'est l'ange, après Dieu, et distinct aussi de la forme ou de l'aptitude naturelle (*forma naturalis, naturalis aptitudo*) du corps céleste. Il existe donc, irréductible aussi bien au moteur angélique qu'à la disposition naturelle de la sphère au mouvement circulaire, une véritable force motrice, suscitée dans le corps céleste par la puissance motrice de l'ange.

Richard explique ce schéma en détail dans ses *Questions disputées*, en le portant à un degré de complexité et de sophistication qui nous semble traduire, en même temps que les difficultés imposées par la censure au sauvetage de la théorie des anges-moteurs, l'émergence d'une idée neuve, voire inouïe, dans un langage technique auquel elle échappe fondamentalement.

> Donc, la puissance motrice de l'ange, en mouvant le ciel, assimile en quelque mode le ciel à la disposition par laquelle elle le meut, en parlant de l'assimilation qui est possible au ciel par la confrontation avec une telle puissance, car cette similitude doit être désignée plutôt comme une proportionnalité que comme un résultat de proportion. Or, cette assimilation ne consiste que dans la réception d'une énergie de la part de cette puissance motrice, car on ne peut pas dire que cette assimilation consiste dans le mouvement [2].

1. Richard de Mediavilla, *Super quatuor libros sententiarum*, lib. 2, dist. XIV, art. 1, q. VI, Brescia, 1591 (reprint Frankfurt am Main, Minerva, 1963), p. 172 (notre traduction).

2. Richard de Mediavilla, *Questions disputées*, t. 3, q. XVI, a. 4, éd. et trad. A. Bourreau, Paris, Les Belles Lettres, 2013, p. 135 (notre traduction).

La puissance motrice de l'ange assimile le ciel à la disposition (*dispositione*) par laquelle elle le meut, comme un agent assimile un patient en quelque façon à la forme (*aliquo modo forme*) par laquelle il agit sur lui. Cette disposition correspond à ce qui de la volonté, s'imprime dans la puissance motrice et la détermine à effectuer tel mouvement particulier : la force d'un membre, en soi neutre et indifférente, selon qu'elle est utilisée pour bouger d'une façon ou d'une autre, n'est pas disposée de la même manière par la volonté, de même, la puissance motrice de l'ange, selon le mouvement qu'elle doit effectuer, est différemment disposée. C'est cette disposition qui est communiquée par la puissance motrice au ciel, de façon proportionnelle. On peut comprendre la distinction entre proportionnalité (*proportionalitas*) et similitude de proportion (*similitudo proportionis*) en ce sens : ce que la volonté transmet à la puissance motrice, celle-ci le transmet au ciel, il n'y a donc pas à proprement parler une proportion (à quatre termes), mais une proportionnalité (à trois termes). L'assimilation par laquelle le ciel reçoit de la puissance motrice une certaine disposition consiste en la réception d'une force ou d'une énergie (*virtus*) et non dans le mouvement lui-même. Pourquoi, plutôt que d'envisager immédiatement en termes de mouvement la relation de la puissance motrice au corps céleste, introduire un processus intermédiaire ?

> Ensuite je montre que la puissance motrice extrait cette énergie de la potentialité du ciel, car elle ne peut ni la créer, ni la produire, à partir d'elle-même, ni à partir de quelque chose qui est en elle, de sorte que cette énergie ne concerne l'ange qu'en raison du principe d'effectuation[1].

La force que l'ange communique au corps céleste n'est pas produite par l'ange, qui ne saurait la créer à partir de rien, et dont on comprendrait mal comment il pourrait en la multipliant (*per multiplicationem*) à partir de lui-même, lui donner la disposition d'une forme corporelle en extension (*dispositionem forme corporalis in extensione*). Il faut plutôt penser qu'il l'éduit de la potentialité du ciel (*educit de potentia celi*). L'ange ne s'y rapporte qu'en tant qu'il en est le principe d'effectuation (*in ratione principii effectivi*). Ce qui dans le corps céleste est proportionné à la disposition de

1. Richard de Mediavilla, *Questions disputées*, t. 3, q. XVI, a. 4, p. 135 (notre traduction).

la puissance motrice provient de l'aptitude au mouvement du corps céleste lui-même. Non seulement on pose, entre l'ange et la sphère, une puissance motrice d'une part et une aptitude naturelle de l'autre, mais on ajoute encore, pour penser l'articulation de ces deux dernières, une disposition proportionnelle. Cette disposition n'est rien d'autre, cependant, que la volonté se communiquant à la puissance motrice et se reflétant dans la potentialité du corps céleste. On voudrait presque dire, pour schématiser, et si cela avait techniquement un sens, que la force que l'ange communique à la sphère tire sa forme de la disposition de la puissance motrice et sa matière de la potentialité du corps céleste. Ou plutôt, qu'elle doit son effectivité à l'ange, mais sa réalité physique au corps céleste.

Il nous semble que si Richard complexifie autant le schéma du mouvement céleste, c'est pour dégager des structures classiques de la causalité – précisément celles que la condamnation de 1277 a rendu difficiles à manier – cette réalité singulière qu'est la *virtus* transmise au corps céleste, en vertu de laquelle on peut tout aussi bien dire que l'ange meut le ciel, ou que le ciel se meut (*coelum mouet se*). Pour résumer :

> L'énergie reçue de l'ange par le ciel relève, plus que de la forme du ciel, de la structure du mouvement en mouvant le ciel. Les choses sont donc ainsi ordonnées : l'ange, en dépendance de Dieu, est le principal moteur du ciel, l'énergie diffusée par l'ange est comme son moteur instrumental. Et la forme du ciel substantielle et accidentelle est ce qui, dans le ciel, est une aptitude naturelle à être ainsi mû[1].

Il apparaît clairement que l'énergie ou la force motrice se distingue aussi bien du moteur externe que de la pure potentialité interne, de l'ange que de la forme du ciel, et que ce à quoi elle ressemble le plus est finalement le mouvement lui-même, dont elle est le moteur prochain. Elle relève, dans les mots de Richard, *de ratione motus in movendo celum*. Elle est ce qu'il y a de plus proche du mouvement, sa raison et sa structure, ce par quoi ou « de quoi » le ciel se meut, au sens où l'on dit qu'il se meut d'un mouvement circulaire.

Une telle explication du mouvement céleste n'a, aux yeux de Richard, rien d'exceptionnel ou de difficile à comprendre. De façon

1. *Ibid.*, p. 141 (notre traduction).

surprenante, il la compare au mouvement naturel vers le bas et vers le haut des corps lourds et légers :

> Nous en avons un exemple dans les corps lourds et légers : en effet, parce qu'un corps lourd a, en raison de sa forme, une aptitude naturelle à être ainsi mû, c'est-à-dire vers le bas, nous constatons que, par l'énergie reçue de son lieu naturel et par sa forme, il peut être mû pour ce mouvement. Pareillement donc, comme le ciel, par sa forme et par sa disposition, a une aptitude naturelle à être ainsi mû, il semble que, par l'énergie reçue de l'ange moteur et par sa forme il puisse être mû localement [1].

La comparaison entre le mouvement naturel des corps sublunaires et le mouvement des corps supralunaires causé par un moteur séparé a de quoi surprendre. Pourtant elle fonctionne : le lieu naturel occupe dans un cas la fonction que l'ange occupe dans l'autre, celle d'un moteur externe qui communique au mobile une énergie qui le meut et qu'il peut recevoir en vertu de sa forme. On croirait presque lire la théorie de Robert Kilwardby qui, dans sa réponse à la consultation de Jean de Verceil, réinterprète le mouvement des corps supralunaires dans les termes de celui des corps sublunaires. Bien que le moteur principal de la sphère demeure l'ange, quelque chose dans l'idée d'une force transmise au mobile et dans l'autonomie relative qu'elle acquiert indique comme une tendance à la naturalisation du mouvement. Plus surprenante encore est peut-être la seconde comparaison que propose Richard :

> Nous constatons qu'après qu'un objet projeté se détache de celui qui le projette, il poursuit par l'énergie reçue de la projection tant que dure cette énergie et cela soit que cette énergie diffusée passe dans la projection, soit qu'elle provienne aussi d'un projecteur intermédiaire; bien que [si] cette énergie puisse [pouvait] se rénover jusqu'à la cible, le mouvement jusqu'à la cible pourrait se prolonger tant que le projectile trouverait un espace en lequel il pourrait se mouvoir en droite ligne. Donc, à bien plus forte raison le ciel, du fait de l'énergie diffusée par l'ange et continûment renouvelée par l'ange toujours présent, pourra se prolonger en son mouvement, tant qu'une influence de ce type se prolongera [2].

1. Richard de Mediavilla, *Questions disputées*, t. 3, q. XVI, a. 4, p. 139-141 (notre traduction).

2. *Ibid.*, p. 141-143 (notre traduction).

Si l'on observe comment se produit le mouvement d'un projectile, on voit que c'est par une force transmise au mobile par la projection que celui-ci suit sa course, jusqu'à épuisement de la force. Cependant, le mouvement d'un projectile pourrait être infini, pour peu que la force puisse se renouveler. Il se trouve que c'est précisément le cas pour le mouvement céleste, puisque l'ange peut communiquer de façon ininterrompue au ciel la force qui le met en mouvement. On pourrait donc tout à fait expliquer le mouvement des corps célestes à la manière de celui des projectiles, c'est-à-dire par la transmission au mobile de la part du moteur principal, d'une force qui tient le rôle de moteur instrumental prochain. Cette fois, ce n'est plus Robert Kilwardby que l'on croirait lire, mais ses « successeurs » parisiens du XIVe siècle et leur théorie de l'*impetus*. La question du mouvement des projectiles n'intervient chez Richard certes qu'à titre d'exemple ou de comparaison, mais le principe d'une force motrice transmise du moteur au mobile et assurant le mouvement de façon presque autonome semble déjà bien établi dans la version très élaborée qu'il formule de la théorie des anges-moteurs[1].

Cela semble être confirmé, au XIVe siècle, par la position de François de la Marche, dont la théorie de la *virtus derelicta* est généralement interprétée par les commentateurs comme une version primitive de la théorie buridanienne de l'*impetus*. Quelles que soient les nuances qu'il faille apporter à une telle interprétation, il y a indéniablement une grande proximité entre les deux théories et ce n'est pas la nature exacte de leur rapport qui nous intéresse[2]. Nous voudrions plutôt réinscrire François de la Marche dans le contexte des discussions sur les moteurs angéliques, afin de voir comment l'application qu'il fait de la théorie de la *virtus derelicta* au mouvement des cieux, si elle anticipe en un sens les hypothèses audacieuses de la physique parisienne, ne fait que prolonger le geste de reformulation de la théorie des anges-moteurs initié par Hervé de Nédellec, Godefroid de Fontaines et surtout Richard de

1. À propos du caractère précurseur de Richard de Mediavilla sur ces questions, *cf.* les remarques tout à fait curieuses d'A. Bourreau, dans Richard de Mediavilla, *Questions disputées*, *op. cit.*, p. XX-XXIV.

2. Sur la « modernité » de la théorie de François de la Marche, *cf.* A. Maier, *Zwei Grundprobleme der scholastischen Naturphilosophie*, *op. cit.*, p. 161-200.

Mediavilla[1]. C'est en répondant aux mêmes questions, en partant des mêmes problématiques, que François de la Marche pousse un peu plus loin des solutions pourtant similaires à celles de ses prédécesseurs, jusqu'à sembler inaugurer une théorie tout à fait originale du mouvement des cieux.

Au sujet du concept de *virtus derelicta*, on se contentera de rappeler quelques points généraux[2]. Tout d'abord, ce concept apparaît au sein d'une théorie très générale de la causalité instrumentale, élaborée à partir d'une question sur les sacrements (*utrum in sacramentis sit aliqua virtus supernaturalis insistens sive eis formaliter inhaerens*), dans laquelle François distingue trois types d'instruments différents : artificiel (*artificialis*), naturel (*naturalis*), surnaturel (*supernaturalis*). La *virtus derelicta* concerne donc le mouvement des projectiles, et *a fortiori* le mouvement des corps célestes, dans la mesure où ils représentent des cas de causalité instrumentale naturelle. On soulignera, ensuite, que ce concept n'est pas appliqué à la physique céleste comme une solution alternative à la théorie des anges-moteurs, mais au contraire pour expliquer cette théorie, qui ne représente qu'un cas particulier de causalité instrumentale. La *virtus derelicta* n'est rien d'autre que la *virtus motiva*, dont il a été question jusqu'à présent, que l'ange communique à la sphère pour la mettre en mouvement ou, plus simplement, que la main communique au caillou qu'elle lance en l'air. François la distingue de la force inchoative exercée par le moteur au moment de la projection et la définit comme une force effectuant (*exequens*) le mouvement, causée ou abandonnée (*causata sive derelicta*) dans le mobile par la première. C'est une forme qui, sans être permanente ni à l'inverse fluente, dure un certain moment (*per aliquod tempus permanens*) et permet de comprendre qu'une pierre jetée vers le haut s'élève un temps avant de retomber.

En quoi permet-elle de comprendre comment un ange meut une sphère ? François aborde ce point dans un excursus à la question sur

1. Sur ce point, *cf.* A. Maier, *Zwei Grundprobleme des scholastichen Naturphilosophie*, *op. cit.*, p. 190-191.

2. Pour plus de détails, *cf.* C. Schabel, « Francis of Marchia's *Virtus derelicta* and the Context of Its Development », *Vivarium* 44, 1, 2006 in *Francis of Marchia, Theologian and Philosopher. Franciscan at the University of Paris in the Early Fourteenth Century*, p. 41-80 et F. Zanin, « Francis of Marchia, *Virtus derelicta*, and Modifications of the Basic Principles of Aristotelian Physics », in *ibid.* p. 81-95.

l'instrument naturel, dans lequel il tente d'appliquer le concept de *virtus derelicta* au mouvement des cieux.

> À partir des deux conclusions qui ont été établies au sujet de l'instrument artificiel et de l'instrument naturel, on peut conclure que la motion du ciel par l'ange reçoit une certaine vertu ou une forme neutre et accidentelle par rapport à lui, différente du mouvement local, formellement inhérente au ciel. Cela peut être prouvé en premier lieu à partir de la perfection du mouvant de la manière suivante : plus une puissance motrice est noble et parfaite, plus il lui est inné d'imprimer une force à un sujet à qui il est inné de la recevoir; mais la force motrice de ce moteur est plus parfaite que la force motrice de n'importe quel moteur inférieur, or les moteurs inférieurs impriment ou causent dans ce qu'ils meuvent une force qui continue et effectue le mouvement, donc à plus forte raison ce moteur imprime une force de ce type dans le ciel, autant que le ciel lui-même en est capable et y est réceptif. [...]
> De quoi il suit qu'une fois que l'intelligence aurait cessé de mouvoir le ciel, le ciel se mouvrait ou tournerait pour un temps du fait de cette vertu, d'un mouvement circulaire qui se poursuivrait et continuerait, comme il apparaît avec la roue du potier, qui tourne pour un temps, après que le moteur premier a cessé de mouvoir. On voit la même raison à l'œuvre ici et là, à savoir, la vertu laissée par le moteur premier dans le mobile, ici et là [1].

Par analogie avec les autres cas de causalité instrumentale, en particulier avec celui de la projection en l'air d'une pierre, on peut penser que la motion du ciel par l'ange se fait au moyen de la transmission d'une force ou d'une forme accidentelle mais immanente au ciel (*caelo formaliter inhaerentem*), qui se distingue du mouvement lui-même qu'elle cause pourtant immédiatement. François s'écarte de ses prédécesseurs en découplant plus radicalement la force motrice et l'ange. Puisque la *virtus derelicta* est, par essence, une force causée par la force inchoative du moteur initial, comme le montre bien l'exemple de la pierre jetée en l'air, ou de la roue du potier, elle continue d'agir, dans le cas du mouvement céleste, même quand l'ange a cessé de le faire, voire, elle n'agit que lorsque l'ange a cessé de mouvoir le ciel. Bien que causée par l'ange

1. François de la Marche, *In quartum librum sententiarum*, q. 1, a. 2, éd. C. Schabel *in* « Francis of Marchia's *Virtus Derelicta* and the Context of its Development », *loc. cit.*, p. 74-75 (notre traduction).

au début du mouvement, la force motrice qu'il abandonne dans le mobile fonctionne de façon tout à fait autonome par la suite – pour un temps.

La question est alors de savoir ce qui détermine la durée au bout de laquelle la force motrice s'épuiserait et comment elle en viendrait à s'épuiser. On voit mal en effet comment une force neutre inhérente à un corps incorruptible pourrait cesser, étant donné qu'aucun contraire ne la détruirait et que sa matière ne se corromprait pas non plus. On pourrait alors imaginer qu'une telle force serait infinie. François réfute cette hypothèse au moyen d'une objection purement théologique et tout à fait curieuse, en arguant

> que cette raison ne doit pas mouvoir le fidèle, puisqu'il constate que dans le ciel des bienheureux il n'y aura pas seulement une louange spirituelle ou mentale, mais aussi une louange vocale. Les saints là-bas ne seront pas muets, ne se parlant pas les uns aux autres vocalement. Il constate cependant qu'une telle voix causée dans le ciel ne sera pas perpétuelle, mais se corrompra. Je demande comment et par quoi ? Pas par la corruption du sujet, car le ciel, en quoi elle est reçue, est incorruptible. Pas non plus par l'action d'un contraire, car il n'a pas de contraire, sinon le ciel serait altéré en recevant la voix elle-même. Je dis donc par la raison que cette force se corrompra ou se détruira[1].

Le texte est tout à fait étonnant. Il faut garder à l'esprit que le concept de *virtus derelicta* s'applique bien au-delà des questions de mouvements des projectiles. François le rappelle lui-même au début de la question II, quand il donne comme exemple d'instruments naturels la main et la langue (*manus vel lingua*). Le problème qui se pose à lui est donc que c'est le même type de force qui meut les sons vocaux dont sont composées les louanges chantées par les bienheureux. Or, comme celles-ci semblent ne jamais pouvoir cesser, le ciel se transformerait très vite en une véritable cacophonie. La solution de François est élégante.

> En un autre sens, quelque chose est dit corrompu en même temps que cet autre se corrompt, mais parce qu'il ne peut, lorsque celui-là cesse, demeurer longtemps, en raison de l'imperfection de son être, comme ces rayons ou ces traces qui restent dans l'œil à partir

1. François de la Marche, *In quartum librum sententiarum*, q. 1, a. 2, p. 76-77 (notre traduction).

des choses brillantes, qui se corrompent, quand ces choses sont éloignées, non pas simultanément mais au bout d'un peu de temps, car elles ne peuvent demeurer, une fois ces choses éloignées, en raison de leur imperfection. Il en va ainsi de cette force causée ou imprimée dans le ciel par l'intelligence motrice, et aussi de toute autre chose causée par un autre moteur par le mouvement local.

C'est pourquoi je dis qu'il y a trois genres de forme. Il y a une forme absolument successive, comme le mouvement, et une telle forme passe et se défait quand cesse le moteur. Il y a une autre forme qui est absolument permanente, comme le blanc. La troisième est comme un intermédiaire, puisqu'elle n'est pas absolument successive comme le mouvement, ni absolument permanente, car elle ne peut demeurer quand cesse sa cause, sinon pour un peu de temps. C'est de cette sorte qu'est la force motrice causée par la première force[1].

François propose une typologie des genres de formes. Il existe des formes transitoires, qui ne font que se succéder, comme le mouvement, qui n'est qu'une succession de formes ou une forme successive, qui n'existe que pour autant que son moteur la produit. Il existe, à l'inverse, des formes permanentes, comme la couleur, qui demeurent même quand disparaît leur cause. François introduit, entre ces deux possibilités, un troisième genre de forme intermédiaire : celui des formes à durée limitée. Il prend comme exemple les taches de lumière qu'impriment dans la rétine les objets brillants et qui demeurent même si l'on ferme les yeux ou si l'on se trouve dans l'obscurité. De telles formes continuent d'exister après que leur cause a disparu, mais pour un temps seulement. La force motrice imprimée dans le corps céleste relève de ce troisième genre de forme.

Bien qu'il soit nécessaire à François, pour des raisons théologiques, d'adopter cette solution, il n'en admet pas moins, à titre d'hypothèse, qu'il pourrait en aller autrement. « On pourrait aussi dire qu'une telle vertu causée dans le ciel est incorruptible[2]. » Ce sont les derniers mots de l'excursus sur les mouvements célestes et François n'en dit pas plus sur cette possibilité. Quelques lignes plus haut, elle constituait, tant elle est inouïe, une objection contre la théorie de la *virtus derelicta*. Rien n'empêche pourtant, en raison, que

1. *Ibid.*, p. 77 (notre traduction).
2. *Ibid.*, p. 78.

l'ange imprime dans la sphère une force qui ne s'arrête jamais. On aurait alors quelque chose qui ressemblerait fort à l'idée d'*impetus*, pour ne pas dire au principe d'inertie. On aurait alors surtout une désolidarisation totale entre l'ange et la force motrice qu'il abandonnerait alors littéralement dans le ciel.

Cette théorie, toutefois, même poussée jusqu'à ses conséquences les plus extrêmes, ne ressemble pas exactement aux théories de la physique parisienne. Elle appartient en effet à une autre constellation. Certes la question qui préoccupe François, lorsqu'il évoque les moteurs angéliques, est celle de la causalité instrumentale en général, et en ceci elle dépasse largement la problématique de la physique céleste. On peut toutefois l'envisager d'un autre point de vue. En effet, François de la Marche s'est aussi posé la question que se sont posée tous les théologiens qui ont cherché à consolider la théorie des anges-moteurs après 1277 : *utrum angelus moveat immediate caelum per actum volendi et intelligendi ?* Sa réponse est sans surprise :

> Quant à la première question, je dis que l'ange ne meut pas immédiatement le ciel, ni aucun autre corps, ni ne se meut lui-même, par l'acte d'intelliger ou de vouloir, mais par un troisième acte, autre que ces deux-là, qui est un acte qui exécute le commandement de la volonté réellement distinct de l'acte d'intelliger et de l'acte de vouloir ou de commander[1].

François invoque évidemment, comme argument en faveur de cette position, la condamnation parisienne : « il y a à ce sujet un article excommunié, qui dit que dire que l'ange meut immédiatement le ciel par le fait d'intelliger et de vouloir est une erreur[2]. » Là où tous ses prédécesseurs ont peiné à se sortir de la relation circulaire entre l'ange et l'orbe qu'induisait la position de ce troisième acte ou de cette puissance exécutive, François la thématise sous forme d'objection :

> Mais contre cela on argumente ainsi : si l'ange meut le ciel immédiatement par un troisième acte exécutif par rapport aux actes d'intelliger et de vouloir, soit cet acte réside dans l'ange, soit

1. François de la Marche, *Reportatio IIA (Quaestiones in secundum librum Sententiarum)*, q. I-XII, q. X, a. 1, éd. T. Suarez-Nani, W. Duba, E. Babey, G. J. Etzkorn, Leuven University Press, 2008, p. 133 (notre traduction).

2. *Ibid.*, p. 135.

dans le ciel. Non pas dans le ciel, car l'action incorporelle, comme l'est celle-là, puisqu'elle procède d'une force incorporelle, ne peut pas résider dans une chose corporelle. Pas non plus dans l'ange, car toute action qui est dans l'agent est immanente ; par une action immanente rien n'est abandonné hors de l'agent, et ainsi par une telle action il ne peut pas mouvoir le ciel localement. Par la suite, puisque toute action immanente de la créature rationnelle est l'intellection ou la volition. Donc etc. [1].

L'acte exécutif ne saurait résider ni dans le ciel ni dans l'ange. Une force immatérielle ne saurait être reçue par une réalité corporelle, mais si elle était immanente à l'agent qui l'exerce, elle ne pourrait rien communiquer en dehors d'elle. Le texte dit précisément que rien ne pourrait être abandonné (*non derelinquitur*) par l'activité immanente de l'ange. François cherche donc à penser comment quelque chose de l'action ou de la force incorporelle de l'ange pourrait être abandonné (*derelicta*) dans le ciel.

Je réponds que l'action motrice est double : l'une active par laquelle l'ange meut activement le ciel et l'autre passive par laquelle le ciel est mû. La motion passive est dans le ciel ou dans n'importe quel autre objet mû localement. En parlant de l'action motrice de l'ange ou de la motion active, en tenant ainsi que l'action est subjectivement dans l'agent, on peut dire qu'une action de ce type ou une motion active est subjectivement dans l'ange qui meut.
À l'argument opposé, je concède que cette action est formellement immanente, mais elle est causalement transitive. Quand tu argues que par une action immanente rien n'est déposé hors de l'agent, je dis que c'est faux. Il n'est en effet pas plus impossible que par une action immanente formellement quelque chose soit déposé hors de l'agent, que par une puissance immanente quelque chose soit déposé hors du même agent ; de même que l'action est la cause immédiate des termes de l'action, de même la puissance est cause immédiate de ses actions. Donc, de même que par la puissance immanente, une action peut être déposée ou provoquée hors de l'agent, de même par l'action immanente un terme peut l'être hors de l'agent lui-même. De même que la puissance est formellement immanente et causalement transitive, de même l'action [2].

1. *Ibid.*, p. 135-136 (notre traduction).
2. *Ibid.*, p. 136 (notre traduction).

François commence par distinguer dans l'action motrice la dimension active, qui relève de l'ange, et la dimension passive, qui se rapporte au ciel. En adoptant ce double point de vue, on peut comprendre comment l'action motrice peut résider dans le moteur et dans le mû à la fois. Comment expliquer cependant que quelque chose passe de l'un à l'autre ? C'est-à-dire comment comprendre que l'ange communique quelque chose au ciel ? François s'appuie sur une distinction très technique entre ce qui est formellement immanent (*immanens formaliter*) et ce qui est causalement transitif (*transiens causaliter*). On pourrait comprendre que la forme de l'action réside dans l'ange, mais qu'en tant que cause, elle communique quelque chose au ciel. François tente de montrer, pour l'expliquer, qu'il y a la même transitivité de l'action à ce qu'elle cause, que de la puissance à l'acte. Si l'on peut comprendre comment une puissance cause quelque chose hors de l'agent, il n'est pas plus difficile de concevoir comment une action cause quelque chose hors d'elle-même. Car la puissance cause immédiatement son acte tout comme l'action cause immédiatement ses termes. De même que la puissance n'a pas à sortir d'elle-même pour causer son acte, de même l'action, en restant immanente à elle-même, peut provoquer quelque chose hors de l'agent.

La solution reste aride et abstraite. On pourrait toutefois supposer qu'elle vise, sans doute de façon encore confuse ou inconsciente, quelque chose comme la *virtus derelicta*. Ce qui s'énonce dans un langage métaphysique très abstrait, la différence entre l'immanence formelle de l'action angélique et sa transitivité causale, sera reformulé dans les termes plus concrets d'une physique du mouvement : la force initiale de l'ange dépose ou abandonne dans le ciel une force motrice. Il ne s'agit pas d'une équivalence parfaite, mais de la solution physique à un problème métaphysique. La théorie de la *virtus derelicta* ne dit rien d'autre que la possibilité pour la puissance exécutive de la motion céleste d'agir dans le ciel sans sortir de soi. Cela supposera éventuellement de faire un pas de plus dans le sens d'une disjonction entre le moteur angélique et le ciel qu'il meut, de renoncer à l'articulation intime de l'ange et de l'orbe, pour penser la transitivité de l'action angélique sous la forme d'un abandon.

L'évolution de la théorie des anges-moteurs, après 1277, donne ainsi à voir un renversement presque total de perspective. Alors qu'il s'agissait initialement d'une part d'expliquer le mouvement des cieux par l'action d'un moteur séparé de la sphère céleste, d'autre part de mettre en évidence la signification pratique de l'action motrice de l'ange, les remaniements d'Hervé de Nédellec, de Godefroid de Fontaines, de Richard de Mediavilla et de François de la Marche, qui prennent acte de la censure théologique, semblent avoir progressivement perdu de vue ces deux intentions. Avec la neutralisation presque totale du rôle de la volonté, la dimension pratique qui disparaît peu à peu. Pensant sauver la volonté de l'ange, les théologiens l'ont doublée d'une puissance exécutive proportionnée au mouvement et au mobile auxquels elle est déterminée, laquelle l'a finalement peu à peu reléguée au rang de cause lointaine, pour prendre sa place à titre de principe prochain du mouvement. À cette puissance dont ils ne savaient pas vraiment si elle se tenait plutôt du côté du moteur ou plutôt du côté du mobile, ils ont substitué – de façon décisive chez Richard de Mediavilla et plus encore chez François de la Marche – une force motrice presque connaturelle au corps céleste.

Dans ces conditions, l'ange n'apparaît plus que comme l'image d'une puissance exécutive qui se borne à faire passer à l'acte une potentialité de mouvement intégralement comprise dans les dispositions naturelles du mobile [1]. Le moteur séparé perd alors peu à peu de sa nécessité et de son efficacité : sans aller jusqu'à dire que le mouvement des cieux devient un mouvement naturel et autonome, on observe que les déterminations ou les dispositions propres aux réalités célestes comptent de plus en plus dans l'explication de la motion angélique des cieux. Aucun des auteurs que nous avons cités, cependant, n'abandonne la théorie des anges-moteurs et ne prétend faire autre chose que de l'expliquer et de la défendre contre la condamnation. Tous pourtant semblent contribuer, de façon plus ou moins décisive, à la subvertir en profondeur.

On pourrait dire que la théorie est morte sous le poids de la censure. C'est néanmoins historiquement faux. Surtout, cela ne met pas en lumière le lien exact des condamnations de 1277 et de la théorie des anges-moteurs. La condamnation ne représente pas une

1. *Cf.* E. Grant, *Planets, Stars and Orbs*, *op. cit.*, p. 528-535, 567-568.

attaque frontale ou une critique externe de la théorie. Au contraire, elle en met en évidence les écueils et les contradictions internes. En un sens, la censure en a rendu la formulation difficile et périlleuse. Sur un autre plan cependant, elle a été comme une invitation à en déployer les intuitions fondamentales. Principalement, à penser ce par quoi elle pouvait se distinguer d'une théorie de l'animation des cieux. Il y aurait donc une logique interne à la théorie des anges-moteurs qui l'aurait conduite à ce renversement étonnant. Comme si l'externalisation du moteur par rapport au mobile dans la figure de l'ange avait rendu possible un processus de rationalisation du mouvement, jusqu'à ce qu'un concept plus abstrait de force motrice vienne presque remplacer la figure encore trop mythologique de l'ange-moteur[1].

Ce qui se joue avant tout dans cette externalisation, ce n'est pas une tendance à la rationalisation scientifique, mais la volonté de penser le mouvement céleste et toute la mécanique cosmique comme une opération de pouvoir, sous le paradigme du gouvernement du monde. C'est donc d'une difficulté à articuler les dimensions politiques et cosmologiques de l'angélologie que l'évolution de la théorie des anges-moteurs est le signe. Là où le mouvement des cieux était l'image du gouvernement divin du monde, l'action motrice de l'ange est devenue la métaphore de la force abstraite qui cause le mouvement. Si la théorie des anges-moteurs en vient ainsi à dégager une conception « moderne » du mouvement ou de la physique céleste, c'est en raison d'une faille qui la travaillait depuis le début. Sauf qu'elle n'est pas parvenue à une formulation claire de sa propre « modernité », parce qu'elle est restée attachée, avec la figure de l'ange mouvant les cieux, à son propos fondamentalement théologique.

1. Sur ce point, voir les remarques de T. Suarez-Nani à propos de Thomas d'Aquin, dans *Les anges et la philosophie*, *op. cit.*, p. 168-171.

CHAPITRE 3

Les origines de la « science moderne »

La réponse que donne Robert Kilwardby à la question de Jean de Verceil ne fait que résumer un long développement proposé dans la réponse à la question précédente, mais elle permet de prendre une vue synthétique sur son argument.

> La troisième question est de savoir si les anges sont les moteurs des corps célestes.
>
> Je pense que cela a été suffisamment établi, puisque l'on pose rationnellement que ces corps ne sont pas mus par des esprits, mais par l'impulsion de leur propre poids. Et si l'on dit qu'ils sont mus par des esprits, ou bien l'on pose que ceux-ci animent ces corps en tant qu'ils sont leur acte et leur forme, et nous ne nommons pas de tels esprits des anges à proprement parler, tout comme pour les âmes humaines ; ou bien l'on pose qu'ils ne les animent pas, mais sont seulement leurs moteurs, et non leur acte ou leur forme.
>
> Quant à moi, dans cette diversité, je recommande fortement la première opinion, et très peu la dernière. Et cela je le dirais sans préjuger de ce que de plus intelligents pourraient dire de façon plus perspicace, car il ne convient pas dans des matières aussi ambiguës d'affirmer quelque chose de façon polémique, mais j'opine de telle sorte que la vérité catholique soit tout le temps sauvée [1].

Kilwardby situe sa position parmi plusieurs autres. Il y a trois options possibles : la thèse de l'animation des cieux, la thèse des

1. Robert Kilwardby, *De 43 questionibus*, q. III, *in* H.-F. Dondaine, *Le « De 43 Quaestionibus » de Robert Kilwardby*, in *Archivum Fratrum Praedicatorum* 47, Paris, Vrin, 1977, p. 15 (notre traduction).

intelligences motrices, la thèse du mouvement naturel. Kilwardby refuse qu'on appelle « anges » les âmes des cieux. Il reste donc deux possibilités : soit les anges sont des moteurs séparés, soit les corps célestes se meuvent par eux-mêmes.

C'est dans la longue réponse qu'il donne à la deuxième question qu'il faut chercher une exposition plus développée de ces différentes positions.

> En troisième lieu il faut distinguer les opinions au sujet des moteurs des corps célestes. Certains posent, comme Aristote et quelques autres philosophes, que les corps célestes sont animés, ayant une vie animale, et ont par les puissances de leur âme une intelligence rationnelle, par laquelle ils connaissent la volonté des premiers principes, et relative au mouvement selon le lieu, par laquelle ils s'efforcent d'accomplir ce qu'ils voient de la volonté de Dieu, selon laquelle, par leur mouvement, ils conservent les choses et maintiennent la limite de la génération et des choses engendrables. Ceux-là posent que les corps célestes sont mus par des esprits qui sont leurs âmes, comme les hommes sont mus par leurs esprits.
>
> D'autres posent que ces corps sont mus par des esprits angéliques, qui ainsi dirigent et meuvent ce dont ils ne sont pas l'acte ou la forme.
>
> Un troisième groupe pose que, de même que les corps graves et légers sont mus par leurs propres inclinations et leur propre poids vers le lieu où ils se reposent, ainsi les corps célestes sont mus par leurs propres inclinations, comme par une sorte de poids, localement de façon circulaire pour la conservation des choses corruptibles afin qu'elles ne périssent et ne disparaissent pas soudainement; de là que certains sont mus d'orient en occident par leur propre mouvement, et d'autres d'occident en orient, et certains de façon excentrique, d'autres de façon concentrique, et certains d'une façon, d'autres d'une autre façon, selon la grande diversité des mouvements qui apparaissent dans les cieux. Dieu a donné à chaque étoile ou chaque orbe, comme si c'était son propre poids, une inclination vers le mouvement qu'elle accomplit, pour qu'à partir de multiples mouvements coordonnés naisse une proportion suffisant à la conservation des genres et des choses engendrables jusqu'à la fin des temps, et de même que le poids des graves et des légers les meut de façon régulière et ne leur permet pas de dévier, ainsi en est-il du poids de chaque corps céleste et de ces corps eux-mêmes.

Quand donc on demande si les corps célestes sont mus par le ministère des anges, si l'on entend « anges » au sens propre pour nous les catholiques, c'est-à-dire des esprits rationnels qui n'ont pas de corps et ne peuvent pas s'unir à des corps, il est évident que les tenants de la première et de la dernière opinion répondent que non, et les autres répondent que oui, mais il leur faut examiner comment ces corps ne sont pas mus violemment et sur quelle nature s'appuient les anges-moteurs du mouvement des corps, car nous posons que les anges ne sont pas naturellement unis à des corps.

Parmi ces opinions, on sait que la première est philosophique et s'accorde avec la raison, car, comme ces corps sont plus dignes que les nôtres, ils doivent avoir une vie plus digne. La seconde n'est pas philosophique et je ne sais pas qu'elle ait été approuvée par quiconque parmi les saints comme vraie et certaine. La troisième est rationnelle et ne manque pas de raison philosophique, ce qui suffit à mon humble capacité intellectuelle. J'admets cependant qu'il y a des anges qui dirigent et gouvernent aussi bien les parties supérieures que les parties inférieures du monde, par le ministère desquels, sur commandement de Dieu, le soleil s'est arrêté contre Gabaon, et le soleil a rétrocédé sur l'horloge d'Achaz, et l'éclipse de soleil s'est produite en pleine lune pendant la passion du Seigneur, et toutes les autres choses qui sont similaires. De même aussi dans les éléments et les choses issues des éléments beaucoup de prodiges se produisent par leur intermédiaire lorsqu'un commandement de Dieu leur ordonne de faire ces choses.

De ce qui a été dit apparaît clairement ce qui peut être dit sans erreur à propos de la deuxième question, à savoir que les poids des inclinations naturelles, ou peut-être des esprits, meuvent les corps célestes ; et leur mouvement avec l'influence de la lumière et de la force est la cause de tous les mouvements naturels dans les éléments et les choses issues des éléments, et de la continuation et la conservation aussi bien, évidemment, des corps élémentaires eux-mêmes que des choses issues de ces corps aussi, et que de leurs vertus actives et passives et de leurs actions et leurs mouvements [1].

On retrouve les positions évoquées plus haut. La première position est celle du péripatétisme. La deuxième position est celle de certains théologiens qui acceptent l'hypothèse des anges-moteurs – comme Thomas d'Aquin.

1. Robert Kilwardby, *De 43 questionibus*, q. III, p. 14-15 (notre traduction).

La troisième position, enfin, est celle du côté de laquelle Kilwardby se range lui-même. Elle consiste en une explication naturaliste du mouvement des cieux : elle attribue celui-ci à une inclination naturelle qui les meut selon leurs divers mouvements, d'orient en occident ou d'occident en orient, de façon excentrique ou concentrique, de la même façon que la nature meut les corps sublunaires lourds et légers vers le haut et le bas. Le mouvement des corps lourds et légers est le cas paradigmatique du mouvement par nature chez Aristote [1]. Ce sont en effet, chez le Stagirite, les seuls cas de corps dont le moteur n'est pas immédiatement identifiable – alors que les corps célestes sont mus par des intelligences séparées et que les corps animaux sont mus par leurs âmes – sans toutefois que l'on puisse dire que de tels corps se meuvent eux-mêmes – ce qui suppose une distinction interne entre moteur et mû. On dira donc que ces corps sont mus « par nature » au sens où ils portent en eux la puissance ou la tendance au mouvement – en l'occurrence, le mouvement rectiligne vers le haut ou vers le bas – du fait de la cause qui les a engendrés, laquelle est, à proprement parler, leur seul et unique moteur. De tels corps, une pierre ou un nuage de fumée par exemple, sont, du fait de la cause qui les a engendrés, et pour autant qu'aucun obstacle ne les en empêche, portés à se mouvoir vers le haut ou vers le bas, « par nature » donc. C'est cette explication du mouvement naturel des corps lourds et légers que Kilwardby semble avoir transposée, presque littéralement, à titre d'hypothèse, aux corps célestes – ce que s'était gardé de faire Aristote [2]. Il serait en effet possible de dire que les corps célestes ont reçu au moment de leur création par Dieu une inclination (*inclinatio*) qui est comme leur propre poids (*quasi pondus*) et qui les fait se mouvoir de façon circulaire – et non pas rectiligne comme les corps sublunaires – et continue. En ce sens donc, il est possible d'envisager que les corps célestes soient mus par nature.

On pourrait cependant se demander, portant la question à un plus haut degré de précision et de technicité, quel est le statut exact de cette sorte de poids : si c'est réellement une force active ou plutôt une tendance ou une puissance logée dans les corps célestes. Le texte

1. *Cf.* Aristote, *Physique*, IV, VIII, trad. P. Pellegrin, Paris, Flammarion, 2002.

2. *Cf.* Aristote, *Du ciel*, I, III, 269b18-270b31, III, II, 300a20-301b9, IV, II-III, 308a34-310b14.

demeure relativement allusif sur ce point. Il s'agit avant tout d'une hypothèse et non d'une position fermement établie. Sans plus de précisions, il semble probable que cette tendance soit pensée sur le modèle aristotélicien de la nature, à savoir comme un principe interne de mouvement lié à la constitution propre des corps.

On a voulu voir dans la réponse de Robert Kilwardby à la consultation de Jean de Verceil le premier moment d'une mutation de la physique médiévale qui devait accoucher, quelques siècles plus tard, de la science moderne. Pierre Duhem avait imaginé tracer une ligne de partage entre l'ancienne physique aristotélicienne et la physique moderne « à l'instant où l'on a cessé de regarder les astres comme mus par des êtres divins, où l'on a admis que les mouvements célestes et les mouvements sublunaires dépendaient d'une même Mécanique »[1]. Le point à partir duquel il tirait cette ligne était la théorie buridanienne de l'*impetus*. Or, quelques années plus tard, découvrant et éditant les réponses de Kilwardby aux questions posées par Jean de Verceil, M.-D. Chenu[2] proposait de reculer cet instant presque d'un siècle. L'idée que les astres étaient mus par des êtres divins, plus précisément par des anges, avait en effet été écartée par Kilwardby bien avant les développements de la physique parisienne du XIVe siècle, au motif d'une autre théorie des mouvements célestes.

La question appelle toutefois un peu plus de précision, et l'on a eu raison de remarquer que les arguments de Robert Kilwardby et de Jean Buridan étaient très différents et que l'on ne pouvait dès lors tisser un fil unique qui irait de l'un à l'autre, sans plus de précaution – et encore moins le prolonger jusqu'à Galilée[3]. En effet, l'idée de Kilwardby selon laquelle les corps célestes seraient mus par une inclination naturelle assimilable à leur poids recourt

1. P. Duhem, *Études sur Léonard de Vinci. Troisième série. Les précurseurs parisiens de Galilée*, Paris, Hermann, 1913, p. IX-X.

2. M.-D. Chenu (*cf.* « Aux origines de la "science moderne" », *Revue des Sciences philosophiques et théologiques* 29, 1940, p. 206-217) interprète l'hypothèse de Kilwardby à la lumière des analyses de Pierre Duhem (cf. *Le système du monde*, *op. cit.*, vol. 8, p. 169-346).

3. Pour une critique de la lecture de Chenu, *cf.* J. A. Weisheipl, « The celestial movers in medieval physics », dans *Nature and motion in the Middle Ages*, Washington, Catholic University of America Press, 1985, p. 143-175. Pour un aperçu général de la question, *cf.* P. Zambelli, « Le stelle "sorde e mute" ed i loro "motori" alle origini della scienza moderna ? Un case-study storiografico » *in* B. Mojsisch et O. Pluta (ed.), *Historia philosophiæ medii ævi : Studien zur Geschichte der Philosophie des Mittelalters. Festschrift für Kurt Flash zu seinem 60. Geburtstag*, vol. 1, Gruner, Amsterdam, 1991, p. 1099-1117.

à une idée de « nature » qui est tout à fait étrangère à la thèse de Buridan. Celle-ci affirme en effet que c'est précisément en raison de l'absence de mouvement naturel propre que les corps célestes peuvent recevoir un élan ou *impetus* qui les mouvrait de façon infinie. Ce que proposait Kilwardby ne constituait donc assurément pas une théorie de l'*impetus*, ni même son anticipation. Cependant on trouve chez l'un comme chez l'autre, bien que pour des raisons scientifiques différentes, un même geste d'unification de la physique. C'est-à-dire une explication des phénomènes, en l'occurrence, des mouvements sublunaires et supralunaires, par un même ensemble de lois ou de principes – l'inclination naturelle chez Kilwardby et l'*impetus* chez Buridan. Or c'est là le critère fondamental à partir duquel Duhem identifie la science moderne : l'unification de la théorie physique [1]. Aussi le propos de M.-D. Chenu nous paraît-il fondé : le texte de Kilwardby appartient bien à la constellation qu'avait rassemblée Duhem dans ses recherches sur la physique médiévale. Il convient donc d'examiner celle-ci de plus près ou, plutôt, d'en interroger l'idée, afin d'envisager comment le texte de Kilwardby s'y inscrit et, plus fondamentalement, quel rôle y joue la question du mouvement des corps célestes et des moteurs angéliques. Pour formuler la question autrement, et plus directement, dans quelle mesure la réfutation de l'hypothèse des anges-moteurs a-t-elle un rapport avec l'avènement – au sens de Duhem – de la science moderne ?

La division du monde

Le cosmos aristotélicien

Pour comprendre l'importance de la rupture historique que constitue la théorie esquissée par Kilwardby dans sa réponse, il faut la resituer dans la perspective de la partition aristotélicienne du cosmos. La distinction entre ce qui se trouve sous l'orbe de la lune et ce qui se trouve au-dessus constitue une donnée fondamentale de la cosmologie aristotélicienne et, en un sens, de toute la cosmologie médiévale qui est d'inspiration péripatéticienne. On pourrait dire qu'elle correspond tout simplement à la distinction presque universelle entre la terre et le ciel et dont on sait l'importance

1. *Cf.* P. Duhem, *Sozein ta phainomena*, *op. cit.*

pour la théologie chrétienne et donc pour la culture médiévale latine. Il ne s'agit toutefois chez Aristote ni d'une simple partition cosmographique entre deux régions du cosmos ni d'une vague opposition métaphysique entre le monde et son au-delà. Ce que trace l'orbe de la lune, c'est un véritable partage du monde, qui s'organise sans doute autour de valeurs métaphysiques ou théologiques, mais qui détermine avant tout deux régimes de fonctionnement différents de la machine cosmique. Ce sont – en deçà de tout le jeu d'oppositions qui en découlent et qui s'y projettent – des principes de constitution élémentaire, des lois physiques, des types de mouvement différents qui se répartissent de part et d'autre de la dernière sphère.

Le monde sublunaire est matériellement ou substantiellement constitué de quatre éléments – la terre, l'eau, l'air et le feu – dont la composition engendre les différents corps inertes, végétaux ou animaux qui le peuplent mais qui, à l'état pur, relèvent de propriétés bien spécifiques. Les deux éléments qu'Aristote nomme « lourds » (βαρύς – dans le latin des scolastiques : *gravis*), l'un relativement (πρός τι), l'eau, et l'autre absolument (ἁπλῶς), la terre, ont la propriété naturelle de se mouvoir vers le bas, c'est-à-dire vers le centre du monde, qui coïncide accidentellement avec le centre de la Terre. Les deux éléments qu'il nomme « légers » (κούφως – en latin, *levis*), l'un relativement, l'air, et l'autre absolument, le feu, ont la propriété naturelle de se mouvoir vers le haut, c'est-à-dire vers l'extrémité du monde, qui correspond pour eux à l'orbe de la lune [1]. Entre la terre qui rejoint le centre du monde et le feu qui rejoint son extrémité, l'eau et l'air tiennent le rôle d'éléments intermédiaires : ils sont dits respectivement lourd et léger relativement, au sens où ils tendent vers les éléments lourds et légers absolument et par là seulement vers le centre ou l'extrémité du monde.

Ces mouvements naturels sont simples et rectilignes. Il existe trois types de mouvements d'après le philosophe : le mouvement rectiligne (εὐθεῖα), le mouvement circulaire (κύκλῳ), et le mouvement mixte (μικτή) [2]. Le mouvement des corps sublunaires élémentaires ou simples est simple lui aussi. Il est dans la nature d'une motte de terre d'aller vers le bas, de se mouvoir vers le centre du monde, de même qu'il appartient par nature au feu de s'élever,

1. *Cf.* Aristote, *De caelo*, II, III, 300a20-301b9 et IV, I, 307b28-308a33.
2. *Ibid.*, I, II, 268b14-26.

d'aller vers l'extrémité du monde. C'est dire que par ces mouvements, les éléments rejoignent ce qu'Aristote nomme leur « lieu naturel », l'endroit où il leur est pour ainsi dire naturel de demeurer – le centre du monde pour les éléments lourds, sa circonférence pour les éléments légers. En ce sens, tout mouvement naturel cherche à rejoindre un lieu où s'arrêter et consiste par là en une tendance au repos. Le fait d'être dans son lieu revient pour un corps élémentaire, métaphysiquement parlant, à actualiser sa forme : bien que le mobile soit un composé de matière et de forme, il appartient à sa perfection formelle de rejoindre son lieu naturel [1]. C'est très précisément ce que traduit le mouvement : le fait que le corps a en puissance de reposer en un autre lieu, sinon il ne se mouvrait pas, en tout cas, pas naturellement. Telles sont donc les lois naturelles qui régissent le mouvement des corps sous l'orbe de la lune. Il ne s'agit pas à proprement parler de lois auxquelles seraient soumis les corps sublunaires, mais plutôt des principes mêmes de leur constitution substantielle, dont les mouvements ne sont que la traduction dynamique et la tendance incessante à l'actualisation [2].

L'observation la plus banale de la nature montre cependant que les choses ne se comportent évidemment pas rigoureusement comme dans le modèle idéal élaboré par le philosophe : c'est qu'il s'agit d'une considération des corps et des mouvements dans leur simplicité et pour ainsi dire leur absoluité, alors qu'ils existent dans le monde de façon mixte, dans un jeu incessant de composition et de recomposition, de mélanges et de séparations, d'altération et de conservation. Toute cette activité constitue à proprement parler les mouvements des corps sublunaires.

La catégorie de « mouvement » (κίνησις) est en effet, dans la langue philosophique aristotélicienne, beaucoup plus large que ce que laisse penser son acception moderne, celle de la translation d'un corps dans l'espace. Le changement peut se dire selon la substance (κατά τό τί, *secundum quid*), selon la quantité (κατά τό πόσον, *secundum quantum*), selon la qualité (κατά τό ποῖον, *secundum quale*) et selon le lieu (κατά τό πού, *secundum ubi*). Dans le premier cas, il y a génération (γένεσις, *generatio*) ou destruction (φθορά, *corruptio*). Dans tous les autres, le changement (μεταβολή) correspond à un

1. Aristote, *De caelo*, IV, III, 301b10-302a10.
2. *Cf.* Pierre Duhem, *Le système du monde*, *op. cit.*, t. 1, p. 203-210.

mouvement (κίνησις), c'est-à-dire, selon la définition canonique d'Aristote, à « l'acte de ce qui est en puissance en tant que tel »[1]. Le mouvement constitue une manifestation de la puissance non encore actualisée, mais comme passant à l'acte, exhibant dans le processus de réalisation son état de potentialité. Le mouvement selon la quantité est augmentation (αὔξησις, *augmentatio*) ou diminution (φθίσις, *diminutio*), le mouvement selon la qualité se nomme altération (ἀλλοίωσις, *alteratio*) et enfin, le mouvement selon le lieu correspond au transport (φορά, *motus localis*).

Bien que le terme « mouvement » recouvre toute cette variété de changements qui affectent les substances, Aristote maximise toutefois la signification locale : de toutes les formes de mouvement, le mouvement local est le mouvement par excellence ou, plutôt, le mouvement premier[2]. En effet, toutes les affections de la substance, altération, raréfaction, densification, augmentation, diminution, etc., supposent que la substance existe – c'est-à-dire qu'elles supposent la génération. Or, la génération elle-même ne saurait être un mouvement premier. Certes, seul un être engendré peut se mouvoir. Cependant, si le mouvement dépendait de la génération dans l'absolu, alors, l'ensemble des substances mues serait périssable, puisque la génération va toujours vers son contraire, à savoir, la destruction – de même que tous les autres mouvements vont toujours d'un contraire vers un contraire. Le seul mouvement qui puisse garantir la perpétuité et la continuité est le mouvement local, qui seul peut être infini. En ce sens, tous les changements, même la génération et la corruption, supposent le mouvement local. Les mouvements selon la quantité et la qualité ne sont que des effets de mouvements locaux, qui déterminent des degrés de proximité et d'éloignement. Quant à la génération et à la corruption, elles supposent qu'un mouvement local préside à leurs cycles. Il ne s'agit pas de dire qu'une même substance doit se mouvoir avant que d'être générée, mais qu'il faut qu'il y ait du mouvement local, dans l'absolu, pour que tous les autres mouvements soient possibles. La question se pose alors de savoir quel mouvement local est le premier, et de quoi il est le mouvement.

1. *Cf.* Aristote, *Physique*, III, I, 200a12-201b15 et *Métaphysique*, K, IX, 1065b5-1066a34.
2. *Cf. Ibid.*, VIII, VII, 260a20-261b26.

C'est dans le ciel, dans le monde supralunaire, que s'accomplissent les mouvements qui président à toutes les affections et modifications des corps sublunaires. Le seul mouvement local éternel et continu est donc celui des astres. Pour pouvoir garantir, voire régir, l'activité du monde sublunaire, le monde supralunaire doit s'en distinguer substantiellement. Aristote l'imagine composé d'un cinquième élément, différent de tous ceux qui existent sur Terre, qu'il nomme éther et auquel il attribue les propriétés d'être incorruptible et de ne se mouvoir que d'un mouvement circulaire [1]. L'éther est un corps simple dont le mouvement propre est circulaire, et qui ne souffre aucune altération, puisque le mouvement circulaire se contente de se perpétuer identique à lui-même. Il n'est donc affecté que par la forme supérieure du mouvement, c'est-à-dire le mouvement local. C'est l'étoffe subtile dont sont faits les cieux et les étoiles.

Il y a donc, au-dessus de l'orbe de la lune, la totalité des cieux qui composent le monde, s'étageant les uns au-dessus des autres en une série de corps sphériques dont les mouvements circulaires s'enchâssent les uns dans les autres. Il faut en effet poser autant de sphères qu'il y a de mouvements observables dans les cieux, et Aristote fait appel aux travaux des astronomes Eudoxe et Callippe afin de totaliser le nombre de ces sphères homocentriques [2]. C'est la nature éthérée des cieux qui impose de chercher quels corps sphériques permettent de rendre compte des mouvements apparents des astres. L'astronomie trouve là, en quelque sorte, sa nécessité ou sa justification physique. Quant au rapport de ces mouvements avec les processus élémentaires sublunaires, Aristote en distingue deux grandes catégories : le mouvement diurne de l'univers – celui des étoiles fixes sur la dernière sphère – est cause de perpétuité et le mouvement oblique – celui des astres sur le plan de l'écliptique – est cause des cycles de génération et de corruption [3]. C'est ainsi que le mouvement des corps célestes assure à la fois la continuité et la diversité des phénomènes naturels sublunaires, les cycles des générations et leur retour périodique, comme celui des saisons par exemple.

1. *Cf.* Aristote, *De caelo*, I, II-III, 268b11-270b31.
2. *Cf.* Aristote, *Métaphysique*, Λ, VIII, 1073a14-1074b14.
3. *Cf.* Aristote, *De generatione et corruptione*, II, X, 336b15-337b30.

L'explication physique des phénomènes supralunaires n'est toutefois pas intégralement résolue par la théorie du cinquième élément. En effet, si l'existence de l'éther permet d'expliquer matériellement et substantiellement la nature circulaire et continue des mouvements célestes, elle ne permet toutefois pas d'en rendre compte causalement. Qu'est-ce qui met en mouvement les sphères ? La question ne trouve qu'une ébauche de réponse chez Aristote et ne cessera pas d'être posée par les médiévaux : *a quo moveantur sphaerae ?* Le Stagirite suspend l'intégralité des mouvements des cieux à l'existence d'un « Premier Moteur » immobile [1], mais aussi, quoique de façon plus complexe et moins explicite, à l'existence de moteurs particuliers à chaque sphère, plus ou moins identifiés à des intelligences séparées [2]. Il n'est pas anodin que le passage le plus développé sur la question des intelligences motrices se trouve dans la *Métaphysique* : il y a comme un saut qualitatif, non seulement entre la région sublunaire et la région supralunaire, mais aussi entre la physique sublunaire et la physique céleste. Le monde d'en haut est un monde divin, au dire même du philosophe, et son examen relève davantage d'une théologie que d'une physique. Pour le dire autrement, sa physique est une métaphysique. Il n'y a pas, à proprement parler, de physique céleste. La théorie des mouvements célestes ne peut pas utiliser les notions qui s'appliquent aux réalités sublunaires, en raison de la différence cosmologique profonde entre sublunaire et supralunaire. Plus qu'une théorie en bonne et due forme, c'est un ensemble de problèmes non résolus, de solutions à peine esquissées, d'hypothèses partiellement développées, laissés en héritage par la pensée aristotélicienne à ses successeurs [3].

Le problème de la physique céleste

Si Aristote a fourni l'ébauche d'une physique céleste dans les deux premiers livres du *De Caelo*, complétée par *Métaphysique* Λ, celle-ci a cependant posé problème à toute la tradition. Il y a en effet, entre les régions sublunaire et supralunaire, non seulement un partage cosmologique, mais aussi une rupture épistémologique. La

1. *Cf.* Aristote, *Physique*, VIII, v-vi, 256a4-260a19 et *Métaphysique*, Λ, vi-vii, 1071b3-1073a13.

2. *Cf.* H. A. Wolfson, « The Plurality of Immovable Movers in Aristotle and Averroës », *loc. cit.* ; Aristote, *Métaphysique*, Λ, viii, 1074a 25-30.

3. *Cf.* Pierre Duhem, *Le système du monde*, *op. cit.*, t. 1, p. 169-177.

connaissance ne saurait prétendre connaître les étants sublunaires et les étants supralunaires au même titre, précisément parce qu'ils n'ont pas la même dignité ontologique. Alors que la physique sublunaire a pu se constituer sans peine comme une science unifiée du mouvement des corps générables et corruptibles – celle que décline le corpus aristotélicien des *libri naturales* – la connaissance des cieux a pâti jusqu'à l'époque moderne, c'est-à-dire tant qu'elle fonctionnait selon un paradigme péripatéticien, d'une division interne qu'elle n'a jamais vraiment réussi à surmonter. D'une part, l'astronomie s'occupait de calculer la périodicité des mouvements des planètes, sur la base d'hypothèses touchant à la nature de leurs mouvements circulaires : il s'agissait, selon l'expression bien connue, de sauver les phénomènes (σῴζειν τὰ φαινόμενα) au moyen de ces différentes hypothèses – celles des sphères homocentriques, excentriques ou épicycles. D'autre part, la physique spéculait au sujet de l'essence des corps célestes et de leurs diverses propriétés, dans une perspective naturaliste et cosmologique. Selon Duhem, cette distinction entre astronomie et physique structure toute la science antique et médiévale. Elle n'est pas seulement de nature épistémologique mais correspond aussi à un partage cosmologique entre deux régimes ontologiques différents : celui des êtres célestes et éternels et celui des êtres sublunaires et corruptibles [1]. L'épistémologie antique semble donc recouper parfaitement la division aristotélicienne du cosmos. Les choses sont cependant un tout petit peu plus compliquées, dans la mesure où la seconde intériorise, pour ainsi dire, la première. La physique céleste est en effet elle-même scindée entre sa composante quantitative – l'astronomie, la science géométrique et mathématique des cieux – et sa composante qualitative – la physique et la cosmologie [2]. La première s'occupe des mouvements célestes d'un point de vue mathématique, alors que la seconde s'intéresse aux causes de ces mouvements d'un point de vue physique ou métaphysique. La limite entre ces deux types de physiques – quantitative et qualitative – n'est évidemment pas toujours claire et elles se recoupent parfois. Duhem a tenté de faire l'histoire de cette tension, de l'Antiquité jusqu'à la Renaissance, afin de monter que le progrès de la science

1. Pierre Duhem, *Sozein ta phainomena*, *op. cit.*, p. 149.
2. *Ibid.*, p. 149-150.

moderne était lié à sa résolution[1]. L'avènement de la science moderne correspondrait à la réunion des deux physiques en une seule théorie unifiée. On retrouve ici la thèse de Duhem évoquée plus haut. Il faut cependant en préciser le sens, tant elle peut être interprétée de façon différente. Réunir les deux physiques, cela peut en effet signifier aussi bien outrepasser la partition – sublunaire et supralunaire – aristotélicienne du monde que réconcilier les deux régimes – quantitatif et qualitatif – de la connaissance scientifique. De fait, Duhem constate que la science copernicienne et galiléenne a unifié le cosmos parce qu'elle a prétendu pouvoir appliquer au ciel le même type de savoir qu'aux phénomènes naturels, alors qu'elle aurait dû – et Duhem prend ici évidemment parti – effectuer une démarche en quelque sorte inverse, à savoir, étendre à l'ensemble des connaissances sur le monde la méthode hypothétique des mathématiciens et des astronomes.

De la lecture de Duhem, il nous semble pertinent de retenir l'idée de l'unification de la théorie physique, mais il convient de donner plus de souplesse à l'analyse des voies par lesquelles cette unification a pu être accomplie ainsi qu'à celle des différentes divisions qui traversent le champ de la physique ancienne et qui le mettent en tension. À commencer par la façon dont on situe la position aristotélicienne elle-même dans ce schéma – qu'elle a contribué à construire pour la plus grande part.

Si Aristote a donné ses lettres de noblesse philosophiques à la partition entre le ciel et la terre en distinguant deux régimes cosmiques différents en deçà et par-delà l'orbe de la lune, il n'en a pas pour autant réduit les prétentions de la connaissance scientifique. Au contraire, il a posé les bases d'une physique céleste qui se distingue assez nettement de l'astronomie par ses méthodes d'investigation. Au début du chapitre 2 du deuxième livre de la *Physique*, il pose explicitement la question de leur différence :

> De plus, l'astronomie est-elle différente de la physique ou en est-elle une partie ? En effet, qu'il appartienne au physicien de connaître l'essence du soleil ou de la lune mais aucun de leurs attributs par soi, ce serait étrange, d'autant plus qu'il apparaît que ceux qui traitent de la nature traitent aussi de la configuration de

1. *Ibid.*, p. 151.

la lune et du soleil, et du coup se demandent aussi si la terre et le monde sont sphériques ou non.

Or le mathématicien lui aussi s'occupe de ces choses, mais non en tant que chacune est limite d'un corps naturel. Il n'étudie pas non plus leurs attributs en tant qu'ils sont attribués à de tels étants <naturels>. C'est aussi pourquoi il les sépare, car elles sont séparables du mouvement par la pensée, et cela ne fait aucune différence, et on ne produit même pas d'erreur en les séparant [1].

L'interrogation d'Aristote situe l'astronomie de façon indécidable entre la physique – dans la mesure où elle a pour objet les corps célestes – et les mathématiques – dont elle est une partie. Alors que les mathématiques procèdent en séparant leurs objets des corps et des mouvements auxquels ils appartiennent, l'astronomie constitue une partie « plus physique » (φυσικώτερος) des mathématiques [2], au sens où elle n'étudie pas de pures formes géométriques, mais des corps. Toutefois, elle ne va pas jusqu'à s'interroger sur l'essence (τὸ τί ἐστίν) de ces corps. Aussi quand il envisage, au chapitre 8 du livre de la *Métaphysique*, l'existence d'une pluralité de moteurs célestes, le philosophe fait-il un pas de plus que l'astronome :

> Il est donc manifeste qu'autant il y a de mouvements des astres, autant il doit y avoir de substances, éternelles de leur nature, essentiellement immobiles et sans étendue, à raison de ce que nous avons dit précédemment. Que les moteurs soient donc des substances, que l'un d'eux soit le premier, l'autre, le second, dans le même ordre que celui qui règne entre les mouvements de translation des astres, cela est clair. Mais quel est le nombre de ces translations, c'est ce que nous devons considérer en partant de l'une des sciences mathématiques, qui est la plus voisine de la Philosophie, c'est-à-dire de l'Astronomie : l'objet de l'Astronomie, en effet, est une substance, sensible, il est vrai, mais éternelle, tandis que les autres sciences mathématiques ne traitent d'aucune substance, par exemple l'Arithmétique et la Géométrie [3].

Pour établir le nombre des moteurs célestes, on remontera donc des mouvements des corps à leurs causes, selon l'idée qu'à chaque mouvement apparent correspondent une sphère et le moteur qui la fait tourner. L'astronomie se limitant à des considérations

1. Aristote, *Physique*, *op. cit.*, II, II, 193b 25-30, p. 122-123.
2. *Ibid.*
3. Aristote, *Métaphysique*, *op. cit.*, Λ, VIII, 1073b 1-5, p. 178-179.

mathématiques, quantitatives, sur les substances sensibles, il convient de la compléter par une étude physique, c'est-à-dire philosophique, qui interroge les substances du point de vue de la causalité, c'est-à-dire de leurs causes réelles.

> Mais il est nécessaire, afin que toutes ces sphères combinées puissent expliquer les phénomènes, qu'il y ait, pour chacune des planètes, d'autres sphères en nombre égal, moins une, et que ces sphères tournent en sens inverse et ramènent à la même position la sphère la plus éloignée de l'astre qui, dans chaque cas, est placé en deçà de l'astre en question. C'est à cette condition seulement que toutes ces forces à l'œuvre produisent la translation des planètes [1].

Aristote ajoute aux systèmes homocentriques d'Eudoxe et de Callippe une théorie qui lui est propre : celle des sphères se mouvant à rebours ou en sens inverse (ἀνελίττουσαι), afin de pouvoir expliquer l'emboîtement des sphères les unes dans les autres sans que les mouvements des sphères d'un astre inférieur soient « déréglés » par ceux des sphères de l'astre supérieur [2]. Cette théorie ne procède pas de considérations mathématiques, mais physiques et causales. Ce dont il s'agit ici, c'est d'expliquer (συντεθεῖσαι) les phénomènes, et non plus simplement de les sauver (σῴζειν), comme dans l'adage des astronomes, puisqu'il est explicitement question de la production (ποιεῖσθαι) des mouvements. Les sphères sont les causes réelles des mouvements apparents des astres dans le ciel. Une physique céleste est donc possible, qui ne se contente pas d'hypothèses, au sens astronomique du terme, mais explique les phénomènes célestes par leurs causes.

À la fin du chapitre, Aristote rappelle, en invoquant les mythes traditionnels dont il raille au passage les projections anthropomorphiques, que les astres sont des êtres divins. Ce qu'il y a de divin en eux, toutefois, c'est l'éternité et plus encore, l'immobilité. Or celle-ci n'appartient à proprement parler qu'aux substances motrices – et au plus haut degré au Premier Moteur. Le philosophe semble ainsi glisser subrepticement des corps célestes à

1. Aristote, *Métaphysique*, *op. cit.*, Λ, VIII, 1073b 35 – 1074a 1-5, p. 180-181.

2. *Cf.* J. B. Beere, « Counting the Unmoved Movers : Astronomy and Explanation in Aristotle's *Metaphysics* XII. 8 », in *Archiv für Geschichte des Philosophie* 85, De Gruyter, 2003, p. 1-20 ; I. M. Bodnar, « Aristotle's Rewinding Spheres : Three Options and their Difficulties », *Apeiron* 38, 4, 2005, p. 257-275.

leurs principes immatériels. C'est qu'il y a, plus précisément, entre les astres et les substances motrices, les sphères qui constituent les cieux, et que l'objet de la physique céleste semble parfois se répartir indiscernablement sur ces trois niveaux. Les astres, au sens où ils constituent les seuls corps sensibles, puisque visibles, dans les cieux, sont les uniques phénomènes célestes de la physique, mais celle-ci postule, pour des raisons théoriques et spéculatives, l'existence de sphères, qu'à la différence de l'astronomie, elle pose comme des étants véritables. Avec ces sphères, conjointes à elles et en nombre égal, il lui faut supposer l'existence de substances motrices, immobiles et éternelles – comme autant de « premiers moteurs » des cieux. Concernant la nature exacte de ces substances, par différence d'avec les sphères qu'elles meuvent et d'avec le Premier Moteur, Aristote ne nous apprend que peu de choses : tout au plus sait-on qu'elles sont numériquement égales aux sphères et semble-t-il génériquement au Premier Moteur. Que la physique demeure muette au sujet des substances motrices immobiles et éternelles s'accorde parfaitement avec les propos du philosophe en *Métaphysique* E concernant la différence épistémologique entre la physique et la théologie :

> Mais s'il y a quelque chose d'éternel, d'immobile et de séparé, c'est évidemment à une science théorétique qu'en appartient la connaissance. Toutefois cette science n'est assurément ni la Physique (car la Physique a pour objet certains êtres en mouvement), ni la Mathématique, mais une science antérieure à l'une et à l'autre. La Physique, en effet, étudie des êtres séparés, mais non immobiles, et quelques branches des mathématiques étudient des êtres, immobiles, il est vrai, mais probablement inséparables de la matière, et comme engagés en elle ; tandis que la Science première a pour objet des êtres à la fois séparés et immobiles. – Maintenant, toutes les premières causes sont nécessairement éternelles, mais surtout les causes immobiles et séparées, car ce sont les causes des choses visibles parmi les choses divines. Il y a donc trois sciences théorétiques : la Mathématique, la Physique et la Théologie [1].

Si les substances séparées (χωριστά) dont parle ici Aristote sont bien les substances motrices immobiles et éternelles de *Métaphysique* Λ, 8, alors il n'appartient pas à la physique de parler des substances

1. Aristote, *Métaphysique*, *op. cit.*, E, 1, 1026a 10-20, p. 226-227.

motrices, mais à la théologie. Cela n'est pas sans mettre la physique céleste en contradiction avec elle-même, puisqu'elle prétend à la fois expliquer le mouvement des corps célestes par ses causes tout en s'interdisant d'outrepasser son domaine qui est celui des corps en mouvement [1].

Le problème est structurel. Si la physique supralunaire se limite à une spéculation sur la nature et les propriétés des sphères – telle qu'on la trouve dans le *De caelo* – elle manque partiellement son but, qui est d'expliquer le mouvement des réalités naturelles, et demande alors à être complétée par une théologie, sans l'aide de laquelle elle serait bien en peine de formuler l'idée d'une véritable puissance causale ou motrice, qui distinguerait véritablement ses explications des simples hypothèses astronomiques. L'objet de la physique céleste se révèle, à bien y regarder, irrémédiablement fuyant et semble la contraindre à glisser sans cesse de l'astronomie à la théologie, sans parvenir jamais à stabiliser son discours propre en évitant ce double écueil épistémologique.

Robert Kilwardby

Le problème péripatéticien de la physique céleste ne serait-il pas précisément celui de l'évanescence de son objet ? C'est en ce point que se rencontrent les deux lignes d'opposition qui la parcourent : la fracture cosmologique entre le sublunaire et le supralunaire et la différence épistémologique entre astronomie et physique. Quel est l'objet de la physique céleste : les mouvements apparents, les sphères, les intelligences motrices ? Selon quel régime de connaissance doit-il être envisagé : la théorie physique, les hypothèses astronomiques, la spéculation métaphysique ?

C'est en tout cas sous cette forme qu'il a pu, ou dû, se poser à Robert Kilwardby, si l'on en juge d'après l'interprétation du système aristotélicien de la science qu'il livre dans le *De ortu scientiarum*. La tripartition des sciences théorétiques y est reprise telle quelle.

> Divisons maintenant la partie inventée, à savoir spéculative, de la philosophie, à propos de laquelle Aristote conclut au livre VI de la *Métaphysique* : « Il y a trois modes essentiels de la philosophie : naturelle, mathématique et divine », et il ne parle ici que de la philosophie spéculative. La signification de sa division tripartite, il

1. *Ibid.*, 1025b 15-30.

> l'a posée juste avant, à savoir qu'une partie de la science spéculative envisage les réalités mobiles et matérielles en tant que telles, et c'est la science naturelle. Une autre envisage les réalités qui sont mobiles et matérielles, non pas en tant que telles, mais en les abstrayant du mouvement et de la matière, et celle-ci est la science mathématique. Une autre envisage les réalités absolument immobiles et véritablement séparées de la matière, et celle-là est la science divine[1].

La physique, ou science naturelle, consiste donc en l'étude des réalités mobiles et matérielles en tant que telles, c'est-à-dire du point de vue de leur capacité au changement et au mouvement. Les deux autres sciences théorétiques ou spéculatives procèdent par séparation plus ou moins grande des réalités qu'elles étudient par rapport à la matière et au mouvement.

Les mathématiques traitent elles aussi des réalités mobiles et matérielles, mais en les dissociant de leur mouvement et de leur matérialité. Qu'en est-il alors dans le cas particulier de l'astronomie ? Kilwardby se demande si elle appartient à la science naturelle, dans la mesure où elle s'occupe de réalités corporelles et mobiles, ou si elle relève de la géométrie, dans la mesure où elle calcule leurs positions et leurs rapports.

> Il apparaît donc que le physicien et l'astronome mathématicien envisagent le corps de façon différente. L'astronome prend en considération la grandeur et la dimension et les choses qui leur sont liées en tant que telles; le physicien de son côté considère la forme naturelle et spécifique des choses et leur action et leur effet, ainsi que les autres choses qui s'y rapportent en tant que telles. Et puisque la grandeur et la dimension sont naturellement premières par rapport à la forme spécifique et à l'action, la façon dont l'astronome considère le corps est première et plus abstraite que celle du physicien.
>
> À l'objection selon laquelle l'astronomie traiterait de grandeurs mobiles et ainsi concernerait le mouvement et envisagerait la même chose qu'envisage la physique, on peut répondre qu'elle n'envisage de cette façon le mouvement que par accident. Il lui appartient d'observer là les dimensions et les distances et en général la grandeur. Les distances des corps et les dimensions

1. Robert Kilwardby, *De ortu scientiarum*, V, 15, ed. A. G. Judy, London-Toronto, British Academy, Pontifical Institute of Mediaeval studies, 1976, p. 14 (notre traduction).

> entre eux changent tous les jours selon la diversité et la continuité de leur mouvement, il importe donc de prendre en considération le mouvement[1].

Bien qu'elle s'occupe de réalités corporelles et mobiles, l'astronomie ne relève pas de la science naturelle, parce qu'elle n'étudie pas les propriétés corporelles et le mouvement des corps célestes comme tels, mais seulement des grandeurs, des distances et des dimensions, alors que la physique envisage plus spécifiquement les formes naturelles de ces corps ainsi que leurs actions et leurs effets sur les corps sublunaires. Si l'astronomie prend en compte le mouvement, ce n'est que « par accident », dans la mesure où les distances et les rapports entre les astres changent tous les jours en raison de leurs mouvements, ce qui implique donc de tenir compte de ceux-ci pour calculer les positions astrales. Le mouvement n'apparaît pas ici comme une réalité en soi, mais simplement comme une condition extérieure de l'objet de l'astronomie, qui demeure spécifiquement mathématique ou géométrique.

La métaphysique, ou science « divine »[2] d'après Aristote, quant à elle, doit être entendue comme l'étude des réalités absolument séparées et immobiles. Quel statut, dans ces conditions, faut-il accorder aux substances séparées qui sont les moteurs des corps célestes ? Comment s'effectue le partage de la physique et de la métaphysique relativement à ces objets ambigus ?

> Ensuite il y a un doute concernant la partie de la philosophie première qui traite de la créature, et en premier lieu, par comparaison de cette science avec la science naturelle. [...]
> Puisque chacune prend en considération les esprits créés, comme l'âme rationnelle et le moteur céleste, en quoi diffèrent-elles ? [...]
> À cette seconde question, il faut répondre que le physicien ne considère le moteur céleste qu'autant qu'il est principe de mouvement ; alors que le métaphysicien considère ce qu'il est et ses propriétés, en l'abstrayant du mouvement. Et s'il dit quelque chose à son sujet en tant qu'il est principe de mouvement, ce n'est que par accident. D'où Aristote au livre XI de la *Philosophie première* essaie-t-il de montrer les principes moteurs célestes et leur nombre par le nombre des mouvements, mais son discours à cet endroit est frivole. Cependant, ce qu'il dit d'eux en tant qu'ils sont moteurs, il

1. *Ibid.*, XVI, 97-101, p. 42-43 (notre traduction).
2. *Ibid.*, V, 16.

> le dit comme s'il produisait leur connaissance par soi et il expose leur nombre comme si cela se voyait par soi. [...]
> En tant que ce sont des substances et des étants par soi, ils sont l'objet du métaphysicien; en tant que mobiles et mutables, du physicien[1].

Kilwardby utilise la même distinction entre la physique et la métaphysique que celle qui s'applique à la physique et à l'astronomie : alors que la première s'occupe des substances motrices en tant que principes de mouvement, la seconde les envisage en tant que simples substances, abstraites de tout mouvement. Il répète à propos de la métaphysique ce qu'il a dit au sujet de l'astronomie : si elle parle du mouvement, ce n'est que « par accident ». En effet, il convient que les substances motrices séparées, en tant que principes du mouvement des corps célestes, ne soient mobiles que « par accident ». Le degré de séparation entre la métaphysique et les réalités matérielles et mobiles étant encore plus grand que dans le cas de l'astronomie, une légère contradiction semble toutefois poindre dans le discours métaphysique. Kilwardby ne manque pas de relever l'inconséquence d'Aristote qui déduit le nombre des moteurs célestes à partir des mouvements observables, alors qu'il prétend tirer le discours sur les substances séparées de lui-même et non des connaissances astronomiques[2].

La remarque de Kilwardby recouvre un problème plus profond qu'il n'y paraît à première vue. La distinction qu'il pose entre les deux modalités, physique et métaphysique, suivant lesquelles les substances séparées peuvent être considérées par les sciences théorétiques, selon qu'elles sont envisagées respectivement comme substances motrices ou séparées, bien qu'elle soit claire, n'en est pas opérante pour autant. Que sont les substances séparées par-delà leur fonction motrice? Si la question trouve indéniablement une réponse développée dans la tradition péripatéticienne, en particulier chez les philosophes arabes, il n'en va pas de même chez Aristote. Le chapitre VIII de *Métaphysique* Λ pose, avec tous les problèmes que l'on sait, l'existence d'une pluralité de moteurs immobiles, dont on ne peut qu'inférer les propriétés métaphysiques par analogie avec le Premier Moteur, précisément parce que ceux-ci ne sont

1. Robert Kilwardby, *De ortu scientiarum*, XXVIII, 229-235, p. 87-89 (notre traduction).
2. *Cf.* Aristote, *Métaphysique*, *op. cit.*, Λ, VIII, 1073b-1074a.

envisagés que du point de vue de la question du mouvement des cieux, c'est-à-dire celui de la physique, qui par ailleurs emprunte presque la totalité de sa matière à l'astronomie d'Eudoxe et de Callippe. Si, d'une part, la physique céleste aristotélicienne ne se différencie qu'imparfaitement de l'astronomie, d'autre part, c'est la métaphysique des substances séparées que l'on peine à distinguer de la physique. En ce sens, la théorie des intelligences célestes du péripatétisme arabe constitue à la fois une excroissance de l'idée, pour ne pas dire l'hypothèse, aristotélicienne de la pluralité des moteurs immobiles, et une solution au problème implicite qu'elle pose et qu'elle laisse largement irrésolu.

Des substances motrices en tant que substances séparées, Kilwardby ne dit presque rien. Il en dit à peine plus concernant ces mêmes substances en tant que motrices. Dans un tableau qui résume les principes de la science naturelle, à savoir les différents types de mouvements afférents aux différentes formes d'êtres et les différentes sortes de moteurs qui les produisent, il identifie très rapidement ces substances, qu'il appelle alors des « esprits », à des âmes.

> Tous les êtres inférieurs se meuvent d'un mouvement quadruple, à savoir, selon la substance, la quantité, la qualité, le lieu ; les êtres supérieurs, selon le lieu seulement. De là, voyant quelle était la cause de ce mouvement en général, ils trouvèrent dans tout ce qui se meut non pas violemment mais naturellement quelque chose à l'intérieur du mobile lui-même qui était le principe de son mouvement, comme dans le ciel le moteur est une sorte d'esprit, dans l'animal de même – et ils ont appelé cet esprit « âme » – et dans les autres êtres non animés une certaine forme ou une certaine puissance active, comme une raison séminale effectuant quelque chose de soi. Ce principe moteur de la nature des corps, ils l'ont donc appelé « nature » ; et le corps mobile par celle-ci ils l'ont appelé « naturel », et la science du corps mobile, inventée peu à peu et bribe par bribe, « science naturelle ». Les Grecs appellent la nature « physis » et le corps « physique » et la science « physique »[1].

On croit reconnaître ici la thèse de l'animation des cieux – telle qu'elle sera exposée par Kilwardby dans sa réponse à Jean de Verceil.

1. Robert Kilwardby, *De ortu scientiarum*, *op. cit.*, VI, 20, p. 17 (notre traduction).

Or, si les esprits qui meuvent les cieux sont leurs âmes, c'est-à-dire les formes ou les actes de ces corps, il n'est pas possible de les penser séparément de leurs corps. Autrement dit, si le mouvement des corps célestes est un mouvement naturel, le principe de ce mouvement est immanent aux corps qu'il meut. On comprend mal alors comment ce principe pourrait constituer une substance séparée que le métaphysicien pourrait envisager de façon abstraite, en dehors de toute considération sur la matière des corps ou leur mouvement.

Si l'on compare l'exposé méthodologique de la science aristotélicienne du *De ortu scientiarum* avec la réponse de Kilwardby à la consultation de Jean de Verceil, on voit saillir une contradiction entre les différentes explications qu'il donne du mouvement des cieux. Il nous semble toutefois possible d'envisager le rapport entre ces textes autrement, en essayant d'imaginer comment le problème que nous avons tenté de dégager à partir de l'épistémologie aristotélicienne organise la réponse de Kilwardby à la question de Jean de Verceil. C'est précisément parce que l'objet de la physique céleste – c'est-à-dire le principe du mouvement des cieux – est de nature insaisissable que s'offrent à Kilwardby les trois solutions qu'il expose dans sa réponse. La première, la thèse de l'animation des cieux, correspond à la position péripatéticienne, telle qu'elle est développée par Averroès, dont Kilwardby semble largement dépendre dans sa présentation de la science aristotélicienne. Dans la mesure où elle s'accorde avec les principes de l'aristotélisme, on peut la dire satisfaisante, mais elle ne parvient pas à différencier de façon convaincante dans la substance motrice la substantialité – la séparation – de la motricité, c'est-à-dire la physique de la métaphysique. La seconde solution, la thèse des anges-moteurs, permet d'inscrire la physique supralunaire dans le champ d'une métaphysique plus développée, à savoir, dans l'angélologie chrétienne, mais elle se heurte à une double difficulté : théologiquement, elle souffre de son peu de justification par la tradition et philosophiquement, elle fait du mouvement céleste un mouvement violent et non plus naturel. La troisième solution, celle qu'envisage Kilwardby et à laquelle il accorde sa faveur – en contradiction apparente avec l'exposé méthodologique du *De ortu scientiarum* – et qui postule un principe naturel et immanent du mouvement des cieux, assimilable à une sorte de poids ou d'inclination des corps célestes eux-mêmes, apparaît donc comme la seule option permettant de sauver la physique céleste.

Nous pouvons alors tenter de réévaluer la position de Kilwardby à partir des déterminations de la science naturelle qu'il expose lui-même dans sa lecture d'Aristote et d'Averroès. Il est en un sens tout à fait erroné de prétendre qu'il « révolutionne » la physique, si l'on entend par là qu'il la fait passer sous un paradigme moderne, qu'il propose une nouvelle conception du mouvement, voire qu'il anticipe les théories de la physique parisienne du XIVe siècle. La théorie du mouvement céleste qu'il avance dans sa réponse à Jean de Verceil – sans la développer plus avant – apparaît comme un aménagement de la physique aristotélicienne, interne à celle-ci, comme une solution diagonale aux apories de la physique céleste dont Aristote a prétendu poser les bases. Il propose simplement une extension des principes de la physique sublunaire aux corps de la région supralunaire et si ce geste en apparence anodin subvertit le péripatétisme, ce n'est pas sur le plan épistémologique mais sur le plan de la cosmologie. Kilwardby ne modifie pas en profondeur les principes de la connaissance scientifique, pas plus qu'il ne remplace la méthode hypothétique de l'astronomie par la méthode causale de la physique : il ne fait, en un sens, que rendre possible la physique céleste, en la distinguant plus nettement et de l'astronomie mathématique et de la métaphysique incertaine des substances séparées. Il accomplit, pour ainsi dire, un programme plus aristotélicien que celui des péripatéticiens arabes : penser le mouvement naturel des corps célestes.

Nous avons tenté de voir en quel sens la proposition de Kilwardby découlait d'une épistémologie authentiquement aristotélicienne dont elle levait certaines difficultés. C'est ici qu'apparaît le rôle fondamental de l'angélologie dans ce remontage original de la science aristotélicienne. La physique céleste ne s'affranchit de la métaphysique des substances séparées que parce qu'il existe précisément une science théologique des substances séparées qui interdit de les considérer comme des moteurs. Là où l'angélologie philosophique du péripatétisme arabe demeure intrinsèquement liée à la physique des corps célestes, l'angélologie chrétienne articule le discours sur les « substances séparées » autour d'une problématique théologique tout à fait étrangère aux questions de physique ou d'astronomie.

Dans le dispositif duhémien de la science médiévale, qui fait coïncider presque parfaitement le partage cosmologique du sublunaire et du supralunaire avec l'opposition épistémologique entre les explications causales de la physique et les hypothèses mathématiques de l'astronomie, il faut faire passer une ligne diagonale : celle de la physique des corps célestes. Celle-ci traverse le péripatétisme arabe, mais elle tend à s'y confondre avec une métaphysique du mouvement céleste, en l'espèce d'une théorie très originale des substances séparées. C'est sans doute chez Kilwardby qu'elle apparaît dans sa plus grande pureté, précisément parce qu'elle ne peut structurellement pas se fondre dans l'angélologie. La physique céleste y apparaît alors comme un prolongement de la science naturelle des corps. Il va sans dire qu'en outrepassant le partage cosmologique aristotélicien, la physique invoquée par Kilwardby invite à repenser complètement le concept de nature et donc l'économie générale des mouvements dans le monde. Si les conséquences de son geste sont grandes et portent potentiellement la ruine du système aristotélicien de la nature, celui-ci procède pourtant d'une inspiration authentiquement aristotélicienne. Le paradoxe est sans doute qu'en suivant Aristote presque à la lettre, et en en développant les conséquences, Kilwardby, d'un même geste, en apparence anodin, articule l'angélologie chrétienne à la critique de la métaphysique péripatéticienne des substances séparées et à la subversion de la physique aristotélicienne.

L'hypothèse inutile

Kilwardby et Buridan

La généalogie duhémienne de la science moderne ne tient pas compte de la contribution de Kilwardby. Elle emprunte une autre voie et cherche à déceler le renversement du système aristotélicien dans un autre corpus : celui de la physique parisienne du XIVe siècle et de la théorie de l'*impetus* qu'elle développe. Si l'hypothèse du mouvement naturel des corps célestes avancée par Kilwardby dans sa réponse à Jean de Verceil ne peut pas, de fait, être considérée comme une anticipation de la théorie de l'*impetus*, il convient toutefois de se demander dans quelle mesure une ligne pourrait être tracée de Kilwardby à Buridan. On ne saurait parler, à cet égard, d'influence ou de filiation, mais plutôt d'une appartenance commune à une problématique sous-jacente, en lien avec les coordonnées cosmologiques imposées par le péripatétisme.

En effet, par-delà les développements techniques relatifs à la question du mouvement en tant que tel, ce à quoi Duhem se montre très sensible dans sa lecture de Jean Buridan, c'est la conséquence antiaristotélicienne à laquelle aboutit la théorie de l'*impetus* si on la porte à sa limite, c'est-à-dire l'unification des principes du mouvement pour le cosmos entier.

> Or Jean Buridan a l'incroyable audace de dire : les mouvements des cieux sont soumis aux mêmes lois que les mouvements des choses d'ici-bas ; la cause qui entretient les révolutions des orbes célestes est aussi celle qui maintient la rotation de la meule du forgeron ; il y a une mécanique unique par laquelle sont régies toutes les choses créées, l'orbe du soleil comme le toton qu'un enfant fait tourner. Jamais, peut-être, dans le domaine de la science physique, il n'y eut une révolution aussi profonde, aussi féconde que celle-là [1].

Duhem voit en Buridan rien moins que le précurseur de Newton, au sens où il a jeté les bases d'une unification possible de la science physique. Il ne s'agit plus ici de situer la révolution scientifique sur le plan de la méthode et du conflit entre les hypothèses astronomiques et les explications physiques, mais plutôt sur celui de la cosmologie et de l'image générale du monde. C'est elle qui change avec la science moderne. Peut-être faudrait-il cependant énoncer l'argument dans l'autre sens : la science moderne n'a pu apparaître, sous la forme d'une théorie physique unifiée des mouvements des corps, que pour autant que le monde s'était déjà donné à voir comme une réalité homogène, susceptible d'être régie par les mêmes lois en tout point, en dessous comme au-dessus de l'orbe de la lune.

Peut-être est-ce par là que Kilwardby et Buridan communiquent secrètement. L'un et l'autre participent en effet d'un réaménagement du cosmos aristotélicien sans lequel la physique moderne ne serait pas même envisageable – quelles que soient les différences qui la séparent de ces premiers tâtonnements médiévaux. Plus généralement, ce serait aussi autour de ce problème que les questions de physique et les spéculations théologiques s'articuleraient, dans la mesure où l'interrogation concernant le mouvement des corps

1. Pierre Duhem, *Le système du monde*, *op. cit.*, t. 8, p. 340 (notre traduction).

célestes, et plus particulièrement le rôle qu'y jouent ou non les anges, engage en même temps une réflexion sur les principes du mouvement et sur la place des anges dans la nature. Dans une cosmologie péripatéticienne, les anges se logent dans la région supralunaire où ils exercent une fonction de moteur des corps célestes et l'on pourrait aussi bien dire que les anges occupent cette place parce qu'il faut trouver une cause aux mouvements des cieux, qu'à l'inverse, les cieux sont ainsi mus parce que les anges œuvrent à leurs mouvements. On a tenté de montrer comment Kilwardby tirait les conséquences physiques d'une position théologique : puisque les anges ne sont pas préposés aux mouvements des corps célestes, alors on peut envisager autrement ces mêmes mouvements. En l'occurrence, comme des mouvements naturels. Il s'agit ici d'envisager, inversement, quelles sont les implications pour l'angélologie des spéculations physiques sur le mouvement. Autrement dit, en quoi la théorie de l'*impetus* a des conséquences angélologiques.

La théorie de l'impetus

Tout commence par un problème de balistique. Le principe de la physique aristotélicienne auquel les médiévaux sont sans doute le plus attachés, et qu'ils n'ont cessé de répéter en chœur, s'énonce ainsi : *omne quod movetur ab aliquo movetur*, tout ce qui est mû est mû par quelque chose [1]. Le mouvement ne se comprend que du point de vue de sa cause efficiente. En effet, celui-ci relevant du passage de la puissance à l'acte, tout ce qui se meut suppose, précisément en tant que cela comprend une potentialité, quelque chose qui en actualise le mouvement. Dans le cas d'une réalité qui ne serait pas automotrice, comme l'est par exemple l'animal, ce qui cause le mouvement sera nécessairement un autre être, et l'axiome peut être ainsi reformulé : *omne quod movetur ab alio movetur*, tout ce qui est mû est mû par autre chose [2]. La physique médiévale entend donc expliquer le mouvement d'un corps à partir de la force motrice (*virtus* ou *vix motrix*) qui le cause. L'existence et la continuation du mouvement sont fonction de l'action d'une telle force qui, dès lors qu'elle ne s'exerce plus, fait aussitôt cesser le mouvement. Par exemple, si le cheval cesse de tirer la charrue, celle-ci s'arrêtera de même. Le mouvement suppose

1. *Cf.* Aristote, *Physique*, VII, I.
2. *Ibid.*, VIII, IV.

donc la distinction du moteur et du mû, mais aussi leur contact [1], puisqu'il faut bien que le cheval soit attaché à la charrue pour qu'il puisse la tirer. La physique aristotélicienne n'admet pas d'action à distance. Le moteur est donc toujours entendu comme un moteur conjoint (*motor conjunctus*). Or, dans un certain nombre de cas en apparence anodins, cette physique aristotélicienne élémentaire [2] pose des problèmes redoutables. Par exemple, comment expliquer le fait qu'une pierre projetée en l'air continue de se mouvoir alors que la main qui l'a lancée n'est plus en contact avec elle ? Aristote lui-même avait donné une solution au problème des projectiles en expliquant que c'est en transmettant au milieu – à l'air ou à l'eau à travers laquelle le projectile se meut – la capacité de mouvoir, en quelque sorte la force motrice, que le moteur peut, pour ainsi dire, continuer de mouvoir le projectile sans le toucher. Plus exactement, il faudrait dire que le projectile continue d'être mû par l'intermédiaire du milieu dans lequel se propage l'impulsion donnée par le moteur [3].

C'est cette explication que remet en question la théorie de l'*impetus*. Dans la formulation qu'en donne Jean Buridan, elle pose que le projectile continue de se mouvoir après s'être séparé de son moteur parce que celui-ci lui transmet ou lui imprime une force (*vis impressa*) en vertu de laquelle il se meut – ce que précisément il nomme *impetus*. Cette force est interprétée comme une réalité à part entière, un accident réel qui appartient au corps en mouvement et qui se distingue à la fois du moteur, du corps en mouvement et du mouvement lui-même. Elle continue d'agir sur le projectile après qu'il a été séparé de son moteur, jusqu'à ce qu'elle soit vaincue par la résistance, que ce soit les frottements du milieu ou la tendance naturelle de l'objet à rejoindre son lieu naturel, qui oppose un mouvement contraire au mouvement violent imparti par la projection. Sans cette résistance, le mouvement causé par l'*impetus* durerait indéfiniment.

1. *Ibid.*, III, II, 202a.

2. Sur ce principe de physique aristotélicienne, *cf.* J. A. Weisheipl, « The Principle *Omne quod movetur ab alio movetur* in Medieval Physics », *Isis* 56, 1, Spring 1965, p. 26-45.

3. *Cf.* Aristote, *De caelo*, *op. cit.*, III, II, 301b ; *Physique*, *op. cit.*, IV, VIII, 215a ; VIII, X, 266b-267a.

Vouloir voir dans la théorie de l'*impetus* une version primitive de la loi d'inertie, comme l'a fait Duhem dans une certaine mesure [1], est sans doute abusif et ses successeurs se sont empressés de mettre en évidence les différences profondes qui existent entre les idées de la physique parisienne et les lois établies par la mécanique moderne [2]. Le détail technique de ces analyses ne nous importe pas ici, et c'est, encore une fois, une autre idée de Duhem que nous souhaitons retenir : celle qui touche aux conséquences cosmologiques de la théorie de l'*impetus*, à savoir, le fait de modifier la partition du cosmos aristotélicien. En effet, de l'idée que l'*impetus*, si aucune résistance ne lui était opposée, produirait un mouvement indéfini, Buridan tire, dans son commentaire au *De caelo*, la conséquence suivante quant au mouvement céleste :

> Tu peux faire l'expérience suivante : si tu mettais en mouvement d'un mouvement rapide et circulaire une meule de forgeron, grande et très lourde, et si tu cessais de la mouvoir, elle se mouvrait par elle-même pendant longtemps par l'*impetus* acquis; bien plus, tu ne peux immédiatement l'arrêter, mais c'est à cause de la résistance qui provient de la gravité de cette meule, que l'*impetus* diminuera jusqu'à ce que la meule cesse; et peut-être, si la meule durait toujours sans aucune diminution ou altération, et qu'il n'y avait pas de résistance pour détruire l'*impetus*, la meule serait mue par cet *impetus* perpétuellement.
>
> Et ainsi on pourrait imaginer qu'il n'y ait pas besoin de poser des intelligences qui meuvent les corps célestes, car nous ne tenons pas des Écritures sacrées qu'il faut en poser. On pourrait au contraire dire que, quand Dieu a créé les sphères célestes, il a commencé par mouvoir chacune d'elles comme il le voulait; et alors, par l'*impetus* qu'il leur a donné, elles ont été mues jusqu'à maintenant, car cet *impetus* n'est ni détruit ni diminué, puisqu'il n'a pas de résistance [3].

1. *Cf.* Pierre Duhem, *Le système du monde*, *op. cit.*, t. 8, p. 336. On notera la nuance du propos de Duhem.

2. *Cf.* M. Clagget, « Some General Aspects of Physics in the Middle Ages », *Isis : Journal of The History of Science* 39, 1948, p. 29-44; *The Science of Mechanics in the Middle Ages*, Madison, University of Wisconsin Press, 1968, p. 505-525; Anneliese Maier, *Zwei Grundprobleme des scholastichen Naturphilosophie*, *op. cit.*, p. 111-314; « Die naturphilosophische Bedeutung der scholastischen Impetustheorie », *Scholastik* 30, 1955, p. 321-343 (repris dans *Ausgehendes Mittelalter*, vol. 1, Rome, Edizioni di Storia e Letteratura, 1964, p. 353-379).

3. Jean Buridan, *Expositio et quaestiones in Aristotelis De Caelo*, lib. II, q. XII, éd. B. Patar, Louvain-Paris, Éditions de l'Institut supérieur de philosophie-Éditions Peeters, 1996, p. 443 (notre traduction).

Buridan se livre ici à une expérience de pensée dans laquelle, à partir de l'exemple empirique du mouvement d'une meule, il tente d'appliquer la théorie de l'*impetus* au mouvement des corps célestes. Ce dernier fournit en effet un cas idéal dans lequel ne se présente aucune résistance, ni de la part du milieu ni de la part du mobile, de sorte que l'*impetus* n'est pas contrarié et peut conférer un mouvement indéfini au corps qu'il meut. Dans l'hypothèse où Dieu, en tant que Premier Moteur, aurait mis en mouvement les cieux au moyen d'autant d'*impetus*, un peu comme s'il les avait lancés une fois pour toutes, il n'y aurait pas besoin de supposer, comme le faisait Aristote, des moteurs séparés et éternels pour expliquer le mouvement éternel des corps célestes. L'*impetus* suffirait à expliquer le mouvement céleste. On retrouve la même idée dans le commentaire sur la *Physique* :

> Il y a une autre imagination, que je ne saurais réfuter de façon démonstrative, selon laquelle lors de la création du monde, Dieu a mû les cieux d'autant de mouvements identiques à ceux selon lesquels ils se meuvent maintenant, et en les mouvant il leur imprima des *impetus* par lesquels ils se sont mus par la suite uniformément en raison du fait que ces *impetus*, comme ils n'avaient pas de résistance, ne se corrompirent ni ne diminuèrent jamais, de même que nous disons qu'une pierre projetée, après s'être retirée de celui qui la projette, est mue par un *impetus* qui lui a été imprimé, mais en raison de la grande résistance aussi bien du milieu que de l'inclination vers un autre lieu, cet *impetus* diminue de façon continue et s'arrête enfin, et selon cette imagination il n'y aurait pas besoin de poser des intelligences mouvant les corps célestes de façon appropriée, bien plus, il n'y aurait pas besoin non plus que Dieu les meuve, sinon sur le mode d'une influence générale, au sens où nous disons qu'il coopère à tout ce qui a lieu [...][1].

Le cas demeure fictif et l'explication hypothétique, mais ils n'en contredisent pas moins l'idée standard de la physique céleste, dans la version philosophique des intelligences motrices comme dans la version théologique des anges-moteurs. Aussi Buridan revient-il plus loin dans le texte sur la question :

1. Jean Buridan, *Subtilissime quaestiones super octo phisicorum libros Aristotelis*, Parhisiis, 1509, fol. lxxvi, col. C (notre traduction).

> Et puisqu'il n'apparaît pas dans la Bible qu'il y a des intelligences appropriées aux corps célestes et qui les meuvent, on pourrait dire qu'il n'apparaît pas comme une nécessité de poser de telles intelligences, car on pourrait dire que Dieu, quand il a créé le monde, a mû chacun des orbes célestes comme il lui plaisait, et en les mouvant leur a imprimé un *impetus* qui les meut sans qu'il ait à les mouvoir davantage, sinon par une influence générale, comme il donne son concours en coopérant à tout ce qui a lieu. Ainsi au septième jour s'est-il reposé de toutes les œuvres qu'il avait accomplies en donnant aux autres choses des actions et passions réciproques. Et ces *impetus* imprimés dans les corps célestes ne sont pas relâchés ou corrompus par la suite, parce qu'il n'y avait aucune inclination dans les corps célestes pour d'autres mouvements, pas plus qu'il n'y avait de la résistance pour corrompre ou empêcher ces *impetus*. Cela je ne le dis toutefois pas de façon affirmative, mais afin de demander aux maîtres en théologie qu'ils m'expliquent de quelle façon ces choses peuvent se produire [1].

Buridan a raison de rappeler le peu de fondement théologique de la théorie des intelligences motrices – que celles-ci soient identifiées ou non à des anges. Aussi se permet-il, sans toutefois le poser de façon affirmative, de proposer une autre explication du mouvement des cieux, tirée non plus de spéculations métaphysiques ou théologiques, mais de considérations physiques sur le mouvement des projectiles. Il apparaît de façon évidente que c'est le vide théologique caractérisant la question de la motion des cieux qui permet au philosophe de la traiter du point de vue des sciences naturelles, en l'occurrence, de la physique des corps sublunaires. En ce sens, Buridan semble bien faire un pas de la région sublunaire à la région supralunaire et appliquer le même principe au mouvement des corps lourds et légers et à celui des corps célestes.

Il faut toutefois nuancer l'idée d'une unification de la mécanique grâce à la théorie de l'*impetus*. Certes, Buridan propose de façon audacieuse – bien qu'il ait été précédé par Robert Kilwardby – d'expliquer au moyen de la même théorie ou, plus précisément, du même principe, le mouvement des corps sublunaires et celui des corps célestes. Cela ne constitue toutefois pas une rupture avec la

1. Jean Buridan, *Quaestiones super octo Physicorum libros Aristotelis*, lib. 8, q. XII (*in* A. Maier, *Zwei Grundprobleme der scholastischen Naturphilosophie*, *op. cit.*, p. 212) (notre traduction).

cosmologie aristotélicienne. À bien y regarder, Buridan conserve le cosmos d'Aristote tel qu'il est, et c'est précisément en utilisant les données cosmologiques qu'il parvient à développer une explication du mouvement céleste à partir du concept d'*impetus*. En effet, l'absence de résistance dans le cas des mouvements célestes n'est qu'une conséquence de la différence entre la région sublunaire et la région supralunaire, et de la spécificité des conditions qui règnent dans cette dernière. C'est parce que le monde supralunaire est constitué d'éther que le mouvement n'y rencontre aucune résistance. Inversement, la théorie de l'*impetus* ne peut être appliquée au mouvement des cieux qu'à condition que l'on pose une différence qualitative entre les régions sublunaire et supralunaire : si c'est bien en vertu d'un *impetus* que tous les mouvements séparés (*motus separatus*) ont lieu, alors le caractère perpétuel des mouvements célestes implique qu'il n'y ait aucune résistance dans les cieux, c'est-à-dire, que la région céleste soit qualitativement différente de la région terrestre. Ce que Buridan supprime, ce n'est donc pas tant la partition aristotélicienne du cosmos que l'existence des intelligences ou des anges-moteurs. C'est cependant, paradoxalement, uniquement dans le cadre d'une cosmologie péripatéticienne que la théorie de l'*impetus* permet de rendre inutile l'hypothèse des intelligences motrices.

La proposition de Buridan se heurte cependant à une objection de taille. Dans la physique péripatéticienne de la scolastique, il y a deux types de résistance au mouvement : une résistance externe et une résistance interne. La première consiste dans les frottements du milieu, plus ou moins grands selon qu'il s'agit de l'air, de l'eau ou de la terre. La seconde est la tendance de l'objet à un mouvement contraire ou repos. Ces deux formes de résistance peuvent composer une même tendance, comme dans le cas de la gravité, dont le mouvement vers le centre de la Terre a pour fin l'immobilité, le repos du corps lourd dans son lieu naturel. C'est précisément cette résistance qui explique la sensation d'effort ou de fatigue qui accompagne le fait de mettre un corps en mouvement, par exemple, dans la poussée ou la traction, même en l'absence de frottements du milieu. C'est en vertu d'une telle résistance aussi que le mouvement est ce qu'il est, soit une succession continue d'états différents – parce que la perfection qu'il vise ne s'actualise pas d'un coup, mais progressivement. La vitesse est ce qui, techniquement, mesure le rapport entre la force (motrice) et la résistance : un mouvement s'effectue plus ou moins rapidement selon qu'une force plus ou moins grande rencontre une résistance plus ou moins grande[1]. Or, dans le cas imaginé par Buridan – celui d'un *impetus* qui ne rencontrerait aucune résistance – si l'on suit ces principes de physique élémentaire, on n'obtient pas ce que pense Buridan, à savoir un mouvement indéfini dans le temps, mais plutôt ce qui se déduit de l'équation qu'on vient de poser, c'est-à-dire un mouvement de vitesse infinie, autrement dit, un changement instantané. Dans le langage scolastique, un tel mouvement ne se nomme précisément plus « mouvement » (*motus*) mais « changement » (*mutatio*)[2]. La théorie de l'*impetus*, appliquée aux mouvements célestes, aurait alors pour conséquence de les rendre impossibles et impensables, plutôt que de les expliquer plus économiquement.

Nicole Oresme

Le problème a été clairement perçu par l'élève de Buridan Nicole Oresme[3]. Si l'on admet, comme l'ont généralement admis les penseurs médiévaux à la suite d'Aristote[4], que le mouvement des cieux s'effectue sans effort ou sans fatigue, puisqu'il ne souffre d'aucun mouvement contraire à son mouvement propre de rotation, ni d'aucune autre forme de résistance, on se heurte à une double difficulté. D'une part, il faut poser que les intelligences qui meuvent les orbes ne souffrent jamais aucune diminution de leur puissance motrice, car celle-ci représenterait immanquablement une forme de « fatigue », et donc concevoir cette force comme infinie ou comme absolument constante, c'est-à-dire « infatigable »[5]. D'autre part, il faut envisager comment les intelligences peuvent produire un mouvement de vitesse finie alors qu'elles ne rencontrent aucune

1. Sur ce point, *cf.* A. Maier, *Die Vorläufer Galileis*, *op. cit.*, p. 53-78 (« Ursachen und Kräfte ») et 81-93 (« Der Funktionsbegriff in der Physik des 14. Jahrhunderts »).

2. Cela est mis en évidence par A. Maier *in* « Die naturphilosophische Bedeutung der scholastischen Impetustheorie », *loc. cit.*

3. Sur le lien entre Buridan et Oresme, *cf.* Nicole Oresme, *De proportionibus proportionum and Ad pauca respicientes*, E. Grant, éd. et trad., Madison-Milwaukee-Londres, The University of Wisconsin Press, 1966, p. 372-374.

4. Cf. *De caelo*, *op. cit.*, II, 1, 284a.

5. *Cf.* A. Maier, « Das Lehrstück von den *vires infatigabiles* in der scholastichen Naturphilosophie », *Archives internationales d'Histoire des Sciences* 5, 18-21, 1952, p. 6-44.

forme de résistance en l'espèce des cieux[1]. Oresme met en évidence le problème dans son traité sur les proportions :

> À partir de ces deux choses, à savoir, la connaissance du rapport dont provient une vitesse donnée et la connaissance du rapport de la vitesse de l'orbe avec la vitesse donnée, on pourrait saisir le rapport de l'intelligence motrice à l'orbe. Je pense cependant que ce rapport ne doit pas être appelé un rapport de force à résistance, sinon par analogie, car l'intelligence meut par sa seule volonté et sans autre force, ni effort ou difficulté, et le ciel ne lui résiste pas, comme je crois que c'était l'opinion d'Aristote et d'Averroès[2].

Oresme tente ici de déduire un rapport « physique » de vitesse à partir des rapports de rapports « mathématiques » qu'il étudie dans son traité. Par rapport de vitesse (*proportio velocitatis*) il faut entendre le rapport entre la force et la résistance, qui donne cette vitesse. Il montre ainsi que le rapport de l'intelligence à l'orbe peut être connu, pour autant que sont connus, d'une part, le rapport d'une vitesse donnée, et d'autre part, le rapport entre cette vitesse et le rapport de la vitesse d'un orbe. En effet, si l'on connaît le rapport « physique » d'une vitesse de rotation donnée, et le rapport « mathématique » entre cette vitesse et celle d'un orbe – tel qu'il peut être cinématiquement déterminé en astronomie, par la mesure des distances parcourues et des durées – on peut obtenir le rapport de vitesse de l'orbe. Il s'agit simplement d'exprimer un rapport inconnu en fonction d'un autre rapport connu et du rapport entre ces deux rapports[3]. Ce rapport sera de la forme vitesse = force/résistance et pourrait être retraduit : vitesse = intelligence/orbe.

Oresme s'empresse toutefois de préciser qu'il ne s'agit là que d'une analogie, parce que le rapport de la force à la résistance ne saurait être interprété en physique céleste comme il l'est pour les corps sublunaires. En effet, d'un côté la force motrice des anges doit être envisagée en termes de volonté et non de force physique et, de l'autre côté, le ciel ne présente pas à proprement parler de résistance.

1. Sur ce problème, *cf.* E. Grant, *Planets, Stars and Orbs*, *op. cit.*, p. 539-545.

2. Nicole Oresme, *De proportionibus proportionum*, *op. cit.*, prop. VI, p. 292 (notre traduction).

3. Pour une explication détaillée, *cf.* Nicole Oresme, *De proportionibus proportionum*, *op. cit.*, p. 52-53.

Le problème est posé de façon plus détaillée dans un passage du commentaire français au *De caelo*, où Oresme semble donner une justification physique à la thèse péripatéticienne des intelligences motrices :

> Et pour ce, selon la philosophie d'Aristote, il convient par neccessité que le ciel soit meu par vertu incorporelle ou separee de matiere, car si elle estoit corporelle et materiele et estendue en corps et divisible aussi comme est pesanteur ou legiereté, elle ne seroit pas entendement ne volenté ou vertu voluntaire selon philosophie. Et donques convendroit il que ceste vertu corporelle meust le ciel selon tout son pouvoir par la plus grande isneleté que elle porroi et a tout son eff<or>t, ausi comme nous voions que pesanteur meust le corps pesant. Et donques se ceste vertu n'avoit resistence, elle mouvroit le ciel soudainement en instant ou moment indivisible ; et ce est impossible, si comme il fu dit ou chappitre precedent. Et se elle avoit resistence, elle seroit ou corps meu et non pas dehors, si comme en mouvement droit ; et donques seroit le mouvement du ciel oveuques violence et fatigacion ou travail et se tarderoit et cesseroit comme dit est. Et ce est faulz. Et donques s'ensuit il par neccessité que le ciel soit meu par vertu abstrainte ou separee de matiere et incorporelle et que elle ne moeve pas par efforcement, mes par plaisance et par volenté franche laquelle est determinee a certainne velocité ou isnelleté sanz violence et sanz resistence. Et selon Aristote, ceste volenté ne peut estre meue et meut le ciel telement perpetuelment par nécessité – non pas de constrainte, mes de complaisance[1].

Si la force qui meut le ciel était une force physique, c'est-à-dire corporelle ou matérielle, elle se produirait par nécessité et devrait donc s'effectuer au maximum de sa puissance. Il s'ensuit deux cas de figure : soit le ciel présente une résistance, soit il n'en présente pas. Dans le premier cas, en l'absence de résistance, le mouvement s'effectuerait en un instant – ce qui contredit l'évidence de l'observation. Dans le second cas, si l'orbe présentait une résistance à la force qui le met en mouvement, ce dernier serait un mouvement violent et il serait accompagné d'effort et de fatigue et devrait au bout d'un certain temps cesser. Or, le mouvement du ciel est naturel et éternel. On en conclut donc que le mouvement céleste ne relève

1. Nicole Oresme, *Le livre du ciel et du monde*, II, III, éd. A. D. Menut et A. J. Denomy, Madison-Milwaukee-Londres, The University of Wisconsin Press, 1968, p. 298.

pas d'une force physique s'exerçant par nécessité, mais d'une force abstraite ou séparée, c'est-à-dire immatérielle, qui agit par son intelligence et sa volonté. En effet, seule une telle force peut produire un mouvement de vitesse finie en l'absence de résistance et de façon non violente. Il ne s'agit toutefois ni d'un mouvement arbitraire ni d'un mouvement contraint, mais d'un mouvement nécessité par son propre plaisir ou sa propre satisfaction, au sens où il appartient à la perfection de l'intelligence motrice de mouvoir l'orbe céleste.

Oresme semble pourtant envisager une solution alternative au problème du mouvement des cieux tel qu'il l'a posé :

> Mes selon vérité, ce n'est pas impossible, si comme il fu touché ou chappitre precedent, que le ciel soit meu par une vertu ou qualité corporelle qui est en lui et sanz violence et sans travail, car la resistence qui est ou ciel ne l'encline pas a autre mouvement, ne a repos, mes seulement a ce que il ne soit meu plus isnelement. Et ne convient pas que tout mouvement ou il a resistence soit fait aveuques labour et travail ne en soy retardant, car une pierre ne se traveille pas en descendant ne un feu en ardant[1].

On pourrait imaginer que le ciel serait mû par une force corporelle qui agirait sans violence et sans effort parce que la résistance qu'elle rencontrerait ne s'exercerait pas à l'endroit du mouvement lui-même ou de sa direction, mais seulement de sa vitesse. Il faudrait imaginer une résistance qui, sans ralentir le mouvement, tendrait à le maintenir à une vitesse constante. Or, semble dire Oresme, les mouvements naturels sublunaires, celui d'une pierre qui tombe ou d'une flamme qui monte, relèvent en un sens de ce cas : ils s'effectuent avec une résistance, sinon il n'y aurait pas mouvement mais changement instantané, mais sans effort, puisqu'ils sont tout à fait naturels. On pourrait donc envisager le mouvement des cieux sur le modèle des mouvements sublunaires. C'est bien ce qui apparaît dans le célèbre passage du chapitre précédent auquel le texte fait mention :

> Et selon verité, nulle intelligence n'est simplement immobile et ne convient pas que chascune soit par tout le ciel que elle meut ne en chascune partie de tel ciel, posé que les cielz soient meuz par des intelligences, car par aventure, quant Dieu les crea, Il mist en eulz qualitéz et vertus motivez aussi comme Il mist pesanteur es choses

1. *Ibid.*, p. 298.

terrestres, et mist en eulz resistences contre ces vertus motivez. Et sont ces vertus et ces resistences d'autre nature et d'autre mat<t>iere que quelcunque chose sensible ou qualité qui soit ici-bas. Et sont ces vertus contre ces resistences telement moderees, attrempees et acordees que les mouvements sont faiz sanz violence ; et excepté la violence, c'est aucunement semblable quant un honme a fait un horloge et il le lesse aller et estre meu par soy. Ainsi lessa Dieu les cielz estre meuz continuelment selon les proporcions que les vertus motivez ont aus resistences et selon l'ordenance establie. Et pour ce, quant le Prophete ot dit de Dieu : Laudate eum celi celorum, il dist apres : Statuit ea in eternum, et in seculum seculi : preceptum posuit, et non preteribit[1].

D'une façon qui n'est pas sans rappeler l'hypothèse de Kilwardby, Oresme compare explicitement les qualités et vertus motrices à la pesanteur des corps tout en précisant qu'il ne s'agit que d'une analogie puisque ces vertus sont d'une nature différente de celles des choses sublunaires. Il ajoute aussi, en contrepartie des forces motrices, la résistance des corps, qui leur est complémentaire en vue de la réalisation du mouvement. On pourrait donc imaginer, comme Buridan le fait autrement, qu'à la création, Dieu aurait composé et ajusté dans les corps célestes les forces de mouvement et de résistance selon des proportions harmonieuses, en vue de l'ordre général des mouvements célestes, un peu comme un horloger qui réglerait par avance le mécanisme d'une horloge et le laisserait ensuite tourner de façon autonome. Oresme propose d'interpréter en ce sens Ps 148, 4 « Louez-le, cieux des cieux » et Ps 148, 6 « Il les a établis dans l'éternité et dans les siècles des siècles : il a posé des lois et il ne les outrepassera pas ».

La signification réelle de l'hypothèse originale d'Oresme est difficile à interpréter. Tout d'abord parce qu'il s'agit d'une hypothèse isolée : comme c'était déjà le cas chez Buridan[2], et sans doute plus encore, elle appartient à une discussion plus large dans laquelle l'explication péripatéticienne de la motion des cieux par des intelligences motrices est retenue comme valide. Si elle lui oppose une explication alternative, ce n'est qu'à titre d'hypothèse. En outre, il

1. Nicole Oresme, *Le livre du ciel et du monde*, II, III, p. 288.

2. *Cf.* R. C. Dales, « The De-Animation of the Heavens in the Middle Ages », *Journal of the History of Ideas* 41, 4, 1980, p. 548 ; A. Funkenstein, « Some Remarks on the Concept of Impetus and the Determination of Simple Motion », *Viator* 2, 1971, p. 329-348.

est difficile d'en évaluer la modernité. Certes, l'image prémécaniste d'une grande horlogerie céleste est frappante et donnerait facilement lieu à une interprétation en termes de changement de paradigme scientifique. L'hypothèse d'Oresme s'exprime cependant, encore une fois, dans une grammaire et à partir d'une problématique classiquement péripatéticienne.

Ces textes ont souvent été inscrits dans le sillage de la théorie buridanienne de l'*impetus* [1], mais on remarquera aisément que le terme même d'*impetus* n'y apparaît pas une seule fois. Non pas que la théorie soit absente de la pensée d'Oresme, mais elle apparaît en d'autres lieux que la physique céleste et dans une version un peu différente de celle de Buridan – l'*impetus* est cause de l'accélération du mouvement et n'est pas une force infinie mais limitée dans le temps – et là où Oresme envisage la physique céleste en termes de forces naturelles, ce ne semble pas être exactement à partir de l'idée d'*impetus* [2]. S'il semble bien discuter un problème posé par l'application de la théorie de l'*impetus* au mouvement céleste par Buridan, à savoir celui de l'impossibilité de penser un mouvement naturel de vitesse finie en l'absence d'une résistance, c'est en d'autres termes qu'il le résout. À bien y regarder, l'image du mécanisme d'horlogerie ne renvoie pas à l'idée d'*impetus* mais à celle d'un rapport proportionnel entre force de mouvement et force de résistance qui permet de maintenir la vitesse constante du corps en mouvement. Paradoxalement, c'est en s'écartant de la théorie « moderne » de l'*impetus* qu'Oresme, dans sa physique céleste, s'est approché le plus de la loi d'inertie : il a en effet pensé la tendance d'un objet en mouvement à conserver sa vitesse et la résistance qu'il oppose à toute accélération – ce qui s'apparente, bien plus précisément que l'*impetus*, au concept physique d'inertie [3].

Là où Buridan opposait la théorie de l'*impetus* à l'hypothèse péripatéticienne des intelligences motrices, Oresme, malgré des ressemblances superficielles, fait donc tout autre chose. Il interprète en termes physiques de force et de résistance le rapport ou la proportion entre l'intelligence et l'orbe. On ne s'étonnera peut-être

1. *Cf.* Pierre Duhem, *Le système du monde*, *op. cit.*, t. 8, p. 341-345.

2. Sur le concept d'*impetus* chez Oresme, *cf.* A. Maier, *Zwei Grundprobleme des scholastichen Naturphilosophie*, *op. cit.*, p. 236-258.

3. Ce point a été remarqué par A. Maier, *in* « Die naturphilosophische Bedeutung der scholastischen Impetustheorie », *loc. cit.*

pas, alors, de ce qu'il conclue le célèbre passage sur le Dieu horloger de la façon suivante :

> Et par aventure, des ce que Dieu crea les cielz, Il ordena et deputa angels qui ansi les moevent et mouvront tant comme il Lui plaira. Et de ce peut estre entendu ce que il dist en l'Evangile : Virtutes celorum movebuntur [1].

Est-ce à dire que les deux explications du mouvement des corps célestes envisagées par Oresme, l'hypothèse physique et l'hypothèse métaphysique, sont équivalentes ? Certes, il s'agit dans un cas d'une force matérielle et dans l'autre d'une force spirituelle, mais il apparaît que toutes deux peuvent être exprimées selon le même modèle de proportionnalité. Le texte d'Oresme demeure très ambivalent, qui passe de l'une à l'autre sans véritablement les opposer mais sans non plus les identifier. On dirait qu'il est possible d'expliquer le mouvement des cieux par l'une ou l'autre hypothèse, de façon indifférente.

Là où, chez Kilwardby, l'explication péripatéticienne et l'explication naturaliste empruntaient des voies tout à fait différentes et explicitement opposées, elles semblent, chez Oresme, étrangement se rapprocher, au point qu'il serait possible d'exprimer analogiquement le rapport de l'intelligence à l'orbe sous la forme d'une équation physique et mathématique entre force et résistance. Plutôt qu'une alternative tranchée, la position d'Oresme présente une sorte de flou qui nous paraît tout à fait significatif. Il ne s'agit pas d'opposer une explication physique et une explication théologique, pas plus qu'il ne s'agit de les confondre. On dirait plutôt que ce que l'idée d'intelligence ou d'ange moteur permet de penser – à savoir un mouvement de vitesse finie malgré l'absence de résistance – se laisse tout aussi bien exprimer en termes physiques et mécaniques. Non pas qu'une solution remplace l'autre, mais qu'elles reviennent, en quelque sorte, au même. Il semblerait alors que la figure de l'ange convoquée par Oresme relève presque d'une métaphore. Comme chez certains tenants de la théorie des anges-moteurs, mais pour d'autres raisons théoriques, ce que nomme l'ange se laisse retraduire en des termes purement physiques [2]. Comme si ce n'était que le nom

1. Nicole Oresme, *Le livre du ciel et du monde*, *op. cit.*, II, II, 240-243, p. 288.
2. Cf. *supra*, chap. III, p. 134-152.

théologique d'une force physique ou, en tout cas, d'une réalité que le langage de la physique pourrait tout aussi bien exprimer autrement.

Paradigme scientifique

Il n'est pas évident, dans ce cas, de retracer une genèse linéaire de la science « moderne » qui irait de Kilwardby à Buridan et Oresme. D'une part parce que, comme on l'a déjà remarqué, l'hypothèse de Kilwardby ne s'apparente que de très loin au concept d'*impetus*. D'autre part parce que les considérations d'Oresme sur le mouvement des cieux ne convoquent pas non plus le concept d'*impetus*, dont Oresme traite pourtant par ailleurs. Autrement dit, la théorie de l'*impetus* ne saurait être mise au centre d'une révolution de la physique médiévale, au-delà de la pensée de Buridan et de ses élèves les plus fidèles, Albert de Saxe ou Marsile d'Inghen [1].

Nous avons toutefois tenté de prolonger, quitte à la modifier un peu, l'intuition de Duhem, en cherchant à établir la cohérence de cette constellation de textes qui, malgré leurs différences, semblent tous participer d'une même problématique générale. C'est dans l'idée d'une transformation de l'image aristotélicienne du cosmos que nous l'avons cherchée, et plus précisément dans celle d'une subversion de la différence cosmologique majeure établie par Aristote, celle de la région sublunaire et de la région supralunaire. Kilwardby, Buridan et Oresme auraient, chacun à leur manière, neutralisé cette différence en proposant une explication des mouvements célestes fondée sur les mêmes principes que celle des mouvements sublunaires. Or, à lire les textes un peu attentivement, on s'aperçoit que non seulement ils sont tous tributaires d'un langage et d'un modèle de la physique classiquement aristotéliciens [2], mais aussi qu'ils travaillent tous à résoudre des problèmes directement posés par cette physique et à les résoudre au sein de ce dispositif. Il n'y a donc pas de véritable changement de paradigme [3] : le cosmos biparti n'est pas remplacé par une nature unique. Au contraire, c'est en travaillant ce paradigme de

1. Sur ces auteurs, *cf.* A. Maier, *Zwei Grundprobleme der scholastischen Naturphilosophie*, *op. cit.*, p. 259-274 et 275-290.

2. *Cf.* A. Maier, *Zwei Grundprobleme des scholastichen Naturphilosophie*, *op. cit.*, p. 113-126.

3. Sur la notion de paradigme scientifique, *cf.* T. Kuhn, *La structure des révolutions scientifiques*, trad. L. Meyer, Paris, Flammarion, 1983 et *La révolution copernicienne*, Paris, Les Belles Lettres, 2016.

l'intérieur, en en développant toutes les implications, en poussant la physique aristotélicienne jusque dans ses conséquences les plus lointaines – et donc ses contradictions – que ces différentes contributions, paradoxalement, s'en éloignent et la mettent en question. Elles tracent autant de lignes de fuite au cœur même du dispositif théorique de l'ancienne physique. Il serait bien exagéré, en ce sens, d'y voir les origines de la science moderne. Ce à quoi ces théories donnent lieu, ce n'est pas à une science plus moderne – celle-ci requiert d'autres conditions épistémologiques et techniques pour voir le jour [1]. Ce n'est pas non plus la première esquisse d'une ligne qui sera prolongée et complétée par les avancées scientifiques des siècles suivants puisque, nous l'avons vu, on ne saurait tracer une ligne claire, simple et unique, tant les questions auxquelles s'intéressent Kilwardby, Buridan et Oresme sont différentes.

Quelle signification historique faut-il alors donner à ces tentatives théoriques ? Il nous semble qu'elles contribuent toutes de la même manière, malgré leurs différences théoriques profondes, à reformuler un problème : celui de la physique céleste. Ce qu'elles mettent en question, ce ne sont pas la physique ou la cosmologie aristotéliciennes sur le plan général mais, de façon plus circonscrite, la théorie des intelligences motrices. Elles n'en font pas la critique externe, mais elles en montrent plutôt, du cœur même du péripatétisme, l'inutilité. L'hypothèse des intelligences motrices n'est pas tant une hypothèse fausse qu'une hypothèse inutile. La question serait alors de comprendre pourquoi c'est à ce moment-là, entre le XIIIe et le XIVe siècles, que la physique connaît cette inflexion particulière, qui peut-être annonce de très loin un changement majeur, mais n'en remet en tout cas pas, pour l'heure, les fondements en cause. Il nous semble que c'est en resituant ces questions techniques de physique dans un contexte plus large que l'on en comprend la dimension historique. C'est précisément suite à une crise profonde des savoirs, touchant les rapports de la théologie chrétienne et du péripatétisme, qui se cristallise en partie, nous l'avons vu, autour de la théorie des anges-moteurs, que ces questions apparaissent, ou plutôt qu'elles trouvent de nouvelles réponses, comme si elles communiquaient de plus ou moins loin avec ces

1. Sur le rôle joué par ces théories dans la naissance de la science moderne, *cf.* A. Maier, *Zwei Grundprobleme des scholastichen Naturphilosophie*, *op. cit.*, p. 290-314.

problèmes. Il y a une grande ressemblance entre les résultats auxquels parviennent les théologiens qui cherchent à maintenir l'hypothèse des anges-moteurs et ceux auxquels parviennent les physiciens qui cherchent à résoudre les apories de la physique céleste. Tous en viennent plus ou moins à penser les mouvements célestes en termes de force – même quand celle-ci revêt encore le nom d'ange. C'est qu'il y a un lien intime entre ces deux problématiques : le statut des intelligences célestes. Il ne nous paraît pas exagéré de dire que c'est le soupçon porté sur l'hypothèse théologique des anges-moteurs qui occasionne une révision plus ou moins profonde de la théorie péripatéticienne des intelligences motrices elle-même. C'est évident chez Kilwardby et c'est sans doute par là que Buridan et Oresme appartiennent à la même constellation.

De ce point de vue, on peut reformuler l'idée de Duhem : ce n'est pas tant un bouleversement profond des principes de la physique et de la cosmologie péripatéticiennes qui a fait sauter l'hypothèse des intelligences motrices, que, au contraire, la reformulation de celle-ci qui aurait eu des effets éventuels sur la conception de la physique. Si cette dernière a pu changer de forme, c'est parce qu'elle appartient à un réseau plus large de problèmes, qui fait communiquer la théologie, l'angélologie, la cosmologie et l'astronomie, de telle sorte que dans le détail de questions techniques précises se reflètent parfois des changements de grande ampleur qui *a priori* n'ont peut-être rien à voir avec celles-ci. La révolution la plus profonde n'est pas le démantèlement de la cosmologie aristotélicienne dans la physique médiévale, mais la reconfiguration générale, dans l'angélologie médiévale, des rapports entre cosmologie et politique.

DEUXIÈME PARTIE

Quid sit hierarchia ?

Le concept de hiérarchie vient de la théologie. Plus précisément, de l'angélologie. C'est le ps.-Denys l'Aréopagite qui lui a donné ses lettres de noblesse. Il est même vraisemblable que ce soit lui qui ait forgé le terme ἱεραρχία en grec.

L'obstacle majeur à toute interprétation du concept dionysien de ἱεραρχία tient sans doute à la signification moderne, courante, du terme « hiérarchie ». On entend par « hiérarchie » un ensemble d'éléments classés selon l'inférieur et le supérieur relativement à un critère d'importance – qu'il s'agisse d'une hiérarchie militaire, d'une hiérarchie sociale ou même d'une hiérarchie de valeurs. L'idée de hiérarchie est donc très abstraite et très générale. Elle sert à penser toutes les formes de stratification ou de gradation entre des éléments appartenant à un même ensemble. Il arrive cependant que les dictionnaires mentionnent la signification originellement théologique du terme, qui renvoie aux hiérarchies angéliques et ecclésiastiques, telles qu'elles ont été systématisées par le ps.-Denys.

On trouve une définition précise du terme « hiérarchie » au troisième chapitre de *La hiérarchie céleste*.

> La « hiérarchie » [ἱεραρχία] est selon moi, un ordre sacré [τάξις ἱερὰ], un savoir [ἐπιστήμη] et une opération [ἐνέργεια], assimilée [ἀφομοιουμένη] autant que possible à la forme divine [τὸ θεοειδὲς] et s'élevant vers les illuminations [ἐλλάμψεις] qui lui sont transmises par Dieu proportionnellement [ἀναλόγως] en vue de l'imitation divine [τὸ θεομίμητον] [1].

À première vue, cette définition n'a à peu près rien à voir avec notre idée courante de hiérarchie. Elle semble même résister à toute compréhension immédiate, tant elle déroute le sens commun.

1. Ps.-Denys l'Aréopagite, *La hiérarchie céleste*, III, 1, in *Corpus dionysiacum* II, éd. G. Heil, A. M. Ritter, Berlin, De Gruyter, 1994, p. 17 (notre traduction).

On note en premier lieu que la définition articule trois éléments principaux : l'ordre (τάξις), le savoir (ἐπιστήμη), l'opération (ἐνέργεια). Elle précise aussi ce qu'est la finalité de la hiérarchie : l'assimilation (ὁμοίωσις) à la forme divine (τὸ θεοειδές). Si l'on s'en tient à ces éléments minimaux de définition, la hiérarchie est donc un dispositif théorique et pratique visant à l'assimilation au divin.

C'est pourtant bien du mot grec ἱεραρχία formé par le ps.-Denys qu'est issu le terme moderne de « hiérarchie ». Il ne s'agit donc pas de dire que les deux significations, originelle et moderne, sont sans rapport, ni que la ἱεραρχία dionysienne n'a rien de commun avec une hiérarchie, mais de souligner l'affaiblissement sémantique produit par la transformation du mot – sa laïcisation ou sa sécularisation – et l'écart important qui sépare le sens moderne du sens primitif. Que le dispositif conçu par le ps.-Denys consiste en une hiérarchie, en un ensemble hiérarchisé d'anges – et par dérivation d'hommes – ne fait pas de doute. C'est même évident. Il s'agit par contre de percevoir qu'il est question de beaucoup plus dans l'idée dionysienne de hiérarchie que d'un simple classement ou d'un simple étagement des classes angéliques ou des degrés ecclésiastiques. Ce qu'indique précisément la définition, qui ne mentionne pas simplement l'ordre, mais aussi le savoir et l'activité.

Les commentateurs modernes de l'œuvre dionysienne sont peu attentifs à l'originalité du concept de hiérarchie. Ils ont tendance à entendre le terme au sens courant et à en situer l'interprétation dans le champ de l'ontologie ou de la métaphysique [1]. Ils en négligent, ce faisant, la portée proprement pratique. La raison de cette erreur est double. Premièrement, la signification moderne du terme empêche de percevoir la nouveauté et l'originalité du mot grec ἱεραρχία et conduit les commentateurs à faire une lecture anachronique. Deuxièmement, la dépendance des écrits dionysiens à l'égard de la pensée néoplatonicienne, mise en évidence depuis la fin du XIXe siècle, laisse penser que la doctrine dionysienne s'inscrit pleinement dans le cadre d'un système philosophique lui-

1. *Cf.* R. Hathaway, *Hierarchy and the definition of order in the Letters of Pseudo-Dionysius. A Study in the Form and Meaning of the Pseudo-Dionysian Writings*, La Haye, M. Nihjoff, 1969, p. 37-60 ; E. P. Mahoney, « Pseudo-Dionysius's Conception of Metaphysical Hierarchy and Its Influence on Medieval Philosophy », *in* T. Boiadjiev, G. Kapriev et A. Speer (ed.), *Die Dionysius-Rezeption im Mittelalter*, Turnhout, Brepols, 2000, p. 429-475.

même fortement « hiérarchique », au sens moderne du terme [1]. Ce dispositif herméneutique rend la compréhension de la doctrine dionysienne difficile.

Or les commentateurs médiévaux, cependant, ne connaissaient ni le terme *hierarchia* en latin, ni les textes néoplatoniciens, avant d'être confrontés au *corpus dionysiacum*. Aussi ont-ils découvert très « naïvement » la doctrine dionysienne de la hiérarchie et c'est cette naïveté qui, paradoxalement, leur a permis d'en dérouler une interprétation beaucoup plus juste – ou du moins beaucoup plus littérale. Ils n'ont pas projeté sur elle ce qu'ils connaissaient de la métaphysique néoplatonicienne – puisqu'ils n'en connaissaient rien – mais l'ont prise pour ce qu'elle semblait être, à savoir, une théorie du sacré. En effet, le concept de hiérarchie apparaît principalement dans deux traités dionysiens d'angélologie et d'ecclésiologie, respectivement la *Hiérarchie céleste* et la *Hiérarchie ecclésiastique*, qui n'ont à peu près rien à voir avec la métaphysique ou la cosmologie.

Quelle que soit, toutefois, l'exactitude de la lecture faite par les commentateurs médiévaux, c'est elle qui permet de comprendre comment, dans l'angélologie, précisément à cause du concept de *hierarchia*, s'est opérée une dissociation entre les valeurs pratiques et les valeurs cosmologiques du terme. C'est dans le creuset d'une réflexion sur le sacré – comme mode d'articulation de l'ordre, de la connaissance et de l'activité – que s'est construite une lecture proprement politique de la théorie de la hiérarchie, qui a trouvé dans le concept dionysien le germe d'une véritable doctrine du pouvoir et qui a cherché à faire de l'angélologie une science du gouvernement. C'est pourquoi l'angélologie est devenue le lieu de la séparation entre cosmologie et politique.

1. Sur le ps.-Denys et le néoplatonisme, cf. J. Dillon, S. Klitenic Wear, *Dionysius the Areopagite and Neoplatonist Tradition. Despoiling the Hellenes*, Aldershot-Burlington, Ashgate, 2007. Sur la « hiérarchie » dans le néoplatonisme, *cf.* D. O'Meara, *Structures hiérarchiques dans la pensée de Plotin, Étude historique et interprétative*, Leyde, Brill, 1975, p. 1-18 ; R. Chiaradonna, « Causalité et hiérarchie métaphysique dans le néoplatonisme : Plotin, Porphyre, Jamblique », *Chora* 12, 2014, p. 67-85.

CHAPITRE 4

Pouvoir sacré

Le corpus dionysiacum

L'insistance de la question « *Quid sit hierarchia ?* » et l'ampleur de la réponse qui lui a été donnée par les théologiens médiévaux tient sans doute au caractère déroutant de l'objet sur lequel elle porte. Le terme *hierarchia* n'appartient pour ainsi dire pas au latin, puisqu'il n'est que la translittération, plutôt que la traduction, du mot grec ἱεραρχία, qui a été forgé par le ps.-Denys. Quand les théologiens latins se demandent ce qu'est la hiérarchie, ils ne s'attachent donc pas simplement à définir une notion, ils interrogent le sens même d'un terme étranger, importé dans leur langue au IXe siècle *via* la traduction du corpus dionysien par Hilduin et Jean Scot. C'est dire qu'en deçà de ses enjeux sociologiques ou politiques, ecclésiologiques ou théologiques, la théorie médiévale de la hiérarchie prend racine dans un problème herméneutique : le commentaire du *corpus dionysiacum*. Qu'un texte aussi obscur que celui du ps.-Denys, rendu encore plus incompréhensible qu'il ne l'est dans sa langue originale par la traduction très littérale et très aride de Jean Scot, ait suscité un tel intérêt et un tel acharnement exégétique s'explique en grande partie par l'aura qui l'entourait au Moyen Âge. Si l'histoire du mythe dionysien est bien connue [1], celle de la réception du texte lui-même demeure encore incertaine, tant elle forme un écheveau complexe. Le texte dionysien représente en effet un véritable

1. Sur le mythe dionysien, voir la présentation de M. De Gandillac, dans *Œuvres complètes du Pseudo-Denys l'Aréopagite*, Paris, Aubier-Montaigne, 1943, p. 7-26.

casse-tête philologique et herméneutique car son origine demeure incertaine, l'histoire de sa transmission se confond avec les mythes qui l'entourent et son contenu doctrinal se mêle inextricablement avec celui de ses différentes traductions et interprétations [1]. En témoigne la version dont disposaient les maîtres en théologie de l'université de Paris au XIIIe siècle, couramment dénommée « corpus dionysien de l'université de Paris », qui rassemble en un volume : un ensemble de préfaces, la traduction de Jean Scot révisée par Anastase le bibliothécaire, assortie des gloses de Jean de Scythopolis, de Maxime le Confesseur et d'Anastase, la traduction de Jean Sarrazin, une paraphrase de Thomas Gallus, ainsi que des commentaires de Jean Scot, d'Hugues de Saint-Victor et de Jean Sarrazin [2]. Comme celle d'Aristote ou de Platon, mais selon des modalités différentes, la lecture médiévale du ps.-Denys est un phénomène intertextuel. On ne lit et on ne commente le texte dionysien qu'en en confrontant sans cesse les différentes versions et les différentes exégèses. Si bien que le texte semble parfois se confondre avec les strates de discours qui le recouvrent. Le cas de la définition de la *hierarchia* en est peut-être l'exemple le plus frappant.

De tous les textes dionysiens, le *Hiérarchie céleste* est celui qui a joui le plus tôt du plus grand succès parmi les lecteurs médiévaux. Ses premiers traducteurs latins, Hilduin et Jean Scot, semblent lui avoir accordé une place particulière. Le premier en déployant au chapitre IX de la *Passio Dionysii* – récit mythique de la vie de Denys l'Aréopagite où est opérée l'identification entre l'auteur du corpus et saint Denis, premier évêque de Paris et martyr, dont on sait le rôle déterminant qu'elle a joué pour le prestige de l'abbaye de Saint-Denis – un résumé détaillé, chapitre par chapitre, du traité d'angélologie dionysien [3]. Le second en lui consacrant un commentaire linéaire, le seul qu'il ait consacré à un texte dionysien, les *Expositiones in Hierarchiam coelestem*, premier du genre, inaugurant une tradition qui se

1. Sur ce point, *cf.* D. Poirel, « Le mirage dionysien : la réception latine du pseudo-Denys jusqu'au XIIe siècle à l'épreuve des manuscrits », dans *Comptes rendus des séances de l'Académie des Inscriptions et Belles-Lettres* 151, 3, 2007, p. 1435-1455 ; « Le "chant dionysien" du IXe au XIIe siècle », dans *Les historiens et le latin médiéval. Colloque tenu à la Sorbonne les 9, 10, 11 septembre 1999*, Paris, Presses de la Sorbonne, 2001, p. 151-176.

2. *Cf.* H.-F. Dondaine, *Le corpus dionysien de l'université de Paris au XIIIe siècle*, Rome, Edizioni di storia e letteratura, 1939.

3. Cf. *The Passio S. Dionysii in prose and verse*, cap. IX, éd. M. Lapidge, Leiden-Boston, Brill, 2017, p. 341-344.

poursuivra jusqu'à la fin du Moyen Âge. Même s'il est indéniablement plus théorique et philosophique que le relais d'Hilduin, celui de Jean Scot n'est pas exempt de toute mythologie. Dans le poème qu'il place en exergue de son commentaire à la *Hiérarchie céleste*, l'Érigène associe explicitement la doctrine dionysienne des ordres angéliques à la vision de Paul « au troisième ciel » (2 Cor 12, 2).

> Voltigeant en suivant Paul au-dessus des astres élevés, / Il voit le troisième royaume du ciel empyrée. / Il reconnaît en premier les Séraphins et les saints Chérubins, / les Trônes aériens, sur lesquels siège Dieu lui-même. / Après ceux-là, les Vertus, les Dominations et les Puissances / l'ordre suivant des légions sacrées resplendit. / Le troisième réside dans les esprits de la voûte céleste. / Ce sont les nombres, encadrés par une limite de trois fois trois, qu'enseignent les paroles mystiques professées par les Pères [1].

En liant le texte dionysien à l'épisode du ravissement paulinien, non seulement Jean Scot amplifie l'autorité mythique du ps.-Denys, mais il confère aussi à sa doctrine angélologique une aura de sacralité particulièrement efficace. Les descriptions minutieuses des hiérarchies angéliques acquièrent presque le statut de parole révélée.

Il faut toutefois rappeler que l'influence dionysienne n'a pas été continue et constante durant tout le Moyen Âge et qu'après la première vague de traductions et de commentaires, les textes du ps.-Denys sont un peu tombés dans l'oubli jusqu'à leur redécouverte, presque trois siècles plus tard, par l'école de Saint-Victor [2]. Le thème dionysien des hiérarchies angéliques n'a cependant pas complètement disparu pendant cette période de latence, en raison de sa réappropriation par Grégoire le Grand. Il semblerait en effet que les écrits dionysiens soient parvenus à Rome dès le VIe siècle et que leur intégration à la théologie grégorienne leur ait assuré un mode de diffusion pour ainsi dire alternatif, sans doute plus discret et moins explicite que la tradition carolingienne, mais très influent dans la culture médiévale. Grégoire les mentionne en effet dans les *Homélies*

1. Jean Scot, *Carmen « Lumine sidereo »*, éd. M. W. Herren, *Iohannis Scotti Eriugenae "Carmina". An edition with translation, notes and introduction*, Dublin, School of Celtic Studies, Dublin Institute for Advanced Studies, 1993, p. 110 (notre traduction).

2. Sur la réception du Pseudo-Denys l'Aréopagite par l'école de Saint-Victor, en particulier chez Hugues de Saint-Victor, *cf.* D. Poirel, *Des symboles et des anges. Hugues de Saint-Victor et le réveil dionysien du XIIe siècle*, Turnhout, Brepols, 2013.

sur l'Évangile, plus précisément dans le commentaire magistral qu'il fait de la parabole des quatre-vingt-dix-neuf brebis et des neuf drachmes (Luc 15, 1-10) dans l'homélie 34 : « Denys l'Aréopagite, un ancien et vénérable Père (*Dionysius Areopagita, antiquus uidelicet et uenerabilis pater*) [1] », sur le fond d'un contexte angélologique où il décrit en détail les neuf rangs angéliques, dans un ordre qui n'est pas tout à fait celui du ps.-Denys, mais que les théologiens médiévaux s'efforceront d'accorder – et qu'ils confondront parfois – avec celui-ci.

La méditation grégorienne sur les noms angéliques – qui sont des noms de fonction (*officii*) et non des noms de nature (*naturae*) – constitue l'une des sources principales de l'angélologie médiévale [2]. Elle brosse de l'ordre angélique (*ordo angelicus*) un tableau complet, sous la forme d'un véritable organigramme céleste dans lequel apparaît le détail de chaque fonction (*officium*) ou de chaque ministère (*ministerium*) angélique. On s'étonnera de ce que le concept de *hierarchia* ne soit pas mentionné dans un tel contexte. Tout en connaissant manifestement le ps.-Denys – sans qu'on sache toutefois à quel point – et s'y référant, Grégoire donne de l'ordre angélique une version légèrement différente de la sienne et semble ignorer jusqu'à l'existence du concept de hiérarchie. Le thème grégorien est certes différent : la description des neuf ordres angéliques intervient dans le cadre d'une exégèse de la parabole de la brebis et de la drachme égarées, qui vise à montrer que l'homme – la brebis égarée ou la dixième drachme – est appelé à rejoindre les ordres des anges afin de pallier la chute des démons. Il propose d'ailleurs, dans les *Moralia in Iob*, une liste un peu différente des ordres angéliques [3]. Il ne s'agit donc pas d'une systématisation de la matière biblique ou d'une hiérarchisation des chœurs angéliques, mais plutôt d'une dramatisation de l'angélologie où sont en jeu le conflit entre les bons et les mauvais anges et le salut de l'homme, dans une perspective morale et eschatologique qui échappe assez largement aux spéculations dionysiennes [4]. Grégoire construit donc,

1. Grégoire le Grand, *Homélies sur l'Évangile*, II, XXXIV, 12, éd. et trad. B. Judic, Paris, Cerf, 2008, p. 348-349.

2. *Ibid.*, II, XXXIV, 8-10, p. 337-343.

3. *Cf.* Grégoire le Grand, *Moralia in Iob*, XXXII, XXIII, 48.

4. Sur la différence entre l'angélologie grégorienne et l'angélologie dionysienne, *cf.* D. Poirel, « L'ange gothique », dans A. Bos et X. Dectot (dir.), *L'architecture gothique au service de la liturgie. Actes du colloque organisé à la Fondation Singer-Polignac (Paris) le*

en dehors de la tradition dionysienne mais dans un rapport ambigu avec elle, un cadre de référence dans lequel viendra s'inscrire toute l'angélologie médiévale, d'Isidore de Séville à Pierre Lombard. Ce qui explique aussi bien la perplexité des commentateurs médiévaux dans la confrontation entre les sources dionysienne et grégorienne, à la fois proches et contradictoires, que la facilité avec laquelle ils parviendront à les articuler. Le thème de la *hierarchia* et celui de l'*ordo* donneront en effet naissance à deux *quaestiones* ou deux lieux communs distincts de l'angélologie scolastique, tout en demeurant des problèmes tout à fait connexes.

Il faut néanmoins prendre en compte la médiation grégorienne, bien qu'elle n'appartienne pas véritablement à la tradition dionysienne, puisqu'elle a très largement contribué à la promotion médiévale de l'angélologie. C'est par le jeu de tous ces discours hétérogènes – traductions, récits mythiques et hagiographiques, commentaires techniques, citations approximatives – que s'est formée au Moyen Âge l'image bariolée du ps.-Denys et de sa doctrine des hiérarchies célestes. Ces hiérarchies dont même un théologien de l'envergure de Grégoire le Grand ne connaissait l'ordre que de façon imparfaite et douteuse, Denys l'Aréopagite, le disciple de Paul et premier évêque de Paris, en avait eu connaissance par une révélation sacrée qu'il avait consignée dans un texte ardu et cryptique dont la lecture, la traduction et l'exégèse n'étaient pas des tâches anodines de lettré, mais de véritables exercices spirituels. Le terme étrange de *hierarchia* apparaissait donc comme le chiffre d'un savoir hors du commun, sacré, dont il fallait chercher le secret dans les méandres du texte obscur de *La hiérarchie céleste*.

La doctrine de la hiérarchie que les théologiens médiévaux ont formulée à partir du XIIe siècle, dans le sillage de la tradition dionysienne qui, à peine esquissée au IXe siècle, s'était estompée pendant les siècles suivants, se trouve donc dispersée dans un corpus varié.

Le Moyen Âge connaîtra au total quatre traductions de *La hiérarchie céleste*[1]. Celle d'Hilduin, qui date de 830 et que personne

jeudi 24 octobre 2002, Turnhout, Brepols, p. 115-142 (repris dans D. Poirel, *Des symboles et des anges*, *op. cit.*, p. 337-362).

1. *Cf.* P. Chevallier, *Dionysiaca. Recueil donnant l'ensemble des traductions latines des ouvrages attribués à Denys l'Aréopagite*, 2 vol., Paris-Bruges, Desclée de Brouwer, 1937-1950.

n'a jamais vraiment lue [1]. Celle de Jean Scot, réalisée vers 860 et qui, malgré sa grande difficulté, sera lue pendant tout le Moyen Âge, souvent dans une version révisée en 873 par Anastase le bibliothécaire à la demande de Charles le Chauve. Celle de Jean Sarrazin, vers 1167 [2]. Enfin, celle de Robert Grosseteste, vers 1235 [3].

Objet de nombreux commentaires médiévaux, c'est sans doute le texte dionysien le plus commenté au Moyen Âge. Le premier de ces commentaires est évidemment celui de Jean Scot. Celui-ci, en plus de traduire et de commenter le ps.-Denys, en a si profondément intégré la pensée à la sienne propre que la diffusion du dionysisme doit autant, dans un premier temps, à l'influence de l'érigénisme lui-même qu'à son entreprise de traduction et de commentaire [4]. Après cette première vague d'assimilation de la pensée dionysienne, il faut attendre le XIIe siècle pour qu'un nouveau commentaire de *La hiérarchie céleste*, celui d'Hugues de Saint-Victor, mette véritablement la notion de *hierarchia* au cœur de l'angélologie et de la théologie. C'est le commentaire hugonien qui a véritablement introduit la pensée dionysienne dans la culture médiévale [5] et qui a fait de l'exégèse dionysienne un genre littéraire à part entière. De fait, on dénombre ensuite une longue série de commentaires de *La hiérarchie céleste* : depuis les *Glose* et le *Super angelica hierarchia* de Thomas Gallus jusqu'au commentaire tardif de Denys le Chartreux, en passant par ceux de Jean Sarrazin, de Robert Grosseteste, d'Albert le Grand et Pierre de Jean Olivi [6].

1. *Cf.* G. Théry, « Hilduin et la première traduction latine des écrits du Pseudo-Denys », *Revue d'histoire de l'Église de France* 9, 1923, p. 23-39 et M. Lapidge (ed.), *Hilduin of Saint-Denis : The Passio S. Dionysii in Prose and Verse*, Leiden-Boston, Brill, 2017.

2. *Cf.* G. Théry, « Documents concernant Jean Sarrazin, réviseur de la traduction érigénienne du corpus Dionysiacum », *Archives d'histoire littéraire et doctrinale* 18, 1950-1951, p. 45-87.

3. Sur la traduction de Grosseteste, *cf.* J. McEvoy, *The Philosophy of Robert Grosseteste*, Oxford, Clarendon Press, London-New York, Oxford University Press, 1982, p. 74-89 ; sur sa connaissance du grec, cf. *Robert Grosseteste et la théologie à l'université d'Oxford (1190-1250)*, Paris, Cerf, 1999, p. 123-137.

4. Sur Jean Scot et le Pseudo-Denys l'Aréopagite, *cf.* P. Rorem, *Eriugena's Commentary on the Dionysian Celestial Hierarchy*, Toronto, Pontifical Institute of Mediaeval Studies, 2005.

5. Sur la diffusion des manuscrits dionysiens, *cf.* D. Poirel, « Le mirage dionysien », art. cit.

6. Nous ne parlerons pas du commentaire d'Olivi, qui reformule la définition dionysienne de la hiérarchie de façon très originale, sans toutefois l'intégrer à une

Si la doctrine médiévale de la hiérarchie s'est indéniablement développée des siècles durant autour de l'herméneutique patiente du *De coelesti hierarchia*, les commentaires directs de l'œuvre dionysienne ne constituent pas les seules sources de la réflexion sur la notion. On peut en effet distinguer d'autres catégories de textes dans lesquels le concept de *hierarchia* fait l'objet d'un examen détaillé et systématique et qui, sans relever de l'exégèse dionysienne à proprement parler, n'en fournissent pas moins, de façon circonscrite et relativement à cette question précise, de véritables commentaires de la définition dionysienne de la hiérarchie. En même temps qu'ils contribuent à une herméneutique plus large de la pensée dionysienne, ils témoignent de l'influence profonde de celle-ci sur la théologie médiévale.

Ainsi trouve-t-on dans le commentaire des *Sentences*, c'est-à-dire dans l'exercice herméneutique le plus institutionnel de toute la théologie scolastique, un certain nombre des questions consacrées à la définition de la hiérarchie angélique. La chose est d'autant plus curieuse que si Pierre Lombard cite le ps.-Denys au livre II, dist. 9, des *Sentences*, dans son exposé de l'angélologie, il ne fait aucun usage du concept de *hierarchia*. Il se contente de récapituler la logique ternaire de la classification dionysienne à laquelle il juxtapose celle de Grégoire le Grand, qu'il expose plus en détail et qui semble retenir sa faveur. L'une des raisons de l'importation du concept de hiérarchie dans le commentaire des *Sentences* est la conciliation de ces deux autorités. Il s'agira pour les théologiens de rendre compte de la différence entre les deux classifications – à laquelle Pierre Lombard ne réserve aucun traitement particulier – sans pour autant imputer d'erreur à l'une ou à l'autre. Il faudra donc interroger la classification dionysienne en ce qu'elle a de tout à fait singulier : en tant qu'elle se présente comme *hierarchia*. Là où elle n'était au mieux qu'implicite, la conceptualité dionysienne se redéploie dans un jeu de confrontation et de conciliation avec l'angélologie grégorienne [1].

réflexion sur le pouvoir à proprement parler. Sur ce commentaire, *cf.* S. Piron, « Deplatonising the Celestial Hierarchy. », *loc. cit.*

1. Sur ce point, *cf.* T. Suarez-Nani et B. Faes de Mottoni, « Hiérarchies, miracles et fonctions cosmologiques des anges au XIIIe siècle », dans H. Bresc, B. Grévin (éd.), *Les anges et la magie au Moyen Âge*, Mélanges de l'École française de Rome, t. 114, 2002/2, p. 717-751.

Au XIIIe siècle, le thème de la hiérarchie angélique constitue un topos suffisamment répandu en théologie pour apparaître dans toutes sortes d'écrits non spécifiquement dionysiens. Les grandes sommes de théologie – de Philippe le Chancelier et Alexandre de Hales à Albert le Grand et Thomas d'Aquin – l'intègrent dans leur architecture comme une question standard de l'angélologie. On le rencontre aussi, plus rarement cependant, mais toujours avec le même degré de technicité, dans des textes moins systématiques, tels certains traités d'Alain de Lille ou certaines homélies de Bonaventure.

On peut donc grossièrement distinguer trois catégories de textes dans lesquels s'énonce la doctrine médiévale de la hiérarchie. En premier lieu, les commentaires de *La hiérarchie céleste* – en particulier de son chapitre III – du ps.-Denys. En deuxième lieu, les commentaires des *Sentences*, à la distinction ix. Ces deux premières catégories appartiennent à des traditions herméneutiques précises, formellement identifiables. Il faudrait éventuellement en ajouter une troisième, beaucoup plus diversifiée et hétérogène, où l'on rangerait tous les textes qui, sans forcément s'inscrire dans une démarche strictement exégétique ou un courant de pensée ouvertement dionysien, n'en contribuent pas moins à la formulation technique du concept de *hierarchia*. Ce seraient en quelque sorte les commentaires informels de la pensée dionysienne. Si la première catégorie de textes contribue activement à la promotion de la pensée dionysienne et de la notion de hiérarchie dans la culture médiévale, on pourrait dire que la deuxième et la troisième en sont l'effet : la pénétration du concept de *hierarchia* dans le commentaire des *Sentences*, qui ne le mentionnent même pas, en fait presque un passage obligé dans la formation universitaire en théologie, tandis que sa diffusion plus générale dans une plus grande diversité de textes témoigne d'une première forme d'autonomisation du concept par rapport à son texte, sinon son contexte d'origine, laquelle correspond aussi à la transformation progressive d'un terme technique directement calqué sur le grec en un mot latin courant.

Ces remarques textuelles ne prétendent pas résumer l'histoire de la réception latine du corpus dionysien, pas plus que de celle de l'une de ses parties seulement, ni restituer en détail le trajet du concept de hiérarchie du texte dionysien à la théologie scolastique. Elles visent seulement à mettre en évidence la superposition des strates discursives et la multiplicité des champs textuels qui constituent la matière d'un montage médiéval savant, dont nous voudrions à présent tenter de cerner l'unité ou, du moins, les lignes de force majeures. À la question *Quid sit hierarchia ?* les théologiens médiévaux ont donné de nombreuses réponses à différentes époques. Cela forme une histoire dont on peut suivre le fil, ou plutôt les fils, tant elle est riche. Cela forme aussi un lieu commun de la pensée médiévale, une idée suffisamment générale pour que l'on puisse dire qu'elle est la même chez tous ceux qui la pensent, en dépit de toutes ses variations. C'est cette idée dont nous voudrions tenter de rendre compte.

Id est, sacer principatus

Les premiers glossateurs

Le concept de *hierarchia* enveloppe une théorie du pouvoir [1]. Si les commentateurs modernes ont largement ignoré ce point, il n'en va pas de même de leurs prédécesseurs médiévaux qui semblent tous unanimes dans leur compréhension générale du concept dionysien. Le terme lui-même, on l'a déjà remarqué, n'a pas été traduit du grec en latin, mais directement translittéré. Les commentateurs médiévaux, face à ce mot étrange qui pénétrait le langage de la théologie, ont néanmoins estimé nécessaire d'en expliquer la signification nominale ou littérale, au moyen d'une formule qui vaudra presque comme définition : *hierarchia, id est sacer principatus*. Il s'agit en effet de la traduction littérale des mots grecs ἱερός et ἀρχή qui composent le terme de « hiérarchie ». Le mot ἀρχή signifie cependant deux choses : commencement et commandement, principe et pouvoir. Les commentateurs latins ont choisi de traduire ἀρχή de façon univoque par *principatus*, et non par *principium*. Il s'agit moins d'une erreur de traduction que d'un choix sémantique et herméneutique stratégique. En effet, cela n'a pas été sans conséquence sur l'interprétation médiévale du concept de *hierarchia*, dès lors engagée dans une direction plus « politique » que métaphysique.

1. C'est la dimension que manque Louis Dumont dans son travail sur la notion de hiérarchie : *Homo hierarchicus. Essai sur le système des castes*, Paris, Gallimard, 1967, p. 33-35, 91-93 et 294-297. Pour une interprétation de la notion plus attentive à la question du pouvoir, voir les remarques d'E. Coccia, *Angeli…*, *op. cit*, p. 455-478.

Hilduin, premier traducteur latin du texte dionysien, dans son récit mythique de la vie de Denys l'Aréopagite, en présente les écrits. Le premier, il utilise la formule *sacer principatus* afin de gloser le terme de *hierarchia*, en parlant de *La hiérarchie céleste*.

> Il envoya une lettre importante au saint Timothée, en usant pour celle-ci d'un style approprié à la hauteur de la déité et d'un langage suffisamment étincelant de la lumière céleste, se montrant lui-même rempli par le verbe du pain des anges, par lequel vivent les cohortes d'en haut. Bientôt soulevé du sol et abandonnant les choses charnelles, il expose selon les règles les puissances célestes, à savoir les différents ordres des anges rassemblés, rendant à juste titre louange à la déité avec des sons mélodieux. [...] Ce qu'il a dévoilé dans ce vaste livre, les exordes suivants l'indiqueraient distinctement. [...] III. Ce qu'est la hiérarchie (c'est-à-dire le pouvoir sacré) et ce qui est utile à la hiérarchie [1].

Pour l'abbé de Saint-Denis, il va de soi que le thème de *La hiérarchie céleste* est le « principat » céleste (*coelestis principatus*), c'est-à-dire le « principat » sacré (*sacer principatus*). Si Hilduin est le premier auteur latin à utiliser cette expression, il ne l'explique pas pour autant. En quoi consiste plus précisément ce type de pouvoir que l'on qualifie de sacré ?

Il faut regarder chez Jean Scot, le second traducteur latin du texte dionysien, pour trouver une première explication. Dans la lettre dédicatoire à Charles le Chauve qui précède sa traduction des écrits dionysiens, il précise à propos de la *hierarchia* qu'il s'agit d'une fonction sacerdotale.

> Le premier livre, qui s'intitule « Sur la hiérarchie céleste », que l'on peut appeler en latin, exprimant le sens mais non le mot, « Sur le pontificat céleste » ou « Sur le suprême sacerdoce céleste », énumère, ordonne, sépare et réunit les neuf rangs des puissances célestes, et expose brillamment leurs images symboliques, c'est-à-dire signifiantes, ou mystiques, en tant qu'elles sont manifestées divinement aux théologiens. Il les ordonne en supérieurs, moyens et inférieurs, les sépare en trois hiérarchies triadiques, réunit les premières aux dernières et les dernières aux premières par

1. *The Passio S. Dionysii in prose and verse*, cap. IX, *op. cit.*, p. 341-342 (notre traduction).

les intermédiaires, les unissant par un rapport merveilleux entre extrêmes et moyens [1].

En reformulant le titre dionysien, l'Érigène avoue explicitement traduire le sens du terme *hierarchia*, mais non sa lettre même. La hiérarchie consiste en un pontificat (*pontificatus*) ou un sacerdoce (*sacerdotium*). En l'occurrence, celui des anges ou des puissances célestes (*caelestes virtutes*), dont les neuf rangs sont ordonnés en trois ordres ternaires, supérieur, moyen et inférieur. Comme chez Hilduin (*de coelesti principatu, id est de ordinibus angelorum*), le pouvoir ou le pontificat sacré est intimement lié à, pour ne pas dire synonyme de, la question de l'ordre des anges. Bien qu'il ne s'agisse pas de textes techniques, on voit se dessiner une problématique subtile où la hiérarchie comme sacerdoce se redouble dans la hiérarchie comme ordre – et où le sens technique et originel du terme rejoint ou anticipe sa signification plus courante et moderne. En jouant du double sens du mot, on dira que si la hiérarchie se définit comme un pontificat ou un sacerdoce, c'est parce que le pouvoir sacerdotal prend la forme d'une hiérarchie. Ce nouage entre le pouvoir et l'ordre exprime la tension interne du concept de *hierarchia*.

Avant même les traductions latines, le terme et la notion semblent avoir intrigué déjà le premier commentateur – et fort probablement le premier éditeur – du texte dionysien, Jean de Scythopolis [2]. Les gloses de Jean de Scythopolis, écrites en grec, ont été traduites en latin par Anastase le bibliothécaire et adjointes à sa version révisée de la traduction érigénienne, laquelle constitue la base du corpus dionysien médiéval. Si ni Hilduin ni Jean Scot ne semblent avoir connu ces gloses, les manuscrits dionysiens des XIIe et XIIIe siècles, en revanche, sous l'influence du corpus édité par Anastase, les reproduiront, en les confondant avec celles de Maxime le Confesseur [3].

1. Jean Scot, *Lettre à Charles le Chauve*, in *MGH. Epistolæ 6*, n. 14, p. 158 (notre traduction).

2. *Cf.* P. Rorem and J. C. Lamoreaux, *John of Scythopolis and the Dionysian Corpus*, Oxford, Clarendon Press, 1998 ; A. Louth, « The Reception of Dionysius up to Maximus the Confessor », *in* S. Coakley and C. M. Stang (eds.), *Re-thinking Dionysius the Areopagite*, Malden-Oxford-Chichester, Wiley-Blackwell, 2009, p. 43-54.

3. Sur le corpus anastasien, *cf.* H.-F. Dondaine, *Le corpus dionysien de l'université de Paris au XIIIe siècle*, *op. cit.*, p. 35-66.

> Puisqu'il utilise le terme de hiérarchie dans son titre, il avait l'habitude d'appeler les évêques hiérarques. Il faut savoir en effet que la hiérarchie est le pouvoir des ordres sacrés. Quant au hiérarque, il est le pontife qui dirige les choses sacrées, y pourvoit et se consacre à leur administration, pas moins qu'aux prêtres, c'est-à-dire qu'il est celui qui dispose leur ordre, celui de l'Église et des ministères. Cette idée, le grand Denys lui-même l'a exposée plus bas dans le discours qu'il a écrit au sujet de la hiérarchie ecclésiastique[1].

Le terme de *hierarchia* paraît à peine moins exotique à un auteur grec du VIe siècle qu'aux lecteurs médiévaux. Jean de Scythopolis s'appuie sur la morphologie du mot pour le rapprocher de ἱεράρχης, qui signifie prêtre. La hiérarchie est donc le pouvoir d'ordonnancement du sacré (*principatus sacrarum ordinationum*), dans la mesure où le hiérarque est celui qui dirige, administre ou gère les choses sacrées, c'est-à-dire dispose leur ordre (*ordinem disponit*). En suivant la logique des termes, on dira que la hiérarchie constitue le pouvoir du hiérarque – un peu comme la monarchie constitue celui du monarque – qui consiste à administrer la réalité sacrée en la mettant en ordre.

La traduction d'Anastase n'est pas tout à fait neutre. Elle est même très orientée. Il faut, pour en apprécier la nuance, la comparer sur un point avec le texte grec de Jean de Scythopolis. Anastase propose : *Ierarches autem id est pontifex qui sacris principatur, consulit et curam impendit, nichilominus et sacerdotibus*, là où le texte grec dit : καὶ ἱεράρχης ὁ τῶν ἱερῶν ἄρχων καὶ φροντίζων καὶ προνοῶν, οὐ μὴν τῶν ἱερέων[2]. Il traduit donc οὐ μὴν par *nichilominus et*. Ce qui revient à changer le sens du texte de façon importante. Jean de Scythopolis dit à peu près la chose suivante : « et le hiérarque est

1. Jean de Scythopolis, *In librum de coelesti hierarchia*, trad. Anastase le bibliothécaire, d'après les Mss. BNF lat. 1618, fol. 5r et BNF lat. 17341, fol. 6va : « *Quoniam superscriptio ierarchiam habet, uocare ierarchas consueuit episcopos. Sciendum ergo est quoniam quidem ierarchia est principatus sacrarum ordinationum. Ierarches autem, id est pontifex qui sacris principatur, consulit et curam impendit, nichilominus et sacerdotibus, scilicet qui et sacra et ordinem eorum et ecclesiae ac ministeriorum disponit. Hanc autem rationem et ipse magnus Dionisius deorsum exponit in sermonem quem de ecclesiastica ierarchia conscripsit.* » (notre traduction).

2. *Sancti Maximi scholia in librum* De coelesti hierarchia, PG 4, 29 A. Dans l'édition de la Patrologie, les scholies de Jean de Scythopolis sont attribuées à Maxime le Confesseur.

celui qui dirige les choses sacrées, s'en occupe et y pourvoit, mais non pas les prêtres ». Alors que le hiérarque est défini comme celui qui administre les choses sacrées seulement, Anastase étend son pouvoir aussi aux personnes. Ce qui fait de la *hierarchia* non plus une simple fonction sacrée, mais un véritable pouvoir. La traduction apparaît ici comme une inflexion doctrinale qui contribue à inscrire le concept de *hierarchia* dans une problématique politique [1]. On trouverait une confirmation de cette lecture dans la traduction du terme μυστηρίων par *ministerium*. L'organisation des sacrements – que le grec présente comme des « mystères » – prend la forme d'une administration des fonctions ou des ministères. La hiérarchie est une administration de fonctionnaires [2]. Avant de la présenter à Charles le Chauve, Anastase corrige donc la traduction de Jean Scot sur un point crucial qui permet de faire jouer la doctrine dionysienne dans le sens d'un accroissement du pouvoir papal – à un moment crucial du développement de la papauté. La manœuvre exégétique est donc hautement politique.

Il découle de toutes ces gloses que le concept de hiérarchie, dans son acception la plus immédiate, engage une problématique essentiellement pratique. Celle-ci met en jeu la question du pouvoir sacré, c'est-à-dire du pouvoir sacerdotal qu'exercent les prêtres ou les anges, qui sont autant de ministres du culte divin. Il appartient donc à la sphère de l'ecclésiologie et de la liturgie. La notion principale qui semble caractériser la hiérarchie est cependant celle d'ordre. Il s'agit moins de décrire les pratiques rituelles ou liturgiques dans leur détail que d'envisager l'organisation générale du pouvoir sacré : comment il se distribue parmi différents rangs inégaux et dispose les réalités sacrées en un ordre hiérarchisé. En un sens, le concept de hiérarchie ne nomme rien d'autre que l'Église, terrestre ou céleste,

1. Sur la réception du corpus dionysien par Anastase le bibliothécaire, *cf.* R. Forrai, « The Notes of Anastasius on Eriugena's Translation of the *Corpus dionysiacum* », *The Journal of Medieval Latin* 18, 2008, p. 74-100 ; « Anastatius Bibliothecarius and his Textual Dossiers. Greek Collections and their Latin Transmission in ninth Century Rome », dans *L'antiquité tardive dans les collections médiévales. Textes et représentations, VIe-XIVe siècle*, S. Gioanni et B. Grévin (éd.), Rome, École française de Rome, 2008, p. 319-337 (330-335).

2. Sur l'équivoque entre *mysterium* et *ministerium*, *cf.* E. Kantorowicz, « Les mystères de l'État, un concept absolutiste et ses origines médiévales (bas Moyen Âge) », dans *Mourir pour la patrie et autres textes*, Paris, Puf, 1984, p. 75-103 et G. Agamben, *Le règne et la gloire*, *op. cit.*, p. 234-236.

en tant que réalité pratique et en tant qu'institution, mais il vise précisément l'articulation de ces deux dimensions. Par hiérarchie on peut aussi bien entendre l'institution ecclésiastique elle-même, l'ensemble des ordres, que ce par quoi le hiérarque agit, le pouvoir dont il dispose. C'est que leur rapport fonctionne de façon circulaire et que le hiérarque exerce son pouvoir conformément à l'ordre qu'il dispose. On ne saurait donc réduire la hiérarchie à la fixité d'un ordre institué, puisqu'elle consiste aussi en l'institution même de cet ordre. Le concept de *hierarchia*, tel en tout cas qu'il a été entendu par ses glossateurs médiévaux latins, sert à penser la relation circulaire entre le pouvoir et l'ordre. Il invite aussi bien à dynamiser la question de l'ordre, l'image rigide et hiératique que l'on se fait par exemple des hiérarchies angéliques, qu'à ordonner la notion de pouvoir, à la penser comme disposition ou ordonnancement, comme une activité à la fois dépendante et productrice d'un ordre.

Hugues de Saint-Victor

On doit à Hugues de Saint-Victor d'avoir mis la notion de pouvoir au centre de son interprétation de la doctrine dionysienne de la hiérarchie[1]. Son commentaire sur *La hiérarchie céleste* donne non seulement un nouveau départ à la pensée dionysienne médiévale[2], mais porte aussi la question du pouvoir à un degré d'explicitation jamais atteint auparavant dans l'exégèse du ps.-Denys. Il confirme ainsi les intuitions de ses prédécesseurs tout en réinscrivant le thème de la hiérarchie dans la problématique résolument pratique – sinon politique – du pouvoir sacré, inaugurant ainsi la tradition scolastique de réflexion sur le *sacer principatus*. Comme le montre le prologue du commentaire, la théorie de la hiérarchie prend place dans un développement plus large au sujet du pouvoir divin et du gouvernement du monde.

> Denys l'Aréopagite, le philosophe devenu théologien chrétien, qui a décrit les hiérarchies, expose l'ordre de l'organisation divine dans le gouvernement de toute chose, à savoir, comment Dieu a fait

1. Sur ce point, *cf.* D. Luscombe, « The commentary of Hugh of Saint-Victor on the Celestial Hierarchy », *in* T. Boiadjiev, G. Kapriev, A. Speer, *Die Dionysius-Rezeption im Mittelalter*, Turnhout, Brepols, 2000, p. 168-172 ; J. Won Seouh, *Knowledge and Action in Hugh of St. Victor's Commentary on the Dionysian Celestial Hierarchy*, Ph. D. Dissertation, Princeton, New Jersey, 2007, p. 76.

2. Sur le « réveil » de la pensée dionysienne chez Hugues de Saint-Victor, *cf.* Poirel, *Des symboles et des anges*, *op. cit.*

> participer la créature rationnelle à son pouvoir, en instituant des magistrats, des pouvoirs et des gouvernements sacrés, au ciel entre les anges, et sur la terre entre les hommes, afin que soient dominées ses créatures. Puisqu'il était convenable que cette partie de son œuvre puisse participer à son pouvoir dans son administration, elle a reçu dans sa création une participation à sa ressemblance, de sorte que, elle qui seule avait été faite à la ressemblance de son créateur, seule elle porte son image dans son ordination. Dieu lui-même, créateur de toute chose, dont la majesté ineffable et la vertu indéfectible et souveraine étaient de gouverner seul ce qu'il avait créé seul, voulut avoir dans les choses qu'il avait faites des participants au gouvernement et des coopérateurs, non pas pour qu'il fût assisté par eux dans son propre ministère, mais pour qu'eux fussent rendus sublimes par la participation à son pouvoir[1].

Le concept clé est celui de pouvoir (*potestas*), que le commentateur décline en un large champ sémantique comprenant l'administration (*dispositio*), le gouvernement (*gubernatio*), le ministère (*ministerium*), les magistrats (*magistratus*), les commandements (*principatus*), les dominations (*dominationes*) et les ordres (*ordines*). Ce vaste déploiement du vocabulaire du pouvoir n'est pas seulement rhétorique mais vise à éclairer avec la plus grande précision conceptuelle possible la question de l'institution divine du pouvoir entre les anges et les hommes. Ou, selon les mots du texte : comment le divin fait participer (*participem fecit*) la créature rationnelle (*rationalem creaturam*) à son pouvoir (*suae potestatis*). Le gouvernement de toute chose (*rerum omnium gubernatio*) ne consiste donc pas dans le seul exercice du pouvoir divin, mais dans la communication de ce pouvoir à la créature, au sein d'une relation de participation qui prend la forme d'une délégation de pouvoir. Les participants (*participes*) sont des coopérateurs (*cooperatores*).

Hugues précise qu'il ne s'agit pas là d'une nécessité interne au pouvoir divin, mais d'un supplément de puissance accordé aux créatures en vue de leur sublimation (*sublimes efficerentur*). La participation au gouvernement du monde, l'exercice du pouvoir, représente une promotion morale pour la créature. Plus encore, c'est en cela qu'Hugues entend qu'elle a été faite « à l'image et à la ressemblance » (Gn 1, 26) du créateur : elle a été faite

1. Hugues de Saint-Victor, *Super Ierarchiam Dionisii*, lib. I, II, éd. D. Poirel, Turnhout, Brepols, 2015, p. 405-406 (notre traduction).

à sa ressemblance (*ad similitudinem*) dans sa création (*in sua conditione*) afin de porter son image (*imaginem*) par sa participation à l'administration (*in sua ordinatione*) du monde. En exerçant le pouvoir qui lui a été délégué, la créature se conforme à l'image divine, elle actualise, mais en l'augmentant ou en la sublimant, sa condition, à savoir sa similitude avec le divin, par une sorte de passage à la limite qui fait coïncider au maximum la ressemblance et l'image. C'est en participant au gouvernement (*gubernatione participes*) que la créature participe de la majesté (*maiestas*) divine. C'est pourquoi le pouvoir divin ne s'exerce pas seulement directement ou souverainement, mais se décline – ou s'exerce précisément en se déclinant – en de multiples formes de pouvoir subalternes, en magistrats, en commandements, en dominations, selon un ordre qui va du supérieur à l'inférieur, du plus élevé au reste de l'univers.

Il y va donc dans le macrocosme politique décrit par Hugues d'autre chose que d'une simple structure administrative. Tout le système des magistratures et des commandements, l'établissement des degrés de pouvoir entre les créatures, dessine un ordre de distribution et de circulation de la grâce divine dans lequel se noue une relation dynamique entre le créateur et la créature. Non seulement le pouvoir est fondé dans la puissance divine, mais il reconduit à elle par son exercice ordonné.

> La majesté et le commandement qui dans le seigneur et gouverneur de toute chose sont adorés universellement, omnipotentiellement, surexcellement et ineffablement, sont distribués en ceux qui sont rendus participants à la grâce, récipiendaires conjoints de la gloire et associés à la majesté, selon les parties, les divisions, les grades et les ordres, descendant de lui et se retournant vers lui, ordonnées vers lui et sous lui, qui est source et cause de toute chose et principe premier, une œuvre et un artisan, un commandement et un dirigeant, un prince et une république, un dieu et père, dont est issue toute paternité dans le ciel et sur la terre, un seul est tout en tous, et tous sont un en un. [...] Le créateur omnipotent est appelé gouverneur par soi de toute chose créée, non par une usurpation étrangère ou une appellation superficielle, mais par la vertu implantée en lui et la bonté enracinée, qui tout à la fois soigne et nourrit, régit et administre l'univers, il a dispensé la même bonté et la même vertu à ceux qui dominent sous lui, selon la mesure des participations et la raison du ministère, selon des ordres et des grades variés, communiquant des dons meilleurs et surexcellents

aux supérieurs et haut placés par commandement, concédant aux inférieurs et aux grades les plus bas des charismes moindres asservissant de façon libre et offerts à ceux qui sont assujettis sans oppression[1].

On reconnaît dans le texte un schéma d'origine néoplatonicienne : celui de la procession et de la conversion, de l'origine et du retour (*ab eo descendens et respiciens*)[2]. Tout pouvoir vient de Dieu – l'unique seigneur (*dominus*) et gouverneur (*gubernator*) – et tout pouvoir revient à Dieu. Le schéma néoplatonicien hérité par Hugues du ps.-Denys est réinvesti par lui dans l'explication du mouvement de la grâce divine qui se propage dans la créature et la fait se retourner vers Dieu par participation (*participatione gratiarum*). D'une façon toute néoplatonicienne encore, ce double mouvement est décrit dans les termes d'une dialectique entre l'un et le multiple : l'un se divise tout en demeurant dans son unité (*unum in se manens diuiditur*). Ce mouvement de division de l'un dans le multiple et de participation de la multiplicité dans l'unité, qui structure la métaphysique néoplatonicienne, semble cependant faire l'objet d'une réinterprétation chez Hugues. Il décrit très précisément comment la majesté (*maiestas*) et le pouvoir de commandement (*imperium*) sont distribués (*distributum*) entre les participants, selon des parties, des divisions, des grades et des ordres (*per partes et diuisiones et gradus et ordines*). Le premier principe (*principium primum*) est non seulement source et cause (*fons et causa*), mais aussi pouvoir (*imperium*), dirigeant (*rector*), prince (*princeps*) et république (*respublica*). Puisque le *principium* est *princeps*, sa principialité ne se dit pas en termes de causalité, mais en termes de pouvoir. Hugues livre en quelque sorte une version politique du schéma néoplatonicien de la procession et de la conversion.

Il en va de même du traitement de l'image classique de la lumière.

> Ce sont là les distributions de lumières descendant en toute chose, auxquelles il est donné de participer par le père des lumières et le soleil de la justice, devenu claires visions de sorte qu'elles brillent et illuminent, sujettes en tant qu'elles brillent et supérieures en

1. Hugues de Saint-Victor, *Super Ierarchiam Dionisii*, lib. I, II, p. 406-407 (notre traduction).

2. Sur ce schéma dans le commentaire d'Hugues, *cf.* J. Won Seouh, *Knowledge and Action in Hugh of St. Victor's Commentary on the Dionysian Celestial Hierarchy*, *op. cit.*, p. 75-78.

tant qu'elles illuminent. La lumière est unique et le bien est un, et plusieurs sont les choses qui luisent et participent à l'unique bien et l'unique lumière, et en cela qu'ils participent, ils sont un, rassemblés dans l'un et reconduits à l'un et conformés à l'un [1].

La division du pouvoir est présentée comme une distribution de lumière (*distributiones luminum*) qui se propage de miroir en miroir. La particularité du miroir tient à ce qu'il reçoit la lumière tout en la reflétant, à ce qu'à la fois il brille et illumine. Hugues traduit ce jeu optique en termes de positions de pouvoir : les créatures sont assujetties (*subiecta*) en tant qu'elles brillent (*in eo quod lucent*) mais supérieures (*prelata*) en tant qu'elles illuminent (*in eo quod illuminant*). Cette réversibilité entre activité et passivité, entre sujetion et domination, est la loi même du pouvoir hiérarchique qui, à chaque degré, associe toujours un degré supérieur et un degré inférieur ou, plutôt, fait de chaque degré à la fois l'inférieur d'un autre et le supérieur d'un autre. La lumière que se renvoient tous les participants, tels des miroirs recevant la lumière de l'un pour en illuminer un autre, ne fait donc que symboliser des rapports de pouvoir.

Et le bien souverain, par la participation à la grâce et la distribution des dons se divise, en demeurant un en soi, parmi l'ensemble des participants aux largesses, et tous les participants de l'un sont unis dans la forme et la véritable simplicité de sa propre unité. Ils ne pourraient pas être participants du pouvoir s'ils n'étaient pas faits auparavant par la grâce récipiendaires conjoints de la vertu, et ils ne pourraient pas avec lui ce que lui-même peut s'ils n'avaient d'abord mérité par lui d'être ce qu'il est [2].

C'est par un supplément de grâce et de lumière – c'est-à-dire de pouvoir – que les créatures participent à la puissance divine. Plus précisément, ce par quoi les créatures sont rendues dignes de participer au pouvoir (*participes potestatis esse potuissent*), c'est la grâce (*per gratiam*), qui les fait participer à la vertu divine (*consortes fierent uirtutis*). C'est seulement par un supplément moral et spirituel que les créatures peuvent être ce qu'est Dieu en soi, peuvent accéder à sa bonté et à sa vertu (*bonitatem et uirtutem*), et

1. Hugues de Saint-Victor, *Super Ierarchiam Dionisii*, lib. I, II, p. 406-407 (notre traduction).

2. *Ibid.*, (notre traduction).

c'est dans l'exercice du pouvoir que cette participation à la fois se réalise et s'exprime. Aussi le degré de participation (*mensuram participationis*) se traduit-il en variété de fonctions ou en types de service (*ministerii rationem*). Le rapport de la créature au divin se manifeste alors dans les relations mutuelles de pouvoir entre les créatures. Ce par quoi une créature exerce du pouvoir sur une autre coïncide avec ce par quoi elle participe au divin, et inversement. Le langage métaphysique de la participation et le langage noétique de la lumière sont comme absorbés par un paradigme politique. Tout le système de la participation, tout le champ de diffusion de la lumière, tout ce néoplatonisme dionysien prennent la forme d'un vaste dispositif gouvernemental, d'une grande administration à travers laquelle, de service en service, de ministère en ministère, circule le pouvoir divin.

Autrement dit, c'est dans et par la hiérarchie que la créature participe du divin et qu'elle reçoit la grâce qui la rend digne d'exercer du pouvoir.

> Voilà les hiérarchies, c'est-à-dire les gouvernements sacrés, que la hiérarchie souveraine a formés d'après elle, et institués pour dominer sous elle, et commander dans ses œuvres selon les ordres scellés par le principe unique et le pouvoir unique, d'où sont issus tous les pouvoirs et toutes les puissances, et toutes les lumières qui brillent et illuminent spirituellement tout ce qui brille. Voilà l'excellence de la créature rationnelle, et la sublimité et la dignité que l'on doit admirer, par quoi elle mérite de dominer dans les œuvres de son créateur, ayant reçu la puissance de lui et détenant le pouvoir avec lui. Cette puissance, parce qu'elle est distribuée à partir d'une puissance unique et d'un pouvoir unique, selon la mesure des distributions et des participations, de façon variée et multiple, pour la parure et la beauté des œuvres qu'orne la sagesse, s'effectue en de multiples puissances et de multiples pouvoirs [1].

La hiérarchie qui était évoquée au début du texte se dit maintenant au pluriel. Hugues distingue la hiérarchie suprême ou souveraine (*summa ierarchia*) et les multiples hiérarchies qu'elle forme et constitue, qui sont autant de gouvernements sacrés (*sacri principatus*). C'est tout le schéma néoplatonicien de diffusion et de circulation de la lumière divine qui se trouve résumé dans la

1. *Ibid.*, p. 407 (notre traduction).

dialectique du pouvoir constituant et du pouvoir constitué. Tous les pouvoirs institués sont consignés (*consignatos*) par le principe ou le pouvoir unique (*sub uno principio et potestate una*). Le verbe *consignare* appartient au vocabulaire juridique où il signifie aussi bien, au sens premier, sceller, authentifier (*probare*) par écrit que, dans son acception médiévale surtout, transmettre (*tradere*) ou concéder (*concedere*), ainsi que bénir, en marquant d'un signe de croix. Il s'agit ici d'indiquer comment le pouvoir hiérarchique est à la fois délégué à des instances inférieures et officiellement institué et reconnu. Le lien hiérarchique qui unit le principe divin et la créature ne relève pas tant d'un rapport de cause à effet que d'une relation officielle, juridique, qui institue la participation de celle-ci à celui-là comme une coopération entre pouvoir constitué et pouvoir constituant.

La hiérarchie apparaît donc comme un dispositif de pouvoir complexe qui articule l'unité du pouvoir divin et la multiplicité des puissances secondes qu'elle institue, et assure ainsi la circulation du pouvoir parmi les créatures et le gouvernement du monde.

C'est pourquoi la hiérarchie elle-même se décline au singulier et au pluriel, sur différents niveaux qui constituent une hiérarchie particulière au sein de la hiérarchie au sens large :

> « Hiérarchie », traduit du grec, signifie « pouvoir sacré ». Il y a trois hiérarchies, c'est-à-dire pouvoirs sacrés, dont nous avons parlé quand nous les avons évoqués plus tôt. La première et la plus haute hiérarchie est le pouvoir divin. La deuxième et moyenne hiérarchie est le pouvoir angélique, fait à la ressemblance du premier pouvoir et institué sous le premier pouvoir. La troisième et dernière hiérarchie est le pouvoir humain, fait à la ressemblance du pouvoir angélique et institué sous lui et par son intermédiaire, sous le premier et le plus haut. Par ces hiérarchies, c'est-à-dire ces pouvoirs sacrés, est régi le monde entier[1].

Tout le propos du commentateur se trouve ici ramassé dans une définition en extension de la hiérarchie. La hiérarchie est un pouvoir sacré (*sacer principatus*), qui est formé par trois hiérarchies : le pouvoir divin (*potestas diuinitatis*), le pouvoir angélique (*potestas angelica*) et le pouvoir humain (*potestas humana*). Ces trois pouvoirs

1. Hugues de Saint-Victor, *Super Ierarchiam Dionisii*, lib. I, v, p. 411-412 (notre traduction).

sont hiérarchisés – le premier est supérieur au deuxième qui est supérieur au troisième – et constituent chacun une hiérarchie à part entière – la Trinité, la hiérarchie angélique et la hiérarchie ecclésiastique.

L'idée que la Trinité puisse former une hiérarchie semble implicitement tirée de la doctrine dionysienne – où elle n'est cependant pas exprimée comme telle, mais où l'on trouve l'idée que la hiérarchie est formée à l'image ou sur le modèle de la Trinité [1] – et fera l'objet à la fois de reprises et de critiques virulentes. Si toutefois une telle proposition, en dépit de ses difficultés propres, a pu être retenue par les théologiens, c'est précisément parce que « hiérarchie », dans le langage de la théologie médiévale, au sens technique, ne signifie pas ou pas seulement, pas principalement, ce qu'une oreille moderne tend à y percevoir spontanément, à savoir une gradation verticale d'éléments, mais bien une forme de pouvoir. La façon dont ce pouvoir s'articule à la notion d'ordre pose un certain nombre de difficultés, internes au concept même de *hierarchia*, que son usage douteux dans le contexte trinitaire contribue à mettre en lumière.

Alain de Lille

Alain de Lille reproduit assez fidèlement la leçon de son aîné victorin, dont il poursuit les intuitions principales, non sans leur donner une forme plus synthétique et concise [2]. Ainsi dans la définition qu'il propose du concept dionysien :

> La hiérarchie est la domination légitime de la nature rationnelle. D'après cette définition nous pouvons étendre la hiérarchie aux trois personnes éternelles, c'est-à-dire au Père, au Fils et au Saint-Esprit, qui possèdent un pouvoir sur les choses créées, ainsi qu'aux anges par rapport aux hommes, et aux hommes par rapport aux inférieurs. Il n'y a rien dans cette définition de superflu ou qu'il faille enlever. Puisque sans domination il n'y a pas de Hiérarchie, dans la définition est posé le terme de domination, mais puisqu'une nature irrationnelle, comme un animal sauvage, possède presque

1. Sur ce point, *cf.* Pseudo-Denys l'Aréopagite, *La hiérarchie céleste*, VII, IV, 212A-C (trad. M. de Gandillac, Paris, Cerf, 1970, p. 117-119).

2. Sur le rapport d'Alain de Lille à la tradition dionysienne, de Jean Scot à Hugues de Saint-Victor, *cf.* A. Bartola, « "Ordo angelicus" e "theophania" in Alano di Lilla », *Studi medievali* 3, 30, 1989, p. 209-270.

> une sorte de domination sur un autre animal sauvage, là où pourtant nous n'étendons pas le pouvoir de la hiérarchie, il convient d'ajouter « de la nature rationnelle », mais puisque la nature rationnelle, comme l'homme, usurpe souvent la domination dans sa tyrannie, on adjoint avec raison « légitime ».
> La hiérarchie signifie donc « pouvoir sacré », ou pontificat, à partir de « archos », qui est le chef, et « ieros », qui veut dire sacré ou saint. Celle-ci se divise en trois espèces, en supercéleste, céleste et subcéleste.
> La hiérarchie supercéleste est la monarchie sacrée et ineffable des trois hypostases. Les trois Personnes en effet possèdent un pouvoir unique sur tout, auxquelles sont soumises les choses célestes et les choses terrestres.
> La hiérarchie céleste est le pouvoir justement réparti des citoyens célestes, gouvernant les inférieurs, sans dénier le service dû aux supérieurs. Le pouvoir angélique possède aussi la dignité d'acquitter l'obéissance à Dieu et de ne pas perdre la domination sur les inférieurs.
> La hiérarchie subcéleste est la dignité des prélats ordonnée dans l'église de Dieu[1].

Alain de Lille entend proposer une définition de la hiérarchie qui puisse s'appliquer de façon univoque à tous les niveaux qu'elle comporte, à savoir aux trois hypostases de la Trinité, aux anges et aux hommes – les trois mêmes hiérarchies que distingue Hugues de Saint-Victor – qu'il renomme respectivement hiérarchie supracéleste, céleste et subcéleste. Le trait commun à ces trois formes ou plutôt à ces trois degrés de pouvoir est leur rationalité. Le pouvoir hiérarchique est, plus qu'un pouvoir sacré (*sacer principatus*), un pouvoir rationnel, le pouvoir légitime de la nature rationnelle (*legitimum nature rationalis dominium*).

Légitimité et rationalité semblent cependant fonctionner dans la définition en extension plus qu'en intention. En effet, le premier trait permet de distinguer le pouvoir hiérarchique du pouvoir tyrannique, qui est une usurpation de la domination, alors que le premier est toujours légitime. Quant au second trait, celui de la rationalité, il vise à différencier le pouvoir au sens propre, de la force brute ou sauvage qu'un animal peut exercer sur un autre animal. La formule proposée

1. Alain de Lille, *Expositio prosae de angelis*, éd. M.-T. D'Alverny, *Textes inédits*, Paris, Vrin, 1965, p. 202-203 (notre traduction).

par Alain détermine la hiérarchie selon un double écueil, ou plutôt la fonde sur une double exclusion : celle de la domination tyrannique d'une part et de la force brute de l'autre, de l'exercice illégitime du pouvoir ou de son déchaînement irrationnel. À la limite, on serait tenté de dire qu'il n'y a pas de pouvoir sauvage ou de pouvoir tyrannique, mais que ce sont deux formes imparfaites de pouvoir, dont l'une n'est qu'apparente (*quasi quoddam retinet dominium*) et l'autre usurpée (*usurpat dominium*). En ce sens, le pouvoir est en soi hiérarchique ou, plutôt, la hiérarchie est la forme pure du pouvoir. Alain ne pousse pas son propos jusque-là et il est toujours possible, au contraire, de séparer les choses en précisant que dans *hierarchia*, le *dominium* se tient du côté de *archos* ou *princeps*, alors que *legitimum* et *rationalis* relèvent davantage de *ieros* ou *sacer*. En divisant ainsi la définition, il apparaît alors que le sacré est ce qui rend le pouvoir légitime et rationnel, et que la hiérarchie est le dispositif qui rend le pouvoir sacré, c'est-à-dire légitime et rationnel.

Qu'a de particulier le pouvoir hiérarchique, qui lui confère sa légitimité et sa rationalité ? La hiérarchie nomme-t-elle simplement le pouvoir légitimement exercé par une nature rationnelle, comme la monarchie divine (*sacra et ineffabilis trine ypostaseos monarchia*), le gouvernement angélique (*celestium ciuium potestas inferioribus temperans*) ou la dignité ecclésiastique (*prelatorum in ecclesia Dei dignitas*) ? Ou bien trouve-t-on dans le concept de hiérarchie une articulation plus précise, ou plus interne, entre le pouvoir d'une part et sa légitimité et sa rationalité de l'autre ? Alain de Lille propose une autre formulation de sa définition dans sa somme *Quoniam homines* :

> La hiérarchie est le pouvoir ordonné des choses rationnelles et sacrées possédant une domination due sur les inférieurs.
> On dit donc « des choses » au pluriel, car la hiérarchie n'est ni une chose unique ni relative à une chose unique. Mais puisqu'il existe des choses qui ne font pas usage de la raison, parmi lesquelles la hiérarchie ne s'étend pas, on ajoute « rationnelles ». Mais puisqu'il existe des choses rationnelles éloignées des sacrements et de la sainteté, comme les démons, pour lesquels il n'y a pas de hiérarchie, on ajoute « sacrées ». Mais puisqu'il existe des choses rationnelles et sacrées qui ne possèdent aucun pouvoir sur les inférieures, car elles n'ont pas d'inférieurs, on ajoute « pouvoir ordonné », etc.

> Donc la hiérarchie se dit comme pouvoir sacré, de *gera* qui signifie sacré, et de *archos* qui veut dire pouvoir[1].

Cette définition est à la fois plus riche et plus précise que la précédente. On y retrouve la rationalité (*rerum rationabilium*) et la légitimité (*debitum dominatum*), mais au milieu d'autres éléments définitionnels. Comme si Alain cherchait à serrer toujours plus près le concept de hiérarchie en intensifiant la méthode de différentiation. La hiérarchie concerne donc une multiplicité de choses ou d'êtres non seulement rationnels, mais aussi sacrés. Si la rationalité excluait les animaux de la sphère du pouvoir, la sacralité en exclut les démons : il n'y a pas de hiérarchie démonique. La sacralité apparaît ici moins comme une qualification du pouvoir que comme une qualité de ceux qui l'exercent. Il peut être dit rationnel et sacré dans la mesure où il a cours chez des êtres rationnels et sacrés. En ce sens, *sacer principatus* équivaudrait à *rerum sacrarum potestas*. Un pouvoir neutre en soi s'appliquerait à la sphère du sacré. La question se pose alors de savoir jusqu'à quel point la relation qui se noue dans la hiérarchie entre pouvoir et sacré maintient les termes extérieurs l'un à l'autre. Si l'attribution de l'épithète « sacré » au pouvoir relève uniquement de son appartenance aux choses sacrées, alors il n'est pas un pouvoir sacré en soi et ce n'est pas la sacralité qui lui confère sa légitimité – pas plus que son caractère rationnel. On ne saurait toutefois concevoir qu'un pouvoir neutre et extérieur s'applique sans reste à la sphère du sacré, sans qu'il soit en quelque sorte rendu sacré lui-même.

Il convient donc de chercher ce qui dans la hiérarchie lie intimement pouvoir et sacré. Car il existe, selon Alain, des choses sacrées qui n'ont rien à faire avec le pouvoir. Ce sont celles – mais il ne donne ici aucun exemple – qui n'admettent pas d'inférieurs (*inferiores non habeant*). Autrement dit, il n'y a pas de pouvoir (*potestas*) ou de domination (*dominatum*) s'il n'y a pas une relation selon la supériorité et l'infériorité. Celle-ci suppose un ordre et c'est parce qu'il a partie liée à l'ordre que le pouvoir s'exerce légitimement du supérieur à l'inférieur. La hiérarchie se définit donc comme un pouvoir ordonné (*ordinata potestas*). Il y a hiérarchie

1. Alain de Lille, *Quoniam homines*, 143, éd. P. Glorieux, « La somme "quoniam homines" d'Alain de Lille », *Archives d'histoire doctrinale et littéraire du Moyen Âge* 20, 1953, p. 280 (notre traduction).

là où une multiplicité d'êtres portant les caractères de la rationalité et de la sacralité est ordonnée de telle sorte que les uns exercent légitimement une domination sur les autres. Il ne s'agit donc pas seulement, en un sens faible, d'un pouvoir qui s'exerce dans la sphère du sacré sur des êtres rationnels, mais de l'organisation même de cette sphère afin que du pouvoir s'y exerce, de l'ordonnancement même du pouvoir.

C'est ce que semble confirmer la description qu'il propose des différentes hiérarchies, en l'occurrence, divine et angélique :

> La hiérarchie supercéleste est le pouvoir primitif et suréminent des trois hypostases suressentielles, soumis à aucun supérieur, ordonné dans les inférieurs, distinguant les charges. Les trois personnes sont dites « hypostases suressentielles » car elles sont au-dessus de toute essence dans l'être, l'intelligence et le commandement. C'est pourquoi il est dit aussi « pouvoir suréminent » par rapport aux autres pouvoirs, et « primitif », car il précède les autres, ordonnant les inférieurs, n'obéissant à aucun supérieur. D'où suit « soumis à aucun supérieur », etc. C'est pourquoi on le dit aussi théarchie, c'est-à-dire pouvoir divin[1].

Au niveau de la hiérarchie supercéleste ou divine, le pouvoir sacré (*sacer principatus*) se dit aussi théarchie (*thearchia*) ou pouvoir divin (*principatus divinus*). Il s'agit de la forme primitive et éminente du pouvoir (*supereminens et primitiva potestas*), qui précède et transcende tous les autres pouvoirs. Elle est souveraine en ce qu'elle n'est soumise à aucun autre pouvoir qui lui serait supérieur[2]. En dépit de sa transcendance et de son caractère absolument originaire, cette forme primitive de hiérarchie est dite à la fois ordonnée dans les inférieurs (*in inferioribus ordinata*) et ordonnant les inférieurs (*inferiora ordinans*). La première hiérarchie commande (*imperando*) aux autres, précisément en les ordonnant, en y distinguant les différentes charges et les différentes fonctions (*distinguens officia*). En ce sens, on ne la dira pas tant ordonnée aux inférieurs, parce qu'elle leur demeure transcendante en dépit du fait qu'elle leur commande, mais ordonnée dans les inférieurs, dans la mesure où elle y dispose les différentes fonctions du pouvoir, où elle s'y dispose

1. *Ibid.*, p. 281 (notre traduction).

2. Nous suivons ici la lecture d'Alberto Bartola : « <n>ulli superiori obnoxia ». *Cf.* A. Bartola, « "Ordo angelicus" e "theophania" in Alano di Lilla », *loc. cit.*, p. 228.

en se différenciant. C'est pourquoi la hiérarchie angélique, qui la suit immédiatement, se répartit sur neuf rangs ordonnés en trois classes :

> Le pouvoir céleste est le pouvoir éminent des natures intellectuelles détachées de la contagion des corps, obéissant aux hiérarchies supérieures, exerçant une domination sur les inférieurs. [...] [La hiérarchie céleste] se divise en supérieure, médiane et inférieure. La hiérarchie supérieure contient trois ordres : chérubins, séraphins et trônes, qui sont dits supérieurs en raison de la subtilité de leur nature, en raison de dons plus excellents de la grâce. La hiérarchie médiane est celle qui embrasse les ordres médians, à savoir, dominations, principautés et pouvoirs. On la dit médiane parce qu'elle participe des ordres supérieurs et aussi des inférieurs, par une affinité de nature et de dons. La hiérarchie inférieure est celle qui embrasse les trois ordres inférieurs : vertus, archanges, anges. Autant la hiérarchie céleste se divise en trois hiérarchies, elle est cependant dite être divisée selon neuf ordres d'anges en neuf hiérarchies de sorte que l'un quelconque des ordres est dit hiérarchie, à savoir pouvoir sacré[1].

Si la description de la hiérarchie angélique est ici très classique, elle permet de mettre en évidence le point suivant : dans la hiérarchie le pouvoir prend la forme de l'ordre. D'une part, parce que le pouvoir s'institue toujours selon le supérieur et l'inférieur. C'est la raison pour laquelle il prend une forme ternaire. Le rapport entre le supérieur et l'inférieur est médiatisé par un intermédiaire ; ainsi, entre la hiérarchie divine et la hiérarchie humaine, se trouve la hiérarchie angélique. Elle est tout à la fois inférieure à la première et supérieure à la seconde. Comme si la polarité du supérieur et de l'inférieur ne pouvait se donner entre deux termes fixes, mais supposait toujours un troisième terme, qui la ferait apparaître comme telle.

La hiérarchie angélique n'est pas simplement un intermédiaire entre le divin et l'humain, c'est la manifestation même de la forme ternaire du pouvoir, de la relation de supériorité et d'infériorité. Seule une réalité médiane, qui a à la fois un supérieur et un inférieur, peut faire apparaître leur relation. Ce que le pôle supérieur du pouvoir doit instituer, ce n'est pas seulement un pôle inférieur sur

1. Alain de Lille, *Quoniam homines*, *op. cit.*, 143, p. 281 (notre traduction).

lequel s'exercer, mais le rapport même du supérieur et de l'inférieur, la relation de pouvoir comme telle. Aussi y a-t-il besoin d'un élément médian. La façon dont se structure la hiérarchie angélique reflète en elle-même cette relation : l'ordre médian est lui-même triple et se compose de trois ordres, inférieur, médian et supérieur, qui à leur tour se divisent en trois rangs inégaux. Hiérarchie de hiérarchies, l'ordre angélique fait proliférer le pouvoir en mettant à nu sa structure intime. On comprend par là que le pouvoir se donne toujours avec un ordre, comme *potestas ordinata*. L'exposition en apparence schématique, scolaire et fastidieuse, de la hiérarchie angélique, des neuf rangs ordonnés en trois ordres de trois, ne fait qu'exhiber le fonctionnement même du pouvoir. Ce n'est pas un catalogue, mais bien une théorie du pouvoir. Ainsi Alain de Lille peut-il conclure : *quilibet ordo gerarchia dicatur, quasi sacer principatus*, chaque ordre exprime la hiérarchie comme pouvoir.

L'analyse conceptuelle menée par Alain de Lille permet de préciser un peu ce que signifie l'expression de *sacer principatus* avancée par les premiers glossateurs du ps.-Denys pour rendre en latin le terme grec de *hierarchia*. Le pouvoir sacré est un pouvoir rationnel et légitime. C'est-à-dire qu'il s'exerce de façon non tyrannique entre les créatures rationnelles. Par « sacré » il faut entendre le pouvoir qui s'exerce dans l'institution ecclésiastique, c'est-à-dire dans la sphère du sacré officiellement délimitée par l'Église. Comme le laissent entendre plusieurs gloses, *principatus* se confond ici avec *pontificatus*. Le pouvoir sacré renvoie en ce sens au pouvoir sacerdotal. La triple division de la hiérarchie au niveau divin, angélique et humain invite cependant à en élargir un peu la signification. D'une part, la sphère ecclésiastique recouvre tout à la fois l'institution terrestre et son modèle céleste, l'église des hommes et celle des anges. D'autre part, le domaine du sacré s'étend au-delà même de la créature rationnelle, jusqu'à son origine divine. Le pouvoir sacré circule donc, plus généralement, entre le divin, l'angélique et l'humain.

Que signifie alors « sacré » dans « pouvoir sacré » ? Le concept de hiérarchie renvoie dos à dos les logiques de sacralisation du pouvoir et de politisation du sacré [1]. Non pas que ces logiques n'y soient aucunement à l'œuvre. Bien au contraire, c'est en les faisant

1. Sur ce point, *cf.* E. Coccia, *Angeli...*, *op. cit.*, p. 309.

travailler l'une contre l'autre que le concept de hiérarchie parvient à faire fonctionner circulairement le pouvoir et le sacré. Il s'agit aussi bien – pour Hugues de Saint-Victor – de montrer que la créature participe du divin par l'exercice du pouvoir, que de chercher – pour Alain de Lille – à réduire le domaine de légitimité du pouvoir à la sphère du sacré. Ce ne sont cependant que des tendances et elles ne sont pas univoques : si c'est l'institution sacrée du pouvoir qui rend son exercice sacré lui aussi, ce n'est, inversement, que dans son fonctionnement ordonné que se déploie son principe divin.

La notion qui permet de nouer ainsi pouvoir et sacralité est celle d'ordre. C'est pourquoi les traités sur la hiérarchie sont toujours des descriptions des ordres angéliques ou ecclésiastiques, des hiérarchies en ce sens précis, en même temps que des réflexions sur le pouvoir. La *hierarchia* en vient donc à être définie, dans des termes qui ne sont plus tout à fait ceux du ps.-Denys, comme une *potestas ordinata*. Le verbe *ordinare* signifie « ordonner », à la fois au sens de « mettre en ordre » (*disponere*) et de « donner un ordre » (*jubere*). Cela indique bien la relation inextricable entre le commandement et la disposition : le pouvoir apparaît comme ce qui est ordonné, dans les deux sens du terme. Dans la *potestas ordinata*, le pouvoir vient de l'ordre pour autant que l'ordre vient du pouvoir. C'est pourquoi, enfin, « hiérarchie » signifie tout à la fois « pouvoir » et « ordre », pouvoir sacré et ordre hiérarchique.

L'ordre, la connaissance et l'action

Définition de la hiérarchie

On trouve une définition précise de la hiérarchie chez le ps.-Denys. Cependant, le texte dionysien semble tenacement résister à la compréhension. Dans la traduction un peu rugueuse de Jean Scot, qui est à la fois la première et la plus répandue au Moyen Âge, la notion paraît tout à fait énigmatique :

> La hiérarchie est, selon moi, un ordre divin, une science et une action, rendus semblables autant que possible au déiforme, s'élevant proportionnellement à la ressemblance de Dieu conformément aux illuminations qui lui sont données par Dieu[1].

1. Jean Scot, *Iohannis Scoti Eriugenae Expositiones in hierarchiam coelestem*, cap. III, éd. J. Barbet, Turnhout, Brepols, 1975, p. 56.

La version plus tardive de Robert Grosseteste – qui bénéficiait non seulement des traductions précédentes mais aussi d'une première strate de commentaires [1] – ne semble pas particulièrement plus claire que celle de son prédécesseur.

> La hiérarchie est, selon moi, un ordonnancement sacré, une science et une opération, assimilés autant que possible au déiforme et reconduits analogiquement aux illuminations qui lui sont données par Dieu à l'imitation de Dieu [2].

On remarque immédiatement les différences entre les deux versions. Bien que chacune soit accompagnée d'un commentaire détaillé, dans lequel les traducteurs explicitent leur compréhension du concept de hiérarchie, on fera abstraction ici de leur interprétation pour s'en tenir à quelques remarques comparatives sur le texte dionysien.

La définition de la hiérarchie s'organise autour de trois termes centraux, *ordo*, *scientia*, *actio* chez Jean Scot et *ordinatio*, *scientia*, *operatio* chez Grosseteste, qui correspondent aux mots grecs τάξις, ἐπιστήμη et ἐνέργεια. Alors que le premier rend τάξις ἱερὰ par *ordo divinus*, le second traduit plus littéralement par *ordinatio sacra*. Le mot *taxis* signifie en effet aussi bien la mise en ordre (*ordinatio*) que l'ordre lui-même (*ordo*). Il y a cependant dans *ordinatio* des connotations politiques et surtout ecclésiologiques que l'adjectif *sacer* fait ressortir assez fortement. La traduction de ἱερός par *divinus* efface tout l'aspect proprement sacerdotal du terme (ἱερεύς : prêtre ; ἱερεύειν : faire un sacrifice ; etc.) en rapportant le sacré à son origine divine. L'expression *ordo divinus* renvoie donc à une idée plus générale, vaguement métaphysique, alors que celle d'*ordinatio sacra* semble indiquer une activité sacerdotale particulière. La traduction d'ἐνέργεια pose aussi problème : *actio* et *operatio* orientent chacun le terme dans un sens un peu différent [3]. Le premier renvoie à l'agir (*agere*) et à la sphère pratique, le second au faire (*operari*) et à la

1. Sur la méthode de traduction de Grosseteste, *cf.* J. McEvoy, *The Philosophy of Robert Grosseteste*, *op. cit.*, p. 74-89.

2. Robert Grosseteste, *Commentaire sur* La hiérarchie céleste, chap. III, in *Roberti Grosseteste episcopi Lincolniensis Versio caelestis hierarchiae Pseudo-Dionysii Areopagitae : cum scholiis ex Graeco sumptis necnon commentariis notulisque eiusdem Lincolniensis*, éd. J. S. McQuade, J. McEvoy et D. A. Lawell, Turnhout, Brepols, 2015, p. 66.

3. Sur l'interprétation médiévale du terme ἐνέργεια, en particulier chez Jean Scot, *cf.* K. Trego, *La liberté en actes. Éthique et métaphysique d'Alexandre d'Aphrodise à Jean Duns Scot*, Paris, Vrin, 2015, p. 163-179.

sphère de la production. Pour ne pas trop forcer l'opposition, on pourrait dire qu'il y a dans l'*operatio* une transitivité plus grande – sans qu'il s'agisse nécessairement de production – que dans l'*actio*. Sur les trois termes, quatre si l'on compte l'adjectif *hiera*, de la définition, seul un ne fait pas l'objet d'une divergence entre les deux traducteurs.

Il ne s'agit là évidemment que de remarques d'ordre lexical, qui ne sauraient en aucun cas préjuger de la signification précise du concept de *hierarchia* selon chacun des traducteurs, mais qui permettent de mettre en évidence, simplement au niveau de la traduction, le caractère tout à fait elliptique et impénétrable de la définition dionysienne. Quelle que soit la traduction que l'on retient, on notera que la hiérarchie comprend trois éléments : l'ordre, la connaissance et l'activité. Le dispositif d'imitation divine (*in Dei similitudinem*, *ad dei imitativum*) et de réception des illuminations divines (*divinitus illuminationes*) qu'elle forme doit donc s'entendre selon trois dimensions – structurelle, théorique et pratique. Que signifie que la hiérarchie imite le divin ou s'élève vers le divin en recevant ses illuminations, en tant qu'ordre, connaissance et activité ? Comment se rapportent ces trois notions les unes par rapport aux autres ? En quel sens un pouvoir peut-il être qualifié d'ordre, de connaissance et d'activité ? La compréhension du concept de hiérarchie dépend donc de l'articulation précise de ces trois éléments.

L'interprétation de Jean Scot

Afin de comprendre le caractère décisif et structurant de l'interprétation hugonienne du concept technique de *hierarchia* pour toute la tradition médiévale, il faut se tourner vers le premier commentaire de *La hiérarchie céleste* écrit quelques siècles plus tôt par Jean Scot. Quand il doit commenter la triple définition de la hiérarchie, l'Érigène, qui a pourtant traduit le texte dionysien, se trouve face à une difficulté.

> La définition de la hiérarchie englobe donc trois parties. Puisque dans chaque pontificat divin il est nécessaire de considérer trois choses : par quel ordre, par quelle dignité, on est établi et est perfectionné et perfectionne, avec quel degré de connaissance, c'est-à-dire de science et d'apprentissage des choses divines on est illuminé et illumine, et jusqu'où dans l'accomplissement des commandements on avance, est purifié et purifie. Et par cela,

> l'habitus parfait de l'âme, la connaissance des choses spirituelles et le respect des commandements divins sont perfectionnés, respectivement, dans l'ordre, la science et l'action. Dans ce triangle se forme la plénitude de l'Église universelle, dans le ciel ou sur terre. De là vient que la confession du bien souverain, dont procèdent ces trois-là, est triple. De là aussi que la conversion de la créature rationnelle vers son Dieu est triforme : puisqu'elle est réformée par sa foi, son espérance et sa charité, et se convertit dans sa dignité naturelle et sa grâce [1].

La triade de l'ordre, de la science et de l'action est interprétée au moyen d'une autre triade dionysienne, celle de la purification (*purgatio*), de l'illumination (*illuminatio*) et de la perfection (*perfectio*) [2]. L'ordre correspond à la dignité (*dignitas*) dans laquelle l'âme est perfectionnée, c'est-à-dire atteint sa perfection, la science à l'instruction (*disciplina*) qui en produit l'illumination et l'action au commandement (*mandatum*) qui en détermine le degré de pureté. Ce sont les trois composantes du pontificat divin (*divinus pontificatus*) qui forment la plénitude de l'Église universelle (*uniuersalis Ecclesia*), céleste ou terrestre. Autrement dit, c'est par la conversion (*conuersio*) de l'âme – quand ses dispositions (*habitus*), purifiées par l'action et illuminées par la science, parviennent à leur plus haut degré de perfection et embrassent leur ordre – que l'Église universelle atteint à sa plénitude. Jean Scot ajoute à ce fonctionnement ternaire du pontificat les trois vertus théologales, la foi (*fides*), l'espérance (*spes*) et la charité (*caritas*). Quelle est donc la difficulté ? L'ordre de progression de la seconde triade (purification, illumination, perfection) ne correspond pas à celui dans lequel est énoncée la première triade (ordre, science, action).

> Il faut noter que le théologien a pour habitude de changer la définition de la hiérarchie. Puisque la définition semble aller droitement comme cela : la hiérarchie est une action et une science et un ordre divin. En effet l'action des mandats divins vient en premier dans les ascensions des vertus, par lesquelles se purifie l'œil intérieur de l'âme de la créature rationnelle ou intellectuelle, de sorte qu'elle peut supporter les rayons intimes du bien souverain

1. Jean Scot, *Iohannis Scoti Eriugenae Expositiones in hierarchiam coelestem*, *op. cit.*, cap. III, p. 56 (notre traduction).
2. Sur cette triade chez le Pseudo-Denys l'Aréopagite, *cf.* R. Roques, *L'univers dionysien*, *op. cit.*, p. 94-101.

diffusés en toute chose, libre et absoute de toute vaine imagination et de la ténèbre des vices. Ensuite vient l'aspect de la science, qui désire par un mouvement naturel porter son regard sur tout ce qui est après Dieu, et de toute chose, qu'elle peut examiner par les forces de l'intelligence, revenir à la louange du Créateur. De là dans son ordre, je veux dire l'habitus le plus parfait de la contemplation divine, chaque sujet s'élève conformément à la grâce qui lui est donnée, c'est-à-dire, en Dieu lui-même, à qui il sera similaire et en qui il se tiendra immuablement [1].

Le commentateur voudrait que la définition procède en sens inverse : une action, une science et un ordre. En effet, l'accomplissement des commandements divins (*actio diuinorum mandatorum*) précède le mouvement de la science et l'ordre de la contemplation, de même que la purification précède l'illumination et la perfection. L'interversion entre l'ordre et l'action tient donc à la mise en parallèle des deux triades. Pourquoi l'Érigène fait-il correspondre la purification à l'action ? S'il ne s'agissait que d'une analogie formelle, il aurait tout aussi bien pu la faire correspondre à l'ordre, dans un sens qui lui aurait mieux convenu. La raison est plus profonde. L'action est définie comme un commandement et l'ordre comme une dignité : celle-là renvoie à ce qui incombe à la créature, à ce qu'elle doit faire, alors que celui-ci nomme ce qui lui revient, mais qu'elle doit mériter. Entre la charge et le mérite la différence est à la fois subtile et grande. Il revient à la créature de mériter sa dignité, pour ainsi dire, de se rendre digne de ce qu'elle est et de son ordre propre. Sa conversion au divin n'est rien d'autre, en ce sens, que la transition du commandement à la dignité.

En quoi il apparaît qu'il y a déjà quelque chose de la dignité dans le commandement : l'action n'a à reconquérir qu'un ordre qui était déjà déterminé. C'est que l'ordre a deux sens pour Jean Scot [2]. D'une part l'ordre naturel dans lequel se trouve chaque créature par rapport au divin, d'autre part l'ordre comme perfection achevée par la grâce. Les deux ordres ne se distinguent cependant pas réellement, ils forment plutôt un circuit. C'est pourquoi la créature se convertit

1. Jean Scot, *Iohannis Scoti Eriugenae Expositiones in hierarchiam coelestem*, *op. cit.*, cap. III, p. 56-57 (notre traduction).

2. Sur ce point, *cf.* C. Arruzza, « Ordo e mediazione gerarchica nelle *Expositiones in ierarchiam coelestem* di Giovanni Scoto Eriugena », *Studi medievali* 44, 1, 2003, p. 117-145.

selon sa dignité naturelle et la grâce (*naturalem sui dignitatem et gratiam*). La hiérarchie, en tant qu'action, science et ordre, dessine précisément cette boucle d'un ordre à l'autre, de la diversité des créatures à leur union en Dieu, de leur inégalité naturelle à leur harmonie parfaite. En ce sens, la hiérarchie est l'espace d'une coïncidence entre la nature et la grâce.

Même s'il réussit à intégrer la définition dionysienne de la hiérarchie à une théorie très élaborée de la conversion des créatures par la grâce, celle-ci ne fait que dissimuler les difficultés du concept dionysien. En inversant l'ordre des termes de la définition, Jean Scot montre que le texte dionysien résiste à la lecture littérale.

La définition supplémentaire

On ne saurait exagérer l'importance des contributions d'Hugues de Saint-Victor et d'Alain de Lille à la réception médiévale de la pensée dionysienne. Ce sont eux qui ont formulé en termes clairs et explicites la doctrine du pouvoir sacré contenue dans les écrits dionysiens et qui les ont ainsi rendus accessibles à leurs contemporains. C'est à partir de leurs commentaires que les termes mêmes de la définition sont devenus clairs et ont trouvé une articulation cohérente.

En témoigne le fait que la définition d'Alain de Lille – *gerarchia est rerum rationabilium et sacrarum ordinata potestas in inferioribus debitum retinens dominatum* –, qui n'appartient pas à la lettre du texte dionysien, bien qu'elle en développe les intuitions, s'est retrouvée citée par les théologiens du XIIIe siècle parmi les définitions canoniques de la *hierarchia* et commentée et glosée au même titre que les textes dionysiens [1]. C'est dire à quel point, concernant le corpus dionysien médiéval, le texte et l'intertexte, la source et le commentaire en viennent parfois presque à se confondre.

Ainsi Philippe le Chancelier cite-t-il la définition d'Alain de Lille à la suite de celles de Denys, comme si elle se trouvait sur le même plan :

> On pose une autre définition de la hiérarchie, que voici : « La hiérarchie est le pouvoir ordonné des choses sacrées

1. Sur ce point, *cf.* B. Faes de Mottoni, *Bonaventura e la scala di Giacobbe*, Napoli, Bibliopolis, 1995, p. 52-62.

et rationnelles possédant une domination sur ceux qui sont soumis. »[1].

Il l'attribue immédiatement après à un certain *commentator*, sans préciser toutefois de qui il s'agit[2]. Or, c'est bien, à un mot près, la formule d'Alain de Lille – on notera en effet que la notion de légitimité a disparu avec l'adjectif *debitum* et que l'idée de soumission (*in subditis*) s'est substituée à celle d'infériorité (*in inferioribus*). On retrouve le même phénomène d'assimilation chez Bonaventure :

> Les définitions précédentes laissent clairement apparaître ce qu'est la hiérarchie, aussi bien divine qu'angélique : par la compréhension desquelles on peut tirer une sorte de définition magistrale, qui s'accorde à toute hiérarchie, mais de façon non univoque, et qui est la suivante : la hiérarchie est le pouvoir ordonné des choses sacrées et rationnelles, possédant une domination due sur ceux qui sont soumis. Celle-ci s'accorde non seulement avec la hiérarchie angélique, mais aussi avec la hiérarchie ecclésiastique ou humaine, dont on ne dira rien à présent, car il est seulement question de la hiérarchie angélique[3].

La formule est ici qualifiée de « définition magistrale », c'est-à-dire qu'elle est une définition à propos de laquelle tous les maîtres s'accordent. Bonaventure précise qu'elle a été induite à partir des définitions précédentes, c'est-à-dire des définitions dionysiennes. Celle-ci se distingue par son plus haut degré de généralité, puisqu'elle vaut aussi bien pour les hiérarchies divine, angélique et humaine – ce qui était précisément le propos d'Alain de Lille. Elle n'est pas explicitement attribuée à Denys, mais Bonaventure cite trois définitions dionysiennes[4] à partir desquelles il dit qu'est tirée la quatrième – celle d'Alain de Lille. En quoi il a raison, sans toutefois qu'il identifie l'auteur de cette dernière. Elle semble donc appartenir

1. Philippe le Chancelier, *Philippi Cancellarii Parisiensis Summa de bono*, II, q. II, 1, éd. N. Wicki, Berne, Francke, 1985, p. 378 : « *Ponitur autem alia diffinitio ierarchie talis : "Ierarchia est rerum sacrarum et rationabilium ordinata potestas in subditis retinens dominatum."* »

2. *Ibid.* : « Le Commentateur a exposé ainsi cette définition [*Exponit autem Commentator ita hanc diffinitionem*]. »

3. Bonaventure, *In secundum librum Sententiarum*, dist. IX, praenotata, Firenze, Quaracchi, 1885, p. 238 (notre traduction).

4. *Ibid.*, p. 237 : « Il faut savoir que le béat Denys lui-même pose trois définitions de la hiérarchie dans le livre sur la Hiérarchie Angélique [*Sciendum est igitur, quod ipsius hierarchiae beatus Dionysius tres ponit definitiones in libro de Angelica Hierarchia*]. »

à un savoir à la fois général et diffus concernant la hiérarchie, pas tout à fait anonyme, dionysien sans l'être véritablement, déposé sur le texte original et commenté avec lui, pleinement intégré à la tradition.

Il faut attendre un lecteur du corpus dionysien aussi attentif et scrupuleux qu'Albert le Grand pour voir la définition d'Alain de Lille clairement et explicitement distinguée de celles que l'on trouve dans *La hiérarchie céleste*.

> Les définitions sont posées par Denys. [...] De même, elle est définie ainsi par certains : « La hiérarchie est le pouvoir ordonné des choses sacrées et rationnelles possédant une domination sur ceux qui sont soumis [1]. »

Si Denys est bien l'auteur des définitions de la hiérarchie, certains (*quidam*) en ont proposé une autre, une troisième selon Albert. Qui sont ces « certains » ?

> Nos maîtres, quant à eux, posent une troisième définition, que voici : la hiérarchie est le pouvoir ordonné des choses sacrées et rationnelles, possédant une domination due sur ceux qui sont soumis [2].

Ou encore, avec une légère modification :

> On s'interroge au sujet de la troisième définition qui a été posée par certains anciens, selon laquelle : « La hiérarchie est le pouvoir ordonné des personnes sacrées et rationnelles, possédant une domination propre sur les inférieurs [3]. »

Bien qu'il insiste sur le caractère distinct et supplémentaire de cette troisième définition – celle d'Alain de Lille – Albert lui reconnaît cependant une certaine autorité, celle des maîtres (*magistri*) et des anciens (*antiqui*). De même, malgré ses précautions philologiques, pour ainsi dire, Albert continue d'associer cette définition à la doctrine dionysienne et en perpétue le commentaire. Il semble même participer à sa transformation puisqu'il y apporte, dans la

1. Albert le Grand, *Summa de creaturis*, tract. 4, q. XXXV, a. 1, éd. Borgnet, p. 527 (notre traduction).

2. Albert le Grand, *In II Sententiarum*, *op. cit.*, dist. IX, A, art. 1, p. 188 (notre traduction).

3. Albert le Grand, *Summa theologiae*, *op. cit.*, pars II^a, tract. 10, q. XXXVII, m. 3, p. 415 (notre traduction).

version qu'il en donne dans la *Summa theologiae*, un terme nouveau, qui en précise considérablement le sens : *sacrarum et rationabilium personarum*. Il est explicitement affirmé que le pouvoir hiérarchique porte sur les personnes, et non simplement sur les choses ou les réalités sacrées et rationnelles, de façon indéterminée. Si l'idée n'est pas particulièrement nouvelle, l'usage que fait Albert de la définition anonyme pour l'expliciter met en évidence le jeu herméneutique entre le texte dionysien et ses commentaires médiévaux : ce que le texte lui-même ne dit pas, l'exégèse le lit ou l'inscrit dans un autre texte qui en dérive sans toutefois s'en séparer complètement et qui lui demeure apposé sans cependant se confondre tout à fait avec lui [1]. C'est donc dans le jeu entre cette définition et les autres définitions dionysiennes que se construit la signification du concept médiéval de *hierarchia*.

La double définition

Les commentateurs s'accordent sur une difficulté concernant cette définition : elle fait l'impasse sur les deux notions essentielles que sont la science et l'action dans la définition dionysienne de la hiérarchie. C'est ce que font valoir les exégètes médiévaux à l'image d'Albert le Grand :

> On objecte en premier lieu que la définition dit « pouvoir ordonné » et ne fait pas mention de la science et de l'action, qui sont essentielles à la hiérarchie, et ainsi elle apparaît incomplète [2].

De ce point de vue, l'enjeu du commentaire sera donc de parvenir à concilier les deux définitions, la canonique et la magistrale, celle de Denys et celle, anonyme, d'Alain de Lille. Albert propose la solution suivante :

> Cette définition concerne la substance de la hiérarchie en totalité et non selon les parties. La substance de la hiérarchie est en effet le pouvoir ordonné, et ici, l'ordre est entendu selon le mode de perception des illuminations et de leur transmission aux inférieurs. Quant à la science et à l'action, ce sont des parties essentielles,

1. Sur le statut de cette définition dans les traités sur la hiérarchie, en particulier chez Bonaventure, *cf.* B. Faes de Mottoni, *Bonaventura e la scala di Giacobbe*, *op. cit.*, p. 52-62.

2. Albert le Grand, *Summa theologiae*, *op. cit.*, pars II [a], tract. 10, q. XXXVII, m. 3, p. 415 (notre traduction).

comme cela a été déterminé au sujet de la première définition dans le premier membre. Donc, là où il a posé la substance de la hiérarchie en totalité, il ne devait pas faire mention des parties [1].

La réponse à l'objection se situe sur le terrain formel. Albert oppose deux types de définitions correspondant respectivement à la définition dionysienne et à la définition anonyme : la définition en totalité (*secundum totum*) et la définition selon les parties (*secundum partes*). En tant que totalité, la hiérarchie est un pouvoir ordonné (*potestas ordinata*), alors que du point de vue de ses parties, elle est ordre, science et action. Il n'y a toutefois pas lieu de forcer l'opposition entre les deux définitions, qui ne font que renvoyer à la même réalité selon deux points de vue différents. Comme le remarque Albert, dans le concept de *potestas ordinata*, la science et l'action sont comprises, puisque l'ordre se dit du mode de perception des illuminations et de transmission des illuminations aux inférieurs (*modo percipiendi illuminationes et transfundendi*). Les membres de la hiérarchie sont ordonnés les uns par rapport aux autres en fonction de leur capacité de perception et de transmission des illuminations divines. Plus encore, c'est le jeu même de la perception et de la retransmission qui constitue l'ordre hiérarchique, dans la mesure où les supérieurs et les inférieurs se déterminent les uns les autres selon les illuminations qu'ils reçoivent des uns et qu'ils transmettent aux autres. Or, d'après la lecture que fait Albert du commentaire d'Hugues de Saint-Victor, ce double processus correspond précisément à la science et à l'action.

> Pour comprendre cela, il faut savoir qu'en son essence la hiérarchie consiste en deux choses logiquement ordonnées, comme le dit Hugues de Saint-Victor dans son *Commentaire*, à savoir, la participation à la grâce des illuminations et leur déversement sur les inférieurs. La participation aux illuminations exige trois choses, à savoir, la conversion au principe des illuminations. Cette conversion se dit *ordre* : en effet, si l'on n'est pas ordonné au principe des illuminations, on ne reçoit pas d'illumination. La seconde chose est la réception de la lumière. Et cela se dit *science* : il n'y a en effet pas de science sans qu'une lumière soit reçue d'un illuminateur. La troisième chose est le déversement de la lumière dans les inférieurs. Et cela se dit *action* : en effet, de même que la science est réalisée en celui-ci par le premier des illuminateurs, de

1. *Ibid.*, p. 416 (notre traduction).

> même il réalise celle-ci dans les inférieurs par les épanchements des illuminations, et en cela consiste la perfection de la hiérarchie ou l'acte de la hiérarchie [1].

La triade dionysienne de l'ordre (*ordo*), de la science (*scientia*) et de l'action (*actio*) est ici retraduite au moyen des notions, prêtées à Hugues par Albert, de conversion (*conversio*), de réception (*receptio*) et d'épanchement (*effusio*). Si la circulation de la grâce dans la hiérarchie procède selon une double logique de participation (*participatio*) et d'épanchement (*effusio*), selon laquelle la réception des illuminations s'accompagne toujours de leur retransmission, le processus peut aussi être décrit de façon ternaire : chaque membre de la hiérarchie se convertit ou se tourne vers la source de la connaissance en vue de recevoir celle-ci et de la redistribuer aux membres inférieurs. L'ordre en vertu duquel l'inférieur se convertit vers le supérieur s'accompagne toujours de la réception de la science et de sa diffusion vers les inférieurs. L'ordre ne correspond donc pas simplement à la structure hiérarchique, ni même à une échelle de degrés de savoir, mais au déploiement de la science en acte (*scientia acta est*). Celle-ci renvoie moins à des contenus de savoir qu'à la dynamique de sa transmission, à l'ordre selon lequel elle se distribue et au processus selon lequel elle se communique concrètement. Ou encore, si la science donne à l'ordre son contenu, l'action lui confère sa perfection ou sa réalisation. Ce sont, en ce sens, des parties essentielles (*partes essentiales*) de la hiérarchie, c'est-à-dire des parties constitutives de son essence. La définition de la hiérarchie comme *potestas ordinata* sous-entend donc toujours la *scientia* et l'*actio*, dans la mesure où celles-ci sont corrélatives de l'*ordo*.

Albert emprunte à Boèce la notion [2] de totalité dynamique (*totum potestativum*) pour expliquer l'articulation des parties essentielles (*partes essentiales*) de la hiérarchie que sont l'ordre, la science et l'action [3].

> La hiérarchie est une totalité dynamique : une totalité dynamique se trouve dans ses parties de telle sorte que la première partie

1. Albert le Grand, *Summa theologiae*, *op. cit*, m. 1, 409 (notre traduction).

2. Sur cette notion, *cf.* Boèce, *De divisione*, PL 64, 888 et Albert le Grand, *Liber divisionum*, tract. 3, cap. X, tract. 4, cap. I et II, éd. H. Möhle, Münster, Aschendorff, 2006, p. 115-118.

3. Sur ce point, *cf.* B. Faes de Mottoni, *Bonaventura e la scala di Giacobbe*, *op. cit.*, p. 56-59.

dynamique est enfermée dans la suivante, c'est-à-dire, la moyenne, et la moyenne dans la dernière, comme le dit Aristote au livre II du *De Anima*, le végétatif est dans le sensitif, et le végétatif et le sensitif dans l'intellectuel, comme le trigone dans le tétragone. Denys et Boèce disent aussi que ce que peut la puissance inférieure, la puissance supérieure le peut de façon excellente et éminente, mais pas l'inverse. Il en va ainsi dans ces choses quand il est dit que *la hiérarchie est un ordre, une science et une action* : l'ordre exprime la hiérarchie selon un de ses pouvoirs, la science l'exprime en la déterminant par rapport à ce dont elle est l'ordre ou le pouvoir de l'ordre, l'action exprime ce même pouvoir selon son accomplissement[1].

Dans une totalité dynamique, le rapport des parties entre elles et à la totalité est tel que la première est comprise dans la médiane et la médiane dans la dernière. Albert illustre cette logique en citant l'analyse aristotélicienne des facultés de l'âme, au livre II du *De anima* (414a29-415a12). La faculté végétative est incluse dans la faculté sensitive – puisque les êtres doués de sensation sont aussi doués de croissance – et toutes deux sont incluses dans la faculté intellective – puisque les êtres pensants sont aussi des êtres sentants et vivants. C'est donc une logique d'englobement de la puissance inférieure (*potentia inferior*) par la puissance supérieure (*potentia superior*). En quoi cette logique s'applique-t-elle à la hiérarchie ? L'ordre nomme la hiérarchie comme un certain pouvoir (*quoddam suae potestatis*), la science détermine ce dont elle est l'ordre ou le pouvoir (*determinando eam in qua est ordo sive potestas ordinis*), l'action manifeste la réalisation complète de ce pouvoir (*potestatem secundum completum*). Ou, comme le dit ailleurs Albert plus sèchement :

De la même façon nous disons des parties essentielles de la hiérarchie, que sont l'ordre, la science et l'action, que l'ordre pose la hiérarchie selon quelque chose, la science selon quelque chose de plus et l'action parfaitement [...][2].

On dira donc que l'ordre est inclus dans la science et la science dans l'action, au sens où la science ajoute à l'ordre sa détermination et où

1. Albert le Grand, *Summa theologiae*, *op. cit.*, pars II[a], tract. 10, q. XXXVII, m. 1, p. 408 (notre traduction).

2. Albert le Grand, *Summa de creaturis*, *op. cit.*, tract. 4, q. XXXV, art. 3, p. 532 (notre traduction).

l'action porte la science à son accomplissement. Il y a une progression dynamique de l'ordre à la science et de la science à l'action, qui porte la hiérarchie à son accomplissement le plus parfait. Comme dans le cas des facultés de l'âme, où chaque puissance supérieure reprend la puissance inférieure sous une forme augmentée, la sensation ajoutant à la croissance toute la variété du sensible et l'intellection apportant à la perception sensible la possibilité du vrai et du faux, dans le cas de la hiérarchie, la science et l'action ne s'ajoutent pas à l'ordre de façon externe, mais en augmentent ou en perfectionnent la puissance. La transition de l'ordre à la science et à l'action s'effectue comme le passage d'une puissance à une autre, ou d'un degré de puissance à un degré supérieur. Ce qui ne va pas sans poser une difficulté logique : comment l'ordre peut-il être dit à la fois – au sens de la *potestas ordinata* – l'ordre de la perception et de la transmission des illuminations, c'est-à-dire de la science et de l'action, et – au sens du *totum potestativum* – une puissance première incluse dans les puissances supérieures que sont la science et l'action ?

> En cela Denys définit [la hiérarchie] en posant non seulement ses parties essentielles, mais aussi tout ce qui en façonne la connaissance, comme l'enseigne le philosophe, qui dit que « les accidents » en eux-mêmes « confèrent la plus grande partie à la connaissance de ce qui est ». Donc, en ce qu'il dit « ordre divin », il pose les parties formelles [de la hiérarchie], et en ce qu'il dit « et une science et une action », il pose ses parties matérielles, non pas celles à partir de quoi, mais celles par rapport à quoi. À savoir, parce que, comme l'ordre est un pouvoir et que les puissances sont connues par les actes, qui sont connus par les objets, l'ordre requérait que soit posé ce par rapport à quoi il est, puisque divers ordres sont par rapport à diverses choses, comme l'ordre royal et l'ordre sacerdotal. Mais d'après cela, puisque la matière n'échoit à la définition qu'obliquement, il semblerait qu'il ne devait pas poser la science et l'action directement. Il faut dire que la hiérarchie peut être considérée selon qu'elle est en habitus, et alors elle est un ordre divin, car par les grades divins elle est apte à l'acte de la hiérarchie, mais selon qu'elle est en acte, son essence est matériellement la science et l'action. Ainsi sont-elles prédiquées d'elle directement; la science quant à la perfection des parties spéculatives, l'action selon la perfection pratique [1].

1. Albert le Grand, *Super Dionysium de caelesti hierarchia*, *op. cit.*, chap. III, p. 46 (notre traduction).

En transposant au texte dionysien des remarques aristotéliciennes concernant la définition, Albert – qui cite ici *De anima*, I, 402b27 – identifie les termes *ordo*, *scientia* et *actio* comme des accidents (*accidentia*) de la hiérarchie. L'ordre constitue une propriété formelle (*formalia*) de la hiérarchie, alors que la science et l'action constituent des propriétés matérielles (*materialia*). La matière n'est toutefois pas entendue ici comme ce à partir de quoi (*ex quibus*) mais comme ce en rapport à quoi (*circa quae*). Autrement dit, l'ordre se dit par rapport à quelque chose ou en relation à quelque chose, au sens où il est l'ordre de ceci ou de cela, l'ordre royal ou l'ordre sacerdotal.

C'est un pouvoir (*potestas*) et toute puissance (*potentia*) est connue par ses actes (*actus*), il faut donc préciser de quoi l'ordre est le pouvoir ou la puissance. Si l'ordre est la forme et si la science et l'action sont la matière, pourquoi celle-ci ne s'énonce-t-elle pas à un cas oblique (*oblique*) ? Il faudrait dire, en toute rigueur, l'ordre de la science (*ordo scientiae*) et l'ordre de l'action (*ordo actionis*), au génitif[1]. Or la définition emploie *scientia* et *actio* au cas direct (*in recto*), au nominatif. Toute la subtilité de la réponse d'Albert tient dans la distinction entre *ex quibus* et *circa quae* : le rapport du formel au matériel, de l'ordre à la science et à l'action, est celui de la hiérarchie en habitus (*in habitu*) à la hiérarchie en acte (*in actu*). De façon surprenante, Albert n'assigne pas l'acte à l'élément formel et la puissance à l'élément matériel, mais identifie l'ordre à un pouvoir en puissance et la science et l'action à l'effectuation de ce pouvoir. La première en tant que perfection spéculative (*quantum ad perfectionem speculativae partis*), la seconde en tant que perfection pratique (*secundum perfectionem practicae*).

Ce n'est qu'au prix de cette difficulté que la définition de la hiérarchie comme ordre, science et action et la définition de la hiérarchie comme pouvoir ordonné parviennent à s'accorder. Tout le problème tient à ce que l'ordre est à la fois ce selon quoi sont disposées la science et l'action (seconde définition) et une puissance dont la science et l'action constituent l'actualisation spéculative et pratique (première définition). Le concept de *totum potestativum* essaie précisément d'articuler ces deux dimensions. Il faudrait peut-être souligner la signification de *potestas* qui s'y attache : plus

1. Sur cette formulation, *cf.* Albert le Grand, *Summa theologiae*, *op. cit.*, pars II[a], tract. 10, q. XXXVII, m. 1, c. 2, p. 406.

que d'une totalité dynamique, il s'agit d'une totalité de pouvoir, du pouvoir tel qu'il s'organise en totalité.

> [...] La hiérarchie est une sorte de totalité de pouvoir et elle est une sorte de pouvoir. Ses éléments essentiels ont donc la nature du pouvoir. Dans les pouvoirs ordonnés il en va de telle sorte que le suivant suppose le précédent et possède davantage. Cela se prouve aussi bien dans les pouvoirs de la nature, que dans ceux des offices et de la grâce. Dans les pouvoirs de la nature, le végétatif est dans le sensitif, et le sensitif dans le rationnel, mais pas l'inverse, comme le veut le bienheureux Denys dans le livre sur les *Noms divins*. Dans les offices, le pouvoir du décurion est dans le pouvoir du centurion, et le pouvoir du centurion dans le pouvoir du tétrarque, mais pas l'inverse. Dans les grâces, le pouvoir du sous-diacre est dans le pouvoir du diacre, et le pouvoir du diacre est dans le pouvoir du prêtre, mais pas l'inverse[1].

Le *totum potestativum* est une organisation de la *potestas*, une *potestas ordinata*. Autant de concepts pour dire la hiérarchie, ce dispositif dans lequel celui qui suit suppose celui qui précède (*sequens supponit praecedentem*) ou, pour le dire autrement, le supérieur inclut l'inférieur, et possède plus que lui. Certes, Albert donne comme exemple de totalités hiérarchisées aussi bien les grades militaires ou les dignités ecclésiastiques que les facultés naturelles. Ce qui laisserait entendre que la logique hiérarchique n'est pas propre à la hiérarchie, au pouvoir sacré, mais constitue un schéma de totalisation général fonctionnant aussi bien dans les institutions que dans la nature. Il faut toutefois remarquer que même dans le cas des facultés de l'âme, ce dont il est question demeure le pouvoir (*potestas*). Il s'agit donc moins d'une naturalisation du principe hiérarchique que d'une généralisation de la logique du pouvoir à des phénomènes aussi divers que l'âme, l'armée ou l'Église, dont la hiérarchie est comme la forme pure. Si le fonctionnement abstrait de la hiérarchie, son organisation formelle, est aussi difficile à comprendre, c'est parce que celle-ci donne à penser comment le pouvoir ordonne le savoir et l'agir en même temps qu'il se réalise en eux.

On retrouve cependant cette même logique dans la disposition concrète des hiérarchies angéliques :

1. Albert le Grand, *Summa de creaturis*, *op. cit.*, tract. 4, q. XXXV, art. 3, p. 532 (notre traduction).

> Il faut dire que les différences ne sont en rien diminuées, mais les actes et les opérations à quoi ordonnent ces différences ne s'accordent pas avec la même puissance aux hiérarchies singulières. Il y a en effet dans la hiérarchie suprême une science plus grande et une action plus complète que dans la hiérarchie médiane ou dans la dernière [1].

Si tous les ordres singuliers, par exemple tous les ordres angéliques, sont aussi appelés « hiérarchie », cela implique que « hiérarchie » puisse se prédiquer de chacun d'eux et que donc la définition de la hiérarchie comme ordre, science et action s'applique à chacun d'eux. Mais si elle ne s'applique que de façon moindre à la hiérarchie inférieure et de façon parfaite à la hiérarchie supérieure, cela signifie-t-il que toutes ses parties essentielles – ordre, science, action – ne s'appliquent pas à tous les niveaux? Autrement dit, comment la totalité dynamique que forme la hiérarchie et la totalité dynamique que forment les hiérarchies se recoupent-elles ? D'après Albert, toutes les hiérarchies revêtent les différentes propriétés du pouvoir – ordre, science, action. Celles-ci ne sont cependant pas présentes avec la même puissance (*aequipotenter*) à toutes les hiérarchies singulières. La science est plus grande et l'action plus parfaite dans la hiérarchie supérieure, la science moindre et l'action plus partielle dans la hiérarchie inférieure. Il y a comme un redoublement de la notion de *totum potestativum*, qui permet d'une part d'articuler l'ordre, la science et l'action dans la définition du pouvoir et, d'autre part, au moyen de cette conception du pouvoir, d'ordonner les différentes hiérarchies les unes par rapport aux autres.

Si l'on en juge, toutefois, par un troisième texte d'Alain de Lille, que les théologiens du XIIIe siècle semblent avoir complètement ignoré, les deux définitions de la hiérarchie qu'ils se sont employés à concilier était en fait reliées dès le départ.

> La hiérarchie est la domination légitime de la nature déiforme du Seigneur dans l'ordre, la science et l'action. Note comme ces trois choses sont élégamment posées dans cette description : l'ordre, la science, l'action. Car la domination, si elle n'était pas ordonnée, serait irréfléchie et non légitime. De même, s'il y avait de l'ordre dans la domination, mais pas de science, il y aurait de la sottise

1. Albert le Grand, *Summa de creaturis*, *op. cit.*, tract. 4, q. XXXVI, art. 1, p. 340.

dans la domination. De même, l'ordre avec la science sans l'action est inefficace ; l'action sans la science n'est qu'irréflexion ; l'action sans l'ordre n'est que hardiesse ; la science sans l'ordre n'est que ruine. Ces choses sont donc posées élégamment dans la définition de la hiérarchie [1].

Toute la finesse, ou l'élégance, de la définition tient à ce qu'elle parvient à exposer l'idée de domination légitime (*legitimum dominium*) avec une grande économie de termes : l'ordre, la science, l'action. C'est le jeu de ces trois notions, leurs différentes combinaisons, qui produit la domination légitime. S'il vient à manquer un seul des trois termes, les deux autres se transforment en leur version pervertie : sans l'ordre, l'action n'est que hardiesse (*presumptio*) et la science n'est que ruine (*pernicies*), sans l'action, l'ordre et la science n'ont aucune efficacité (*ignauia*), sans la science, l'ordre confine à la bêtise (*fatuitas*) et l'action à l'irréflexion (*temeritas*). Sans la conjugaison de ces trois éléments, la domination risquerait d'être illégitime, impuissante ou irrationnelle. La hiérarchie est une domination rationnelle et légitime en tant qu'elle est toujours à la fois ordre, science et action [2].

Si l'on compare les trois définitions que propose Alain de Lille de la *hierarchia*, il apparaît que l'élément commun à toutes est la notion de domination légitime (*legitimum dominium, debitum dominatum*) [3]. Le texte de l'*Expositio* s'en tient à celle-ci. Seul le texte de la *Hierarchia Alani* mentionne la triade dionysienne, et seul celui de *Quoniam homines* utilise l'expression *potestas ordinata*. Les scolastiques n'ont retenu que ce dernier et semblent avoir ignoré les deux autres, en particulier le deuxième. Ils ont ainsi exagéré la différence entre la formulation d'Alain de Lille et la définition canonique de Denys l'Aréopagite. Si, de fait, les deux formules ne sont pas rigoureusement identiques, il y a cependant une proximité conceptuelle indéniable entre « la domination légitime selon l'ordre, la science et l'action » et « le pouvoir ordonné des choses rationnelles et sacrées ». Toutes

1. Alain de Lille, *Hierarchia Alani*, *op. cit.*, p. 223 (notre traduction).

2. L'idée médiévale de domination légitime anticipe largement les analyses de Max Weber. Ce dernier ne semble cependant pas avoir pris en compte le concept médiéval de hiérarchie dans ses analyses. *Cf.* M. Weber, *La domination*, trad. I. Kalinowski, Paris, La Découverte, 2015.

3. Pour une comparaison systématique des trois définitions proposées par Alain de Lille, *cf.* A. Bartola, « "Ordo angelicus" e "theophania" in Alano di Lilla », *loc. cit.*

les définitions de la hiérarchic proposées par Alain de Lille ne sont que des reformulations plus ou moins fidèles de la définition dionysienne. Ici la paraphrase se confond avec la glose. Alain déplie le concept dionysien et le fait travailler, quitte à ne plus l'exprimer dans un langage dionysien, mais il semble bien que c'est de celui-ci qu'il extrait tout son propos. Le concept de *hierarchia* enveloppe une pensée de la domination légitime.

C'est la lecture qu'en fait Philippe le Chancelier qui non seulement cite ensemble les définitions dionysiennes de la hiérarchie et celle d'Alain de Lille, mais se propose aussi d'en montrer la similarité :

> Le Commentateur a exposé cette définition afin que par « ordre divin » on comprenne « pouvoir ordonné ». [...] À l'objection selon laquelle la troisième définition ne pose que le pouvoir, il faut répondre que la science et l'action sont entendues en ce qu'il est dit : « des choses rationnelles et sacrées ». En effet, la science est entendue comme raison en acte et l'action comme sainteté, de la confirmation dans la bonté suit en effet l'action. L'assimilation parfaite qui n'existe que chez les êtres bons ne serait pas s'il n'y avait pas en plus du pouvoir et de la science une action ordonnée. Pour cette raison, puisque la hiérarchie n'exprime pas n'importe quelle assimilation, mais l'assimilation aux bons, elle sera selon ces trois aspects. Les êtres mauvais, bien qu'ils aient du pouvoir, qui est aussi ordonné par Dieu, car tout pouvoir est ordonné par Dieu, n'ont cependant pas d'ordre, car leur pouvoir n'a pas une ordination parfaite de sorte que non seulement il soit donné et délimité par Dieu, mais aussi qu'il ne puisse s'éloigner de la droiture qui est entre le principe et la fin, qui est l'alpha et l' . Cette ordination, ceux qui ont un libre arbitre qui peut incliner au mal ou qui est confirmé dans le mal, ils ne l'ont pas. Il est donc dit « un ordre divin »[1].

Philippe met donc en parallèle la triade « ordre divin, science, action » et l'expression « pouvoir ordonné des choses rationnelles et sacrées ». De même que l'ordre divin renvoie directement au pouvoir ordonné, la science est signifiée par les choses rationnelles et l'action par les choses sacrées. Philippe fait fond sur le récit de la séparation entre les bons et les mauvais anges et de la confirmation des anges dans leur statut d'anges. C'est suite au péché des mauvais

1. Philippe le Chancelier, *Philippi Cancellarii Parisiensis Summa de bono*, *op. cit.*, II, q. II, 1, p. 378-380 (notre traduction).

anges, des démons, que les bons anges ont été confirmés dans leur bonté et dans leur statut, acquérant ainsi leur rang de façon éternelle et immuable. Ce récit mythique de l'origine de la hiérarchie [1] sert ici à opérer la synthèse entre les deux définitions du concept. La hiérarchie est l'institution des relations de pouvoir entre les êtres rationnels et sacrés que sont à titre premier les anges, confirmés moralement dans leur bonté et institutionnellement dans leur ordre. Pour Philippe, l'articulation de l'ordre, de la science et de l'action peut être interprétée comme le schéma logique de ce récit. En même temps, il interprète chacune des deux définitions au moyen de l'autre.

Pour détailler les relations entre ordre, science et action, Philippe reprend un raisonnement qui rappelle celui d'Alain de Lille :

> Puisque tout pouvoir s'applique à quelque chose qu'il faut parfaire, il ajoute la science et l'ordre. La science en tant qu'ils comprennent ce qu'il faut faire, l'action en tant qu'ils perfectionnent ce qu'ils ont compris devoir faire. Dans l'ordre il y a l'office, dans la science le jugement, dans l'action le ministère : sans ordre l'action est hardiesse, sans action l'ordre est négligence, sans science l'action est répréhensible et l'ordre inutile. C'est pourquoi la hiérarchie est un ordre divin, une science et une action [2].

L'interdépendance des trois termes de la définition tient à ce que l'absence de l'un disqualifie immédiatement les deux autres. Si l'on y regarde de plus près, cependant, il n'en va pas exactement comme chez Alain de Lille. Chaque terme n'est pas en dépendance réciproque des deux autres : l'absence d'ordre disqualifie l'action, l'absence d'action, réciproquement, disqualifie l'ordre, mais seule l'absence de science disqualifie et l'ordre et l'action.

La différence pourrait paraître de détail, mais elle permet de mettre en lumière un point important : la source de Philippe le Chancelier n'est pas seulement Alain de Lille, mais aussi Hugues de Saint Victor. En l'occurrence, le passage qui nous occupe n'est qu'une citation littérale du commentaire victorin de *La hiérarchie*

1. Sur le récit mythique de l'angélologie, *cf.* E. Coccia, « Massa e potere. Lo statuto della divinità nell'angelo cristiano », *in* A. Paravicini Bagliani (ed.), *Anghelos. Angelus. From the Antiquities to the Middle Ages*, *Micrologus* XXIII, 2015, p. 79-108.

2. Philippe le Chancelier, *Philippi Cancellarii Parisiensis Summa de bono*, *op. cit.*, II, q. II, 1, p. 378-379 (notre traduction).

céleste. Il convient de réintégrer la citation dans son contexte pour comprendre le sens précis de la logique ternaire mise en place par Hugues.

> Donc il pose trois éléments principaux dans la définition de la hiérarchie, qui lui donnent un caractère complet. Ce sont : l'ordre, la connaissance et l'activité. S'il manque un seul de ces trois éléments, la hiérarchie ne se maintient pas. Le premier est l'ordre divin, parce qu'il n'y a pas de pouvoir sans qu'il soit ordonné par Dieu ; c'est pourquoi il dit : un ordre divin. « Tout pouvoir » en effet « vient de Dieu, et tout ce qui vient de Dieu est bon et ordonné. C'est pourquoi qui résiste au pouvoir ordonné par Dieu résiste à Dieu. » Pour cette raison, la hiérarchie est un ordre divin, c'est-à-dire un pouvoir ordonné par Dieu et disposé conformément à Dieu. Il est issu de Dieu par ordination et conforme à Dieu par imitation ; et pour cela, l'ordre est divin, en tant qu'il est issu de Dieu, du point de vue de l'être, et qu'il est conforme à Dieu, du point de vue de la qualité et de la quantité. Ensuite, puisque tout pouvoir qui est ordonné par Dieu est ordonné pour accomplir quelque chose et pour le parfaire, après l'ordre, viennent, dans la définition, « la connaissance et l'activité ». La connaissance, par laquelle ils pensent ce qu'il faut faire, et l'activité, par laquelle ils accomplissent ce qu'ils pensent devoir effectuer. Dans l'ordre il y a la charge ; dans la science la distinction ; dans l'activité le service. Sans ordre, l'activité est une hardiesse, sans activité l'ordre est une négligence, et sans connaissance l'activité est répréhensible et l'ordre inutile. C'est pourquoi la hiérarchie est un ordre divin, une connaissance et une activité [1].

Le premier élément posé par Denys l'Aréopagite est l'ordre parce que c'est là la condition de tout pouvoir. Hugues s'appuie sur Rm 13, 1-2 pour rappeler que tout pouvoir vient de Dieu (*omnis potestas a Deo est*). Plus précisément, tout pouvoir est ordonné (*ordinatus*) par Dieu. Il faut, encore une fois, entendre le terme *ordo* au double sens de « commandement » et de « disposition » : tout pouvoir est ordonné par Dieu (*a Deo ordinata*) et disposé conformément à Dieu (*secundum Deum disposita*). C'est précisément l'ambivalence du terme *ordo* qui permet de comprendre la signification de l'adjectif *divinus* : l'ordre est divin en tant qu'il vient de Dieu par ordination

1. Hugues de Saint-Victor, *Super Ierarchiam Dionisii*, *op. cit.*, lib. IV, 1, p. 497-498 (notre traduction).

(*per ordinationem*) et en tant qu'il est conforme à Dieu par imitation (*per imitationem*). Ordination et imitation représentent deux modalités selon lesquelles l'ordre hiérarchique peut être dit divin. La première concerne son institution, d'un point de vue ontologique (*ut sit*), alors que la seconde a trait à sa constitution, d'un point de vue qualitatif et quantitatif (*qualis et quantum sit*). Le divin est donc à la fois la cause productrice de l'ordre et sa raison formelle.

L'ambiguïté lexicale est donc absorbée dans une distinction conceptuelle forte, qui n'est pas sans rappeler la lecture hugonienne de Gn 1, 26 dans le prologue du *Commentaire*. Il est toutefois difficile de dire si la distinction entre *ordinatio* et *dispositio* correspond à celle entre *imago* et *similitudo*. En effet, la *similitudo* renvoyait à la *conditio* et l'*imago* à l'*ordinatio*. La créature créée à la ressemblance (*similitudo*) de Dieu a été ordonnée à son image (*imago*) afin de pouvoir participer à l'administration de la création. Il n'est pas fait usage ici du terme *imago*, mais seulement de celui de *similitudo*. On ne saurait dire si la distinction entre *ordinatio* et *dispositio* est interne au régime de l'*imago*, qu'elle ne fait que spécifier, ou si elle recoupe la distinction entre *similitudo* et *imago*, qu'elle contribue à reformuler un peu différemment. Dans un cas comme dans l'autre, le concept de hiérarchie permet d'articuler ensemble les deux niveaux, de faire participer la créature à la ressemblance divine, de conformer l'ordre de la créature à l'ordre divin.

En quoi consiste précisément l'imitation divine ? Le pouvoir ordonné par Dieu l'est en vue du perfectionnement (*ad perficiendum*) et de l'accomplissement (*complendum*). Autrement dit, l'ordre ne suffit pas à définir le pouvoir, il faut y ajouter la science et l'action. Hugues reformule la triade dionysienne : office (*officium*), jugement (*discretio*), ministère (*ministerium*). Dans l'ordre est donné l'office ou la fonction, au sens où elle est ordonnée, c'est-à-dire commandée par Dieu, mais aussi au sens où à chaque niveau de la hiérarchie correspond une fonction différente. La hiérarchie constitue un ensemble ordonné d'offices. À ces offices correspondent les compétences appropriées, donc le savoir et le jugement, car tout ordre suppose pour être obéi, de façon minimale, d'être compris (*qua quid faciendum sit intelligant*). À quoi s'ajoute, pour le compléter, l'action ou le ministère, afin que ce qui doit être fait soit effectivement réalisé (*qua quod intellexerint agendum perficiant*). Comme nous le remarquions avec Philippe le Chancelier, la relation entre ces trois termes n'est pas simplement de réciprocité parfaite, au sens où l'absence de l'un affecterait les deux autres. Certes, l'action sans ordre n'est que hardiesse (*presumptio*) et l'ordre sans action n'est que négligence (*negligentia*), ce qui témoigne de la nécessité pour l'action d'être officiellement légitimée et pour l'ordre d'être effectivement réalisé.

Le problème du pouvoir relève à la fois de la légitimité et de l'efficacité. Il semblerait qu'à cela suffisent l'ordre et l'action. Or, Hugues met en évidence le rôle décisif de la science par rapport aux deux autres dimensions : sans la science, l'action est répréhensible (*reprehensibilis*) et l'ordre inutile (*inutilis*). Il ne suffit pas que l'action soit justifiée par l'ordre pour être légitime, il faut aussi qu'elle procède de la connaissance de ce qu'il y a à faire. De même, il ne suffit pas que l'ordre soit complété par l'action pour être efficace, il faut qu'il soit compris comme tel. La science apparaît comme la médiation indispensable entre l'ordre et l'action, entre la charge et son accomplissement. Réinterprétée par Hugues comme jugement (*discretio*), elle ne relève pas tant d'une connaissance contemplative que d'une forme de savoir pratique. Plutôt qu'elle n'ajoute une dimension théorique au dispositif pratique, elle est intégrée à celui-ci comme un point d'articulation entre l'ordre et l'action. La science divine ne prend pas la forme d'une contemplation mais d'une connaissance pratique de ce qu'il y a à faire (*quid faciendum sit*). Hugues interprète la théorie de la hiérarchie comme une théorie de l'action[1].

C'est en jugeant droitement (*recte discernendo*) et en agissant de la bonne manière (*bene operando*) que la créature imite le divin et se porte à sa ressemblance (*similitudo*). L'imitation (*imitatio*) du divin procède selon deux voies : le fait d'être disposé par lui (*ab ipso disponitur*) ou le fait d'agir conformément à lui (*secundum ipsum operatur*). Ces deux voies ne sont pas divergentes, mais indiquent la double modalité selon laquelle la hiérarchie imite le divin. Si l'*ordo* signifie au premier chef l'*ordinatio* divine, à la fois injonction et ordonnancement, il se dédouble dans la hiérarchie sous la forme de la *dispositio* et de l'*officium*. À la double signification de l'ordre répondent la structure hiérarchique et l'effectuation pratique.

1. Sur ce point, *cf.* J. Won Seouh, *Knowledge and Action in Hugh of St. Victor's Commentary on the Dionysian Celestial Hierarchy*, *op. cit.*, p. 166-174.

La hiérarchie n'étant rien d'autre que le dispositif qui permet d'organiser la répartition des ordres et leur accomplissement, la distribution différenciée des offices et des ministères.

Théorie de l'action

Dans cette perspective, la doctrine dionysienne de la hiérarchie semble moins contemplative et mystique que pratique. Les interprétations d'Hugues de Saint Victor et d'Alain de Lille y décèlent une théorie du pouvoir légitime, qui sera presque intégrée au texte dionysien lui-même par les commentateurs scolastiques et influencera profondément la compréhension qu'ils en auront. Sans nier la part d'interprétation ou de projection due aux commentateurs, on remarquera que la théorie du pouvoir hiérarchique n'est pas une construction externe au texte, mais procède d'une lecture très serrée et très technique de la définition dionysienne de la hiérarchie. C'est en essayant de comprendre comment s'articulent l'ordre, la connaissance et l'action que l'on parvient à élaborer une conception fine du pouvoir sacré. En témoignent les remarques de Thomas Gallus qui, dans ses nombreux commentaires de *La hiérarchie céleste*, paraît se réapproprier la leçon de ses prédécesseurs [1].

> « La hiérarchie donc », au sens général, angélique et humaine, « selon moi », c'est-à-dire selon ma capacité et mon jugement, sans préjuger d'une doctrine plus profonde, « est un saint ordonnancement », c'est-à-dire une société de personnes saintes et rationnelles, « bien ordonnée » c'est-à-dire distinguées de façon droite et ordonnée par la grâce et les offices, « et une science et une opération », c'est-à-dire possédant la science et l'opération appropriées aux personnes singulières. Par le terme d'ordonnancement il faut entendre l'autorité ou le pouvoir légitime, qui sans jugement serait inutile ou coupable, aussi lui ajoute-t-on la science de sorte qu'elle sache accomplir avec prudence et distinction ce qu'elle peut. Le pouvoir et la science sans l'opération appropriée engendrent l'omission et la négligence, aussi leur ajoute-t-on l'opération [2].

1. Sur les différents commentaires de Thomas Gallus au corpus dionysien, *cf.* D. Lawell, « Thomas Gallus's method as dionysian commentator : A study of the *Glose super angelica ierarchia* (1224), with considerations on the *Expositio librorum beati Dionysii* », *Archives d'histoire doctrinale et littéraire du Moyen Âge* 76, 1, 2009, p. 89-117.

2. Thomas Gallus, *Glosae super angelica ierarchia*, cap. III, in *Thomae Galli Explanatio in libros Dionysii*, éd. D. Lawell, Turnhout, Brepols, 2011, p. 536-537 (notre traduction).

Thomas utilise la traduction de Jean Sarrazin, qu'il glose mot à mot. L'expression grecque *taxis hiera* n'est pas traduite par *ordo divinus*, mais par *ordinatio sancta*. Thomas attribue deux significations au terme *ordinatio* : d'une part il s'agit d'une société de personnes saintes et rationnelles (*congregatio sanctarum rationalium personarum*), d'autre part de l'autorité ou du pouvoir légitime (*auctoritatem siue legitimam potestatem*). Conformément au schéma mis en place par ses prédécesseurs, Thomas Gallus voit dans la science (*scientia*) et l'opération (*operatio*) un gage de légitimité et d'efficacité du pouvoir. Sans la science, celui-ci serait à la fois inutile (*inutilis*) et illégitime (*noxia*), de même que sans l'opération, le pouvoir et la science ne donneraient naissance à rien d'autre que de l'omission et de la négligence (*omissionem et negligentiam*). Thomas donne cependant un sens plus fort au lien entre pouvoir, science et opération. Le terme d'*ordinatio* signifie non seulement *potestas* mais aussi *congregatio*. La science et l'opération ne se réduisent pas à des corrélats techniques du pouvoir, qui œuvrent à sa perfection, mais contribuent aussi à former une congrégation dont les membres se distinguent et s'ordonnent en fonction de leurs offices (*officia*), c'est-à-dire de la science et de l'opération qui leur sont appropriées (*congruenter obtentis*). La répartition des fonctions est donc le principe de l'ordre hiérarchique. Le concept de hiérarchie ne sert pas seulement à penser le pouvoir dans la perspective de son accomplissement pratique, mais aussi à en définir le mode d'existence institutionnel et pour ainsi dire social. Il n'y a pas opposition entre ces deux points de vue, mais plutôt présupposition réciproque. La hiérarchie est un ordre tout entier tourné vers l'exercice du pouvoir et une forme de pouvoir dont l'expression parfaite est l'ordre. Plus qu'à un ordre, le terme d'*ordinatio* renvoie à une mise en ordre, une organisation, qui répartit des personnes, des fonctions, des compétences et des opérations les unes par rapport aux autres. La triple définition de la hiérarchie – comme ordre, science et opération – donne à penser la relation de pouvoir qui lie les personnes à leur fonction.

> Le terme de « hiérarchie » pourrait être tenu, dans cette description, pour le statut des personnes hiérarchiques, mais il convient plutôt de l'entendre comme un nom collectif de la façon suivante : « La hiérarchie, selon moi », c'est-à-dire selon mon opinion, « est un saint ordonnancement », c'est-à-dire une sainte société de personnes rationnelles distinctement ordonnées par

grade et par offices, « et une science et une opération », c'est-à-dire avec la science et l'opération qui leur appartiennent.

Ces trois éléments sont requis par la hiérarchie. En effet, si le pouvoir ordonné manquait, l'opération serait une hardiesse, comme si le sous-diacre usurpait l'office du diacre, ou le diacre celui du prêtre. Si la science manquait, l'opération serait sans précision. Si l'opération manquait, les offices seraient de la négligence [1].

Le lien entre le pouvoir et l'ordre apparaît de façon manifeste dans la notion de *potestas ordinaria*. Dans la hiérarchie, l'opération est strictement corrélée à un rang auquel correspond une fonction particulière. Si un sous-diacre effectuait une opération propre au diacre ou au prêtre, il y aurait usurpation de l'office. Autrement dit, le pouvoir hiérarchique est toujours relatif à l'ordre, c'est-à-dire au rang et à la fonction de celui qui l'exerce. Inversement, le rang hiérarchique ne se conçoit qu'en relation avec un degré de pouvoir déterminé, c'est-à-dire avec un office particulier. En ce sens, la hiérarchie est peut-être le paradigme de toute *potestas ordinaria*. La hiérarchie définit en effet un ordre de participation au pouvoir divin. Ce dernier n'est toutefois pas défini comme une *potestas absoluta*, mais comme une *ordinaria* et *pura potestas*.

> Ces trois choses sont en quelque sorte en Dieu de façon principielle. En lui en effet se trouve un pouvoir ordonné et pur : « Pouvoir et terreur » (Job 25, 2) – de même une science : « tout est à nu et à découvert » (He 4, 13) – une opération : « toute notre œuvre etc. » (Is 26, 12), et : « il fait tout en tous » (1 Cor 12, 6). « Vers ce qui est transmis » : il ne suffit pas d'avoir ces choses et ainsi de s'assimiler à Dieu, mais c'est par le progrès dans les exercices hiérarchiques qu'il est possible de s'élever en Dieu. [...] « Sursumée », s'élevant assidûment, « vers l'imitatif de Dieu », c'est-à-dire l'imitation, « selon la proportion » de ses possibilités, à savoir de nature et de grâce [2].

Alors que certains de ses prédécesseurs allaient jusqu'à poser une hiérarchie en Dieu, Thomas se contente de dire qu'en Dieu aussi il y a le pouvoir, la science et l'opération. Un pouvoir ordonné, mais sous sa forme pure. Or, la transmission de ce pouvoir à la créature ne s'effectue pas de façon directe mais passe par une

1. Thomas Gallus, *Glosae super angelica ierarchia*, p. 27 (notre traduction).
2. *Ibid.*, p. 27-28 (notre traduction).

réappropriation active. Ou plutôt, précisément parce qu'il s'agit de pouvoir, l'assimilation de la créature au divin ne consiste pas à simplement recevoir le pouvoir, mais à l'exercer. C'est donc par l'exercice du pouvoir hiérarchique (*exercitii ierarchici*) que la créature imite le divin. Si la nature intervient ici au titre des conditions de possibilité de l'imitation divine, le pouvoir apparaît cependant principalement comme un supplément de grâce. En témoignent les deux formulations parallèles de l'*Explanatio* et des *Glosae* : la *sancta congregatio* – dont l'institution ecclésiastique est l'exemple – est *per gratiam et officia recte et ordinate distincta* dans un cas, *per gradus et officia ordinatiue distincta* dans l'autre. Le glissement entre *per gratiam* et *per gradus* indique quelque chose de décisif quant au rapport entre la personne et l'office : les fonctions hiérarchiques ne sont pas naturelles. Il ne dépend pas de la nature d'une personne de recevoir tel office, mais d'une grâce, d'un supplément non naturel. Quant à l'opération, elle n'est pas l'actualisation d'une essence, mais l'activité propre à un rang. L'office, ce qui lie la personne à un rang et à une opération, ne se pense qu'en termes de pouvoir.

Peut-être plus encore que chez Hugues de Saint Victor et chez Alain de Lille, le pouvoir et l'ordre apparaissent chez Thomas Gallus comme synonymes. On ne parvient plus vraiment à distinguer ce qui relève d'un schème pratique de mise en œuvre du pouvoir et ce qui relève d'un modèle d'ordre institutionnel voire social. La tension entre le pouvoir et l'ordre qui est au cœur du concept de hiérarchie semble se résoudre dans l'articulation fine entre l'ordre, la science et l'opération.

L'interprétation du concept de hiérarchie par Thomas d'Aquin semble à la fois hériter de cette tradition exégétique et la renouveler, notamment en la confrontant à la pensée aristotélicienne. Plutôt que de chercher à penser le lien entre le pouvoir et le sacré, il s'attache à analyser avec précision la logique du *principatus*, c'est-à-dire la façon concrète dont s'exerce le pouvoir.

> Hiérarchie signifie gouvernement sacré, provenant de « *hieron* », qui veut dire « sacré », et « *archon* », qui veut dire « dirigeant ». Or, en tout gouvernement, il faut un degré du pouvoir et de la fin. Aussi, pour un gouvernement sacré, il doit en être ainsi pour les choses sacrées et divines : et c'est pourquoi, de même que pour le gouvernement séculier la fin consiste en ce que la multitude

> soumise soit pacifiquement disposée au bien que vise le dirigeant, comme on le voit dans l'armée, qui, selon le philosophe, en *Métaphysique* XI, 52, est ordonnée au bien que le chef a en vue comme à sa fin ultime ; de même pour le gouvernement sacré, la fin doit être la ressemblance avec Dieu. Or il n'est possible pour les anges d'atteindre cette fin que par une action ordonnée, pour laquelle sont nécessaires un pouvoir ordonné et une science rectrice : c'est pourquoi, dans la définition de la hiérarchie, on pose l'ordre, dans lequel est exprimé le degré du pouvoir, et la science en tant que rectrice, et l'action comme ce qui mène à la fin, et la ressemblance avec Dieu comme la fin que l'on vise [1].

La *hierarchia*, en tant que *sacer principatus*, est comparée par Thomas à d'autres formes de pouvoir séculier (*principatus saecularis*), comme le pouvoir politique ou le pouvoir militaire. Ces différents exemples sont rapportés à un modèle général : tout gouvernement suppose l'articulation entre un pouvoir et une finalité (*gradus potestatis et finis*). Si, dans le cas du gouvernement civil, la fin consiste à disposer la multitude (*multitudo*) au bien visé par le prince (*princeps*) et, dans le cas du pouvoir militaire, au bien visé par le général (*dux*), dans le cas de la hiérarchie, le bien visé est l'assimilation à Dieu (*assimilatio ad Deum*). Dans le cadre de cette conception téléologique du pouvoir, la triade dionysienne de l'ordre (*ordo*), du savoir (*scientia*) et de l'action (*actio*) est réinterprétée comme un syllogisme pratique qui permet de décrire la mise en œuvre du pouvoir. L'action angélique a pour fin l'assimilation au divin, à laquelle elle parvient par une action ordonnée (*actio ordinata*) qui articule un pouvoir ordonné (*ordinata potestas*) et une science rectrice (*scientia dirigens*). Autrement dit, l'action est subordonnée au pouvoir et au savoir : l'ordre exprime le degré du pouvoir (*gradus potestatis*), la science la direction (*sicut dirigens*) et l'action la réalisation (*ad finem inducens*).

La référence à *Métaphysique* Λ, 1075a n'est pas anodine : Aristote confronte directement la question du bien à celle de l'ordre (τάξις), en se demandant si le bien de l'armée réside dans l'ordre ou dans le général. La réponse aristotélicienne consistant à dire que ce n'est pas l'ordre qui fait le général, mais le général qui fait l'ordre, appelle une seconde question : comment le général transmet-il

1. Thomas d'Aquin, *Scriptum super Libros Sententiarum*, lib. II, d. 9, q. 1, a. 1, c., éd. Mandonnet, p. 226 (notre traduction).

l'ordre à l'armée ? On pourrait ici jouer sur la polysémie du terme τάξις – qu'Aristote ne pouvait pas ne pas avoir en tête – pour dire que le général ordonne l'armée en donnant des ordres. Il importe surtout de souligner que ce qui reste impensé dans la solution aristotélicienne, c'est l'articulation entre le principe transcendant, le général, et l'ordre immanent, l'armée. Si le bien est à la fois dans le principe et dans l'ordre, on ne sait pas comment il se distribue entre ces deux niveaux.

Là où Aristote pose, sans le formuler comme tel, le problème de la providence divine, ou du moins, les conditions d'un tel problème, à savoir, comment la finalité transcendante du bien peut être réalisée dans l'ordre du monde, Thomas, à la suite d'autres, répond par une théorie du gouvernement divin du monde qui n'est autre qu'une interprétation de la doctrine dionysienne de la hiérarchie. Le syllogisme pratique qu'il met en évidence dans la triade de l'ordre, de la science et de l'action lui permet de décrire toute la hiérarchie angélique comme une grande machine de gouvernement dont la finalité est l'accomplissement de la providence divine.

> Et, parce que Dieu est la fin non seulement des ministères angéliques, mais aussi de toute création, à la première hiérarchie appartient la considération de la fin ; à la seconde, la disposition générale des actions à accomplir ; à la dernière l'application pratique de cette disposition à l'effet, ce qui est l'exécution de l'œuvre. Il est manifeste en effet que ces trois étapes se retrouvent en toute opération. C'est pourquoi Denys, considérant les propriétés des ordres angéliques d'après leurs noms, a placé dans la première hiérarchie les ordres dont les noms expriment leur rapport à Dieu, à savoir : les Séraphins, les Chérubins et les Trônes. Dans la hiérarchie intermédiaire, il a placé les ordres dont les noms indiquent un certain gouvernement ou mise en place générale : les Dominations, les Vertus et les Puissances. Dans la troisième hiérarchie, il a mis les ordres dont les noms expriment la mise à exécution de l'œuvre : Principautés, Anges et Archanges[1].

À chaque niveau de la hiérarchie correspond un moment du syllogisme pratique de l'action. À la première hiérarchie – Séraphins, Chérubins, Trônes – correspond la visée de la fin (*consideratio finem*),

1. Thomas d'Aquin, *Somme théologique*, I a, q. CIII, a. 6, c., trad. A.-M. Roguet, Paris, Cerf, 1984-1986, p. 846.

à la deuxième hiérarchie – Dominations, Vertus, Puissances – correspond la disposition de ce qu'il y a faire (*dispositio de agendis*), à la troisième hiérarchie – Principautés, Archanges, Anges – correspond la mise en œuvre (*applicatio dispositionis ad effectum*). Dans la connaissance de la fin, il y a l'ordre, dans celle des moyens, la science, et dans l'accomplissement, l'action. La hiérarchie permet ainsi de raffiner et de préciser le modèle binaire du gouvernement :

> Il faut considérer deux choses dans le gouvernement : la raison du gouvernement, qui est la providence elle-même, et l'exécution. En ce qui concerne la raison du gouvernement, Dieu gouverne immédiatement toute chose. En ce qui concerne l'exécution du gouvernement, Dieu gouverne par des intermédiaires [1].

Il y a deux dimensions dans le gouvernement : le plan et l'exécution. La première constitue le pôle rationnel et théorique, la providence à proprement parler. La seconde constitue le pôle exécutif et pratique, celui du gouvernement [2]. C'est dans le passage d'une dimension à l'autre qu'interviennent les intermédiaires, c'est-à-dire les anges. Si le gouvernement est la mise en œuvre de la providence, l'exécution du plan, c'est dans l'angélologie qu'il faut chercher la théorie du gouvernement. Thomas la trouve dans la doctrine dionysienne de la hiérarchie qui non seulement donne le schéma général de l'action providentielle, sous la forme du syllogisme pratique que constitue la définition de la hiérarchie, mais qui déploie aussi dans le détail les différentes étapes de la mise en œuvre du plan. La description de la hiérarchie angélique, de ses différents ordres et de ses différentes classes n'est en ce sens rien d'autre qu'une grande fresque du gouvernement :

> D'autre part, en regard de la fin, on peut considérer trois choses : en premier lieu, on envisage la fin ; puis on en acquiert une parfaite connaissance ; en dernier lieu on fixe son intention sur elle. [...] Nous pouvons saisir comment sont disposés les ordres dans la première hiérarchie. [...]
> D'autre part, l'idée de gouvernement renferme trois choses. La première, c'est la détermination des œuvres qu'il faut accomplir

1. Thomas d'Aquin, *Somme théologique*, I[a], q. CIII, a. 6, éd. Léonine, *op. cit.*, p. 458-459.

2. Sur l'idée d'une machine gouvernementale bipolaire, *cf.* G. Agamben, *Le règne et la gloire*, *op. cit.*

> [...]. La deuxième consiste à donner la faculté nécessaire pour pouvoir agir [...]. La troisième consiste à régler de quelle manière les directives données pourront être accomplies par ceux que cela regarde [...].
> Enfin l'exécution des ministères angéliques consiste à annoncer les œuvres divines. Or, dans l'exécution de toute œuvre, il y en a qui, pour ainsi dire, la commencent en conduisant les autres [...]. Il y en a d'autres qui exécutent purement et simplement [...]. D'autres enfin tiennent le milieu [...] [1].

Voilà la hiérarchie réduite à son schéma logique. La description proposée par Thomas coïncide parfaitement avec son schéma de l'action. Chaque ordre hiérarchique correspond à un moment du syllogisme pratique. La première hiérarchie est liée aux finalités de l'action, la deuxième à son mode d'exécution, la troisième à ses effets ultimes. Dans la première hiérarchie, chaque ordre représente un degré plus ou moins grand de proximité avec le pouvoir, c'est-à-dire une connaissance plus ou moins grande des intentions ou des finalités du pouvoir. Dans la deuxième hiérarchie, chaque ordre exprime une détermination particulière de l'action : ce qu'il faut faire, les moyens nécessaires à son accomplissement, les conditions particulières de sa réalisation. La troisième hiérarchie s'occupe de l'exécution même de l'action et se divise entre ceux qui dirigent et ceux qui ne font qu'exécuter et ceux qui relient la direction et l'exécution.

C'est peut-être chez Thomas d'Aquin que l'on trouve l'interprétation la plus aboutie et la plus convaincante de la hiérarchie angélique. Il en donne à la fois la formule abstraite et la description minutieuse : la hiérarchie forme une grande machine de pouvoir dont chaque ordre représente un degré particulier, un moment précis, une fonction déterminée. Il ne fait, cependant, que synthétiser un travail herméneutique qui a commencé avec Hugues de Saint-Victor et Alain de Lille, travail qui a cherché à préciser ce qu'est le *sacer principatus* nommé par le terme de *hierarchia*. Comme cela apparaît clairement chez Thomas d'Aquin, le concept de hiérarchie noue la question du pouvoir et celle de l'ordre. Si l'on veut comprendre ce qu'est le pouvoir, il faut l'observer dans son ordre propre, dans la

1. Thomas d'Aquin, *Somme théologique*, I^{a}, q. CVIII, a. 6, c., trad. A.-M. Roguet, *op. cit.*, p. 880-881.

façon dont il met en ordre les savoirs et les actions. Inversement, si l'on veut comprendre l'ordre, il faut mettre en évidence le pouvoir qu'il exprime et qui le constitue intégralement. Dans la hiérarchie angélique, c'est le fonctionnement même du pouvoir qui se donne à voir. La hiérarchie en tant qu'ordre et la hiérarchie en tant que pouvoir sont une seule et même chose.

CHAPITRE 5

Politisation de l'angélologie

L'angélologie est une forme d'ecclésiologie. Le modèle dionysien de la hiérarchie sert explicitement à penser la structure de l'Église, c'est-à-dire l'ordre des fonctions ecclésiastiques et l'organisation générale des sacrements. La référence aux anges dans un contexte ecclésiologique n'est cependant pas un élément original de la pensée dionysienne : déjà bien avant le ps.-Denys, on se représentait l'Église terrestre en continuité avec l'Église céleste [1]. Ce qu'apporte le concept de hiérarchie à l'ecclésiologie, c'est une théorie du pouvoir. En effet, la systématisation dionysienne de l'angélologie fournit un modèle qui servira de fait à penser la structure de l'Église, mais elle alimente aussi une certaine réflexion sur le pouvoir. Tout le problème consiste toutefois à déterminer la nature de ce pouvoir.

Curieusement, la thèse célèbre d'Erik Peterson selon laquelle l'angélologie représenterait la dimension « politique » du christianisme ne prend pas du tout en compte ce problème. Elle s'appuie sur l'idée de la coïncidence des Églises terrestre et céleste dans la liturgie, considérée comme l'acte public et officiel de l'Église. C'est dire que la dimension « politique » de l'angélologie relève entièrement d'une question ecclésiologique. Même à cet égard, Peterson ne mentionne pas le ps.-Denys. C'est une certaine idée de l'espace public, plutôt qu'un concept de pouvoir, qui oriente l'interprétation politique de l'angélologie chez Peterson. Peut-on pour autant faire l'économie de la question du pouvoir ? Si l'on y

1. *Cf.* E. Peterson, *Le livre des anges*, *op. cit.*

regarde de plus près, l'argument de Peterson consiste à distinguer l'Église d'une simple communauté de croyants en vertu de sa participation aux actes publics de la cité céleste. C'est la participation liturgique à la cité angélique qui fait pénétrer l'Église dans la sphère politique. Le propos est ambigu : on ne saurait dire exactement si c'est la participation de l'activité ecclésiastique à la vie angélique qui constitue un phénomène politique, ou si cette activité devient politique en raison de son inscription dans un espace qui est par soi déjà politique. Dans tous les cas, le terme « politique » ne renvoie pas à son acception usuelle. Ce qu'il y a de politique dans l'Église est irréductible à la politique au sens courant. D'où le rôle stratégique de l'angélologie : c'est elle qui permet de resémantiser le terme « politique ». Si l'on cherche à déterminer de façon plus précise la signification politique de l'angélologie, on se retrouve confronté à une alternative : soit la politique consiste dans la liturgie, et alors la politisation de l'ecclésiologie par l'angélologie s'avère être une réduction de l'angélologie à l'ecclésiologie, soit l'angélologie comporte une dimension proprement politique, en vertu de laquelle la liturgie devient politique, et alors cette dimension demande à être interrogée comme telle. Il ne s'agit pas ici de critiquer, ni même d'interpréter, la thèse de Peterson, mais de mettre en lumière à partir de celle-ci une question que précisément elle ne pose pas : celle du pouvoir hiérarchique. Le concept de hiérarchie implique-t-il une pensée politique du pouvoir[1] ?

Nous n'entendons toutefois pas nous interroger sur la dimension politique de l'ecclésiologie. Il ne s'agit pas en effet de réduire strictement à l'ecclésiologie ce qu'il pourrait y avoir de politique dans le concept de hiérarchie. Il s'agit encore moins de se demander si, ou dans quelle mesure, le pouvoir exercé dans et par l'Église au Moyen Âge peut être qualifié de politique. La grande porosité, tout au long de la période médiévale, entre les sphères politique et ecclésiastique a évidemment contribué à faire circuler entre l'une et l'autre des idées ou des théories qui leur appartenaient respectivement. On le vérifierait sans peine dans le cas de la hiérarchie. C'est cependant une tout autre question que nous voudrions poser : celle de la dimension politique du concept de hiérarchie en tant que concept

1. L'interprétation politique de l'angélologie par Peterson est discutée par Agamben, dans *Le règne et la gloire*, *op. cit.*, p. 223-228.

angélologique. Autrement dit, il s'agit de se demander en quel sens l'angélologie en tant que telle, sans référence particulière à l'ecclésiologie, constitue une réflexion d'ordre politique.

Sans prétendre mettre entre parenthèses tout le contexte théologico-politique qui détermine la réflexion médiévale sur la hiérarchie, nous voudrions tenter d'isoler un phénomène singulier, qui en représente un aspect souvent méconnu : la constitution d'une angélologie politique. La réception de la théorie dionysienne de la hiérarchie montre que l'angélologie a joué un rôle décisif dans la pensée politique médiévale. La hiérarchie angélique était perçue comme une structure politique. Non pas, encore une fois, au sens où le pouvoir hiérarchique serait tout à la fois politique et ecclésiastique, politique parce qu'ecclésiastique, en raison d'une équivoque fondamentale dans la culture théologico-politique médiévale. Au contraire, parallèlement à son interprétation ecclésiologique, l'angélologie a nourri un imaginaire politique au sens le plus strict. Sans passer nécessairement par l'intermédiaire de l'Église, la réflexion sur le pouvoir séculier et laïc s'est directement approprié le concept de hiérarchie, en élaborant ce que l'on pourrait littéralement appeler une angélologie politique. C'est cela qu'il s'agit de mettre en évidence en le distinguant de toutes les questions connexes.

« Exemplarité céleste »

Les travaux des historiens permettent de repérer les premiers éléments de cette angélologie politique. On trouve, au cœur de l'étude de Georges Duby sur l'idéologie médiévale des « trois ordres », le concept dionysien de hiérarchie. En effet, les deux théoriciens de la division de la société en trois ordres – ceux qui prient, ceux qui combattent et ceux qui travaillent – que sont, au XIe siècle, Adalbéron de Laon et Gérard de Cambrai mentionnent chacun, de façon à la fois discrète et décisive, le ps.-Denys. La lecture de Duby tente de mettre en évidence le lien qui existe entre l'idée de tripartition de la société et celle de hiérarchie. La seconde constituerait la charpente théorique de la première : la division sociale serait une hiérarchisation.

Pris au sens faible, cela signifie simplement que la division est inégalitaire. Si l'on entend, en revanche, le terme « hiérarchie » au sens fort – technique et conceptuel – cela implique au moins deux choses : d'une part, un lien doctrinal entre la pensée dionysienne et la théorie sociale, d'autre part, un emploi explicite du concept de *hierarchia*, c'est-à-dire une réflexion sur sa dimension et son application politique. Or, le propos de Duby demeure imprécis sur ce point. Si les deux auteurs médiévaux mentionnent bien le ps.-Denys, ce n'est qu'à titre de référence et il n'est même pas certain qu'ils aient eu une connaissance directe et précise de sa doctrine. Quant à leur usage du concept de hiérarchie, il demande à être déterminé plus précisément, car Duby ne l'envisage tout simplement pas comme tel. La chose est d'ailleurs surprenante : tout en problématisant lourdement la question de la hiérarchie sociale et en en soulignant la dimension angélologique – avec l'idée d'« exemplarité céleste » – l'historien ne semble cependant pas relever l'originalité et la paternité dionysienne du concept. Il utilise la notion de hiérarchie comme un synonyme de celle d'ordre (*ordo*). Autrement dit, alors que tout pointe en sa direction – la référence dionysienne, la question de l'ordre, la perspective angélologique – le concept de hiérarchie demeure l'impensé de l'étude magistrale de Duby.

Qu'en est-il, donc, de la hiérarchie chez les théoriciens médiévaux de la trifonctionnalité ? Le premier d'entre eux, Gérard de Cambrai, ne mentionne les trois ordres de la société que dans un propos rapporté. La *Gesta episcoporum cameracensium* raconte en effet que Gérard « a montré que le genre humain était divisé en trois depuis le commencement, ceux qui prient, ceux qui cultivent, ceux qui combattent (*genus humanum ab initio trifariam divisum esse monstravit, in oratoribus, agricultoribus, pugnatoribus*) [1] ». Le passage ne fait pas mention de l'angélologie dionysienne. Gérard y fait référence dans un autre texte, les *Acta synodi Atrebatensis*.

> Nous lisons ainsi, dans l'Ancien et dans le Nouveau Testament, que les ordres sacrés ont été disposés au ciel et sur terre par Dieu, de qui, selon l'Apôtre, toute paternité est dite au ciel comme sur terre. C'est pourquoi le bienheureux Denys l'Aréopagite, prêtre et père vénérable, comme le lui avait enseigné l'apôtre Paul, qui a été enlevé jusqu'au troisième ciel, a vu les secrets célestes, a écrit deux livres sur le pouvoir angélique et ecclésiastique. Ainsi le bienheureux Grégoire a également dit que la providence de la disposition divine a constitué des grades divers et des ordres distincts, afin que,

1. *Gesta episcoporum cameracensium*, III, 52 (MGH, *Scriptores*, VII, 3, p. 485).

> tant que les inférieurs témoigneraient de la révérence envers les supérieurs, et que les supérieurs accorderaient leur dilection aux inférieurs, il y ait une concorde et un tissage de la diversité, et que l'administration de chaque fonction soit correctement prise en charge. L'univers ne pourrait en effet subsister que si un tel grand ordre des différences ne le soutenait. Que la créature ne peut pas être gouvernée ni vivre dans l'égalité, l'exemple des milices célestes nous l'enseigne, puisque, s'il y a des anges et s'il y a des archanges, c'est qu'ils ne sont pas égaux, mais que l'un diffère de l'autre en puissance et en ordre [1].

Si le ps.-Denys est cité, sa doctrine ne l'est pas. C'est en effet sur celle de Grégoire le Grand – qu'il paraphrase [2] – que Gérard s'appuie et s'étend. Il ne retient de la pensée dionysienne que la part anecdotique ou mythique – et peut-être est-ce là la seule qu'il connaît réellement. Surtout, le terme de *hierarchia* et la doctrine qui lui est afférente n'apparaissent ni l'une ni l'autre. Dans son développement sur les ordres (*ordines*) angéliques, Grégoire se contente de mentionner les anges et les archanges pour déduire leur inégalité. Enfin, ce plaidoyer en faveur de l'inégalité sert à justifier l'existence des différents ordres ecclésiastiques et non la division de la société en classes. Duby s'appuie sur ce texte pour reconstruire la doctrine sociale de Gérard de Cambrai et pour la lier à l'idée de hiérarchie [3]. Rien ne permet cependant d'établir un lien rigoureux entre l'angélologie dionysienne et la théorie des trois ordres. On ne niera pas qu'il puisse exister un rapport entre les deux, mais le texte ne nous permet pas d'en déterminer la nature exacte. En effet, les trois ordres ne sont jamais explicitement décrits comme une *hierarchia*, pas plus qu'ils ne sont déduits d'un modèle angélologique. Il n'y a pas de lien textuel entre le concept dionysien et le modèle trifonctionnel.

Les choses sont à peine plus claires chez Adalbéron de Laon. Dans son *Poème au roi Robert*, il glisse subtilement de la description

1. Gérard de Cambrai, *Acta synodi atrebatensis; Vita Autberti; Vita tertia Gaugerici; Varia scripta ex officina exstantia*, éd. S. Vanderputten et D. J. Reilly, Turnhout, Brepols, 2014, p. 68 (notre traduction).

2. *Cf.* Grégoire le Grand, *Epistola*, LIII (PG 77, p. 785-786).

3. Sur la doctrine de Gérard de Cambrai selon Duby, cf. *Les trois ordres ou l'imaginaire du féodalisme*, Paris, Gallimard, 1978, p. 35-61.

dionysienne de la cité céleste à la formulation d'une loi de tripartition de la société.

> L'évêque
> Interroge Denys que l'on appelle l'Aréopagite, il a fait l'effort d'écrire deux livres sur ces questions. L'illustre et saint évêque Grégoire en parle aussi, en détaillant les Morales de la grande foi du roi Job. Il s'explique complètement en terminant ce même ouvrage et ailleurs, clairement, à la fin du commentaire d'Ézéchiel, sur ce sujet. La Gaule a reçu de lui ces œuvres sublimes.
> Une telle transcendance n'est pas dans les vues humaines, nous dirons qu'elle est notre science mystique.
> *Exposé ordonné suivant des arguments nécessaires.* – Un ordre céleste distinct a été disposé sur le modèle duquel on admet qu'est formé l'ordre terrestre. Au temps de la Loi, Dieu institua, par l'entremise de Moïse, les ministres de l'église de l'ancien peuple et les constitua en ordre. Les Histoires sacrées racontent qui en faisait partie. L'ordre de l'Église est appelé royaume des cieux et une nouvelle Loi y est honorée sous la direction du Christ. Dieu lui-même a, dans son cadre, institué des ministres purs et c'est pourquoi la rigueur scrupuleuse des évêques fixe comment, par qui et lesquels sont établis ici bas[1].

Si Adalbéron fait allusion aux écrits du ps.-Denys, c'est encore une fois de façon imprécise. Il évoque un ordre supérieur (*ordo supernus*) qui, dans ce contexte, n'est autre que celui des anges (*ciuibus angelicis*), sans toutefois faire usage du concept de hiérarchie – le terme *hierarchia* n'apparaissant pas dans le texte. Comme chez Gérard de Cambrai, la seule chose qui est retenue de la pensée dionysienne est l'idée que l'ordre angélique constitue un modèle (*ad exemplar*) pour l'ordre terrestre. Adalbéron décrit le royaume des cieux (*regnum caelorum*) comme un ordre ecclésiastique (*aecclesiae ordo*), à partir duquel il déduit, sans que l'on comprenne véritablement comment, un modèle politique :

> L'évêque
> Le domaine de la foi est un, mais il y a un triple statut dans l'ordre.
> La loi humaine impose deux conditions : le noble et le serf ne sont pas soumis au même régime.

1. Adalbéron de Laon, *Poème au roi Robert*, éd. et trad. C. Carozzi, Paris, Les Belles Lettres, 1979, p. 17-19.

En effet il a deux chefs : le roi et l'empereur, sous leur commandement, l'État reste ferme. Il y en a d'autres qu'aucune puissance ne contraint s'ils évitent les crimes que répriment les sceptres des rois : ce sont les guerriers, protecteurs des églises. Ils défendent les grands et les petits du peuple, ils protègent tout le monde et leur personne également.
Les serfs ont d'autres conditions en partage. Cette race accablée ne peut rien acquérir sans douleur. Qui pourrait reconstituer, en comptant sur les signes de l'abaque, l'effort des serfs, le cours de leur vie et leurs travaux innombrables, fournir à tous la richesse, le vêtement : voilà la pâture du serf. Car aucun homme libre ne peut vivre sans serf. Quand un travail se présente et qu'ils désirent en faire la dépense, le roi comme les évêques semblent se mettre sous la dépendance de leurs serfs. Le seigneur est nourri par le serf qu'il suppose nourrir. Il n'y a pas de fin à la plainte et aux larmes des serfs.
La maison de Dieu est donc triple, elle qui semble une. Ici-bas, les uns prient, d'autres combattent et d'autres travaillent. Ces trois sont ensemble et ne se séparent pas : aussi l'ouvrage de deux repose-t-il sur l'office d'un seul, chacun à son tour apporte à tous le soulagement.
Elle est donc simple cette triple liaison[1].

La maison de Dieu (*Dei domus*) obéit à deux lois différentes : la loi divine d'égalité de condition (*aequali conditione*) et la loi humaine d'inégalité des conditions (*conditiones*). Le terme *conditio* est pris en deux sens : il renvoie d'une part à une réalité anthropologique et d'autre part à une fonction sociale. C'est la condition charnelle de l'homme qui appelle la distinction des conditions et la stratification sociale. La loi d'égalité ne s'applique en effet qu'aux êtres spirituels – les anges et ceux parmi les hommes qui se libèrent de la chair, les clercs. Pour les êtres charnels, en revanche, les différences de nature (*natura*) ou de naissance (*genus*) déterminent des conditions (*conditiones*) inégales, celle de noble (*nobilis*) ou de serf (*seruus*)[2]. Les trois ordres procèdent d'une double bipartition : celle des clercs et des laïcs et celle des nobles et des serfs. C'est dire que la division de la société, dans son principe même, ne procède pas du

1. Adalbéron de Laon, *Poème au roi Robert*, *op. cit.*, p. 19-23.

2. Sur la pensée d'Adalbéron de Laon, *cf.* C. Carozzi, « Les fondements de la tripartition sociale chez Adalbéron de Laon », *Annales*, *HSS* 33, 4, juillet-août 1978, p. 683-702, et G. Duby, *Les trois ordres ou l'imaginaire du féodalisme*, *op. cit.*, p. 62-76.

modèle ecclésiastique. Elle relève, au contraire, d'une détermination anthropologique et sociale, explicitement distinguée de la condition ecclésiastique. Il ne s'agit donc en aucun cas d'une application de la structure « hiérarchique » de l'Église à l'ensemble de la société. Aucune « hiérarchie » céleste n'est projetée sur la Terre. La façon dont l'Église intervient dans le schéma trifonctionnel est beaucoup plus complexe, dès lors qu'elle intervient comme un facteur d'unité plus que comme un facteur de division.

De ce point de vue, la reconstruction par Duby du système trifonctionnel paraît exagérée. En dépit des références dionysiennes présentes chez Gérard et chez Adalbéron, aucun des deux auteurs n'utilise – ni même ne semble connaître – véritablement la pensée du ps.-Denys. Si la structure ternaire des hiérarchies angéliques rappelle le schéma trifonctionnel, ce n'est qu'en vertu d'une ressemblance formelle. Celle-ci aurait pu être facilement exploitée par les théoriciens de la tripartition sociale, or elle ne l'a pas été. C'est Duby lui-même qui la projette et qui réinvente la genèse médiévale du schéma des trois ordres à partir de la pensée dionysienne[1]. Le tableau qu'il brosse est séduisant, mais ne se justifie pas textuellement et doctrinalement. De fait, il n'y a aucun rapport entre la théorie dionysienne de la hiérarchie et l'idéologie des trois fonctions[2].

Si l'on retient de l'historien l'hypothèse minimale selon laquelle l'angélologie dionysienne formerait le cadre conceptuel qui aurait permis aux penseurs médiévaux d'adopter ou de réactualiser l'idéologie trifonctionnelle – mais non pas de la déduire directement – deux questions se posent. La première consiste à trouver par quelles voies l'idéologie indo-européenne des trois ordres serait parvenue jusqu'aux auteurs latins du XIe siècle. Elle ne concerne qu'indirectement notre propos et a déjà fait l'objet de nombreuses tentatives de réponse de la part des historiens[3]. La

1. La reconstruction par Duby de l'arrière-plan théologique de la doctrine médiévale des trois ordres accorde une place importante à la pensée dionysienne, *cf.* G. Duby, *Les trois ordres ou l'imaginaire du féodalisme*, *op. cit.*, p. 83-151 (141-151).

2. J. Le Goff a mis en avant la différence entre le modèle indo-européen des trois fonctions et le modèle chrétien de la hiérarchie, *in* « Les trois fonctions indo-européennes, l'histoire et l'Europe féodale », *Annales, HSS* 34, 6, 1979, p. 1187-1215.

3. Pour un aperçu synthétique sur ce débat historiographique, *cf.* B. Grévin, « La trifonctionnalité dumézilienne et les médiévistes : une idylle de vingt ans », in *Francia Forschungen zur westeuropäischen Geschichte* 30, 2003, p. 169-189.

seconde question porte sur la façon dont le concept de hiérarchie et le schéma trifonctionnel trouvent à s'articuler précisément. L'étude de Duby laisse la première question dans l'ombre et donne une réponse insatisfaisante à la seconde. En effet, on ne trouve ni chez Gérard de Cambrai ni chez Adalbéron de Laon les éléments d'une théorie de la hiérarchie – à commencer par la notion elle-même. Avant de chercher à penser comment s'articulent l'idéologie indo-européenne et la théologie politique chrétienne, il faudrait s'assurer de l'existence historique du cadre conceptuel que l'on invoque à cet égard. Dans le cas étudié par Duby, la pensée dionysienne n'a pas, de fait, servi à la réappropriation du schéma trifonctionnel – ou seulement de façon anecdotique.

On pourrait s'attendre à ce que les travaux qui ont prolongé l'intuition de Duby apportent plus de précisions sur ce point, mais ce n'est le cas qu'en apparence. Parmi tous les élèves de Duby, Dominique Iogna-Prat est sans doute celui qui a porté la plus grande attention au thème de la hiérarchie et à l'influence de la pensée dionysienne dans la doctrine sociale médiévale. En montrant que le schéma des trois ordres apparaissait dans la littérature médiévale beaucoup plus tôt que ne le pensait Duby – au IXe siècle dans l'école d'Auxerre et non pas au XIe siècle – Iogna-Prat n'a pas seulement corrigé la chronologie du dossier, mais il a aussi mis en évidence tout un ensemble de sources « dionysiennes » qui n'avaient pas retenu l'attention de son maître. On peut remonter, à partir d'Haymon d'Auxerre – en passant par Raban Maur, Isidore de Séville et Servius – jusqu'aux origines antiques, romaines, du schéma, mais c'est Héric d'Auxerre qui, dans les *Miracula Sancti Germani*, est à l'origine de la « christianisation » et de la « monachisation » de l'idéologie des trois fonctions. On passerait, avec Héric, de la classification indo-européenne des fonctions à un système dynamique de transformation de la société – les moines jouant le rôle de *sacerdotes* conduisant l'humanité à sa perfection. Or, selon l'historien, c'est l'arrière-plan dionysien de la pensée d'Héric qui expliquerait la mutation du schéma et sa postérité dans les milieux monastiques de Cluny – la réflexion de Gérard de Cambrai et d'Adalbéron de Laon n'apparaissant alors plus que comme une réaction « épiscopale » plus tardive [1]. Iogna-Prat

1. *Cf.* D. Iogna-Prat, « Le "baptême" du schéma des trois ordres fonctionnels : l'apport de l'école d'Auxerre dans la seconde moitié du IXe siècle », *Annales, HSS* 41, 1, 1986, p. 101-126.

donne donc une réponse à la première question – celle de l'origine du schéma – et à la seconde – celle du rapport entre hiérarchie et schéma trifonctionnel. Cette seconde réponse appelle cependant quelques remarques.

Le passage dans lequel Héric évoque les trois ordres de la société, contrairement à ceux de Gérard et d'Adalbéron, ne fait aucune mention du ps.-Denys, ni des ordres angéliques. Nous citons le texte dans la traduction de Iogna-Prat :

> Les uns combattant, les autres travaillant la terre, vous êtes le troisième ordre, vous que Dieu a admis par élection dans la mouvance de son domaine privé, pour que, étant plus libres des choses extérieures, vous vous occupiez davantage des fonctions de son service. D'autres subissent pour vous les dures conditions de la guerre ou du travail, de même vous, qui êtes attachés à leur service, persistez à les poursuivre de l'assiduité de vos prières et de votre office [1].

Il n'y a aucun lien direct entre l'angélologie dionysienne et cette première formulation « chrétienne » du schéma. Ce que tente de mettre en lumière Iogna-Prat n'est donc pas un tel lien, mais l'arrière-plan doctrinal à partir duquel Héric transforme le schéma classificatoire dont il hérite de son maître Haymon en un modèle dynamique. Or, il repère la matrice conceptuelle de cette transformation dans l'érigénisme d'Héric. L'influence d'Érigène sur la pensée d'Héric ne fait pas question – en témoignent, par exemple, les nombreuses gloses de la *Vita Sancti Germani* [2]. L'historien peut donc s'aider de la philosophie érigénienne pour analyser l'usage dynamique du schéma trifonctionnel par Héric. Ce qui, par contre, nous paraît problématique dans cette lecture est l'utilisation de la pensée dionysienne. L'historien ne semble pas faire grand cas de la différence entre la pensée du ps.-Denys et celle de Jean Scot : que le second soit le principal introducteur

1. Héric d'Auxerre, *Miracula Sancti Germani*, II, 18, dans D. Iogna-Prat, « Le "baptême" du schéma des trois ordres fonctionnels », *loc. cit.*, p. 106-107.

2. Concernant les gloses érigéniennes, *cf.* Héric d'Auxerre, *Vita Sancti Germani*, in *MGH. Poetae latini aeui carolini*, III, éd. L. Traube, Berlin, 1896, p. 432-436 et E. Jeaunau, « Les Écoles de Laon et d'Auxerre au IXe siècle », *La scuola nell'Occident latino dell'alto medioevo, Settimane di studio del Centro italiano di studi sull'alto medioevo* 19, Spoleto, Presso la sede del Centro, 1972, p. 495-522.

du premier dans le monde latin ne justifie pas qu'on identifie leurs doctrines sans reste. Aussi quand Iogna-Prat s'appuie directement sur la pensée dionysienne pour interpréter le texte d'Héric, ne tient-il pas compte de la médiation érigénienne en tant que telle. Parler, comme il le fait, d'« hellénisation » du schéma et invoquer le « néoplatonisme » n'en est que plus problématique [1]. Surtout, verser le dossier auxerrois, puis clunisien, à partir de cette analyse, au compte d'une pensée préscolastique de la hiérarchie, relève d'une sorte d'escamotage conceptuel [2]. De fait, la notion de hiérarchie n'intervient à aucun moment dans le processus de réinterprétation du schéma trifonctionnel – sinon, encore une fois, dans le propos de l'historien qui le reconstitue.

Notre propos n'est pas tant de contester les analyses de Duby ou de Iogna-Prat que d'attirer l'attention sur leur angle mort commun : la théorie de la hiérarchie. La chose est d'autant plus surprenante que l'un comme l'autre manifestent une vive attention à la question. Aucun des deux cependant ne prend le soin d'interroger le terme lui-même dans les textes étudiés ni ne s'aperçoit qu'il en est tout simplement absent. Ni Héric d'Auxerre, ni Gérard de Cambrai, ni Adalbéron de Laon, ne font usage du terme *hierarchia*. Maintenir qu'il y aurait, en dépit de ce détail d'ordre linguistique et philologique, une pensée hiérarchique chez ces auteurs, reviendrait à user anachroniquement du sens moderne du terme et à méconnaître profondément la dimension technique du concept dionysien. Si aucun de ces textes ne témoigne d'une lecture attentive et précise des écrits dionysiens, il apparaît cependant que l'on faisait souvent référence, dans les écoles d'Auxerre, de Laon, de Cluny, au ps.-Denys. Plutôt que de reproduire de toutes pièces une histoire doctrinale, c'est le statut de cette référence, plus rhétorique que théorique, qu'il faudrait interroger. Comment expliquer l'aura du ps.-Denys dans ces milieux, en l'absence d'une véritable réception doctrinale ?

1. *Cf.* D. Iogna-Prat, « Le "baptême" du schéma des trois ordres fonctionnels », *op. cit.*, p. 113-115.

2. Malgré l'attention qu'il porte à la figure du Pseudo-Denys et la question de la hiérarchie, Iogna-Prat ne s'appuie pas sur des usages réels du terme ou de la notion de *hierarchia* ; *cf.* « Penser l'Église, penser la société après le Pseudo-Denys l'Aréopagite », dans F. Bougard, D. Iogna-Prat et R. Le Jan (dir.), *Hiérarchie et stratification sociale dans l'Occident médiéval (400-1100)*, Turnhout, Brepols, 2008, p. 55-81.

Ce que montrent les travaux de Duby et de Iogna-Prat, c'est justement – si l'on excepte Jean Scot – que la réception de la pensée dionysienne a d'abord été le fait non d'une spéculation philosophique et théologique mais d'une tentative de penser le pouvoir politique et l'ordre social. Les textes étudiés par les deux historiens ne constituent toutefois pas à proprement parler des commentaires de l'œuvre dionysienne. Ils témoignent plutôt d'un intérêt politique pour ce que Duby a appelé l'« exemplarité céleste », c'est-à-dire l'angélologie en tant qu'elle sert de paradigme pour penser le pouvoir. À cet égard, les modèles sont plus souvent empruntés à Grégoire le Grand qu'au ps.-Denys. La figure dionysienne intervient à titre de référence, comme une figure d'autorité. Ce qui n'est pas sans importance et sans effet. Ce dionysisme de façade n'a pas nourri les doctrines, mais l'imaginaire politique des penseurs médiévaux. Du IXe au XIe siècle, l'idée qu'il existait une relation d'homologie entre les ordres angéliques et les classes sociales, et que la structure des unes devait imiter celle des autres, est devenue un lieu commun. Le maintien de l'ordre social passait par la contemplation des hiérarchies célestes. Il a toutefois fallu attendre les siècles suivants pour que l'on prenne ce programme politique à la lettre et que l'on entreprenne de déduire systématiquement l'ensemble des structures sociales à partir de l'angélologie dionysienne. Auparavant, le nom et la doctrine du ps.-Denys n'étaient mentionnés que de façon allusive. La référence dionysienne serait peut-être restée anecdotique et marginale si les penseurs du XIIe et du XIIIe siècles ne s'en étaient pas emparés, mais c'est sans doute aussi son appartenance presque mythique à l'imaginaire politique médiéval qui a rendu possible ce développement tardif.

De fait, le schéma trifonctionnel et le concept de hiérarchie se sont rencontrés plus tard, dans un texte de Thomas d'Aquin – le seul à notre connaissance où ces deux éléments sont véritablement articulés. Il s'agit de l'article 2 de la question 108, dans la première partie de la *Somme théologique*.

> Une hiérarchie est un gouvernement unique, c'est-à-dire une multitude ordonnée sur un mode unique sous la direction d'un gouvernant. Ce ne serait pas une multitude ordonnée, mais confuse, s'il n'y avait pas plusieurs ordres dans la multitude. C'est donc la définition même de la hiérarchie qui requiert la diversité des ordres. Cette diversité doit être envisagée selon les divers offices et

> les divers actes. De même que l'on voit que dans une cité les ordres sont en fonction des divers actes : il y a l'ordre de ceux qui jugent, l'ordre de ceux qui combattent, de ceux qui cultivent la terre, etc. [...] Ainsi donc dans chaque hiérarchie angélique, on distingue les ordres selon divers actes et divers offices, et toute cette diversité se réduit à trois, à savoir, au supérieur, au moyen et à l'inférieur. C'est pourquoi dans chaque hiérarchie Denys pose trois ordres [1].

La question est de savoir s'il y a plusieurs ordres dans une hiérarchie. La réponse de Thomas emprunte la voie d'un argument politique : une hiérarchie est un gouvernement (*principatus*). Or, un gouvernement n'est rien d'autre qu'une multitude ordonnée (*multitudo ordinata*) sous la direction d'un chef (*sub principis gubernatione*) [2]. Par définition donc, la hiérarchie comprend des ordres. L'existence de différents ordres au sein d'un même ensemble correspond précisément à la forme ordonnée de la multitude. Les ordres se distinguent selon les fonctions (*officia*) et les activités (*actus*). Comme dans une cité (*civitas*) où l'on distingue ceux qui jugent (*iudicantium*), ceux qui combattent (*pugnantium*) et ceux qui travaillent (*laborantium*). Cette division rappelle évidemment celle des *oratores*, des *pugnatores* et des *laboratores* – que l'on trouve formulée chez Gérard de Cambrai et Adalbéron de Laon. Thomas ne semble cependant pas s'intéresser au contenu de la division – aux ordres et à leurs caractéristiques – mais à sa forme – à l'ordre ternaire en tant que tel. Plus abstraitement encore, il s'agit tout simplement de distinguer le supérieur (*summum*), l'intermédiaire (*medium*) et l'inférieur (*infimum*). Thomas part donc d'une division selon les fonctions pour aboutir à une division selon les degrés. Si dans un premier temps, il semble illustrer la notion de hiérarchie au moyen de la distinction des trois ordres fonctionnels, il termine en hiérarchisant le schéma.

On peut alors parler de « hiérarchisation » du schéma trifonctionnel non seulement au sens faible, en ce que les trois fonctions sont rangées selon un ordre qui va du supérieur à l'inférieur, mais aussi au sens fort, en ce que cet ordonnancement est conçu comme un acte de gouvernement. Il n'y va pas simplement

1. Thomas d'Aquin, *Somme théologique*, I a, q. CVIII, a. 2, éd. Léonine, *op. cit.*, p. 496.

2. Sur ce point, *cf.* Thomas d'Aquin, *De Regno, ad regem Cypri*, lib. I, cap. I (éd. Léonine, p. 449-451).

d'une sociologie rudimentaire et empirique qui distinguerait les différentes formes d'activités exercées par les membres de la cité, mais bien de la mise en ordre politique de la cité par le pouvoir. C'était sans là doute déjà le propos de Gérard de Cambrai et d'Adalbéron de Laon, qui faisaient de l'organisation sociale une tâche royale. Chez Thomas cependant, il s'agit explicitement de l'ordre civil et « ceux qui prient » ont été remplacés par « ceux qui jugent ». Il apparaît ici que le concept de hiérarchie permet de synthétiser la réflexion sur les ordres (*ordines*), les fonctions (*officia*) et les activités (*actus*) sous la forme d'une théorie unique du gouvernement (*principatus*, *gubernatio*). La hiérarchisation du schéma des trois ordres ne fait peut-être qu'expliciter la chose suivante : si la société est inégalitaire, c'est avant tout parce que le social est un pur produit du pouvoir. L'ordre de la société n'est pas une donnée naturelle ou un fait anthropologique, mais le résultat d'une organisation active et pratique de la société, c'est-à-dire l'effet d'une opération de pouvoir.

Le texte de Thomas montre encore autre chose, à savoir que de la pensée dionysienne, on peut difficilement tirer davantage qu'un simple schéma abstrait : une hiérarchie, trois ordres – un supérieur, un intermédiaire, un inférieur. C'est précisément ce à quoi Thomas l'emploie : ordonner logiquement la liste encore trop empirique des trois fonctions (*iudicare*, *pugnare*, *laborare*). De ce point de vue, on comprend pourquoi tant d'auteurs médiévaux ne sont pas allés voir les textes dionysiens de plus près. En dépit de leurs propres discours sur la valeur exemplaire des sociétés angéliques, ils ne pouvaient pas vraiment trouver dans le *De coelesti hierarchia* d'enseignement substantiel sur la société. Les historiens pensent que le concept de hiérarchie a permis aux médiévaux de se réapproprier l'idéologie trifonctionnelle. Ce n'est pas tout à fait exact. On pourrait même soutenir le contraire : c'est la réflexion sur les ordres et les fonctions qui a permis aux penseurs médiévaux de se réapproprier le concept de hiérarchie. Alors qu'ils ne comprenaient rien ou presque au ps.-Denys, c'est la construction d'un certain imaginaire politique qui leur a ouvert l'accès au texte dionysien. C'est sur le fond des échanges ambigus entre l'angélologie dionysienne et la pensée politique que s'est développée entre le XIIe et le XIIIe siècle une véritable angélologie politique.

La cour du roi

Si les hiérarchies angéliques ont servi de modèle aux sociétés humaines, c'est parce que la pensée politique avait fourni un premier cadre d'interprétation de l'angélologie. Le concept dionysien de hiérarchie était originairement à la fois angélologique et ecclésiologique, il tend à devenir, au Moyen Âge, indistinctement angélologique et politique. Par rapport aux premières théories médiévales du pouvoir inspirées par les écrits dionysiens, la pensée scolastique marque cependant un tournant. Non seulement elle se caractérise en effet par un usage technique et systématique du concept de *hierarchia*, qui témoigne d'une lecture serrée des textes dionysiens, mais surtout, elle en déploie toute la dimension politique ou, plutôt, en prolongeant la tendance dionysienne des milieux monastiques et épiscopaux des siècles précédents, au moyen d'une herméneutique précise et rigoureuse du texte dionysien, elle achève de dégager de l'angélologie une véritable pensée politique.

L'idée selon laquelle la hiérarchie angélique est le modèle de la hiérarchie humaine pourrait sembler, à certains égards, banale. Ce n'est pourtant qu'au XIIIe siècle qu'elle se diffuse pleinement. Il ne s'agit pas là du lieu commun de la théologie chrétienne que constitue le thème de la cité céleste – dont Augustin a livré une illustration magistrale – mais d'une autre forme de politisation de l'angélologie. En effet, l'imaginaire politique qui a nourri l'angélologie depuis les premiers siècles du christianisme a toujours opposé sa dimension « imaginaire » ou « idéale » à la réalité politique des cités terrestres[1]. Que la cité angélique soit une cité parfaite n'implique pas nécessairement qu'elle constitue un modèle. Elle revêt au contraire une signification idéale ou eschatologique et vaut par sa différence d'avec la cité des hommes. Le projet de société qui naît dans l'école d'Auxerre et se développe dans le milieu clunisien porte encore la marque de cette tension eschatologique : la cité angélique est ce vers quoi doit tendre la société humaine sur le plan spirituel, notamment par l'intermédiaire des moines. Cette interprétation de l'angélologie – plus grégorienne que dionysienne – connaît une inversion au XIe et surtout au XIIe siècle, qui coïncide avec le renouveau des traductions

1. Sur la tradition de l'augustinisme politique, *cf.* H.-X. Arquillère, *L'augustinisme politique. Essai sur la formation des théories politiques du Moyen Âge*, Paris, Vrin, 1934.

et des commentaires des textes du ps.-Denys [1]. Ce n'est qu'à partir de ce moment que l'on entend véritablement penser la cité angélique comme un paradigme politique qu'il s'agit pour le pouvoir de mettre pratiquement et effectivement en œuvre dans la cité terrestre. La coïncidence entre une telle vision politique et le retour de la pensée dionysienne dans la culture médiévale n'est pas fortuite.

C'est en effet le concept de hiérarchie qui a permis d'opérer cette articulation originale entre l'angélologie et la politique. L'originalité de l'entreprise ne réside pas, encore une fois, dans la prégnance d'un imaginaire ou d'un vocabulaire politiques dans le discours théologique, mais dans l'usage politique d'un concept technique de pouvoir, d'origine théologique, permettant de déduire l'ordre des groupements humains à partir du modèle de la hiérarchie angélique. Autrement dit, la politisation de l'angélologie se traduit dans la tentative médiévale de penser l'organisation politique comme une hiérarchie. C'est ce court-circuit inédit entre la théologie et la pensée politique qu'accomplit l'angélologie médiévale. En effet, la hiérarchie angélique n'a pas servi de modèle à la société humaine. L'utilisation précise et technique du concept de *hierarchia* dans les écrits médiévaux n'est pas sociale ou sociologique, mais politique. Ce qu'ont cherché à penser les théoriciens médiévaux, c'est l'exercice du pouvoir – et ils l'ont pensé dans le contexte particulier de la royauté.

Certes, le concept de hiérarchie avait aussi servi à penser la hiérarchie ecclésiastique. Comme l'ont souvent remarqué les commentateurs, la symétrie entre la hiérarchie céleste et la hiérarchie ecclésiastique n'est pas scrupuleusement respectée chez le ps.-Denys lui-même [2]. Elle apparaît seulement chez ses lecteurs médiévaux. C'est dans ces tentatives de mise en équivalence systématique des ordres angéliques et des ordres ecclésiastiques – chez Honorius Augustodunensis, Alain de Lille, puis chez Bonaventure – que l'on trouve les premières classifications anthropologiques inspirées par

1. Sur ce tournant, *cf.* D. Iogna-Prat, « Le "baptême" du schéma des trois ordres fonctionnels : l'apport de l'école d'Auxerre dans la seconde moitié du IXe siècle », *Annales* 41, 1, 1986, p. 101-126, en particulier p. 117-118 et D. Poirel, « L'ange gothique », *loc. cit.*

2. Sur ce point, *cf.* R. Roques, *L'univers dionysien*, *op. cit*, p. 174-199.

le modèle hiérarchique[1]. Elles restent cependant fortement liées à une problématique ecclésiologique[2].

Guillaume d'Auvergne

La première véritable entreprise de déduction d'une hiérarchie politique à partir de l'angélologie dionysienne est celle de Guillaume d'Auvergne. Elle est détaillée dans le chapitre 112 du *De universo*, II[a] II[ae]. Guillaume commence par rappeler la classification dionysienne des ordres angéliques, en se contentant de donner une rapide explication étymologique concernant les noms des Séraphins et des Chérubins. Il ne s'agit cependant pas là d'une simple énumération, car les neuf classes forment une hiérarchie. Guillaume donne alors une explication du concept dionysien :

> « Hiérarchie » est un terme grec qui signifie « pouvoir sacré ». Il appelle donc communément pouvoirs sacrés toutes ces substances : sacrés en raison de leur éloignement et de leur inaccessibilité par rapport à toute imprécation, pouvoirs en raison de la sublimité et de la supériorité, qu'elles possèdent sur toutes les autres créatures, et aussi en raison de la perfection de la sujétion, par laquelle elles sont absolument sujettes au premier prince, et au premier principe, dont elles ne peuvent d'aucune façon se détourner ou s'écarter du gouvernement ou de la direction ; et dans cette même loi de sujétion, et dans cette même beauté du gouvernement qu'elles ont reçu dans la mesure de leurs capacités, et en outre par le bon vouloir ou l'injonction du créateur, elles connaissent ou intelligent ceux qui leurs sont inférieurs et qui se reconduisent ou se convertissent en elles de toutes leurs forces. Ce n'est pas sans raison que l'on appelle « pouvoir » cette organisation sacrée, non seulement de cet ordre, mais aussi de tous, à savoir des neuf ordres qui ont été mentionnés, puisqu'il n'est pas inconvenant d'appeler

1. Sur ces auteurs, *cf.* D. Luscombe, « The hierarchies in the writings of Alan of Lille, William of Auvergne and St Bonaventure », *in* I. Iribarren, M. Lenz (eds.), *Angels in Medieval Philosophical Inquiry*, *op. cit.*, p. 16-19.

2. Sur le rôle du concept dionysien de hiérarchie dans l'ecclésiologie médiévale, *cf.* Y. M.-J. Congar, « Aspects ecclésiologiques de la querelle entre mendiants et séculiers dans la seconde moitié du XIIIe siècle et au début du XIVe », *Archives d'histoire doctrinale et littéraire du Moyen Âge*, Paris, Vrin, 1961, p. 114-145 et M.-M. Dufeil, « Ierarchia : un concept dans la polémique universitaire parisienne du XIIIe siècle », *in* A. Zimmermann (Hrsg.), *Soziale Ordnungen im Selbverständnis des Mittelalters*, Berlin-New York, De Gruyter, 1980, p. 56-83.

« pouvoir » une unique armée ou un unique royaume dépendant d'un seul prince [1].

Reprenant l'interprétation médiévale standard de la hiérarchie comme pouvoir sacré (*sacer principatus*), Guillaume demande en quel sens les ordres angéliques peuvent être considérés comme des pouvoirs. Si leur caractère sacré leur vient d'une forme de transcendance (*propter elongationem et inaccessibilitatem*), leur caractérisation en tant que pouvoirs procède de leur excellence et de leur supériorité (*propter sublimitatem et praeccellentiam*) par rapport aux autres créatures. Celles-ci n'indiquent pas un plus grand degré de sujétion au gouvernement du premier prince (*primo principi*) – qui se trouve être en l'occurrence le premier principe (*atque principio*) – mais une plus grande participation à la loi même de la sujétion (*in eandem legem subjectionis*). La forme même de leur sujétion implique en effet qu'elles exercent du pouvoir sur les êtres inférieurs en les reconduisant ou en les convertissant (*reducentes seu convertentes*) vers la source du pouvoir. Leur connaissance des commandements divins (*injunctionem creatoris*) se traduit en un acte de conversion des inférieurs. C'est dans cette transition incessante entre deux niveaux de sujétion, entre le fait d'être sujet et celui d'assujettir, que s'établit la continuité du pouvoir. La hiérarchie constitue un pouvoir non seulement en totalité (*non solum illius ordinis*) mais aussi en chacun de ses niveaux (*sed etiam omnium*). Chaque ordre angélique, au même titre que la hiérarchie tout entière, reçoit la qualification de *principatus*, dans la mesure ou il exerce lui aussi un pouvoir sur les ordres inférieurs. Toute la hiérarchie, en totalité et en partie, se nomme donc « pouvoir sacré » par référence à son premier principe (*ab uno solo principe*). On pourrait envisager l'argument de Guillaume dans le sens d'une *reductio ad unum*, mais si on l'envisage du point de vue opposé, il montre tout aussi bien que le pouvoir se diffuse et se démultiplie en de nombreux points. Non seulement le principe et la totalité qu'il gouverne, mais aussi chacun des ordres de la hiérarchie, est un *principatus*. Il s'agit moins de réduire le pouvoir à son point d'origine que d'en déployer l'expression plurielle et de mettre en évidence la dimension propre et irréductible de la hiérarchie. Tout en

1. Guillaume d'Auvergne, *De universo creaturarum*, II^{a} II^{ae}, cap. CXII, *in Guilielmi Alverni Episcopi Parisiensis... Opera omnia..., Tomus primus*, Parisiis, Andræam Pralard, 1674, p. 963bC-bD (notre traduction).

manifestant dans l'unité du terme *principatus* la totalité du pouvoir, Guillaume donne à voir la différence entre le *primum princeps* et la *hierarchia*. Le *principatus* ne réside pas uniquement dans le *princeps*. C'est cette autre dimension du pouvoir, dans laquelle le fait de le subir et le fait de l'exercer se mêlent inextricablement, qui est en question dans la hiérarchie.

Parmi les questions que Guillaume entend traiter au sujet de la hiérarchie céleste se trouve celle du nombre des ordres angéliques. Pourquoi les rangs hiérarchiques sont-ils au nombre de neuf ? La question fournit l'occasion d'une confrontation avec Aristote.

> Et il en est parmi les philosophes qui pensent que les neuf ordres et les neuf intelligences ne diffèrent pas entre eux, mais plutôt que les neuf ordres sont les neuf intelligences, et inversement. Aristote quant à lui nie, comme tu l'as entendu précédemment, le nombre dans les substances abstraites par soi, c'est-à-dire en tant qu'il est en elles, mais il le concède selon la raison des matières dans lesquelles elles sont, ou qu'elles meuvent ou régissent, comme Aristote, et ses partisans, l'a montré de façon évidente, de ce que les âmes humaines non plus ne sont pas dénombrables, ni multiples, sinon lorsqu'elles sont dans des corps : il n'y a pas en elles de multitude ou de nombre, sinon selon la raison des corps dans lesquels elles sont, et qu'elles meuvent ou régissent ; c'est pourquoi une fois qu'elles auront été séparées des corps elles ne seront plus dénombrables. [...] De la même façon, il a dit que les intelligences n'étaient pas davantage dénombrables, si ce n'est en raison des cieux qu'elles meuvent. Et c'est pourquoi il les a posées au nombre de neuf, selon le nombre des cieux et du monde terrestre, assignant aux huit cieux huit intelligences ; et au monde terrestre principalement et spécialement l'intelligence agente, qu'il a posée comme créatrice des âmes humaines et comme leur soleil intelligible. Il est donc évident pour toi qu'Aristote selon son opinion n'a pas pu poser des ordres, car chaque ordre contient plusieurs milliers d'intelligences abstraites[1].

Il se trouve qu'Aristote lui aussi dénombre neuf intelligences abstraites (*intelligentiae abstractae*) ou substances abstraites (*substantiae abstractae*), et qu'en raison de cette similitude, certains philosophes identifient les neuf ordres angéliques et les neuf intelligences (*novem ordines et novem intelligentias non differre ab*

1. *Ibid.*, p. 963bD-964aF (notre traduction).

invicem). Or l'argument aristotélicien est que les intelligences ne sont pas dénombrables (*numerabiles*) par essence, mais seulement du point de vue des corps qu'elles meuvent ou régissent (*quas movent aut regunt*). La quantité est en effet un prédicat de la matière. Ce qui détermine le nombre des intelligences motrices est donc le nombre de cieux existants, à savoir, huit plus un, en comptant la région sublunaire régie par l'intelligence agente (*intelligentia agens*). Cette équivalence numérique pose problème : ce n'est pas parce qu'il y a neuf ordres d'intelligences qu'il n'y aurait que neuf intelligences. En effet, chaque ordre contient un nombre très élevé d'anges. Les neuf ordres qui composent la hiérarchie céleste ne correspondent donc pas aux neuf cieux et aux neuf intelligences qui les meuvent. La division en neuf ne relève pas d'un argument cosmologique, mais d'une considération politique, comme le montre très clairement la suite du texte.

> Sache qu'au temps de ma jeunesse, alors que je réfléchissais à ces pouvoirs et à ces ordres sacrés, me vint la pensée d'un royaume terrestre bien ordonné et convenablement disposé, et de la maison royale. Et il m'est apparu que les proches du Roi, ceux qui sont à ses côtés, devaient nécessairement constituer trois ordres d'hommes, pour qui c'est une nécessité d'assister le Roi incessamment et d'être à ses côtés. Le premier est celui des grands amants, c'est-à-dire, de ceux qui aiment le plus le Roi, dont l'amour est plus ardent que celui de tous les autres. Et il est manifeste pour toi qu'il s'agit là d'une disposition commune à tous les rois, à savoir, qu'ils veuillent avoir et qu'ils aient à leurs côtés leurs proches dont ils croient être les mieux aimés. Le deuxième est l'ordre des sages, par lequel rien n'est plus convenable et approprié que d'être gouverné ; notamment, puisque la Sagesse elle-même dit que « par moi les Rois règnent » [Pr 8, 15] et que ce Roi des Hébreux le plus sage de tous a cherché à obtenir la sagesse plus que tous les autres dons. Tu sais toi-même à quel point les sages sont nécessaires aux gouvernements des royaumes, comme l'a dit ce même Roi très sage, car la multitude des sages est le salut du monde terrestre [Sa 6, 26]. Sache aussi que par la sagesse sont établis les lois et les statuts salutaires, et que sont dévoilées les choses utiles aux hommes. Le troisième ordre est celui des juges, à savoir ceux qui rendent la justice, qui règlent les désaccords et les litiges. Le quatrième ordre est celui des grands les plus excellents et honorables. Parmi lesquels sont les sujets et les vassaux du Roi, ou ceux qu'on appelle

d'habitude les Nobles et les Barons, qui constituent la plus grande part de la force et de la puissance du royaume. Le cinquième ordre est celui des Gouverneurs de Provinces. Le sixième ordre est celui des Généraux de légions, des chefs de guerres et des capitaines d'armées. Le septième ordre est celui des centurions, c'est-à-dire des ministres qui exécutent les punitions et la justice. Le huitième est celui des hauts messagers, qu'on appelle usuellement les Légats, à savoir, ceux qui annoncent les grandes choses, qui ne peuvent pas être révélées aux autres messagers, et qui font connaître les choses et les affaires importantes au sujet desquelles le Roi a donné des ordres. Je ne compte pas les cuisiniers dans cette famille royale, car ce n'est pas la nécessité du royaume, ni sa beauté ou sa gloire, qui recherche leur ministère, mais davantage un goût nuisible pour les délices. Je dis la même chose des échansons, des valets de chambre et des trésoriers, c'est-à-dire des gardiens du trésor ; car la curiosité, la volupté et l'avarice ont donné une cause à leur surabondance, quand pendant longtemps, avec une moindre préparation et un moindre souci, on pouvait servir les Rois et aussi gouverner les royaumes. Et alors, les choses humaines allaient bien, lorsque les Rois se détournaient des délices, des richesses superflues et des vains honneurs, et comme le dit un certain Philosophe, lorsque la Philosophie régnait et les Rois philosophaient. Le neuvième et le dernier ordre est celui des messagers mineurs qui parcourent tout le royaume, soit à cheval, soit à pied, sur ordres du Roi, en faisant connaître les mandats[1].

Il faut prendre Guillaume au mot : le tableau qu'il fait du royaume procède d'un exercice d'imagination. Il cherche à décrire un royaume bien ordonné et convenablement disposé (*bene ordinato ac decenter disposito*), c'est-à-dire un royaume parfait. Sa description, malgré son aspect prosaïque, procède tout entière d'un imaginaire angélologique. En effet, c'est en contemplant la disposition des hiérarchies angéliques que Guillaume imagine l'organisation du royaume terrestre (*regnum terrae*) et de la famille royale (*familia regia*).

Le premier ordre, à savoir l'ordre de ceux qui ont un amour fervent pour le Roi, est assimilé et proportionné à l'ordre des Séraphins, comme cela apparaît dans leur nom, qui signifie tout ardent

1. Guillaume d'Auvergne, *De universo creaturarum*, II^{a} II^{ae}, cap. CXII, p. 964aF-bF (notre traduction).

ou leur embrasement. Et l'ordre des sages, qui est le deuxième ordre, répond par similitude et par proportion à l'ordre des Chérubins, ce que montre leur nom qui, traduit de l'hébreu en latin, signifie plénitude de science ou diffusion de la sagesse. De même le troisième ordre, qui est celui des juges, est assimilé et proportionné au troisième ordre de ce royaume lumineux et très noble, qui se nomme trônes ou sièges : parmi eux siège, comme dans le royaume de son excellence royale, ce roi ou seigneur des siècles et, de ce fait, il exerce par eux ses jugements. Le quatrième ordre des plus puissants, de ceux qui l'emportent dans le royaume par l'honneur et la sublimité du pouvoir, correspond par les mêmes voies au quatrième ordre du royaume qui a été mentionné, qui se nomme dominations, parce qu'en elles resplendit le plus la domination suréminente du créateur; de même dans la puissance et dans la gloire des Grands apparaît le plus la puissance du royaume terrestre : c'est de là aussi, de la force ou de la puissance, que les Barons ont reçu ce nom. Les Gouverneurs de Province, à savoir ceux par qui les Provinces sont régies, sont comparables par une similitude tout à fait appropriée aux Principautés. Ce qui est très facile à voir, si l'on considère la fonction et les œuvres des Princes, qui sont parées de justice et de clémence; elles sont donc tout à fait dignes du Prince. Le Principat est en effet très éloigné de la tyrannie, du pillage et de l'oppression des sujets. C'est pourquoi un certain Prince des Romains appelait ses sujets de nobles et puissants compagnons d'armes. De fait, il est très vrai que le vrai Prince tend à servir ses sujets et non à les commander, et c'est cela seul qu'il aime dans son principat. Le sixième ordre, qui est celui des puissances, est très justement comparable aux Généraux de légions, aux chefs d'armées et aux Princes de milices, car c'est par eux que sont reconduits et ramenés à la puissance du Roi ceux qui s'en éloignent ou se rebellent contre elle. Le septième ordre, qui est celui de ceux qui exercent les punitions et qui exécutent la justice ou les jugements, qui sont généralement les centurions, correspond à l'ordre des vertus, qui à plus forte raison doivent être les ennemis des vices, de sorte qu'elles apparaissent liguées pour leur mort, et sont à tel point les adversaires des vices, qu'elles sont dignes d'être nommées non seulement vertueuses, mais aussi vertus; notamment puisque leur fonction est d'exterminer de tout leur zèle et de toute leur force les vices et les œuvres des vices avec leurs auteurs. Il leur incombe donc de s'occuper efficacement des armes de la milice séculière, des armes toutes spirituelles évidemment, et la principale d'entre elles, qui se nomme proprement l'arme de la

> justice. Les deux derniers ordres, qui sont donc ceux des messagers majeurs et mineurs, ont un rapport et une ressemblance évidents avec les Anges et les Archanges, et cette évidence se passe de commentaire[1].

Guillaume établit une correspondance terme à terme entre les classes angéliques et les catégories du pouvoir royal. Il ne s'agit toutefois pas d'une comparaison entre un modèle abstrait d'une part et une réalité concrète de l'autre. En effet, l'ordre politique décrit par Guillaume est tout entier conçu à l'image de la hiérarchie angélique. Il ne correspond, comme tel, à aucune réalité empirique. Inversement, le modèle hiérarchique ne fournit pas par soi des catégories politiques aussi détaillées. Le royaume bien ordonné qu'imagine Guillaume n'existe pas plus dans la réalité politique de son temps que dans les traités d'angélologie. Il n'articule donc pas un schéma abstrait et une réalité concrète, mais il déduit un modèle politique d'un modèle angélologique. Toute la question est celle du statut de ce modèle, de sa pertinence eu égard à la réalité politique de l'époque.

On ne cherchera donc pas à faire correspondre une réalité empirique à chacun des éléments de sa description idéale[2]. Non pas que son propos n'ait rien à voir avec la réalité politique de son époque. Au contraire, ce n'est qu'en le replaçant dans son contexte historique que l'on peut pleinement en saisir la portée politique. Le problème n'est cependant pas d'établir une correspondance entre ce que décrit Guillaume et ce qui existe concrètement à son époque, mais plutôt de mesurer l'écart qu'il y a entre les deux. Car Guillaume ne décrit pas le royaume, il essaie de le mettre en ordre. Son propos ne prend véritablement sens que dans le jeu qu'il institue entre des éléments imaginaires et des éléments empruntés à la réalité historique. Il faut donc restituer le contexte historique et politique du texte, moins pour en éclairer le contenu que pour en dégager la portée pragmatique.

1. Guillaume d'Auvergne, *De universo creaturarum*, II^a II^ae, cap. CXII, p. 964bG-965aB (notre traduction).

2. Pour une analyse détaillée des classes présentées par Guillaume, *cf.* l'étude magistrale de B. Vallentin, « Der Engelstaat. Zur mittelalterlichen Anschauung vom Staate (bis auf Thomas von Aquino) », *in* K. Beysig, F. Wolters, B. Vallentin, F. Andreae (Hrsg.), *Grundrisse und Bausteine zur Staats- und Geschichtslehre. Zusammengetragen zu den Ehren Gustav Schmollers und zum Gedächtnis des 24. Juni 1908 seines siebenzigsten Geburtstages*, Berlin, G. Bondi, 1908, p. 41-120.

Le *De universo* a été rédigé dans les années 1230. Louis IX vient d'entamer son règne. Il arrive au pouvoir au terme d'une longue évolution qui, un siècle durant – de Louis VI à Philippe Auguste – a vu la royauté se consolider en installant la prééminence de la fonction royale sur l'ordre féodal. La première étape,qui court jusqu'au milieu du XIIe siècle, a été d'asseoir le domaine royal – c'est-à-dire l'ensemble des terres et des droits détenus directement par le roi – en soumettant les châtellenies indépendantes qui tenaient tête au roi. Ce fut l'œuvre de Louis VI et de Louis VII. Le domaine royal ne représente cependant encore qu'une principauté parmi les autres, au-delà de laquelle l'influence du roi est à peu près nulle, entourée par de grands fiefs comme le comté de Flandre ou le duché de Normandie. C'est la conquête de la Normandie et du Midi par Philippe Auguste au début du XIIIe siècle qui permet d'accroître le domaine royal de façon importante et d'en faire un royaume à proprement parler. Quant aux grands fiefs qu'il n'a pas soumis militairement – la Bourgogne, la Champagne, la Flandre – le roi est parvenu à s'assurer de leur fidélité. Car, bien qu'elle s'appuie sur une véritable entreprise de conquête, la construction du royaume n'est pas un phénomène uniquement territorial, mais aussi politique. La monarchie se forme par un processus d'unification de l'organisation féodale. Par un processus de codification et de systématisation juridique, l'ensemble quelque peu anarchique des liens féodo-vassaliques se transforme en une grande pyramide au sommet de laquelle se trouve le roi. Il ne se contente pas de faire des grands princes et des grands seigneurs ses vassaux : il unifie et il homogénéise le système. À la tête du royaume, le roi n'est pas simplement le plus puissant des seigneurs, il est le souverain. Il s'agit d'une transformation progressive mais profonde du pouvoir : on passe d'une organisation des puissances seigneuriales autour ou en dessous du roi à l'émergence d'un État. Cette transformation politique commence sous le règne de Philippe Auguste, mais ne s'effectue véritablement qu'avec Louis IX.

Peut-on véritablement parler d'un État là où existe encore une organisation de type féodal ? Il faudrait plutôt parler d'une structure gouvernementale et administrative de type proto-étatique. En effet, la féodalité demeure le cadre de la construction du royaume. Elle est cependant progressivement absorbée par le système monarchique et administratif qui se superpose à elle. La transformation du domaine royal en royaume ne consiste pas seulement en une expansion territoriale et en une soumission des puissances seigneuriales, mais aussi en une mutation du pouvoir royal lui-même. Au XIe siècle, le roi est entouré de son hôtel – sa famille et ses domestiques – et de sa cour – la *curia* qui regroupe tous ses vassaux. Ces deux organes forment ce qu'on peut appeler le gouvernement central. L'hôtel, ou la maison du roi, est constitué de *domestici*, qui sont constamment autour du roi et le suivent dans ses déplacements. On distingue parmi eux cinq grands officiers : le sénéchal, le connétable, le chambrier, le bouteiller et le chancelier. Au XIIIe siècle, ces offices avaient tous largement décliné – en particulier ceux auxquels pouvait s'attacher une fonction politique trop importante, comme celui du sénéchal, qui a été supprimé pour cette raison par Philippe Auguste. La seule exception est celui du chancelier qui a revêtu une importance de plus en plus grande. C'est lui qui est en charge de rédiger et surtout de sceller les actes royaux. Sa promotion témoigne de la transformation de la monarchie féodale en une monarchie centralisée et administrative dans laquelle le pouvoir royal s'exerce de plus en plus par voie écrite. Avec la chancellerie se développent les fonctions de notaire et de secrétaire royaux. Le second organe, la cour (*curia regis*), qui regroupe les vassaux du roi, exerce principalement une fonction de conseil. Elle a également connu de profondes modifications au cours du XIIIe siècle. Le conseil s'est peu à peu détaché de la cour pour devenir un organe à part entière. Alors que l'on s'attendrait à y trouver les grands vassaux issus de la noblesse, ce sont au contraire de petits vassaux, provenant parfois même de la bourgeoisie, mais tous très dévoués au roi, qui forment le nouveau personnel du Conseil. Ces conseillers, souvent formés dans l'administration, se spécialisent de plus en plus et deviennent à la fin du siècle de véritables techniciens – en particulier des légistes, qui seront très sollicités par Philippe le Bel. Parallèlement au Conseil, la cour donne naissance à deux autres institutions : le Parlement (*curia in parlamento*) et la Chambre des comptes (*curia in compotis*). Le premier s'attache au fonctionnement de la justice royale, la seconde à la gestion des finances. L'ancienne institution féodale que représente la cour s'est donc divisée, en se spécialisant, en trois organes de gouvernement indépendants.

On distingue l'administration locale du gouvernement central. Elle constitue la contrepartie locale de la centralisation monarchique. Comme le gouvernement central, elle s'est construite sur l'ancien système féodal, qu'elle a lentement transformé. Les agents principaux de l'administration locale sont les baillis et les sénéchaux. Ces derniers sont les anciens officiers des princes territoriaux, maintenus en place par le pouvoir royal, mais devenus des agents locaux. Quant aux baillis, ce sont originellement des commissaires extraordinaires, un peu comme les *missi dominici* carolingiens, envoyés par le roi pour contrôler les membres de son ancienne administration. D'abord itinérants, ils sont devenus peu à peu des agents locaux permanents et un système de bailliage s'est mis en place. Les baillis et les sénéchaux remplissent, au XIIIe siècle, les mêmes fonctions : ils représentent le roi sur les plans administratif, militaire, financier et judiciaire [1].

On pourrait donc caractériser le XIIIe siècle par la superposition d'une structure gouvernementale et administrative de type proto-étatique à une organisation de type féodal. Il n'y a pas à proprement parler d'État, mais on en voit apparaître les premières formes. La question n'est d'ailleurs pas là. Plutôt que de chercher à savoir à quand remonte la naissance de l'État, il faut essayer de percevoir le contexte politique du XIIIe siècle dans sa singularité : la construction du royaume de France par un processus d'unification et d'homogénéisation du pouvoir. À cet égard, la mise en place progressive des organes de gouvernement centraux et locaux apparaît comme une entreprise de systématisation du pouvoir politique, dont la finalité est sans doute de le faire converger vers la personne du roi, mais dont l'un des effets les plus remarquables est de lui conférer une unité à l'échelle du royaume. La stratégie politique se mêle ici à l'évolution historique et si l'on peut parler d'émergence d'un État, ce n'est pas au sens d'un projet mais d'une tendance imperceptible.

Guillaume d'Auvergne est le contemporain de ces mutations du pouvoir. Il en est aussi un acteur, ou du moins un penseur. Le tableau qu'il fait du royaume, pris dans le détail, ne correspond certes pas à la réalité politique de l'époque. En effet, en dépit des

1. La genèse médiévale de l'État représente un dossier historiographique immense. Pour un aperçu général, *cf.* J. R. Strayer, *On the medieval origines of the modern state*, Princeton, Princeton University Press, 1970 ; W. Blockmans, J.-P. Genet, *Les origines de l'État moderne en Europe, XIIIe-XVIIIe siècles*, 7 vol., Paris, Puf, 1998-2001. Sur les institutions, *cf.* M. Pacaut, *Les structures politiques de l'Occident médiéval*, Paris, Armand Colin, 1969.

importants développements institutionnels et administratifs que connaît la France au XIIIe siècle, le royaume n'a jamais ressemblé à ce qu'imagine Guillaume. Si toutefois l'on envisage sa fiction comme un modèle idéal, elle paraît pleinement participer de la tendance politique de l'époque. Le modèle proposé par Guillaume n'a sans doute pas directement servi à mouler les nouvelles institutions monarchiques – celles-ci procèdent en effet de la transformation progressive d'anciennes formes féodales. S'il ne renvoie pas explicitement à ces institutions, il reflète pourtant la tendance qui les a fait naître. Il la nourrit aussi. Penser le royaume comme une hiérarchie, au sens technique, c'est se figurer autre chose que ce que les historiens appellent « la hiérarchie féodale ». La question n'est pas d'envisager le royaume comme une pyramide des pouvoirs avec le roi en son sommet, mais plutôt comme une institution unique, comme un dispositif de pouvoir organisé. C'est déjà imaginer un appareil d'État.

On aurait tort d'ailleurs d'exagérer le caractère abstrait du modèle hiérarchique. S'il ne vise pas à reproduire une image du royaume tel qu'il existe au XIIIe siècle, il manifeste cependant des traits propres à l'évolution du pouvoir royal à cette époque. C'est d'ailleurs là tout son intérêt. On peut y repérer les grandes tendances de cette évolution. D'une façon générale, le texte de Guillaume ne semble pas faire une grande différence entre le royaume (*regnum*) et la famille royale (*familia regia*). Cela renvoie clairement au fait que le premier n'est, en un sens, qu'une extension de la seconde. Les trois premières classes mentionnées par Guillaume sont d'ailleurs regroupées sous l'étiquette générale des proches (*proximi*) ou de l'entourage (*laterales*) du roi. Ils constituent à proprement parler la cour du roi, ses conseillers proches et intimes. Les premiers d'entre eux sont les *amantissimi*, ceux qui aiment le plus le roi. Ils ne semblent pas investis d'une fonction officielle particulière. Ce qui compte davantage est la nature intime et personnelle de leur relation au roi. Or, c'est précisément en s'appuyant sur un personnel qui lui était dévoué, plutôt que sur ses vassaux les plus puissants, que le roi de France a pu accroître son pouvoir et son royaume. C'est dans ce personnel qu'il recrutait la plupart des hauts officiers de la cour. Cette première classe ne forme donc pas non plus un cercle d'intimes qui jouiraient simplement des faveurs du roi. Elle témoigne plutôt de ce lien encore ambigu au XIIIe siècle entre la proche domesticité royale et la haute fonction d'État. C'est dire en même temps que l'office le plus grand est l'amour pour le roi et que ce sont les officiers les plus dévoués qui accèdent aux plus hauts rangs. Les deux classes suivantes indiquent que la cour du roi a vocation à être non seulement une cour, mais aussi un royaume. Ce sont les sages (*sapientes*) et les juges (*judici*). Guillaume érige ici la sagesse en vertu politique : c'est elle qui est au fondement des lois (*leges*) et des choses salutaires (*salutaria*) et utiles (*perutilia*) aux hommes. Le gouvernement vise le bien commun et la sagesse est déjà tournée vers la justice. Les juges, quant à eux, s'occupent de régler les disputes (*controversiae*) et les litiges (*lites*). La sagesse et la justice sont des valeurs traditionnellement attachées au roi : Guillaume fait référence au roi Salomon, mais on pense évidemment aussi à Saint Louis. Par-delà l'image du roi de justice, c'est l'affermissement et la diffusion de la justice royale dans tout le royaume qui sont en question. C'est au XIIe et plus encore au XIIIe siècle que se mettent en place les structures administratives et judiciaires qui permettront de contrôler les cours seigneuriales et à terme de les subordonner à la justice royale. La première d'entre elles est l'organe de gouvernement que constitue le Parlement. Il n'apparaît véritablement que dans les années 1250 et se spécialise à la fin du siècle en se peuplant de techniciens du droit et de légistes. Alors que les questions de justice étaient discutées à la cour du roi avec les conseillers, elles ont pris une importance telle que Louis IX leur a dédié une cour de justice spécialisée avec un siège fixe. À cet égard, le texte de Guillaume montre comment la fonction judiciaire devient prépondérante parmi les conseillers royaux. Les sages et les juges représentent ce personnel de plus en plus spécialisé qui permet d'intégrer la justice au problème du gouvernement et de la penser au niveau du royaume ou de la société tout entiers.

Guillaume est moins prolixe au sujet des autres classes, qu'il se contente d'énumérer sans vraiment les décrire. On peut cependant y repérer d'autres traits de l'évolution du pouvoir royal qui renvoient au contexte de l'époque. Les trois classes suivantes ne sont pas explicitement regroupées, mais elles présentent néanmoins des traits communs. Elles sont toutes concernées, à des degrés divers, par la question de la puissance (*potentia*). La quatrième classe est celle des nobles (*proceres*) et des barons (*barones*). Elle représente les grandes puissances seigneuriales qui sont liées au roi par la féodalité. Si elles constituent la plus grande part de la puissance du royaume (*magna pars fortitudinis et potentiae regni*), elles n'en sont pas moins soumises à (*subditi*) et tributaires de (*tributarii*) la puissance royale. Cela témoigne de la hiérarchisation du système féodal et de sa transformation progressive en une monarchie. La cinquième classe, celle des gouverneurs de province (*praesides provinciarum*), ne renvoie pas à une réalité du royaume de France, mais de l'Empire romain. Cette mention surprenante ne constitue pas tant une anomalie historique dans la description du royaume qu'une référence à l'imaginaire impérial qui nourrit le modèle hiérarchique. La construction administrative du royaume emprunte ses structures à l'empire. Les principales fonctions du gouverneur de province sont le maintien de l'ordre et l'exercice de la justice. Guillaume n'envisage toutefois pas la justice du point de vue de son fonctionnement administratif, mais comme une vertu essentielle du *principatus*, qui le distingue de la tyrannie (*tyrannis*). Gouverner ne signifie pas commander (*praeesse*) mais servir (*prodesse*). La justice royale ou impériale est pensée non comme une forme de domination mais comme un service public. On pourrait, à cet égard, rapprocher la figure des gouverneurs de province de celle des baillis et des sénéchaux. Ils représentent le gouvernement au niveau local mais surtout, ils sont les garants du pouvoir royal auprès des vassaux du roi et des officiers locaux inférieurs comme les prévôts. Cette fonction de contrôle interne du pouvoir – bien plus médiévale que romaine – fait du gouverneur ou du prince un serviteur du bien commun. Il n'exerce pas tant le pouvoir sur ses sujets qu'il n'administre la justice royale au niveau local. La sixième classe enfin, celle des chefs (*duces*, *instructores*, *capitanei*) de guerre, représente le pouvoir militaire. Celui-ci repose au Moyen Âge sur l'ost, c'est-à-dire sur le service militaire que les vassaux doivent à leur suzerain. Cette armée féodale commence à décliner au XIIIe siècle, quand le roi – Philippe Auguste déjà – se met à engager des mercenaires (ou routiers) pour former ses troupes. Ce n'est toutefois qu'au XIVe et surtout au XVe siècle qu'apparaît une véritable armée royale permanente. Sur le plan militaire aussi, la féodalité décline. Ces trois classes donnent donc à voir trois aspects essentiels de la construction du pouvoir royal au XIIIe siècle : la subordination des puissances seigneuriales, la mise en place d'un organe de gouvernement local, la constitution d'une force militaire.

Les trois dernières classes regroupent les officiers de rang inférieur. C'est le niveau de la hiérarchie où sont exécutées les décisions prises dans les niveaux supérieurs. La septième classe, celle des centurions (*centuriones*), est explicitement présentée comme l'organe d'application des décisions de justice et des peines. Si le terme de « centurion » renvoie avant tout à l'armée romaine, il désigne aussi au Moyen Âge, plus souvent sous la forme de « centenier », un officier territorial, adjoint du comte, qui préside un tribunal de circonscription. Il s'occupe d'affaires mineures. Guillaume réinterprète sa fonction non pas selon une division territoriale, mais selon une division du travail dans laquelle la décision de justice et son application relèvent de deux instances différentes. Quant aux deux dernières classes, celle des légats (*legati*) et celle des messagers ordinaires (*minores nuncii*), elles représentent le dernier degré de représentation du pouvoir royal. Les messagers les plus importants sont comme des ambassadeurs qui représentent le roi dans les hautes affaires (*negocii*) du royaume. Les autres messagers sont de simples rapporteurs ou transmetteurs des mandats (*mandata*) royaux. Dans ce contexte, ils rappellent les *missi dominici* réapparus pendant le règne de Louis IX, sous la forme d'enquêteurs envoyés dans tout le royaume contrôler l'administration et recueillir les plaintes et les réclamations des habitants [1]. De ce point de vue, les messagers n'apparaissent pas simplement comme des représentants extérieurs du pouvoir royal, mais comme des fonctionnaires intégrés à l'administration royale, qui servent aussi à la contrôler.

Guillaume exclut de son tableau les cuisiniers (*coqui*), ainsi que les échansons (*pincernae*), les valets de chambre (*cubicularii*) et les trésoriers (*thesaurarii*). L'argument semble moral : ces offices ne font que servir la curiosité (*curiositas*), la volupté (*voluptas*) et l'avarice (*avaritia*) des rois. Un roi juste, un roi philosophe comme le dit Guillaume, n'a aucun besoin de ces services superflus. De telles recommandations appartiennent aux lieux communs des miroirs des princes. On pourrait cependant les interpréter dans un sens

1. Sur les enquêtes administratives, *cf.* M. Dejoux, *Les enquêtes de saint Louis. Gouverner et sauver son âme*, Paris, Puf, 2014 et J. Glénisson, « Les enquêtes administratives en Europe occidentale aux XIIIe et XIVe siècles », dans W. Paravicini et K. F. Werner (éd.), *Histoire comparée de l'administration (IVe–XVIIIe siècles). Actes du XIVe colloque historique franco-allemand de l'Institut historique allemand de Paris (Beihefte der Francia, 9)*, München/Zürich, Artemis, 1980, p. 17-25 (Guillaume d'Auvergne est cité p. 19-20).

historique. La liste des offices exclus par Guillaume relève en effet du service domestique. Elle rappelle ces grands offices qui composaient encore l'hôtel du roi chez les premiers capétiens et qui sont peu à peu tombés en désuétude : chambrier, maître queux, bouteiller, etc. Ce sont les fonctions domestiques qui ont perdu de l'importance avec la transformation progressive de l'hôtel en un système de gouvernement. Les remarques de Guillaume concernant ces offices s'inscrivent donc elles aussi dans l'évolution du pouvoir royal vers une forme étatique. Elles confirment le caractère proprement politique – c'est-à-dire gouvernemental et administratif – de sa conception du royaume.

La mise en perspective historique du texte de Guillaume d'Auvergne permet donc d'en dégager les enjeux pragmatiques et politiques. Il ne s'agit pas d'expliquer le contenu du texte par son contexte historique. Il faut, au contraire, prendre le propos de Guillaume à la lettre : il cherche à penser un royaume parfait sur le modèle de la hiérarchie angélique. De toute évidence, le royaume de France au XIIIe siècle ne ressemble pas à la hiérarchie céleste conçue par le ps.-Denys. Si c'était le cas, le propos de Guillaume n'aurait du reste à peu près aucun intérêt. À l'inverse, s'il ne s'agissait que d'une fiction déconnectée de toute réalité, son propos n'aurait pas une grande pertinence. Quelle est donc la signification de cette opération ? Pourquoi comparer le royaume et la hiérarchie angélique ? C'est que le modèle dionysien permet de systématiser une certaine idée du royaume. Cette idée n'est pas seulement abstraite : elle existe comme une tendance, comme une ligne qui traverse les transformations institutionnelles et politiques de l'époque, sans toutefois les rapporter à une direction unique. La systématisation opérée par Guillaume n'est ni une déduction *a priori*, ni une description empirique. C'est l'application d'un modèle idéal à une réalité historique évidemment plus complexe et plus disparate, dans laquelle se dégage cependant une tendance à l'uniformisation. Elle a une valeur à la fois normative et pragmatique. Normative, parce que la hiérarchie constitue bien un modèle de ce qu'un royaume parfait devrait être. Pragmatique, parce que Guillaume ne se contente pas de construire un modèle absolu, mais tente de montrer dans quelle mesure il est applicable à la réalité et permet à la fois de comprendre les transformations historiques du pouvoir et d'y contribuer. L'opération de Guillaume d'Auvergne n'est pas seulement théorique, elle est aussi politique. Penser le royaume comme une hiérarchie consiste à lui donner la forme d'une réalité gouvernementale et administrative. C'est-à-dire à penser de façon systématique et unitaire l'ensemble des organes gouvernementaux, des institutions et des administrations qui font exister le pouvoir royal, de plus en plus au XIIIe siècle, comme un pouvoir d'État. En ce sens, l'angélologie contribue à la transformation de la réalité politique de l'époque.

Guillaume d'Auvergne n'était pas seulement un contemporain de Louis IX, mais aussi son conseiller proche [1]. Peut-on en déduire que ses idées ont eu une influence sur la politique du roi ? Plus précisément, peut-on faire l'hypothèse que le paradigme angélologique construit par Guillaume a eu des effets sur l'évolution du pouvoir royal au XIIIe siècle ? La chose paraît à la fois surprenante et probable. Il serait en effet étonnant que les spéculations du théologien sur les hiérarchies angéliques aient directement contribué à l'évolution des institutions du royaume. Pourtant, la proximité entre le projet politique de Guillaume et les tendances du pouvoir politique de son époque est indéniable. Le royaume idéal de Guillaume ne reflète pas trait pour trait le royaume de France, mais il développe – voire il anticipe – sur le mode de la fiction des aspects possibles de son évolution. Guillaume appartient à une élite proche du roi qui avait tout intérêt à ce que le royaume s'étende et prenne la forme d'un État fort [2]. On sait par ailleurs à quel point l'imaginaire angélologique travaillait la pensée politique depuis le XIe siècle au moins – avec Adalbéron de Laon et Gérard de Cambrai – et peut-être déjà depuis la réception des écrits dionysiens dans le monde latin. Il ne paraît donc pas tout à fait invraisemblable de penser que le modèle élaboré par Guillaume d'Auvergne ait eu des effets profonds sur la pensée et la vie politique de son époque.

1. Sur les rapports entre Guillaume d'Auvergne et Louis IX, *cf.* N. Valois, *Guillaume d'Auvergne, évêque de Paris (1228-1249). Sa vie et ses ouvrages*, chap. IX, Paris, Librairie Alphonse Picard, 1880, p. 144-156.

2. Sur les stratégies et les jeux d'intérêt qui président à la naissance de l'État, *cf.* P. Bourdieu, *Sur l'État. Cours au Collège de France (1989-1992)*, éd. P. Champagne, R. Lenoir, F. Poupeau, M.-C. Rivière, Paris, Seuil, 2012, p. 393-506.

Jean Peckham

Un autre exemple, proche de Guillaume d'Auvergne, de cette angélologie politique du XIIIe siècle construite sur le modèle dionysien de la hiérarchie, est celui de Jean Peckham. Ce dernier a écrit, à la demande d'Éléonore de Castille, épouse du roi d'Angleterre Édouard Ier, un petit traité sur la hiérarchie. Ce texte rédigé par un auteur anglais en anglo-normand peut être considéré comme portant la première mention en français du terme « ierarchie » ou « gerarchie » [1]. On le date de 1285 environ. Peckham commente la hiérarchie dionysienne à l'aide d'une grille de lecture politique.

> Issi l'enseigne mi sires seynt Denis. E si vus, Madame, volez saver d(i)unt ces ordres et ces ierarchies servent, perneit garde que a meynee de Reys apartient treis maneres de genz, aucuns ke sunt ausi cum tuz jurs a curt, e aucuns ke sunt ausi cum tuz jurs hors en lur baillies e aucuns ke vont et vi[e]nent. De ces ke sont adeissement a meyson aucuns sunt del estreit conseil, e ceo sunt treis maneres de genz. Les premeres sunt cil ke plus léaument eyment le Rey : li secund sunt sage genz ke mut seyvent de clergie, kar li empereur ke conquistrent le monde et ke firent les leys furent governee par bons clers ke l'en apele « philosophes » : li tierz sunt genz esprovéz en jugemenz e en granz féz. E ces treys manere de genz deit chescun prince de valur aver prés de li; léaus amiz, tressages genz en grant choses e genz esprovéz e[n] governement. Les premeres sunt plus prés del Rey, e aprés li secund, e aprés li tierz. Li premier resemblent seraphin, ke sunt pleines des delices Deu. Li secund resemblent cherubin, li tierz resemblent thrones, en qui Deus devise le governement del monde, kar en monde, ke Deus tyent en sa meyn, ryen ne peut avenir ke ne seit avant agardé au ciel. Si ceo est bien, Deus le comande es queors des thrones : si ceo est mal, Deus esgarde qu'il seyt soffert pur aucune reison certeine. Més il est de taunt autrement en la curt de parais ke en ces curz terrienes, ke totes les pefectiuns ke sunt [sunt] as plus hauz, dunt seraphin li amorous est plus coneisant ke cherubin, més il ad nun de amur ke passe tote science, e ausi est de cherubin en regard des thrones, e autre si avalaunt. Més pus ke li jugmeent est fet e li conseil pris, il le covint nuncier a celi ke fet les comandemenz. C'est li ordre de dominaciouns ke est le plus haut aprés le estreit conseil, e li

1. *Cf.* J. Blanchard, « Les hiérarchies de l'honneur. Avatars d'une grille conceptuelle à la fin du Moyen Âge : Mézières et le Pseudo-Denys », *Revue historique* 648, 4, 2008, p. 789-817 (795-798).

premer de la secunde ierarchie, e est ausi cum li mareschal del ost ke receyt les comandemenz des thrones et les livres as autres. E li comandement sunt de deus maneres, kar ou il sont de avancement de bien, ou il sunt de rebotement de mal. Pur avancer le byen est atorné li ordre de vertuz, kar par eus fet sunt miracles verraies quant il plest a Nostre Seignur. Jeo di verraies miracles, car li deable fet aucune sez fauz miracles pur treire les genz en errur, e de teus fra antecrist aséz. Més il ne purra fere nul grant miracle ke tut passe rayson e poer de nature, kar il ne purra pas resusciter morz, ne restorer braz ne pés copéz, ne garrir meseaus ke verraiement seient en la maladie, ne aséz de autres teus choses. Pur reboter le mal sunt atorné li potestaz ke refreinent les enemis ke il ne pussent pas a lur volunté mefere. E si cum il i ad entre baillis forains treis manieres, kar il i ad seneschaus generaus de pays et baillifs, ke l'en envoie pur eschaites et pur aventures especiales, e baillifs de chasteus e de manoirs, ausi a il au premer ordre de la tierce ierarchie principaus, e'est a dire principaus gardeyns de gens e de pays. Juxta illud Danielis Princeps Persarum restitit michi. Qui sunt ausi come haut seneschaus. E si archangles par ki Deu espire les prophetes pur aucune aventure e aucun bosoing especial e ki sunt haut messagers Nostre Seignur de ceo e des autres granz choses. Si as baillifs ke gardent les chasteus e les maneres Nostre Seignur, ceo sunt les homes ke sunt fet pur ceo ke Deus en eus se herberge, e a ceo est aturné li ordre des angles, kar del hore ke chescun est néz, il ad un angle ki entent a li garder, e garde celi ke se tient a sun enticement de bons esperiz[1].

Le texte se divise en trois parties. La première consiste en une brève présentation du propos du ps.-Denys. Peckham y définit la hiérarchie comme une « compainie ordeinee seintement et araee par offices »[2]. Il ne s'agit pas de la définition classique de la hiérarchie, répétée par tous les commentateurs, en termes d'ordre, de science et d'action, mais d'une reformulation plus libre. Le terme de « compainie » signifie aussi bien une association ou une société de gens qu'une troupe ou un bataillon de soldats. Le fait que cette société soit arrangée selon les offices indique qu'il ne s'agit pas d'un simple

1. Jean Peckham, *Gerarchie*, *in* M. D. Legge, « John Pecham's *Jerarchie* », *Medium Aevum* 11, 1942, p. 77-84 (82-84). Il existe une autre édition du texte de Peckham, par A. Rosin : « Die "Hierarchie" des John Peckham, historisch interpretiert », *Zeitschrift für romanische Philologie* 52, 1932, p. 583-614.

2. *Ibid.*

ensemble de personnes, mais bien d'une organisation fonctionnelle. Cet arrangement est celui des neuf ordres qui forment la hiérarchie : ils sont récapitulés dans la deuxième partie du texte, qui ne fait que paraphraser le ps.-Denys.

C'est dans la troisième partie du texte, de loin la plus longue, que Peckham livre son interprétation politique de l'angélologie dionysienne. Si la reine désire savoir à quoi servent les ordres et les hiérarchies angéliques, elle n'a qu'à observer la cour du roi. C'est dire que c'est la réalité politique qui fournit la grille de lecture de l'angélologie. Contrairement à Guillaume d'Auvergne, Peckham n'érige pas la hiérarchie angélique en modèle du royaume, mais l'interprète directement à partir de l'expérience politique. Les gens du royaume se répartissent selon trois cas de figure : certains sont toujours à la cour, d'autres toujours en leurs « baillies » et d'autres encore vont et viennent. De même, la hiérarchie se divise en trois. Le premier groupe forme l'« estreit conseil » du roi. Il est composé des proches qui l'aiment loyalement, puis des sages et des clercs qui l'entourent et enfin des spécialistes du droit et des fonctionnaires de justice. Peckham y reconnaît les fonctions des Séraphins, des Chérubins et des Trônes. Ceux-ci forment, de la même manière, le conseil divin qui « devise le governement del monde ». Après que les jugements ont été rendus et les conseils pris, il convient de les transmettre à ceux qui exercent le commandement. Il s'agit de l'ordre des Dominations, que Peckham compare au maréchal de l'ost, c'est-à-dire au chef des armées. Les commandements sont doubles : soit pour faire le bien, soit pour combattre le mal. À ces deux types de commandement correspondent deux ordres, celui des Vertus, qui réalisent les miracles, et celui des Pouvoirs (« potestaz »), qui luttent contre les ennemis. Peckham n'indique pas à quelles classes militaires ces ordres pourraient correspondre. On voit d'ailleurs mal en quoi ce deuxième niveau s'apparente aux gens qui sont toujours « en lur baillies ». D'autant plus que le troisième niveau est explicitement présenté comme celui des baillis et des sénéchaux. Les « baillis forains » se divisent en effet en « seneschaus generaus de pays », en « baillifs ke l'en envoie pur eschaites » et en « baillifs de chasteus e de manoirs ». Les premiers sont des gouverneurs de pays. Les deuxièmes sont envoyés pour des missions spéciales, par exemple pour percevoir les « échoites » (*escaete*), qui sont des biens confisqués par le roi, ou par un seigneur, à ses vassaux. Les derniers enfin gèrent les propriétés seigneuriales. Les seuls qui paraissent « aller et venir » sont les baillis du deuxième type, qui sont envoyés en missions spéciales, alors que les autres semblent plutôt demeurer localement. Peckham leur fait correspondre, respectivement, les Principautés (« principaus »), les Archanges et les Anges. Les premiers prennent en charge les nations, comme en témoigne la citation de Dn 10, 13. Les deuxièmes servent pour les missions spéciales, comme pour l'inspiration des prophètes. Les troisièmes s'occupent des individus. Ainsi peuvent être mises en parallèle les divisions du royaume et celles de la hiérarchie angélique.

Le traité s'achève avec une application morale de la hiérarchie. De même que le royaume, l'âme peut elle aussi être « ierarchizee ». Le thème doit sans doute être rapporté à Bonaventure [1]. Peckham ne semble cependant proposer ni une doctrine psychologique sur les facultés de l'âme, ni une lecture mystique du ps.-Denys, mais une application morale de son interprétation politique de la hiérarchie. Il dresse une analogie entre le royaume et l'individu, entre la politique et la morale, dans laquelle le concept de hiérarchie fonctionne de façon univoque. Celui qui désire mener une vie angélique, « il covient k'il sache aucune chose del estat de paradis, e qu'il adresce sun quer a la guise des citeins du ciel ». Le cœur doit donc être à l'image de l'état des citoyens du ciel. Dans la sphère morale, Peckham parle de la hiérarchie exactement dans les mêmes termes que dans la sphère politique, à savoir, ceux du pouvoir [2].

On pourrait, comme pour Guillaume d'Auvergne, tenter de réinscrire l'angélologie politique de Jean Peckham dans son contexte historique. On trouve dans son texte une trace des réformes administratives entreprises par Édouard Ier [3]. Il nous semble cependant que le geste de Peckham n'est pas similaire à celui de Guillaume d'Auvergne. En effet, Peckham ne cherche pas à penser des réformes administratives et institutionnelles au moyen de l'angélologie, mais, au contraire, à interpréter l'angélologie

1. Le thème de l'âme hiérarchisée vient sans doute de Bonaventure. Sur ce point, *cf.* J.-G. Bougerol, « Saint Bonaventure et la Hiérarchie dionysienne », dans *Saint Bonaventure. Études sur les sources de sa pensée*, II, Northhampton, Variorum Reprints, p. 131-167.

2. Sur ce point, *cf.* A. Rosin, « Die "Hierarchie" des John Peckham, historisch interpretiert », *loc. cit.*, p. 604-605.

3. Pour une lecture historique du texte de Peckham, cf. *ibid.*

au moyen des administrations et des institutions de son époque. Comme, il écrit à la reine : pour comprendre ce qu'est la hiérarchie, il faut observer la cour du roi. Il ne se prononce certes pas sur la nature du lien entre l'une et l'autre, mais sa démarche laisse penser qu'il interprète le texte dionysien à partir de la réalité historique et politique. Il politise l'angélologie. Cela demande toutefois à être nuancé. En premier lieu, parce que le royaume d'Angleterre, tout comme le royaume de France, n'avait pas la structure de la hiérarchie angélique. Pour pouvoir lire le texte dionysien avec des catégories politiques empiriques, il faut déjà avoir projeté un schéma hiérarchique sur la réalité politique – même implicitement. Il faut se représenter le royaume selon un ordre particulier, de trois classes divisées en trois sous-classes chacune. Or, ce travail d'interprétation préalable, Peckham le présuppose dans sa lecture même du texte dionysien, mais surtout, il en hérite. D'autres avant lui, comme Guillaume d'Auvergne, ont contribué à politiser l'angélologie, notamment en utilisant des modèles angélologiques en politique. Si on le compare à celui de Guillaume, le texte de Peckham montre que le rapport entre angélologie et politique fonctionne dans les deux sens. On ne saurait plus vraiment dire laquelle sert de modèle à l'autre. La hiérarchie est politisée en même temps que la politique est hiérarchisée.

CHAPITRE 6

Hiérarchie céleste et physique supralunaire

Dans ce chapitre, nous voudrions prendre à rebrousse-poil la question posée dans la première partie – les anges ont-ils une place dans une théorie du mouvement des cieux? Nous avons vu précédemment comment la théorie dionysienne de la hiérarchie avait nourri l'imaginaire politique de ses lecteurs médiévaux. La hiérarchie angélique constitue en effet un modèle politique, qui sert à penser la société et le royaume dans leur forme idéale. Elle ne constitue pas un modèle abstrait, mais une réalité objective, à savoir, celle de la société des anges. Cependant, elle est principalement conçue sous la forme d'un dispositif de pouvoir. Autrement dit, ce que contemplent les théologiens médiévaux dans la hiérarchie angélique, c'est le fonctionnement parfait du pouvoir. Le concept de hiérarchie est, en ce sens, politique ou théologico-politique. Il n'apparaît jamais dans d'autres contextes.

On se demandera donc à quel point il engage l'interprétation de l'angélologie en général. Dès lors qu'elle est construite sur le modèle de la hiérarchie, ne peut-elle prendre la forme que d'une théorie politique? Si les anges sont des êtres hiérarchiques, ne peut-on pas leur reconnaître d'autres fonctions? Par exemple, celle de mouvoir les corps célestes, comme l'affirment les philosophes péripatéticiens. Il s'agit donc d'envisager la fonction cosmologique des anges à partir de la théorie de la hiérarchie. Ou plutôt, il s'agit de voir comment les tenants d'une angélologie politique ont envisagé l'idée d'ange-moteur. Nous examinerons les arguments de Guillaume d'Auvergne et de Gilles de Rome.

L'angélologie contre le péripatétisme

Moteurs et serviteurs

Guillaume d'Auvergne s'interroge sur le rapport entre les anges et les corps célestes dans le chapitre XLVI du *De universo* II[a] II[ae]. Il part d'un argument classique concernant la relation entre les différentes régions du monde et leurs types d'habitants. À chaque milieu, voire à chaque élément naturel, correspond une forme de vie particulière : sur la terre des animaux qui rampent ou qui marchent, dans l'eau des poissons, dans les airs des oiseaux. Si l'on donne à cette déduction un caractère systématique, et non simplement empirique, on peut déduire une forme de vie pour chaque milieu naturel. Une telle déduction cosmologique a longtemps servi à prouver l'existence d'êtres spirituels à partir de leur place dans l'univers [1]. Guillaume se demande donc si, au même titre que la terre, l'eau ou les airs, les cieux, les planètes et les étoiles abritent un type particulier d'habitants. Les aristotéliciens soutiennent que ce sont les substances spirituelles (*substantiae spirituales*), à savoir les anges, qui demeurent dans les régions célestes. Guillaume entreprend d'examiner cette hypothèse à partir de la considération des causes pour lesquelles on habite ou on se trouve en un lieu (*causas habitationis et essendi in locis*).

Il en dénombre trois. La première est la nature : c'est en effet la nature – au sens aristotélicien du terme – qui fait qu'une chose se trouve en son lieu propre. Un corps se meut vers son lieu propre ou s'y arrête par nature. Le concept de nature ne s'applique cependant qu'aux corps sublunaires. La deuxième cause est la présence de nourriture : si chaque espèce animale se trouve dans un milieu qui lui est propre, c'est parce qu'elle y trouve ce qui est nécessaire à sa subsistance. Encore une fois, cet argument n'est valable ni pour les substances spirituelles ni pour les corps célestes. On voit mal en effet de quelle nourriture il pourrait s'agir dans ce cas. Seule la troisième cause semble s'appliquer au cas des substances spirituelles : l'exercice d'une fonction (*exercitium alicujus officii*). On peut en effet se trouver en un lieu parce que l'on y exerce une fonction qui suppose précisément que l'on s'y trouve.

1. Sur cet argument dans le contexte de la démonologie antique, *cf.* A. Timotin, *La démonologie platonicienne. Histoire de la notion de daimôn de Platon aux derniers néoplatoniciens*, Leiden-Boston, Brill, 2012, p. 86-99, 103-108, 116-118, 133-138.

Par l'exercice de quelle fonction les substances spirituelles se trouvent-elles liées aux corps célestes ? Dans le cas d'un observateur au poste d'observation, d'un pilote dans un navire et d'un prêtre dans un temple, c'est le même type de relation fonctionnelle qui lie l'agent au lieu de son action. Le lieu est déterminé par l'action même qu'il donne à accomplir, de même que l'agent ne se rapporte au lieu que par l'action qu'il y exerce. Guillaume se demande donc en vertu de quelle fonction (*officium*) ou de quel service (*ministerium*) les anges sont liés aux corps célestes – aux planètes (*planetae*), aux étoiles (*stellae*), aux constellations (*signa*). Peut-on dire, cependant, que les anges servent (*ministrant*) les corps célestes ?

> En ce qui concerne le fait qu'ils posent des anges qui servent les constellations, ou les planètes, ou les cercles, il t'est facile de voir à quel point ils le posent de façon erronée et absurde. En effet, puisque les substances angéliques abstraites sont beaucoup plus nobles que n'importe laquelle des substances corporelles – et pour cette raison, que les planètes, ou les étoiles, ou les constellations – il ne convient clairement pas – et la loi de la nature elle-même ne le tolère pas – qu'elles soient leurs serviteurs ou bien qu'elles les servent. Si quelqu'un disait que les conducteurs et les gardiens de troupeaux, tout en étant incomparablement plus dignes que les animaux, les servent et sont leurs serviteurs en les faisant paître et en les gardant, sa remarque ne serait pas juste. En effet, ce qu'ils font aux animaux, les hommes le font pour eux-mêmes, et pour cette raison, ils font paître et gardent les animaux pour eux-mêmes, et non pas pour les animaux. C'est pourquoi c'est proprement et véritablement à eux-mêmes que les hommes consacrent de tels services ou de tels ministères, et non aux animaux[1].

Le rapport entre les anges et les corps célestes est en effet ambigu. Les opérations (*operationes*) des substances spirituelles, à savoir l'intellection (*intelligere*) et la volonté (*velle*), ne nécessitent pas l'usage des corps. Elles n'ont donc aucun besoin de se rapporter à un lieu pour les accomplir. De ce point de vue, elles se distinguent des âmes des cieux.

Guillaume semble viser, en mentionnant la thèse de l'animation des cieux, les péripatéticiens, et plus particulièrement Avicenne. Ce dernier distingue en effet les intelligences et les âmes célestes.

1. Guillaume d'Auvergne, *De universo creaturarum*, *op. cit.*, II^a II^ae, cap. XCVI, p. 950bF-bH (notre traduction).

Alors que celles-ci sont liées à des corps, celles-là sont absolument séparées. Cette distinction complique subtilement la question. En effet, le rapport entre les substances séparées et les corps célestes n'est pas celui d'êtres immatériels et d'êtres matériels, mais celui d'êtres spirituels et d'êtres corporels animés. Autrement dit, il ne s'agit pas d'une composition hylémorphique, mais d'une relation pratique. C'est pourquoi il peut être pensé sous la forme de l'*officium* ou du *ministerium*. Les substances séparées se rapportent à des êtres animés à part entière. À cet égard, les exemples de fonctions retenus par Guillaume ne sont pas sans rappeler les termes mêmes selon lesquels les philosophes péripatéticiens se représentent les fonctions angéliques[1]. Si la motion angélique des corps célestes est conçue comme un service, dira-t-on pour autant que les anges servent les corps célestes ? Guillaume adresse cette critique aux péripatéticiens. C'est dans cette perspective qu'il faut comprendre son argument sur les conducteurs et les gardiens de troupeaux. Même si les hommes s'occupent des animaux, les font paître et les surveillent, ce n'est en aucune façon pour les servir. Au contraire, la domestication des animaux se fait au profit des hommes : ce n'est pas un service rendu aux animaux par les hommes, mais un service rendu aux hommes au moyen des animaux. Il en va, d'après Guillaume, de même pour les anges et les corps célestes : dire que les anges servent les corps célestes, ce serait comme dire que les hommes servent les animaux qu'ils domestiquent. Toute la suite du chapitre développe cet argument de façon précise.

Les péripatéticiens soutiennent-ils vraiment que les anges servent les corps célestes ? Rien n'est moins sûr. Le propos de Guillaume permet cependant de mettre en évidence une différence d'orientation profonde entre l'angélologie des péripatéticiens et celle des théologiens. Là où les philosophes se posent un problème cosmologique, Guillaume voit une question pratique : quel type de relation institue la fonction ou le service qui lie les anges aux corps célestes ? L'emploi des termes *officium*, *servitium* ou *ministerium* n'est pas métaphorique. Comme le montre la suite du texte, non seulement Guillaume essaie d'imaginer cette relation dans ses détails pratiques, mais il la pense aussi comme une relation de pouvoir.

1. *Cf. supra*, chap. I.

> Plus encore. Quels services ou quels ministères de tels anges consacrent-ils aux constellations, ou aux cercles, ou aux étoiles ? Leur préparent-ils de la nourriture ou dressent-ils leurs lits ? Est-ce qu'ils viennent, ou est-ce qu'ils les chaussent, est-ce qu'ils sont envoyés par eux de tous les côtés en ambassade ? En quoi il est très difficile de se représenter vraisemblablement quelque chose. Si quelqu'un s'imaginait de façon extravagante que, puisque le cercle des constellations régit le monde inférieur, il administre et effectue cette direction et ce gouvernement par l'intermédiaire de tels anges, combien plus probable serait-il de dire que ce sont ces anges qui régissent le monde sublunaire par l'intermédiaire des constellations elles-mêmes ? De fait, les substances spirituelles utilisent les substances corporelles, soit comme des instruments, soit comme d'autres aides, tout comme notre âme utilise son corps et ses membres, et aussi d'autres instruments externes pour des opérations extérieures, comme la hache et la pioche. Au contraire, dans tout l'univers on ne constate pas que la substance corporelle utilise la substance spirituelle, ni qu'elle aille jusqu'à la soumettre, au point qu'il faille l'appeler sa servante [1].

Guillaume ironise en décrivant les anges assignés à des tâches domestiques. Il montre tout le ridicule et toute la difficulté d'une transposition des catégories pratiques au rapport entre les anges et les corps célestes. Peut-on sérieusement imaginer les anges servant de la nourriture aux corps célestes ou préparant leurs lits ? Sont-ils envoyés en ambassade (*legatio*) par les corps célestes ? On peut difficilement se représenter ce service de façon vraisemblable. Pourtant, Guillaume n'hésite pas, en d'autres circonstances, à imaginer les fonctions et les ministères angéliques. Il se représente les anges comme des conseillers politiques, comme des chefs d'armée, comme des messagers. Il détaille toutes les fonctions de la hiérarchie angélique. Quel est donc le problème dans ce cas ? C'est que le rapport fonctionnel est un rapport de pouvoir. Guillaume reproche aux péripatéticiens de penser ce rapport dans le mauvais sens. Ces derniers affirmeraient que les astres gouverneraient le monde sublunaire par l'intermédiaire des anges. Or, c'est tout le contraire qu'il faudrait affirmer : ce sont les anges qui gouvernent le monde par l'intermédiaire des corps célestes. Les péripatéticiens

1. Guillaume d'Auvergne, *De universo creaturarum*, *op. cit.*, II^{a} II^{ae}, cap. XCVI, p. 950bH-951aA (notre traduction).

inversent les rapports de la substance corporelle et de la substance spirituelle. Ils pensent que des corps peuvent utiliser des êtres spirituels comme des instruments (*tanquam instrumentis utuntur*). L'exemple de l'âme et du corps montre que c'est l'inverse. En effet, l'âme se sert de son corps comme elle se servirait d'un instrument externe. Il en va de même des anges et des corps célestes.

Guillaume semble glisser subtilement d'un modèle fonctionnel à un modèle instrumental. Le *minister* est assimilé sans reste à un *instrumentum*. Le serviteur n'est rien d'autre qu'un instrument. En ce sens, Guillaume ne fait que développer le thème de la domestication : mettre quelqu'un à son service, c'est le soumettre en l'instrumentalisant. La catégorie d'instrument permet cependant d'aborder le problème d'un point de vue technique et non plus seulement pratique. Si l'on envisage, comme le font les péripatéticiens, le gouvernement (*regimen*, *gubernatio*) du monde comme un phénomène astral, on double alors la question politique d'un problème de physique. Le ministère angélique n'apparaît plus seulement comme une relation de pouvoir, mais aussi comme une opération technique. Il s'agit de penser comment les anges meuvent les corps célestes afin de gouverner le monde sublunaire. Avec le modèle instrumental, Guillaume n'abandonne toutefois pas la perspective politique, mais il la confronte au problème cosmologique : il se demande comment la motion des étoiles s'intègre au gouvernement du monde.

La motion angélique des astres servirait donc à gouverner le monde en totalité. Guillaume va alors montrer que cette activité motrice est superflue, si on la pense à l'échelle de la totalité cosmique.

> Tu vois aussi dans toutes les choses qu'aucun ministère n'est jamais assigné pour les parties ou pour certaines d'entre elles, en effet il serait vain de leur consacrer un ministère, puisqu'elles ne connaîtraient pas les services ni n'y feraient attention. Tu vois aussi que ceux qui servent les chaussures à leur maître ne sont pas dits servir leurs pieds ou leurs jambes, de même qu'il ne vient pas à l'idée d'un homme aussi peu intelligent qu'on voudra de dire qu'il domine le pied du roi ou qu'il lui ordonne de se chausser ou de se déchausser. Si quelqu'un disait que de tels anges servent les constellations dans leurs mouvements, à quel point cela est frivole et creux, il serait facile de te le rendre clair à partir de plusieurs points. Comme il te l'a déjà été déclaré ailleurs, ni les constellations,

> ni les étoiles, ni les planètes ne se meuvent de leurs propres mouvements, mais des mouvements des cieux dans lesquels elles sont fixées, et cela signifie les mouvements des parties dans leur tout. Il est clair pour toi avec cela que le mouvement du tout et des parties est unique, et que pour cette raison il procède d'un seul moteur[1].

Les parties d'un animal sont les parties d'une totalité organique et sont donc régies par cette totalité[2]. Les constellations sont régies par la sphère des fixes. Si une partie ne peut rien gouverner, aucun service ne saurait alors lui être dédié. En effet, les relations de pouvoir n'affectent pas directement les parties, mais seulement les totalités. On ne dit pas d'un serviteur qui chausse son maître qu'il est au service de ses pieds, mais bien de sa personne entière. C'est parce qu'il sert le maître qu'il sert, pour ainsi dire, ses pieds. Sinon, on pourrait tout aussi bien dire que le valet qui chausse et qui déchausse le roi a le pouvoir de commander (*imperare*) à son pied. Les deux propositions sont tout aussi absurdes l'une que l'autre. Elles isolent chacune la partie du tout auquel elle est organiquement liée. Cela n'a donc pas plus de sens d'être au service du pied de son maître que de donner des ordres aux pieds de son roi.

Le même raisonnement s'applique à la motion des constellations : les anges ne servent pas les constellations en les mouvant car ce ne sont pas les anges qui meuvent les constellations. Les étoiles ne se meuvent pas d'un mouvement propre, mais sont mues par le mouvement de la sphère à laquelle elles sont fixées. Or, parmi tous les mouvements célestes, on observe que celui des constellations présente une unité constante. En effet, contrairement aux astres errants – aux planètes – les étoiles fixes conservent leurs rapports dans leurs mouvements. On en déduit donc qu'elles sont fixées sur la même sphère et mues par un mouvement unique. Comme le dit Guillaume, le mouvement du tout et des parties est unique, et de l'unicité du mouvement, on infère l'unicité du moteur. Ce ne sont donc pas les anges, dans leur pluralité, qui meuvent la sphère des fixes et les constellations.

1. Guillaume d'Auvergne, *De universo creaturarum*, *op. cit.*, II^a II^a, cap. XCVI, p. 951aA-aC (notre traduction).

2. *Cf.* Aristote, *Parties des animaux*, II, I, 646b-648a.

Il y a une forte analogie entre les deux raisonnements. Si le premier est pratique et le second physique, ils suivent une même logique du tout et des parties, qui permet à Guillaume de les mettre sur le même plan et de traiter le problème du mouvement des cieux comme si c'était un problème politique. Il convertit les propositions de la physique céleste sur le mouvement en énoncés sur des relations de pouvoir. L'inutilité d'une pluralité de moteurs pour les constellations montre que ce ne sont pas les anges qui les meuvent. Cette conclusion technique doit cependant être lue à la lumière des considérations pratiques qui la précèdent. C'est parce que les constellations forment une totalité organique qu'aucun service particulier ne leur est dédié. La logique du tout et des parties exposée par Guillaume s'avère reposer avant tout sur une considération d'ordre pratique.

On pourrait toutefois objecter à Guillaume que rien n'empêche qu'un ange meuve la sphère des fixes. Quant aux astres errants, ils possèdent chacun un, voire plusieurs moteurs. Si les anges ne meuvent pas les constellations, il est tout à fait possible qu'ils meuvent les cieux. Guillaume applique le même raisonnement au mouvement des sphères.

> Plus encore. Si vraiment les cieux sont des animaux, comme l'ont posé Aristote et ceux qui l'ont suivi, chaque animal se meut avec toutes ses parties du fait d'un seul moteur. Chacun des cieux serait donc mû par son âme : de même leurs parties aussi du fait de la même âme[1].

Par définition, un animal est une totalité organique et par définition encore, un animal est mû par une âme. Donc, si les cieux sont des animaux, c'est-à-dire des êtres animés, comme le pensent les péripatéticiens, alors ils sont mus par leur âme. Comme leurs parties, à savoir les astres errants, forment avec eux des touts organiques, elles aussi sont mues par leurs âmes. La thèse de l'animation des cieux rend tout simplement inutile l'hypothèse des intelligences motrices. Elle ne l'exclut cependant pas totalement. On pourrait imaginer que les sphères soient mues par leurs âmes et par des anges – ce qui est précisément la thèse avicennienne. Guillaume envisage donc la possibilité d'une double motion des cieux.

1. Guillaume d'Auvergne, *De universo creaturarum*, *op. cit.*, II^{a} II^{ae}, cap. XCVI, p. 951aC.

> Plus encore. Si tu posais que ces anges cessent de mouvoir les constellations, il ne serait pas nécessaire pour cette raison que l'âme du ciel des étoiles fixes cesse le mouvement par lequel il accomplit une révolution complète en l'espace de vingt-quatre heures. Il est de fait impossible qu'il se meuve sans qu'il ne meuve toutes ses parties. Si l'une quelconque des parties s'arrête, il est nécessaire que tout le ciel s'arrête, ou bien qu'il se produise une scission entre cette partie et les autres. Si l'on disait inversement qu'ils meuvent les signes sans qu'il ne soit nécessaire que l'âme elle-même de ce ciel cesse le mouvement par lequel elle meut le ciel, alors il serait nécessaire qu'ils meuvent ce ciel par le même mouvement que lui et que son âme, ou bien par un mouvement différent. Or chacune de ces solutions est clairement impossible. En effet, le mouvement qu'opère cette âme de façon suffisante, si les anges s'efforçaient de l'effectuer à leur tour de la même façon, leur effort et leur intention seraient vains et tout à fait inutiles. On peut raisonner de la même manière au sujet de l'âme de ce ciel. Qu'il est vraiment impossible qu'ils meuvent ce ciel par un mouvement différent, je te l'ai déjà montré ailleurs. En effet, d'une façon générale, par un discours démonstratif, je t'ai fait savoir dans ce qui précède qu'il est impossible pour un corps quelconque d'être mû par des mouvements différents [1].

Guillaume envisage les rapports entre les deux types de motion. Comment coexisteraient-elles ? Si l'on fait l'hypothèse que les anges cessent de mouvoir les constellations, il n'y a aucune raison pour que l'âme cesse de mouvoir la sphère des fixes. Cela pose toutefois un problème : on ne saurait séparer le mouvement de la partie et le mouvement du tout. La motion de l'âme et la motion des anges entreraient alors en contradiction. Il faut alors envisager l'hypothèse inverse, à savoir, que les anges meuvent les constellations sans que l'âme ne cesse de mouvoir la sphère des fixes. Il y a alors deux possibilités : ou bien les deux mouvements sont identiques, ou bien ils sont différents. S'ils sont identiques, l'un s'avère être inutile. En effet, cela ne servirait à rien que les anges s'efforcent de reproduire le même mouvement que l'âme de la sphère des fixes. De même pour l'âme, si elle s'efforçait de reproduire le mouvement des anges. Si ce sont des mouvements différents, alors le même corps serait mû par deux mouvements différents, ce qui est impossible. Guillaume ne

1. *Ibid.*, p. 951aC-bA (notre traduction).

reprend pas la démonstration de cet argument. Elle remonte en fait à Aristote [1]. Son propos est simplement de montrer que si les anges et l'âme de la sphère meuvent tous les deux les constellations, ils doivent produire exactement le même mouvement. Ce qui n'aurait aucun intérêt. Encore une fois, Guillaume montre l'incompatibilité des deux thèses. D'où l'on peut conclure au caractère superflu de la fonction motrice des anges.

La physique dans les limites de la pratique

Le présupposé de toute la discussion de Guillaume est la thèse de l'animation des cieux. À aucun moment il ne la remet en question, à aucun moment non plus il ne cherche à la prouver. C'est qu'il se situe sur le terrain conceptuel des péripatéticiens – en particulier d'Avicenne – dont il cherche à discuter l'angélologie. Son propos est de montrer que les anges n'ont aucun rôle à jouer dans la physique céleste. Les questions de physique ne l'intéressent cependant pas pour elles-mêmes, du moins dans ce contexte. Le problème que traite Guillaume n'est pas tant celui du mouvement des cieux que celui de l'assimilation de la motion des cieux à un ministère angélique. Autrement dit, il envisage la physique d'un point de vue essentiellement pratique, voire politique. Toute son argumentation repose sur l'hypothèse que les cieux sont animés, mais celle-ci ne fait que servir une stratégie polémique, permettant de disqualifier les intelligences motrices.

On pourrait toutefois se demander si Guillaume admet l'animation des cieux par ailleurs. Car si ce n'était pas le cas, l'hypothèse des anges-moteurs redeviendrait parfaitement plausible. Or, Guillaume ne semble pas avoir de position tranchée sur la question. Il considère l'animation des cieux comme une hypothèse probable, à condition que l'on en limite rigoureusement la portée, c'est-à-dire que l'on ne prête pas aux âmes des cieux plus d'influence qu'elles n'en ont. L'animation des cieux vaut comme hypothèse astronomique, mais non pas astrologique. Guillaume entend donc restreindre à une simple fonction motrice le pouvoir des âmes des cieux.

> Croire Aristote, ou quelque autre, à ce sujet, ne présente aucun danger pour la loi, la foi ou la doctrine des Chrétiens. Cela par contre ne comporte pas un moindre danger, que de penser au sujet des âmes,

1. Sur cet argument, *cf.* Aristote, *Physique*, III, II.

> qu'elles gouvernent les choses inférieures, et surtout humaines, et les hommes, et de la même manière qu'elles produisent, soit par elles-mêmes, soit par leur corps, les événements humains et les lois parfaites, et d'autres choses que leur attribuent les astronomes. Il ne me semble pas non plus en aucune façon qu'ils soient des signes de telles choses, ni qu'il faille consulter les corps célestes en aucune façon pour les affaires humaines, et tu as déjà entendu mon propos à ce sujet dans de nombreux chapitres. Tu ne dois pas douter de ce que, si les cieux sont animés, ou même si ce sont des animaux, il a été naturellement confié à leurs âmes d'avoir la royauté sur leurs corps et sur leurs mouvements, mais rien ne leur a été naturellement confié en matière de gouvernement. Ils ne font rien en effet de ce qui appartient à ceux qui gouvernent ou qui dirigent, puisqu'ils n'établissent ni ne promulguent de lois, ils ne prescrivent ni n'interdisent rien, ils ne consultent ni ne suggèrent, ils ne conseillent ni ne déconseillent rien. C'est pourquoi le genre humain a été confié à son propre arbitre et à son gouvernement, avec des aides, qui lui viennent du créateur, pour les choses naturelles, comme le sont les juges, les rois, les princes, et les consuls, et les magistrats, les conseillers, et les professeurs, les prêtres et les offices des prêtres[1].

D'un point de vue théologique, la thèse de l'animation des cieux est acceptable dans sa version aristotélicienne. Guillaume en dénonce l'interprétation astrologique[2]. Son propos est de montrer qu'il n'y a aucun rapport entre le fait que les cieux soient animés et le fait qu'ils exercent une causalité sur le monde sublunaire. Ce ne sont ni les causes (*effectrices*) ni les signes (*signa*) des événements qui affectent les hommes. Surtout, ce ne sont pas des gouvernants (*gubernatrices*). Entre l'animation des cieux et l'astrologie, Guillaume fait passer la politique. Ce qu'il refuse d'attribuer aux astres, c'est moins une influence physique sur les phénomènes naturels qu'une implication pratique dans les affaires humaines. Les mouvements des corps célestes ne sauraient être interprétés comme une forme de vie politique. Guillaume limite le pouvoir de l'âme à son règne (*regnum*) sur le corps et sur ses mouvements. Autrement dit, l'âme

1. Guillaume d'Auvergne, *De universo creaturarum*, *op. cit.*, III[a] I[ae], cap. XXXI, 805aD-806aG (notre traduction).

2. Sur Guillaume d'Auvergne et l'astrologie, *cf.* J.-P. Boudet, *Entre science et nigromance. Astrologie, divination et magie dans l'Occident médiéval (XIIe-XVe siècle)*, Paris, Publications de la Sorbonne, 2006, p. 214-220.

du corps céleste n'est qu'une âme motrice, c'est-à-dire qu'elle ne fait pas participer son corps à une quelconque forme de gouvernement (*gubernatio*). En effet, les corps célestes ne promulguent pas de lois, ne prodiguent pas de conseils et ne délibèrent sur rien. Ils ne prennent part à aucune des activités politiques que les hommes connaissent. Celles-ci sont le fait des rois, des princes, des juges, des magistrats, des conseillers. Elles sont le fait des hommes, et de leurs aides (*adjutoriis*). Qui sont ces aides divines (*a parte creatoris*) ? Guillaume ne le dit pas, mais on pourrait supposer qu'il s'agit des anges [1]. En effet, il leur attribue par ailleurs toutes les fonctions politiques qu'il énumère ici [2].

Il apparaît clairement que l'argument de Guillaume au sujet de l'animation des cieux porte moins sur cette question en tant que telle que sur la façon dont elle est interprétée. Dire que les cieux sont animés n'autorise pas à dire qu'ils gouvernent le monde. Si les cieux sont des animaux, ce ne sont pas des animaux politiques. La stratégie discursive de Guillaume est claire : il s'agit de distinguer les questions politiques et les questions cosmologiques. D'une part, il refuse d'attribuer une fonction motrice aux intelligences séparées, d'autre part, il refuse d'attribuer une vie pratique aux corps célestes. Ce qui revient tout simplement à déconstruire l'angélologie péripatéticienne [3]. En faisant de l'angélologie une théorie politique, Guillaume lui ôte toute signification cosmologique.

Le pouvoir hiérarchique et la motion des cieux

Gilles de Rome n'est pas un commentateur du ps.-Denys. Il n'est pas non plus un théoricien de la hiérarchie. L'angélologie revêt néanmoins chez lui une forme politique. Elle intervient stratégiquement dans ses écrits polémiques : le *De ecclesiastica potestate* et le *Contra exemptos*. Le premier est un traité qui défend la supériorité du pouvoir spirituel sur le pouvoir temporel et qui, dans le cadre du conflit entre Boniface VIII et Philippe le Bel, prend parti en faveur de la papauté. Le second constitue une dénonciation des privilèges des Templiers, qui entend

1. Sur ce point, *cf.* Guillaume d'Auvergne, *De universo*, *op. cit.*, III[a] I[ae], cap. XXXII.

2. *Cf. supra*, chap. VI, p. 254-268.

3. Sur le rapport de Guillaume d'Auvergne à l'angélologie avicennienne, *cf.* R. J. Teske, *Studies in the philosophy of William of Auvergne, Bishop of Paris (1228-1249)*, Milwaukee, Marquette University Press, 2006, p. 228-231.

montrer que leur exemption par rapport à la juridiction épiscopale est la cause de leurs abus, dans laquelle Gilles se range aux côtés de Philippe le Bel, contre les Templiers. Ce sont deux traités théoriques, mais ils interviennent directement dans la vie politique du début du XIVe siècle. L'angélologie y fait donc l'objet aussi bien d'un traitement théorique que d'un usage pragmatique.

La hiérarchie et le royaume

Gilles de Rome s'inspire de Guillaume d'Auvergne : il reprend son interprétation politique du concept de hiérarchie. On trouve chez lui la même comparaison entre la hiérarchie angélique et le royaume. À cet égard, il ne fait que prolonger le geste de Guillaume [1].

> Il faut donc remarquer que les anges se commandent mutuellement les uns aux autres pour la direction de l'univers, afin que l'univers soit dirigé et gouverné de sorte que les élus soient sauvés. Si donc un roi voulait diriger un royaume, il y aurait en premier lieu ceux qui tout le temps seraient auprès du roi. Ceux-là se répartiraient en trois catégories : il y aurait les aimés et les amis du roi, puis les sages qui assisteraient le roi et en troisième lieu ceux qui annonceraient aux autres et publieraient les jugements et les permissions du roi. Après ceux-là, il y aurait ceux qui se mêleraient des questions concernant tout le royaume. Troisièmement, il y aurait ceux qui se mêleraient non pas de tout le royaume, mais des parties du royaume. De la même façon, si le roi voulait faire un édifice, il y aurait en premier ceux qui assisteraient le roi en permanence, qui, comme nous l'avons dit, se diviseraient en trois, car ils seraient soit des bien-aimés et des amis du roi, soit des savants, soit des annonciateurs des jugements et des désirs du roi. On saurait par leur intermédiaire quel édifice le roi voudrait faire. Deuxièmement, il y aurait ceux qui s'occuperaient de l'édifice dans son ensemble, qui se diviseraient aussi en trois, soit ils le feraient en donnant des instructions concernant la manière de faire l'édifice, comme le font les architectes, soit ils le feraient en apportant de l'aide, de sorte que la construction de l'édifice avance, soit en enlevant les obstacles, afin que l'édifice ne subisse aucun dommage. Troisièmement, il y aurait ceux qui ne s'occuperaient pas de tout l'édifice, mais de parties de l'édifice, qui seraient comme des ouvriers inférieurs. Ils se diviseraient aussi en trois, car certains feraient les parties principales, comme ceux qui

1. *Cf.* B. Vallentin, « Der Engelstaat. », *loc. cit.*, p. 107-115.

> disposeraient les murs et le toit, et certains feraient des parties particulières, comme ceux qui façonneraient les pierres et le bois, et ceux-ci se diviseraient en deux, car certains façonneraient les grandes pierres et le meilleur bois, d'autres les petites pierres et le bois de moindre qualité. [...]
> Pour ce qui est du gouvernement de l'univers, les membres de la première hiérarchie sont comme les secrétaires et ceux qui connaissent les secrets de Dieu et ses jugements, ceux de la seconde sont les architectes, qui se mêlent principalement du gouvernement de l'univers, ceux de la troisième sont comme les ouvriers inférieurs, puisque ce sont eux qui sont affectés à la surveillance de l'univers. Mais ou bien ces parties sont toute une multitude, comme toute une province ; et ceux-ci sont les principautés, auxquelles appartenait le prince des Perses qui dirigeait la Perse, comme on le lit dans Daniel, ou un autre prince qui dirige un autre peuple. Ou bien ces parties de l'univers ne sont pas une multitude ou une province, mais des personnes singulières, auprès desquelles opèrent soit ceux qui sont plus importants, ce que font les archanges, qui sont les messagers principaux. En effet, « archos » signifie « prince », et « angelos » signifie « messager », d'où « archange » est dit être « prince messager » ou « messager principal ». Soit opèrent ceux qui sont moins importants : c'est ce que font les anges, qui sont comme de simples messagers [1].

L'objet de la hiérarchie est le gouvernement du monde (*gubernatio mundi, regimen universi*). Chaque ordre angélique correspond à une fonction ou une opération gouvernementale précise : la première hiérarchie s'occupe du plan, la deuxième des opérations générales et la troisième des opérations particulières. Le schéma explicatif correspond à un schéma pratique. Les différents ordres hiérarchiques sont autant de moments d'une grande opération, dont Gilles décrit dans le détail la succession des étapes. À chaque niveau de la hiérarchie, l'opération se différencie et l'on passe des directives générales aux actions particulières. Le processus est donc double : la mise en œuvre des décisions prend la forme d'une multiplication des fonctions en même temps que la particularisation des tâches consiste en leur application pratique. La première hiérarchie contemple la volonté divine et la transmet à la suivante. La deuxième

1. Gilles de Rome, *De ecclesiastica potestate*, pars II, cap. XIII, in *Giles of Rome On Ecclesiastical Power : a Medieval Theory of World Government*, éd. et trad. R. W. Dyson, New York, Columbia University Press, 2004, p. 232-236 (notre traduction).

hiérarchie met alors en place les conditions générales de sa mise en œuvre pour la suivante. La troisième hiérarchie accomplit enfin les opérations particulières. Chaque hiérarchie se divise à son tour en trois ordres et à chaque ordre correspond une fonction précise, selon la même logique. La question de l'ordre hiérarchique est donc avant tout pratique, puisque la hiérarchie dans son ensemble forme un dispositif de gouvernement.

Gilles construit son analyse de la hiérarchie angélique à partir de deux modèles empiriques : un modèle gouvernemental et un modèle architectural. Ils renvoient tous deux au pouvoir royal, même si le second n'est pas directement politique. C'est pourtant celui que Gilles analyse le plus en détail. Concernant le gouvernement du royaume (*regere regnum*) à proprement parler, il se contente de quelques remarques. Le roi s'entoure d'abord de ses proches, ensuite de ceux qui s'occupent de tout le royaume et enfin de ceux qui s'occupent des affaires particulières. C'est la même structure que l'on retrouve dans la hiérarchie angélique, que Gilles analyse cependant de façon plus poussée dans le cas de la construction d'un édifice (*facere edificium*). Celle-ci se déroule aussi en trois temps. Le roi se réunit d'abord avec ses assistants pour décider du projet de construction. Ensuite, les architectes se chargent de la conception technique de l'édifice. Enfin, les ouvriers s'occupent de la réalisation matérielle. Chaque niveau se divise à son tour en trois. Gilles énumère les différentes fonctions des conseillers royaux, des architectes, des ouvriers. On retrouve dans ce modèle la double logique de la hiérarchie : il s'agit en même temps d'un passage de la conception à la réalisation et du général au particulier. Ce n'est toutefois pas vraiment un modèle de gouvernement. En effet, ce que décrit Gilles, c'est tout simplement la division du travail. Le concept de hiérarchie sert donc à penser la production (*facere*) aussi bien que le gouvernement (*regere*). De ce point de vue, le modèle technique et le modèle politique semblent équivalents.

La question est de savoir à quoi renvoie précisément le concept de hiérarchie. Est-il transversal aux différents modèles qui servent à le décrire ? Est-il technique ou politique ? Pour Gilles, comme pour tous les théologiens médiévaux, la hiérarchie angélique est le modèle de toutes les hiérarchies. Cela ne permet toutefois pas de trancher la question, car la hiérarchie angélique est un dispositif de gouvernement du monde. Que signifie cependant gouverner le monde ? Si l'on en croit les analyses de Gilles, cela ressemble autant à l'administration d'un royaume qu'à la construction d'un édifice. Ce sont en effet ses deux éléments de comparaison : on trouve dans la hiérarchie angélique à la fois un schéma de l'action pratique et un modèle de la division du travail. Le concept de hiérarchie sert donc à penser un mode d'organisation de l'activité plutôt qu'un domaine d'activité particulier. C'est pourquoi il s'applique aussi bien à l'activité politique qu'à l'organisation du travail [1]. Ou encore, c'est une forme de pouvoir – mais tout pouvoir n'est pas politique.

> Après avoir vu ces choses, nous disons que de même que nous avons distingué pour ainsi dire trois hiérarchies et neuf ordres ou neuf rangs dans le clergé et dans le pouvoir ecclésiastique, de même nous pourrions tous les trouver en quelque sorte chez les laïcs et dans le pouvoir impérial. Le premier serait l'empereur, auprès duquel il y aurait les rois, les princes et les ducs, qui constitueraient en quelque sorte la première hiérarchie, et ainsi des autres qui constitueraient les autres hiérarchies. Mais nous n'avons pas à nous soucier de cela [2].

Le modèle hiérarchique a donc de nombreuses applications. Il sert évidemment à penser le pouvoir ecclésiastique, mais on pourrait aussi l'appliquer au pouvoir impérial (*principatus imperialis*). Gilles ne fait cependant qu'esquisser cette analyse et laisse, encore une fois, la question politique de côté. Ni le pouvoir royal ni le pouvoir impérial ne font l'objet d'une analyse détaillée, en tout cas dans le *De ecclesiastica potestate*.

On trouve toutefois une lecture politique de la hiérarchie angélique dans un autre traité de Gilles, le *Contra exemptos*. D'une façon qui rappelle beaucoup Guillaume d'Auvergne, Gilles décrit la hiérarchie comme un royaume.

> Imaginons que Dieu est le prince et le roi de tous les anges et de tout l'univers : et pour le bien et le royaume des élus, il a ordonné des hiérarchies, c'est-à-dire des pouvoirs, et dans ces hiérarchies de nombreux ordres d'anges. Donc, comme un roi dans ce siècle, il a reçu certains de ses citoyens, et il en a fait sa cour, dans laquelle

1. Sur le rapport entre hiérarchie et division du travail, *cf.* É. Anheim, « Les hiérarchies du travail artisanal au Moyen Âge entre histoire et historiographie », *Annales HSS* 74, 4, octobre-décembre 2013, p. 1027-1038.

2. Gilles de Rome, *De ecclesiastica potestate*, *op. cit.*, pars II, cap. XIII, p. 242 (notre traduction).

se trouvent les secrétaires du roi, qui s'occupent de tous ceux qui sont dans le royaume : certains sont des maîtres et des juges dans la cour du roi, qui exécutent des œuvres et rendent des jugements concernant tout le gouvernement : certains sont des baillis et des prévôts dispersés dans les diverses parties du royaume. Les secrétaires sont dans le vestibule du roi, et dans les chambres du roi ils apprennent les secrets du roi concernant la façon dont il veut régir son royaume : et ceux-ci constituent la première hiérarchie. Or, comme nous l'avons dit, les hiérarchies se distinguent selon la diversité des illuminations. De même qu'ils sont immédiatement instruits par le roi, et qu'ensuite ils en instruisent certains au sujet de la volonté du roi : de même, la première hiérarchie est immédiatement illuminée par Dieu, et elle est instruite par lui au sujet de la direction de l'univers, et ensuite ils en instruisent certains et les illuminent au sujet de la direction de l'univers, sur la façon dont Dieu veut que l'univers soit régi pour que les élus soient sauvés. Quant aux chefs et aux juges qui, dans la cour du roi, s'occupent de tout le royaume, ils forment la deuxième hiérarchie. Les autres qui sont dispersés dans les diverses parties du royaume, et qui s'occupent de tout le royaume comme les chefs eux-mêmes, sont instruits par les secrétaires et les valets du roi : ainsi les membres de la troisième hiérarchie sont-ils instruits par les chefs et les juges de la deuxième hiérarchie. C'est donc à partir de la diversité des instructions et des illuminations que se distinguent les hiérarchies, car la première est illuminée par Dieu, la deuxième par la première, et la troisième par la deuxième [1].

Gilles se livre à un exercice d'imagination (*imaginabimus*) dans lequel il se représente la hiérarchie sur le modèle de la cour du roi (*curia regis*). Il fait donc référence à la réalité politique de son époque. Il compare les anges à des baillis (*bailliui*), des valets (*cubicularii*), des secrétaires (*secretarii*), des juges (*iudices*). Ces officiers royaux se répartissent depuis la cour du roi jusqu'aux différentes parties du royaume. Les premiers sont dans l'intimité du roi. Les deuxièmes s'occupent du royaume dans son ensemble. Les troisièmes sont dispersés dans les parties du royaume. Ces trois hiérarchies en forment une grande. Encore une fois, ce qui est en jeu dans la hiérarchie, c'est le gouvernement (*regimen*) du royaume. Gilles le présente comme un processus de diffusion de la personne

1. Gilles de Rome, *Tractatus contra exemptos, Antistitibus, et Religiosis omnibus maxime necessarius*, cap. XVIII, Rome, 1555, p. 13 D-14 C (notre traduction).

royale à l'ensemble du royaume. On retrouve là l'ambivalence de la notion de royaume propre à l'époque médiévale : le royaume ne se réduit pas à la cour du roi, bien qu'il en procède, et ne constitue pas non plus un État, bien qu'il y tende. On reconnaît ici le problème de l'angélologie politique de Guillaume d'Auvergne [1], dont on trouve un écho chez Gilles. Le gouvernement apparaît en effet comme le processus même par lequel la cour du roi se transforme en royaume. Non pas seulement parce que le roi exerce son pouvoir sur le royaume en gouvernant, mais parce que le gouvernement prend la forme d'une hiérarchie. Ou plutôt, la hiérarchie constitue précisément le dispositif qui permet la diffusion du pouvoir royal, dans la mesure où elle fait essentiellement circuler les instructions (*doctrinae*) et les illuminations (*illuminationes*) royales. Autrement dit, le pouvoir passe par la transmission de connaissances, d'instructions, et de directives. Gilles insiste sur ce point : les hiérarchies se distinguent selon les illuminations. Le royaume se constitue politiquement par sa mise en ordre hiérarchique.

L'argument hiérarchique

L'interprétation politique de la hiérarchie et l'interprétation hiérarchique de la politique se confondent : en même temps qu'il interprète la hiérarchie angélique au moyen d'un modèle politique, Gilles applique le concept de hiérarchie à la réalité politique de son époque. C'est, encore une fois, le même paradoxe que chez Guillaume d'Auvergne : la hiérarchie peut être analysée en termes politiques dans la mesure où le pouvoir politique est lui-même hiérarchique. De ce point de vue, Gilles hérite de l'angélologie politique du XIIIe siècle, mais l'utilise dans un autre contexte. Le *De ecclesiastica potestate* est un ouvrage polémique écrit dans le cadre de la querelle entre Philippe le Bel et Boniface VIII. Entre 1296 et 1303, le roi et le pape se sont opposés sur des questions fiscales et juridiques. Par-delà les motifs concrets de la querelle, c'est évidemment le conflit entre le pouvoir temporel et le pouvoir spirituel qui est en jeu. Il y a derrière ce conflit historique un problème théologico-politique profond [2]. L'ouvrage de Gilles date sans doute de 1302. Il intervient à la fois sur

1. *Cf. supra*, chap. VI.

2. Sur la question théologico-politique liée à cette querelle, *cf.* J. Rivière, *Le problème de l'Église et de l'État au temps de Philippe le Bel. Étude de théologie positive*, Louvain, Bureau du Spicilegium Sacrum Lovaniense, Paris, H. Champion, 1926 ; G. Briguglia, *Le pouvoir*

le plan historique et sur le plan théorique, en prenant explicitement parti pour le pouvoir pontifical. La bulle *Unam sanctam* s'en inspire directement. Il ne s'agit cependant pas d'un simple ouvrage de circonstance. Gilles y développe une véritable réflexion théologico-politique, dans laquelle la théorie est directement polémique. Les arguments théologiques et philosophiques sont immédiatement aussi politiques. Comment l'angélologie s'inscrit-elle dans cette polémique ? C'est le concept de hiérarchie qui s'avère décisif.

> Si vraiment les anges sont ainsi ordonnés et ainsi distingués pour notre salut et pour notre bien, les anges inférieurs ne sont pas superflus aux supérieurs pour la direction de l'univers, même si tout ce que peuvent les inférieurs, les supérieurs le peuvent, les principautés et les pouvoirs qui existent entre les hommes doivent donc être encore plus distingués. Car si les anges sont distingués et ordonnés pour le bien des hommes, les hommes eux-mêmes pour leur propre bien ne doivent pas être moins, mais bien plutôt plus, distingués et ordonnés de la sorte ; le pouvoir et le glaive inférieur n'est pas superflu au pouvoir et au glaive supérieur, tout ce que peut le glaive inférieur, quelque grand que ce soit, le supérieur le peut aussi[1].

Tout le chapitre XIII de la deuxième partie est consacré au thème des deux glaives. L'argument de Gilles est que le glaive spirituel commande au glaive matériel. Chacun pourtant se rapporte à une réalité différente : le pouvoir spirituel aux choses spirituelles et le pouvoir temporel aux choses matérielles. Comment justifier alors la subordination de l'un à l'autre ? Gilles s'appuie sur l'exemple des hiérarchies angéliques, dans lesquelles les supérieurs peuvent ce que peuvent les inférieurs, sans pour autant que les inférieurs soient inutiles. La direction de l'univers (*regimen universi*) requiert en effet un certain ordre. Les différentes hiérarchies assument des fonctions différentes, même si les inférieurs ne font rien que les supérieurs ne pourraient faire. Le modèle hiérarchique sert donc à justifier la subordination de l'inférieur au supérieur. Les ordres sont bien distingués par des fonctions différentes, mais ils sont ordonnés selon des degrés de supériorité et d'infériorité.

mis à la question. Théologiens et théories politiques à l'époque du conflit entre Boniface VIII et Philippe le Bel, trad. M. Raiola, Paris, Les Belles Lettres, 2016.

1. Gilles de Rome, *De ecclesiastica potestate*, *op. cit.*, pars II, cap. XIII, p. 238 (notre traduction).

L'argument de Gilles repose sur le jeu de la différenciation et du nivellement au sein des hiérarchies. Il y a deux logiques distinctes : la logique des fonctions et la logique des degrés. Des fonctions différentes ne sont pas nécessairement inégales : un forgeron et un cordonnier sont parfaitement égaux. En revanche, une inégalité peut affecter une même fonction : tous les soldats ne sont pas de même rang. La hiérarchie combine ces deux logiques, en produisant un ordre fonctionnel. Ce qui permet à Gilles de résoudre logiquement le problème des deux glaives. La hiérarchie distribue des fonctions et établit des degrés, si bien que les ordres qui la composent se distinguent aussi bien par leurs fonctions propres que par leur niveau de supériorité ou d'infériorité. En ce qui concerne la légitimité de cette solution, Gilles formule un second argument : si les anges sont ainsi hiérarchisés, les hommes doivent l'être à plus forte raison. Ce qui suppose une hiérarchie entre les hommes et les anges. Or cela, c'est le problème de l'angélologie politique.

Le cosmos comme image du pouvoir

La véritable difficulté de l'argument de Gilles est que l'on ne comprend pas pourquoi le supérieur ne s'occupe pas lui-même de ce que fait l'inférieur. Si l'on transpose le modèle hiérarchique au problème des deux glaives : pourquoi le pouvoir spirituel ne s'occupe-t-il pas de ce dont s'occupe le pouvoir temporel ? S'il ne s'en occupe pas, pourquoi ce dernier lui est-il subordonné ? Gilles distingue deux façons de posséder le glaive matériel : selon l'usage (*ad usum*) et selon le commandement (*ad nutum*). Le pouvoir spirituel commande le glaive matériel, mais n'en use pas directement. Pour illustrer et justifier cette distinction, Gilles utilise encore l'angélologie. Ce n'est toutefois pas la théorie de la hiérarchie qui lui sert dans ce cas, mais, de façon surprenante, celle des anges-moteurs.

> Nous avons vu que ces corps obéissent aux esprits ou aux intelligences que nous appelons communément du nom d'anges, selon leur commandement et leur volonté. En effet, les anges n'ont pas de mains ni de pieds avec lesquels ils toucheraient les corps et, en les touchant, les mouvraient ; mais c'est seulement selon le commandement et selon la volonté que les corps et les substances matérielles sont mus par un ange autant qu'il leur est naturel d'obéir à cet ange. En effet, il y a des degrés entre les anges, car certains sont supérieurs et ont une vertu et une puissance plus

excellente, d'autres sont inférieurs, car ils ont une vertu et une puissance moins excellente. À n'importe lequel, selon sa vertu et sa puissance, il est naturel qu'une substance matérielle de telle grandeur ou qu'un corps de telle grandeur soit disposé à obéir. C'est pour cela qu'il est dit dans le *De caelo et mundo* que si l'on ajoutait une étoile au premier orbe, son moteur mouvrait avec du labeur et de la peine : c'est-à-dire, un tel mobile serait disproportionné par rapport à son moteur. Si donc on suppose une proportion entre l'esprit qui meut et le corps mû, de telle sorte que le corps ne soit pas si grand qu'il excède la puissance du moteur, le corps lui-même et la substance matérielle elle-même obéiront au commandement de la substance spirituelle[1].

La motion angélique des corps célestes ne sert pas ici à justifier la supériorité du pouvoir spirituel. L'argument est plus subtil. Il s'agit de montrer qu'il est plus parfait de commander le glaive spirituel que de l'utiliser – c'est-à-dire de justifier la position paradoxale du pouvoir spirituel. Ce dernier doit pouvoir commander au pouvoir temporel, sans toutefois participer directement à la vie politique. Gilles cherche donc à penser une forme de pouvoir qui ne passe pas par son exercice direct. C'est dans la motion angélique des corps célestes qu'il en trouve le modèle. Les anges meuvent en effet les sphères sans les toucher directement. Ils n'emploient que leur commandement (*nutus*) et leur volonté (*voluntas*).

L'explication technique que donne Gilles de ce phénomène est cependant étonnante. Si les anges peuvent mouvoir les corps célestes par leur volonté seulement, c'est parce qu'il existe une certaine proportion (*proporcio*) entre la puissance (*potencia*) et le corps qu'elle meut. Or, cet énoncé est presque contradictoire. En effet, il combine des éléments opposés du point de vue de l'histoire du problème des anges-moteurs. L'hypothèse d'une proportion entre la puissance motrice et l'objet mû naît en réaction aux condamnations d'Étienne Tempier. Ce dernier avait condamné en 1277 la proposition selon laquelle un ange pourrait mouvoir un corps par sa seule volonté. Les théologiens avaient donc introduit la puissance motrice et la proportion : la première permet de limiter le champ de la volonté angélique et la deuxième sert à atténuer la violence du mouvement. Nous avons tenté de montrer, dans un chapitre précédent, comment

1. Gilles de Rome, *De ecclesiastica potestate*, *op. cit.*, pars I, cap. IX, p. 56 (notre traduction).

cette hypothèse tendait vers une interprétation de plus en plus naturaliste du mouvement des cieux[1]. Or Gilles prend le contre-pied de cette tendance. Chez lui, la puissance ne minimise pas le rôle de la volonté mais le renforce. Il interprète la proportion entre la puissance motrice et le corps mû comme une forme d'obéissance (*obedit*). Les sphères se meuvent en quelque sorte d'elles-mêmes, sur le commandement des anges. Ce ne sont pas les anges qui les meuvent, mais ils leur ordonnent seulement de se mouvoir. Il y a comme une tendance spontanée des corps au mouvement, que Gilles n'interprète pas dans un sens naturel, mais dans un sens moral et politique. Les anges n'usent pas des corps célestes, ils ne font que leur commander.

Cet argument angélologique s'apparente à d'autres arguments du traité concernant la *plenitudo potestatis* et la *lex divinitatis*[2]. Nous voudrions cependant l'envisager dans une autre perspective : celle des rapports entre cosmologie et politique tels qu'ils sont mis en jeu dans l'angélologie médiévale. Gilles utilise à la fois l'angélologie dionysienne et celle des péripatéticiens. Plus exactement, il est l'héritier de Guillaume d'Auvergne et de Thomas d'Aquin. Au premier il emprunte l'interprétation politique du concept de hiérarchie. Au second, la thèse des anges-moteurs. Comment s'articulent ces deux tendances chez lui ? On pourrait dire qu'il parvient à en réaliser la synthèse. Il n'y a aucune contradiction en effet dans son angélologie entre les dimensions cosmologique et politique. Peut-on cependant vraiment dire que l'argument des anges-moteurs est cosmologique ? Le propos de Gilles n'est pas tant d'expliquer le mouvement des cieux que de penser une forme de pouvoir. Il fait un usage strictement politique de la cosmologie. Non pas simplement parce qu'il utilise un argument cosmologique dans le cadre d'un traité politique, mais parce que toute son interprétation de la motion angélique des cieux est politique.

Il s'oppose à cet égard aux autres tenants de la thèse des anges-moteurs, bien qu'il appartienne à la même constellation. À bien y regarder, l'interprétation naturaliste et l'interprétation politique sont complémentaires. Ce sont les deux résultats historiques de la

1. Cf. *supra*, chap. III, p. 146-158.

2. Sur la *plenitudo potestatis*, *cf.* W. Ullmann, *Medieval Papalism. The political Theories of the medieval Canonists*, Londres, Methuen, 1949. Sur la *lex divinitatis*, *cf.* W. J. Hankey, « "*Dionysius dixit, Lex divinitatis est ultima per media reducere*" », *loc. cit.*

synthèse difficile tentée par Thomas d'Aquin. Dans le premier cas, la puissance motrice a neutralisé la volonté de l'ange, et ce dernier n'est plus que la métaphore du mouvement lui-même. C'est en tout cas ce que nous avons essayé de montrer. Dans le cas de Gilles, on pourrait dire que c'est l'inverse. Plutôt que de naturaliser le mouvement, il le politise. La puissance augmente la volonté et le commandement et c'est le mouvement qui tend à devenir une métaphore du pouvoir. Alors qu'il part des mêmes contraintes épistémologiques, Gilles aboutit à un résultat opposé. Comme il ne cherche pas à penser le mouvement des cieux en tant que tel, mais plutôt le pouvoir, il peut utiliser le premier pour illustrer le second. Si l'angélologie n'exclut pas la cosmologie, elle en fait une image de la politique.

Dans les deux cas que nous avons étudiés – Guillaume d'Auvergne et Gilles de Rome – le problème des anges-moteurs n'est pas envisagé à partir d'une réflexion d'ordre philosophique, mais du point de vue de la théologie, c'est-à-dire, en l'occurrence, selon un point de vue dionysien. De ce point de vue, la théorie des anges-moteurs présente une difficulté. Chez Guillaume d'Auvergne, elle est explicitement réfutée – en raison d'une lecture explicitement politique de la théorie de la hiérarchie. Chez Gilles de Rome, la théorie des anges-moteurs semble être acceptée, mais son usage est politique et non cosmologique. Elle ne sert pas à expliquer le mouvement des cieux, mais à montrer une logique de pouvoir. La synthèse entre angélologie et cosmologie aboutit à une métaphorisation de la cosmologie. Ce que ces deux cas tendent à montrer, chacun de façon différente, mais en se fondant sur les mêmes prémisses, c'est le peu de place qu'il y a dans la théorie de la hiérarchie pour une réflexion de type cosmologique.

Conclusion

Perspective sur la modernité

À la fin d'un long Moyen Âge, nous trouvons deux auteurs contemporains. Le premier est Charles Loyseau (1566-1627), un juriste français qui a tenté de systématiser la société d'Ancien Régime au moyen du concept dionysien de hiérarchie. Le second est Johannes Kepler (1571-1630) qui, en plus d'avoir confirmé l'hypothèse héliocentrique de Copernic et d'avoir montré que le mouvement des planètes suivait une trajectoire elliptique, a aussi montré que ce mouvement pouvait être pensé en termes de forces, sans recourir à l'hypothèse d'une âme ou d'une intelligence motrice. La contemporanéité de ces deux théories ne constitue pas en soi une preuve, mais elle nous semble tout à fait remarquable.

Le *Traité des ordres et simples dignitez* de Charles Loyseau constitue une tentative de systématisation juridique de l'ordre social. L'avant-propos comprend une considération générale sur l'ordre dans laquelle on trouve une référence au ps.-Denys.

> Voilà quant à ceux qui commandent, et quant au peuple qui obéit, parce que c'est un corps à plusieurs têtes, on le divise par Ordres, États, ou vacations particulières. Les uns sont dediez particulièrement au Service de Dieu, les autres à conserver l'État par les armes, les autres à le nourrir et maintenir par les exercices de la paix. Ce sont nos trois Ordres ou États Généraux de France, le Clergé, la Noblesse, et le tiers-Etat. Mais chacun de ces trois Ordres est encore subdivise en degrez subordonnez, ou Ordres

> subalternes, à l'exemple de la Hiérarchie Céleste, dont traitant Saint Denys l'Aréopagite [...] [1].

L'ordre social de l'Ancien Régime est donc pensé sur le modèle dionysien de la hiérarchie céleste. Non seulement la société se divise en trois ordres, mais chacun d'eux se subdivise à son tour en trois ordres de degré moindre. Ce texte opère la synthèse entre deux modèles : le schéma trifonctionnel et la hiérarchie. Si ces deux modèles s'étaient croisés pendant le Moyen Âge, ils ne s'étaient jamais vraiment rencontrés. C'est Charles Loyseau qui les réunit pour penser l'ordre social comme un ordre trifonctionnel hiérarchique.

La doctrine de Loyseau ne reflète sans doute pas la réalité de la société d'Ancien Régime. C'est une production idéologique. Elle témoigne de la tentative de théoriciens « réactionnaires » de repenser la société selon un modèle ecclésial et chrétien, à une époque où l'État englobe l'Église, plus que celle-ci ne l'englobe. Autrement dit, la référence au modèle dionysien est le signe d'une réactivation un peu désuète de la théologie dans la pensée politique. Que celle-ci n'ait pas, historiquement, fonctionné comme l'auraient souhaité des penseurs comme Charles Loyseau, n'en révèle cependant pas la nullité. La société d'Ancien Régime n'a pas formé une hiérarchie parfaite, conforme au modèle angélique du ps.-Denys, mais cela ne signifie pas que le concept de hiérarchie n'ait pas joué un rôle stratégique dans la conception générale de l'ordre social [2].

La question, en effet, n'est pas de savoir si la société d'Ancien Régime a vraiment ressemblé à la hiérarchie angélique. La doctrine de Loyseau constitue déjà une transformation de la pensée dionysienne, puisqu'elle l'articule à un modèle trifonctionnel qui lui est fondamentalement étranger. On se demandera plutôt ce que permet de penser le concept de hiérarchie quand il est appliqué à un modèle social. Or, si la hiérarchie est une forme d'ordre, elle est

1. Charles Loyseau, *Traité des ordres et simples dignitez*, « Avant-propos », dans *Les Œuvres de maistre Charles Loyseau contenant les cinq livres du droit des offices, les traitez des seigneuries, des ordres et simples dignitez, du déguerpissement et délaissement par ypothèque, de la garantie des rentes et des abus des justices de village*, Lyon, La Compagnie des Libraires, 1701.

2. Sur ce point, cf. *Dire et vivre l'ordre social en France sous l'Ancien Régime*, F. Cosandey (éd.), Paris, Éditions de l'école des hautes études en sciences sociales, 2005, p. 281-300 et F. Cosandey, *Le rang. Préséances et hiérarchies dans la France d'Ancien Régime*, Paris, Gallimard, 2016, p. 180-185.

avant tout une forme de pouvoir. La mise en ordre hiérarchique des fonctions contribue à l'exercice du pouvoir. Nous avons vu que le concept de hiérarchie, contrairement à ce qu'ont pu avancer certains historiens, n'a jamais servi, dans la période médiévale, à envisager la société – au sens moderne du terme. Il a été appliqué à la cour du roi pour en faire une structure administrative et gouvernementale, qui est devenue peu à peu ce que l'on appelle l'État. Le terme de *societas*, dans le contexte de la pensée politique médiévale, ne signifie pas « société », mais plutôt « association ». Ce qui est tout à fait inédit dans le texte de Loyseau, ce n'est donc pas l'utilisation du concept de hiérarchie pour penser l'ordre, mais l'application de ce concept à la société. Plus précisément, c'est le fait que l'ordre social soit pensé au moyen d'un concept de pouvoir. Cela ne dissimule pas le caractère idéologique de l'opération mais, au contraire, le met en évidence. Il s'agit moins de naturaliser l'ordre social au moyen d'une référence théologique que de montrer qu'il doit être conforme à un mode d'exercice du pouvoir[1]. Si l'on envisage l'idée de hiérarchie sociale sous cet angle, il apparaît évident que l'ordre social lui-même puisse changer, que les limites entre les rangs sont poreuses et qu'une circulation, voire une mutation, au sein de l'ordre sont possibles. Cependant, la structure même demeure. Ce que font exister les acteurs sociaux, même quand ils modifient l'ordre social, c'est de la hiérarchie, c'est-à-dire des positions associées à des fonctions et à des déterminations symboliques particulières ordonnées les unes par rapport aux autres.

Il n'y a pas non plus de contradiction entre le caractère absolu du pouvoir royal et la dimension hiérarchique de l'ordre social. Ce n'est pas parce que les individus sont tous les sujets du roi au même titre qu'il ne peut pas exister entre eux des différences de rang. Le concept de hiérarchie permet de penser l'ordre entre des êtres qui sont tous ontologiquement égaux – précisément parce que l'ordre hiérarchique n'est pas naturel, mais pratique. L'ordre hiérarchique ne procède pas par émanation, mais se constitue par l'activité même de ses éléments. Il est donc tout à fait possible de penser la coexistence d'un pouvoir royal absolu et d'une hiérarchie sociale.

1. Pour une interprétation plus naturaliste de la notion de hiérarchie dans la pensée d'Ancien régime, *cf.* A. Jouanna, *Ordre social, mythes et hiérarchies dans la France du XVIe siècle*, Paris, Hachette, 1977, p. 87-136.

À cet égard, la tension qui parcourt la société d'Ancien Régime est codée par le concept de hiérarchie.

Un an avant la parution du *Traité des ordres et simples dignitez* de Charles Loyseau, en 1609, paraît un ouvrage de Johannes Kepler, l'*Astronomia nova*. Kepler y étudie les mouvements de la planète Mars, qui lui permettent de formuler deux de ses célèbres lois sur les mouvements planétaires [1]. C'est aussi dans cet ouvrage que Kepler réfute l'hypothèse des moteurs célestes « animaux » ou « spirituels ».

> La condition d'existence des intelligences et des âmes motrices devient très dure : car pour conduire les planètes de deux mouvements composés [les mouvements sur le déférent et sur l'épicycle], elles seraient obligées de tenir compte d'un très grand nombre de choses ; tout au moins, en effet, elles seraient forcées de tenir compte, ensemble et à la fois, des points d'origine, des centres, et des périodes des deux mouvements. Mais si la Terre était mue, la plupart de ces choses pourraient être exécutées par des facultés non pas animales, mais corporelles ; à savoir par des [facultés] magnétiques, qui sont plus communes [que les animales] [2].

L'argument de Kepler fait fond sur deux découvertes astronomiques. La première, qu'il reprend à Tycho Brahe, est que les mouvements planétaires ne correspondent pas aux mouvements des sphères célestes. Plus radicalement encore, Kepler nie l'existence des sphères. Les mouvements des planètes ne sont donc pas circulaires et uniformes. La deuxième, qu'il reprend à Copernic, est la centralité du Soleil, qui implique le mouvement de la Terre. Si l'on envisage les mouvements planétaires à partir de ces deux hypothèses, il n'y a plus lieu de chercher à comprendre comment des âmes ou des intelligences pourraient effectuer des mouvements d'une complexité inouïe. On peut, plus simplement, les expliquer par une force motrice semblable à une force magnétique, exercée sur les planètes par le centre de l'univers, à savoir le Soleil. On peut donc comprendre les

1. Sur l'*Astronomia Nova*, *cf.* Kepler, *La physique céleste. Autour de l'« Astronomia Nova » (1609)*, éd. E. Mehl et N. Roudet, Paris, Les Belles Lettres, 2011 ; J. R. Voelkel, *The composition of Kepler's Astronomia nova*, Princeton-Oxford, Princeton University Press, 2001.

2. Johannes Kepler, *Astronomia Nova*, préface, trad. A. Koyré, dans *La révolution astronomique. Copernic, Kepler, Borelli*, Paris, Gallimard, 1974, p. 190-191.

mouvements planétaires d'un point de vue physique, par le jeu de forces corporelles. Il n'y a plus lieu de donner une interprétation métaphysique ou théologique de l'astronomie [1].

L'astronomie de Kepler n'a *a priori* rien à voir avec la doctrine juridique de Loyseau et la publication contemporaine de leurs œuvres est sans doute contingente. En réfutant l'hypothèse des âmes et des intelligences célestes, Kepler ne pense pas aux arguments théologico-politiques de son contemporain, pas plus qu'en théorisant l'ordre social au moyen de l'angélologie dionysienne, Loyseau ne se soucie des questions d'astronomie. Il y a pourtant un lien entre ces deux publications. Les problèmes qu'elles soulèvent chacune ont été liés par le passé. Les penseurs médiévaux ont en effet tenté de confronter les enjeux politiques et les enjeux cosmologiques de l'angélologie. Ce que montrent ces publications, à la fois contemporaines et sans rapport, c'est non seulement que ces aspects sont devenus inconciliables, mais que l'on ne perçoit plus vraiment ce qui les apparente. Le nœud problématique entre politique et cosmologie que représentait l'angélologie s'est complètement défait. L'angélologie sert désormais de modèle à la société et non au cosmos. En ce sens, la nouvelle image du monde qui se dessine dans la physique n'annonce pas la Révolution française, mais s'inscrit pleinement dans la société d'Ancien Régime.

Nous avons tenté de montrer quel était le fil qui permettait de relier non seulement la théorie de la hiérarchie à la physique céleste, mais aussi les débats scolastiques à l'émergence de la pensée moderne. C'est un problème d'angélologie. Ou plutôt, c'est la façon même dont l'angélologie a été interprétée et dont on l'a articulée à d'autres savoirs. Ce n'est qu'à partir des débats médiévaux sur les anges que l'on comprend ce qui relie ces différentes idées. Inversement, ce n'est qu'en réinscrivant l'angélologie médiévale dans cette perspective historique de longue durée que l'on voit qu'elle dessine un long Moyen Âge au cours duquel se sont redéfinis les rapports entre cosmologie et politique.

1. Sur ce point, *cf.* les analyses d'A. Koyré, dans *La révolution astronomique*, *op. cit.*, p. 186-197.

Perspective sur la post-modernité

C'est ce partage qui nous semble être décisif pour comprendre ce qu'a été la modernité – et ce dont on en hérite aujourd'hui. Car celle-ci ne se réduit pas à la révolution scientifique, pas plus qu'elle ne se réduit à la constitution de l'État. Elle consiste en un mouvement plus complexe, comme l'a bien vu Foucault, qui forme un chiasme entre la nature et l'État. Alors que l'État s'est constitué comme objet d'un processus de gouvernementalisation, la nature a été dégouvernementalisée. C'est dire que la politique s'est constituée comme telle en se donnant ses objets propres en même temps que le monde a cessé d'être envisagé d'un point de vue politique et qu'il est devenu un objet de savoir scientifique. Ces deux processus sont-ils essentiellement liés ? Nous avons essayé de montrer qu'ils procédaient au moins d'un même problème : celui de la *gubernatio mundi*.

On pourrait dire qu'à l'époque moderne, l'idée de gouvernement du monde n'a plus vraiment de sens. Non seulement parce que la nature apparaît comme régie par des lois mathématiques, mais aussi parce que le gouvernement divin tend à prendre la forme sécularisée de la politique étatique. Le progrès scientifique et la sécularisation ont leurs logiques propres et il ne s'agit pas pour nous de les nier. Nous essayons seulement de les envisager selon un autre point de vue, à partir duquel ces dernières s'articulent l'une à l'autre. Nous disons que la modernité ne commence pas parce que l'on mathématise la nature ou parce que l'Église perd son hégémonie face à l'État, mais que ces processus eux-mêmes, dont il n'est pas question de sous-estimer l'importance, sont l'effet d'une transformation plus profonde ou plus générale des rapports entre politique et cosmologie. Si l'idée de gouvernement du monde est devenue de moins en moins pertinente, c'est parce que le gouvernement s'est donné un objet de plus en plus consistant – l'État – et que le monde a pris la forme d'une réalité de plus en plus autonome – la nature. Comme tels, l'État et la nature n'existent pas au Moyen Âge, mais ils commencent à apparaître dans l'écart même entre le gouvernement et le monde, entre le monde et ce qui le gouverne. La modernité réinvente le monde comme nature scientifiquement connaissable et la politique comme État et société, à partir du démembrement du paradigme de la *gubernatio mundi*.

C'est-à-dire à partir du mouvement de séparation de la politique et de la cosmologie, de la sphère pratique et de la sphère cosmique.

Qu'est devenu ce partage aujourd'hui – dans une époque « postmoderne » ?

La crise de la modernité, telle qu'elle a été diagnostiquée au XXe siècle, a donné lieu à deux types de réponse qui nous paraissent tous deux insuffisants. Le premier est « antimoderne », au sens où il manifeste une sorte de nostalgie envers un passé mythifié, dans lequel le rapport de l'homme au monde aurait été plus direct et surtout porteur de plus de sens – alors que la science moderne l'a coupé du monde dans lequel il vit pourtant [1]. Le deuxième est « postmoderne », au sens où il accuse l'échec du discours et de la rationalité scientifiques à rendre compte de la réalité. Il met en avant un rapport au monde antérieur à la connaissance objective, un mode de présence à la fois plus immédiate et plus concrète [2]. Or, ces deux réponses manquent précisément le cœur du problème, qui est l'articulation même de la *praxis* et du *cosmos*. La critique ne porte que sur la rationalité moderne – scientifique et objectivante – et sur ses effets aliénants. La réponse antimoderne ignore que ce n'est pas la révolution scientifique qui a transformé le rapport pratique au monde, mais que c'est une évolution de ce rapport qui a rendu possible une nouvelle forme de connaissance du monde. La réponse postmoderne cherche à penser le rapport pratique au monde en faisant l'économie de la connaissance du monde en tant que tel. Elle ne voit pas que la conception de la *praxis* dont elle hérite n'est que le corrélat de la conception de la connaissance qu'elle refuse. En cherchant à le surmonter, elle accuse l'écart entre la pratique humaine et le reste du monde.

C'est donc un partage plus fondamental qui doit être mis en question. Il faudrait non seulement mener conjointement une critique de la raison scientifique et une critique de la raison politique, mais aussi saisir le nœud qui tient secrètement ensemble

1. Sur ce point, *cf.* R. Brague, *La sagesse du monde. Histoire de l'expérience humaine de l'univers*, Paris, Fayard, 1999 ; « La physique est-elle intéressante ? », dans *Au moyen du Moyen Âge. Philosophies médiévales en chrétienté, judaïsme et islam*, Paris, Flammarion, 2006, p. 97-118.

2. Sur ce point, *cf.* E. Husserl, *La crise des sciences européennes et la phénoménologie transcendantale*, Paris, Gallimard, 1976.

ces deux lignes[1]. Car c'est le partage lui-même qui confère à ces deux lignes leur apparente autonomie et rend presque impossible une compréhension synthétique de la politique et de la science[2].

Que gagnons-nous à en faire l'histoire comme nous l'avons tenté ici ? En déplaçant la question de l'époque moderne à l'époque médiévale, nous n'avons pas cherché à l'antidater. Nous avons fait l'étude historique d'un problème – celui du gouvernement angélique du monde – dont nous avons montré que l'effet, à long terme, a été la disjonction entre la cosmologie et la politique. Or, si le partage moderne entre la raison d'État et les sciences de la nature peut être envisagé comme la conséquence plus ou moins directe d'un problème plus large et plus ancien – sans toutefois être réduit à cela – alors il devient possible d'en redéfinir les coordonnées. Plutôt que de chercher à dépasser le schéma binaire qui sépare l'existence humaine et le monde, on peut chercher à remonter en deçà de cette binarité.

Pour y trouver quoi ? L'idée d'un gouvernement du monde. Cette idée est avant tout une image, un tissu de métaphores, qui ont alimenté la culture humaine pendant des siècles, sans jamais avoir été complètement explicitées. La cosmologie aristotélicienne, le partage et l'articulation entre sublunaire et supralunaire, entre l'espace de l'action et celui de la contemplation, a été travaillée pendant des siècles par une métaphore politique. On s'est imaginé que le monde d'en haut régissait celui d'en-bas et c'est cette image qui a fait tenir en ordre le cosmos, qui a permis la répartition ordonnée de l'action et de la connaissance. C'est précisément quand cette image est entrée en crise que la représentation générale du monde a commencé à bouger – à savoir, quand les théologiens chrétiens ont identifié les puissances célestes à des créatures politiques plus qu'à des forces cosmiques. Alors, le continuum cosmologico-politique s'est rompu et a laissé la place à la formation de nouveaux discours et de nouveaux objets.

1. On trouve chez H. Arendt une critique de la science moderne et de la politique moderne, mais leur point d'articulation demeure insuffisamment questionné. Cf. *Condition de l'homme moderne*, Paris, Calmann-Lévy, 1961 et *Les origines du totalitarisme*, éd. P. Bouretz, Paris, Gallimard, 2002.

2. Pour une critique du « grand partage » entre nature et culture dans la modernité, cf. B. Latour, *Nous n'avons jamais été modernes. Essai d'anthropologie symétrique*, Paris, La Découverte, 1991 et P. Descola, *Par-delà nature et culture*, Paris, Gallimard, 2005.

Il ne saurait évidemment s'agir de cultiver une nostalgie pour ce vieux paradigme. Cependant, gouverner le monde, dans l'acception moderne des termes, ne voudrait pas non plus dire grand-chose : ce serait appliquer notre politique à la nature [1]. La difficulté que nous éprouvons à nous représenter une telle chose témoigne de la profondeur du hiatus entre politique et cosmologie dans notre imaginaire et dans notre pensée. L'une et l'autre ne parlent plus, pour ainsi dire, la même langue. Notre grammaire politique est inadaptée pour parler de l'univers – notre représentation de la nature ne réserve pas de place à la vie pratique. Toute tentative de passer d'un plan à l'autre ne peut être que métaphorique.

Ce qui signifie à la fois que notre représentation se heurte à une limite et que c'est sur cette limite qu'elle doit travailler. La métaphore est peut-être ce qui caractérise le mieux le régime d'intrication du discours et de l'imaginaire, dans lequel un monde à la fois connaissable et praticable se dessine pour nous [2]. En ce sens, la métaphore ne serait pas un simple effet de langage qui se surajouterait à la connaissance objective des choses, mais une dimension presque constitutive du rapport au réel. C'est cette dimension qu'il nous faut réactiver, pour nous donner les moyens de comprendre le *double-bind* contemporain : la nécessité et l'impossibilité dans laquelle nous nous trouvons de faire du monde l'objet d'un énoncé politique [3]. Or, cela ne tient pas qu'à l'image scientifique du monde, mais aussi à la conception moderne de la politique. La dépolitisation du monde va de pair avec une dénaturalisation de la politique. C'est peut-être l'absence d'une relation métaphorique entre la politique et la cosmologie qui rend aussi incompréhensible le rapport entre l'exercice du pouvoir et l'être au monde.

Penser un autre rapport au monde suppose de se confronter à la crise de la métaphore du « gouvernement du monde » et de chercher à la réinventer – puisque le monde ne peut plus prendre la forme d'une nature ni la politique celle d'un gouvernement.

1. Pour une tentative d'intégration du non-humain dans l'espace politique, *cf.* B. Latour, *Politiques de la nature. Comment faire entrer les sciences en démocratie*, Paris, La Découverte, 2004.

2. Sur la métaphore, *cf.* H. Blumenberg, *Paradigmes pour une métaphorologie*, trad. D. Gammelin, Paris, Vrin, 2006.

3. Sur cette difficulté, *cf.* É. Hache, *Écologie politique. Cosmos, communautés, milieux*, Paris, Éditions Amsterdam, 2012.

Bibliographie

Sources antiques

ARISTOTE, *Éthique à Nicomaque*, trad. J. Tricot, Paris, Vrin, 1959.

– *Métaphysique*, trad. J. Tricot, Paris, Vrin, 1933.

– *Météorologiques*, trad. P. Louis, Paris, Les Belles Lettres, 1982.

– *Physique*, trad. P. Pellegrin, Paris, Flammarion, 2000.

– *Les Politiques*, trad. P. Pellegrin, Paris, Flammarion, 1990.

– *Traité du ciel*, trad. J. Tricot, Paris, Vrin, 1949.

ARISTOTE (Ps.-), *Traité du monde*, trad. J. Tricot, Paris, Vrin, 1949.

AUGUSTIN D'HIPPONE, *Exposés généraux de la foi*, éd. et trad. J. Rivière, Paris, Études augustiniennes, 1988.

– *Œuvres de saint Augustin. Vol. 48-49. La Genèse au sens littéral en douze livres*, éd. et trad. P. Agaësse et A. Soulignac, Paris, Desclée de Brouwer, 1970.

DAMASCÈNE (Jean), *La foi orthodoxe*, éd. B. Kotter, trad. P. Ledrux, Paris, Cerf, 2010.

DENYS L'ARÉOPAGITE (Ps.-), *Corpus Dyonisiacum*, I-II, éd. B. R. Suchla, G. Heil et A. M. Ritter, Berlin-New York, De Gruyter, 1990.

– *La hiérarchie céleste*, trad. M. de Gandillac, Paris, Cerf, 1970.

– *Œuvres complètes du Pseudo-Denys l'Aréopagite*, trad. M. De Gandillac, Paris, Aubier- Montaigne, 1943.

GRÉGOIRE LE GRAND, *Epistola*, (PL, 77).

– *Homélies sur l'Évangile*, éd. et trad. B. Judic, Paris, Cerf, 2008.

– *Moralia in Iob. Sixième partie. Livres XXX-XXXII*, éd. M. Adriaen, trad. Les Moniales de Wisques, Paris, Cerf, 2009.

– *Règle pastorale*, éd. F. Rommel, trad. C. Morel, Paris, Cerf, 1992.

Sources médiévales

ADALBÉRON DE LAON, *Poème au roi Robert*, éd. et trad. C. Carozzi, Paris, Les Belles Lettres, 1979.

ALAIN DE LILLE, *Quoniam homines*, éd. P. Glorieux, « La somme "quoniam homines" d'Alain de Lille », *Archives d'histoire doctrinale et littéraire du Moyen Âge* 20, 1953.

– *Textes inédits*, éd. M.-Th. D'Alverny, Paris, Vrin, 1965.

ALBERT LE GRAND, *Le traité du flux*, trad. S. Milazzo, Paris, Les Belles Lettres, 2013.

– *Liber divisionum*, éd. P. de Loë, Bonne, P. Hanstein, 1913.

ALBERTI MAGNI, *Opera omnia*, ad fidem codicum manuscriptorum edenda apparatus critico notis prolegomenis indicibus instruenda curavit Institutum Alberti Magni Coloniense Bernhardo Geyer praeside, Monasterium Westfalorum in aedibus Aschendorff.

– *De causis et processu universitatis*, éd. W. Fauser, 1993.

– *De homine*, éd. H. Anzulewicz et J. R. Söder, 2008.

– *Metaphysica*, éd. B. Geyer, 1964.

– *Super Dionysium de Caelesti Hierarchia*, éd. P. Simon et W. Kübel, 1993.

– *Super ethica*, éd. W. Kübel, 1968-1987.

ALBERTI MAGNI B., *Opera omnia*... cura ac labore A. Borgnet, Paris, Vivès.

– *De Anima*, 1890.

– *Summa de creaturis, De quattuor coaequaevis*, 1896.

– *Ethica*, 1891.

– *In II sententiarum*, 1894.

– *In IV sententiarum*, 1894.

– *Summa theologiae*, 1894.

AL-FARABI, *Traité des habitants de la cité idéale*, trad. T. Sabri, Paris, Vrin, 1990.

ANASTASE LE BIBLIOTHÉCAIRE, trad., *Pseudo-Dionysius Areopagita, interprete Johanne Scoto Erigena, cum commentario s. Maximi*, Mss. BNF lat. 1618.

AVICENNE, *Avicenna Latinus, Liber de philosophia prima sive scientia divina*, éd. S. Van Riet, Leiden, Brill, 1980.

– *Avicenna, Metafisica*, éd. O. Lizzini et P. Porro, Milano, Bompiani, 2002.

BERTHOLD DE MOOSBOURG, *Commentaire des* Éléments de théologie *de Proclus*, préambule, trad. A. de Libera, *3 Philosophes médiévaux. Anthologie de textes philosophiques, XII*e*-XIV*e *siècles*, R. Imbach et M.-H. Méléard (dir.), Paris, UGE, 1993.

– *Expositio super Elementationem theologicam Procli*, éd. L. Sturlese, Hambourg, F. Meiner Verlag, 1984.

BONAVENTURE, *Opera omnia. Tomus II. Commentaria in quatuor libros sententiarum magistri Petri Lombardi. In secundum librum sententiarum*, iussu et auctoritate R. P. Bernardini a Portu Romatino, Florence, Ad Claras Aquas (Quaracchi), 1885.

BURGUNDIO DE PISE, *Némésius d'Émèse, De natura hominis, traduction latine de Burgundio de Pise*, éd. G. Verbeke et J. R. Moncho, Leiden, Brill, 1975.

La condamnation parisienne de 1277, éd. et trad. D. Piché, Paris, Vrin, 1999.

JEAN BURIDAN, *Expositio et quaestiones in Aristotelis De Caelo*, éd. B. Patar, Louvain-Paris, Éditions de l'Institut supérieur de philosophie-Éditions Peeters, 1996.

– *Subtilissime questiones super octo phisicorum libros Aristotelis*, Parhisiis, 1509.

DANTE ALIGHIERI, *Œuvres complètes*, trad. sous la direction de C. Bec, Paris, Le Livre de Poche, 1996.

FRANÇOIS DE LA MARCHE, *In quartum librum sententiarum*, éd. C. Schabel, *in* « Francis of Marchia's Virtus Derelicta and the Context of its Development », *Vivarium* 44/1, 2006.

– *Reportatio IIA (Quaestiones in secundum librum Sententiarum)*, éd. T. Suarez-Nani, W. Duba, E. Babey, G. J. Etzkorn, Leuven University Press, 2008.

THOMAS GALLUS, *Super angelica ierarchia*, cap. III, in *Thomae Galli Explanatio in libros Dionysii*, éd. D. Lawell, Turnhout, Brepols, 2011.

GÉRARD DE CAMBRAI, Gerardi Cameracensis *Acta synodi atrebatensis; Vita Autberti; Vita tertia Gaugerici; Varia scripta ex officina exstantia*, éd. S. Vanderputten et D. J. Reilly, Turnhout, Brepols, 2014.

– *Gesta episcoporum cameracensium*, éd. L. C. Bethmann, *Monumenta Germaniae Historica, Scriptores*, 7, 1846, p. 393-525.

GILLES DE ROME, *Giles of Rome On Ecclesiastical Power : a Medieval Theory of World Government*, éd. and trad. R. W. Dyson, New York, Columbia University Press, 2004.

– *Tractatus contra exemptos, Antistitibus, et Religiosis omnibus maxime necessarius*, Rome, 1555.

GODEFROID DE FONTAINES, *Quodlibeta*, éd. M. De Wulf et J. Hoffmans, Louvain, Institut supérieur de philosophie de l'université, 1914.

GUILLAUME D'AUVERGNE, *Guilielmi Alverni Episcopi Parisiensis... Opera omnia..., Tomus primus, De universo creaturarum*, Parisiis, Andræam Pralard, 1674.

GUILLAUME DE MOERBEKE, *Proclus. Elementatio theologica, translata a Guillelmo Morbecca*, éd. H. Boese, Leuven, Leuven University Press, 1987.

HÉRIC D'AUXERRE, *Vita Sancti Germani*, éd. L. Traube, *Monumenta Germaniae Historiae, Poetae latini aeui carolini*, III, Berlin, 1896, p. 421-517.

HERVÉ DE NÉDELLEC, Hervei natalis Britnos... *In quatuor libros sententiarum commentaria...*, Parisiis, 1647.

HILDUIN, *The Passio S. Dionysii in prose and verse*, éd. M. Lapidge, Leiden-Boston, Brill, 2017.

HUGUES DE SAINT-VICTOR, *Super Ierarchiam Dionisii*, éd. D. Poirel, Turnhout, Brepols, 2015.

JEAN SCOT ÉRIGÈNE, *Carmen « Lumine sidereo »*, éd. M. W. Herren, *Iohannis Scotti Eriugenae « Carmina ». An edition with translation, notes and introduction*, Dublin, School of Celtic Studies : Dublin Institute for Advanced Studies, 1993.

JEAN SCOT ÉRIGÈNE, *Iohannes (Scotus) iussu Karoli (Calvi) regis, quem magnis laudibus effert, quattuor libros Dionysii Areopagitae de caelesti hierarchia ex graeco in latinum translatos decemque eius epistolas ei dedicat de auctore atque opere copiosus disputans, Monumenta Germaniae Historiae, Epistolae,* 6, Berlin, 1925, p. 158-161.

– *Iohannis Scoti Eriugenae Expositiones in hierarchiam coelestem*, éd. J. Barbet, Turnhout, Brepols, 1975.

Liber de causis, *La demeure de l'être. Autour d'un anonyme. Étude et traduction du* Liber de causis, éd. P. Magnard, O. Boulnois, B. Pinchard, J.-L. Solère, Paris, Vrin, 1990, p. 71-72.

ROBERT KILWARDBY, *De ortu scientiarum*, éd. A. G. Judy, Londres-Toronto, British Academy, Pontifical Institute of Mediaeval studies, 1976.

NICOLE ORESME, *De proportionibus proportionum*, éd. et trad. E. Grant, Madison-Milwaukee-Londres, The University of Wisconsin Press, 1966.

– *Le livre du ciel et du monde*, éd. A. D. Menut et A. J. Denomy, Madison-Milwaukee-Londres, The University of Wisconsin Press, 1968.

JEAN PECKHAM, *Gerarchie*, *in* M. D. Legge, « John Pecham's *Jerarchie* », *Medium Aevum* 11, 1942, p. 77-84.

PHILIPPE LE CHANCELIER, *Philippi Cancellarii Parisiensis Summa de bono*, éd. N. Wicki, Berne, Francke, 1985.

RICHARD DE MEDIAVILLA, *Questions disputées*, éd. et trad. A. Bourreau, Paris, Les Belles Lettres, 2013.

– *Super quatuor libros sententiarum*, Brescia, 1591.

THIERRY DE FREIBERG, *Opera omnia*, veröffentlicht unter Leitung von Kurt Flasch, Hamburg, F. Meiner.

– *De intellectu et intelligibili*, in Tomus I, *Schriften zur Intellekttheorie*, éd. B. Mojsisch, 1977.

– *De cognitione entium separatorum*, in Tomus II, *Schriften zur Metaphysik und Theologie*, éd. H. Steffan, 1980

– *De animatione caeli*, *De subiecto theologiae*, éd. L. Sturlese, in Tomus III, *Schriften zur Naturphilosophie und Metaphysik*, 1983.
S. THOMAE AQUINATIS, *Opera omnia*, iussu Leonis XIII P. M. edita.
– t. 4-5 : *Summa theologiae*, I^{a}, Romae, Ex Typographia Polyglotta S. C. de Propaganda Fide, 1888-1889.
– t. 22 : *Quaestiones disputatae de veritate*, Roma, Ad Sanctae Sabinae-Editori di San Tommaso, 1970-1976.
– t. 25/2 : *Questiones de quolibet. Quodlibet I, II, III, VI, IV, V, XII*, Roma-Paris, Commissio Leonina-Éditions du Cerf, 1996.
– t. 40 : *De substantiis separatis*, Romae, Ad Sanctae Sabinae, 1968.
– t. 42 : *Responsio ad lectorem Venetum de 43 articulis*, Roma, Editori di San Tommaso, p. 297-335.
– *Responsio ad lectorem Venetum de 36 articulis*, Roma, Editori di San Tommaso, 1979, p. 337-346.
– *De Regno, ad regem Cypri*, Roma, Editori di San Tommaso, 1979, p. 417-471.
THOMAS D'AQUIN, *Commentaire du* Livre des causes, trad. B. et J. Decossas, Paris, Vrin, 2005.
– *Les créatures spirituelles*, trad. J.-B. Brenet, Paris, Vrin, 2010.
– *Scriptum super libros sententiarum*, éd. R. P. Mandonnet, Paris, P. Lethielleux, 1929.
– *Somme contre les gentils*, livre II, trad. C. Michon, Paris, Flammarion, 1999.
– *Somme contre les gentils*, livre III, trad. V. Aubin, Paris, Flammarion, 1999.
– *Somme théologique*, trad. A.-M. Roguet, Paris, Cerf, 1984-1986.

Sources modernes

GALILÉE, *Dialogue sur les deux grands systèmes du monde*, trad. R. Fréreux, Paris, Seuil, 1992.
KEPLER J., *Astronomia Nova*, préface, trad. A. Koyré, dans *La Révolution astronomique, Copernic, Kepler, Borelli*, Paris, Gallimard, 1974.
LOYSEAU C., *Traité des ordres et simples dignitez*, Avant-propos, dans *Les Œuvres de maistre Charles Loyseau contenant les cinq livres du droit des offices, les traitez des seigneuries, des ordres et simples dignitez, du déguerpissement et délaissement par ypothèque, de la garantie des rentes et des abus des justices de village*, Lyon, La Compagnie des Libraires, 1701.
SPINOZA B., *Tractatus theologico-politicus*, éd. P.-F. Moreau, trad. J. Lagrée et P.-F. Moreau, Paris, Puf, 1999.

Littérature secondaire

ABBÈS M., *Islam et politique à l'âge classique*, Paris, Puf, 2009.

ADAMSON P., *The Arabic Plotinus. A philosophical study of the « Theology of Aristotle »*, London, Duckworth, 2002.

AGAMBEN G., *Le Règne et la gloire. Pour une généalogie théologique de l'économie et du gouvernement. Homo Sacer II, 2*, Paris, Seuil, 2008.

– *De la très haute pauvreté. Règles et formes de vie*, trad. J. Gayraud, Paris, Payot & Rivages, 2011.

– *Qu'est-ce que le commandement ?*, Paris, Payot & Rivages, 2013.

AGAMBEN G., COCCIA E., (ed.) *Angeli. Ebraismo, Cristianesimo, Islam*, Vicenza, Neri Pozza Editore, 2009.

ANHEIM É., « Les hiérarchies du travail artisanal au Moyen Âge entre histoire et historiographie », *Annales HSS* 4, 74, octobre-décembre 2013, p. 1027-1038.

ANZULEWICZ H., « Die Emanationslehre des Albertus Magnus : Genese, Gestalt und Bedeutung », *in* L. Honnefelder, H. Möhle, S. Bullido del Barrio (Hrsg.), *Via Alberti, Texte – Quellen – Interpretationen*, Münster, Aschendorff Verlag, 2009, p. 219-242.

ARENDT H., *Condition de l'homme moderne*, Paris, Pocket, 1961.

ARQUILLÈRE H.-X., *L'augustinisme politique. Essai sur la formation des théories politiques du Moyen Âge*, Paris, Vrin, 1934.

ARRUZZA C., « Ordo e mediazione gerarchica nelle *Expositiones in ierarchiam coelestem* di Giovanni Scoto Eriugena », in *Studi medievali* 44, 1, 2003, p. 117-145.

ARTHUR R. A., *Pseudo-Dionysius as Polemicist. The Development and Purpose of the Angelic Hierarchy in Sixth Century Syria*, Aldershot-Burlington, Ashgate, 2008.

BAKHOUCHE B., « Lectures médiévales de l'harmonie musicale de l'âme selon Platon (*Timée* 35b-36b) : l'influence de Calcidius », *Revue de musicologie* 98, 2, 2012, p. 339-362.

BARDENHEWER O., éd., *Die pseudo-aristotelischer Schrift über das reine Gute bekannt unter dem Namen* Liber de Causis, Freiburg im Breisgau, Herdersche Verlagshandlung, 1882.

BARSELLA S., *In the Light of Angels. Angelology and Cosmology in Dante's* Divina Commedia, Firenze, Olschki, 2010.

BARTOLA A., « "Ordo angelicus" e "theophania" in Alano di Lilla », *Studi medievali* 3, 30, 1989, p. 209-270.

BEERE J. B., « Counting the Unmoved Movers : Astronomy and Explanation in Aristotle's *Metaphysics* XII. 8 », *Archiv für Geschichte des Philosophie* 85, De Gruyter, 2003, p. 1-20.

BEMROSE S., *Dante's Angelic Intelligences. Their Importance in the Cosmos and in Pre-Christian Religion*, Roma, Edizione di storia e letteratura, 1983.

BENJAMIN W., « Fragment théologico-politique », *Œuvres*, t. 1, trad. M. De Gandillac, R. Rochlitz et P. Rusch, Paris, Gallimard, 2000.

– « Sur le concept d'histoire », *Œuvres*, t. 3, trad. M. De Gandillac, R. Rochlitz et P. Rusch, Paris, Gallimard, 2000.

BERGES W., *Die Fürstenspiegel des hohen und späten Mittelalters*, Leipzig-Stuttgart, K. W. Hiersemann, 1938.

BIANCHI L., *Censure et liberté intellectuelle à l'université de Paris (XIIIe-XIVe siècles)*, Paris, Les Belles Lettres, 1999.

BIANCHI L., RANDI E., *Vérités dissonantes. Aristote à la fin du Moyen Âge*, trad. C. Pottier, Fribourg-Paris, Éditions universitaires-Éditions du Cerf, 1993.

BLACK A., « L'individu et la société », *in* J. H. Burns (éd.), *Histoire de la pensée politique médiévale*, chap. XVIII, trad. J. Ménard, Paris, Puf, 1993.

BLANCHARD J., « Les hiérarchies de l'honneur. Avatars d'une grille conceptuelle à la fin du Moyen Âge : Mézières et le Pseudo-Denys », *Revue historique* 648, 4, 2008, p. 789-817 (795-798).

BLOCKMANS W., GENET J.-P., *Les Origines de l'État moderne en Europe, XIIIe-XVIIIe siècles*, 7 vol., Paris, Puf, 1998-2001.

BLUMENBERG H., *Paradigmes pour une métaphorologie*, trad. D. Gammelin, Paris, Vrin, 2006.

BODEÜS R., « Le premier cours occidental sur la royauté achéménide », dans *L'Antiquité classique* 42, 2, 1993, p. 458-472.

BODNAR I. M., « Aristotle's Rewinding Spheres : Three Options and their Difficulties », *Apeiron* 38, 4, 2005, p. 257-275.

BONIN T., *Creation as Emanation. The Origin of Diversity in Albert the Great's* On the Causes and the Procession of the Universe, The University of Notre Dame Press, Notre Dame (Indiana), 2017.

BOS E. P, MEIJER P. A. (éd.), *On Proclus and His Influence in Medieval Philosophy*, Leiden-New York-Köln, Brill, 1992.

BOUDET J.-P., *Entre science et* nigromance. *Astrologie, divination et magie dans l'Occident médiéval (XIIe-XVe siècle)*, Paris, Publications de la Sorbonne, 2006.

BOUGEROL J.-G., « Saint Bonaventure et la Hiérarchie dionysienne », dans *Saint Bonaventure. Études sur les sources de sa pensée II*, Northhampton, Variorum Reprints, p. 131-167.

BOULNOIS O. (dir.), *La Puissance et son ombre. De Pierre Lombard à Luther*, Paris, Aubier, 1994.

BOURDIEU P., *Sur l'État. Cours au Collège de France (1989-1992)*, éd. P. Champagne, R. Lenoir, F. Poupeau et M.-C. Rivière, Paris, Seuil, 2012.

BOUREAU A., *Théologie, science et censure au XIIIe siècle. Le cas de Jean Peckham*, Paris, Les Belles Lettres, 1999.

BRAGUE R., *La sagesse du monde. Histoire de l'expérience humaine de l'univers*, Paris, Fayard, 1999.

– « La physique est-elle intéressante? », in *Au moyen du Moyen Âge. Philosophies médiévales en chrétienté, judaïsme et islam*, Paris, Flammarion, 2006, p. 97-118.

BRENET J.-P., *Transferts du sujet. La noétique d'Averroès selon Jean de Jandun*, Paris, Vrin, 2003.

BRIGUGLIA G., *Le pouvoir mis à la question. Théologiens et théories politiques à l'époque du conflit entre Boniface VIII et Philippe le Bel*, trad. M. Raiola, Paris, Les Belles Lettres, 2016.

CALMA D., « Du bon usage des Grecs et des Arabes. Réflexions sur la censure de 1277 », *in* L. Bianchi (éd.), *Christian Readings of Aristotle from the Middle Ages to the Renaissance*, Turnhout, Brepols, 2011.

CAROZZI C., « Les fondements de la tripartition sociale chez Adalbéron de Laon », *Annales. HSS* 33, 4, Juillet-août, 1978, p. 683-702.

CHENU M.-D., « Aux origines de la "science moderne" », *Revue des Sciences philosophiques et théologiques* 29, 1940, p. 206-217.

– *La théologie au douzième siècle*, Paris, Vrin, 1958.

CHEVALLIER P., *Dionysiaca. Recueil donnant l'ensemble des traductions latines des ouvrages attribués à Denys l'Aréopagite*, 2 vol., Paris-Bruges, Desclée de Brouwer, 1937-1950.

CHIARADONNA R., « Causalité et hiérarchie métaphysique dans le néoplatonisme : Plotin, Porphyre, Jamblique », *Chora* 12, 2014, p. 67-85.

CLAGGET M., *The Science of Mechanics in the Middle Ages*, Madison, University of Wisconsin Press, 1959.

COAKLEY S., STANG C. M. (éd.), *Re-thinking Dionysius the Areopagite*, Malden (Mass.)-Oxford (U.K.)-Chichester, Wiley-Blackwell, 2009.

COCCIA E., « Societas », *in* I. Atucha, D. Calma, C. König-Pralong, I. Zavattero (éd.), *Mots médiévaux offerts à Ruedi Imbach*, Porto, FIDEM, 2011, p. 681-690.

– « *Potestas dicitur multipliciter*. Le pouvoir et la nature », dans D. Boquet, B. Dufal et P. Labey (éd.), *Une histoire au présent. Les historiens et Michel Foucault aujourd'hui*, Paris, CNRS Éditions, 2013, p. 261-281.

– « Massa e potere. Lo statuto della divinità nell'angelo cristiano », *in* A. Paravicini Bagliani (éd.), *Anghelos. Angelus. From the Antiquities to the Middle Ages, Micrologus* XXIII, 2015, p. 79-108.

COLISH M., « Early Scholastic Angelology », *Recherches de théologie et philosophie médiévales* 62, 1995.

CONGAR Y. M.-J., « Aspects ecclésiologiques de la querelle entre mendiants et séculiers dans la seconde moitié du XIIIe siècle et au début du XIVe », *Archives d'histoire doctrinale et littéraire du Moyen Âge*, Paris, Vrin, 1961, p. 114-145.

CONGOURDEAU M.-H. (éd.), *Les Pères de l'Église et l'astrologie*, Paris, Migne, 2003.
COSANDEY F. (éd.), *Dire et vivre l'ordre social en France sous l'Ancien Régime*, Paris, Éditions de l'école des hautes études en sciences sociales, 2005.
– *Le Rang. Préséances et hiérarchies dans la France d'Ancien Régime*, Paris, Gallimard, 2016.
DALES R. C., « The De-Animation of the Heavens in the Middle Ages », *Journal of the History of Ideas* 41, 4, 1980, p. 548.
D'ANCONA COSTA C., *Recherches sur le* Liber de causis, Paris, Vrin, 1995.
DEJOUX M., *Les enquêtes de saint Louis. Gouverner et sauver son âme*, Paris, Puf, 2014.
DE LIBERA A., « Albert le Grand et Thomas d'Aquin interprètes du *Liber de causis* », *Revue des Sciences philosophiques et théologiques* 3, 74, 1990, p. 354-367.
– *Albert le Grand et la philosophie*, Paris, Vrin, 1990.
– *Penser au Moyen Âge*, Paris, Seuil, 1991.
– *La Philosophie médiévale*, Paris, Puf, 1993.
– *Raison et foi. Archéologie d'une crise d'Albert le Grand à Jean-Paul II*, Paris, 2003.
– *Métaphysique et noétique*, Paris, Vrin, 2005.
DELORME A., « La morphogenèse d'Albert le Grand dans l'embryologie scolastique », *Revue thomiste* 65, 1931, p. 352-360.
DILLON J., KLITENIC WEAR S., *Dionysius the Areopagite and Neoplatonist Tradition. Despoiling the Hellenes*, Aldershot-Burlington, Ashgate, 2007.
DONDAINE H.-F., *Le corpus dionysien de l'université de Paris au* XIIIe *siècle*, Rome, Edizioni di storia e letteratura, 1953.
– *Le « De 43 Quaestionibus » de Robert Kilwardby*, in *Archivum Fratrum Praedicatorum* D. Boquet, B. Dufal et P. Labey (éd.), 47 Paris, Vrin, 1977.
DUBY G., *Les trois ordres ou l'imaginaire du féodalisme*, Paris, Gallimard, 1978.
DUFEIL M.-M., « Ierarchia : un concept dans la polémique universitaire parisienne du XIIIe siècle », *in* A. Zimmermann (Hrsg), *Soziale Ordnungen im Selbverständnis des Mittelalters*, Berlin-New York, De Gruyter, 1980, p. 56-83.
DUHEM P., *Études sur Léonard de Vinci. Troisième série. Les précurseurs parisiens de Galilée*, Paris, Hermann, 1913.
– *Le système du monde. Histoire des doctrines cosmologiques de Platon à Copernic*, 10 vol., Paris, Hermann, 1913-1959.
– *Sôzein ta phainomena. Essai sur la notion de théorie physique de Platon à Galilée*, Paris, Vrin, 1989.
DUMONT L., *Homo hierarchicus. Essai sur le système des castes*, Paris, Gallimard, 1967.
FAES DE MOTTONI B., *Il platonismo medievale*, Torino, Loescher, 1979.

– *Bonaventura e la scala di Giacobbe, lettura di angelologia*, Napoli, Bibliopolis, 1995.

FAES DE MOTTONI B., SUAREZ-NANI T., « Hiérarchies, miracles et fonctions cosmologiques des anges au XIIIe siècle », *Mélanges de l'École française de Rome* 114, 2, 2002, p. 717-751.

FORRAI R., « The Notes of Anastasius on Eriugena's Translation of the *Corpus dionysiacum* », *The Journal of Medieval Latin* 18, 2008, p. 74-100

– « Anastatius Bibliothecarius and his Textual Dossiers. Greek Collections and their Latin Transmission in 9th Century Rome », *in* S. Gioanni et B. Grévin (éd.), *L'Antiquité tardive dans les collections médiévales, Textes et représentations, VIe-XIVe siècle*, Rome, École française de Rome, 2008, p. 319-337.

FOUCAULT M., *Sécurité, territoire, population. Cours au Collège de France (1977-1978)*, édition sous la direction de F. Ewald et A. Fontana par M. Senellart, Paris, Gallimard-Seuil-EHESS, 2004.

FRANCO A. B., « Projectile Motion, and Impetus Theory », *Journal of the History of Ideas* 4, 64, 2003, p. 521-546.

FUNKENSTEIN A., « Some Remarks on the Concept of Impetus and the Determination of Simple Motion », *Viator* 2, 1971, p. 329-348.

– *Theology and the Scientific Imagination, from the Middle Ages to the Seventeenth Century*, Princeton, Princeton University Press, 1986.

FÜHRER M., GERSH S., « Dietrich of Freiberg and Berthold of Moosburg », *in* S. Gersh (ed.), *Interpreting Proclus. From Antiquity to Renaissance*, Cambridge-New York, Cambridge University Press, 2014, p. 299-317.

GARIN E., *Studi sul platonismo medievale*, Firenze, Le Monnier, 1958.

GAUCHET M., *Le désenchantement du monde. Une histoire politique de la religion*, Paris, Gallimard, 2005.

GAUTHIER R. A., « Notes sur les débuts (1225-1240) du premier "averroïsme" », *Revue des Sciences philosophiques et théologiques* 66, 1982.

GENEQUAND C., *Ibn Rushd's Metaphysics. A Translation with Introduction of Ibn Rushd's Commentary on Aristotle's Métaphysics, Book Lâm*, Leiden, Brill, 1984.

GENET J.-P. (éd.), *L'État moderne. Bilans et perspectives. Actes du colloque tenu à Paris les 19-21 septembre 1989*, Paris, CNRS Éditions, 1990.

– « La genèse de l'État moderne. Les enjeux d'un programme de recherche », *Actes de la recherche en sciences sociales* 118, juin 1997, p. 3-18.

GILL M. J., *Angels and the Order of Heaven in Medieval and Renaissance Italy*, New York, Cambridge University Press, 2014.

GLÉNISSON J., « Les enquêtes administratives en Europe occidentale aux XIIIe et XIVe siècles », *in* W. Paravicini et K. F. Werner (éd.), *Histoire comparée de l'administration (IVe–XVIIIe siècles). Actes du XIVe colloque historique franco-allemand de l'Institut historique allemand de Paris (Beihefte der Francia, 9)*, München-Zürich, Artemis, 1980, p. 17-25.
GRANT E., « The Condemnation of 1227, God's Absolute Power and Physical Thought in the Late Middle Ages », *Viator* 10, 1979, p. 211-244.
– *Planets, Stars and Orbs. The Medieval Cosmos, 1200-1687*, Cambridge, Cambridge University Press, 1994.
GRÉVIN B., « La trifonctionnalité dumézilienne et les médiévistes : une idylle de vingt ans », in *Francia Forschungen zur westeuropäischen Geschichte* 30, 2003, p. 169-189.
GYEKYE K., « The Terms "Prima intentio" and "Secunda Intentio" in Arabic Logic », *Speculum* 1, 46, 1971.
HANKEY W. J., « "*Dionysius dixit, Lex divinitatis est ultima per media reducere*" : Aquinas, hierocracy and the "augustinisme politique" », *in* A. Tognolo et I. Tolomio (dir.), *Tommaso D'Aquino : proposte nuove di letture. Medioevo, Rivista di Storia della Filosofia Medievale* 18, Padova, 1994, p. 119-150.
HATHAWAY R., *Hierarchy and the definition of order in the Letters of Pseudo-Dionysius. A Study in the Form and Meaning of the Pseudo-Dionysian Writings*, La Haye, M. Nihjoff, 1969.
HOFFMANN T. (éd.), *A Companion to Angels in Medieval Philosophy*, Leiden, Brill, 2012.
IMBACH R., « Le traité de l'eucharistie de Thomas d'Aquin et les averroïstes », *Revue des Sciences théologiques et philosophiques* 77, 1993, p. 173-228.
– « L'antithomisme de Thierry de Freiberg », *Revue thomiste* 97, 1997, p. 245-258.
IOGNA-PRAT D., « Le "baptême" du schéma des trois ordres fonctionnels : l'apport de l'école d'Auxerre dans la seconde moitié du IXe siècle », *in Annales. HSS* 41, 1, 1986, p. 101-126.
– « Penser l'Église, penser la société après le Pseudo-Denys l'Aréopagite », dans F. Bougard, D. Iogna-Prat et R. Le Jan (éd.), *Hiérarchie et stratification sociale dans l'Occident médiéval (400-1100)*, Turnhout, Brepols, 2008, p. 55-81.
IRIBARREN I., LENZ M. (eds.), *Angels in Medieval Philosophy Inquiry. Their Function and Significance*, Aldershot, Ashgate, 2008.
JEAUNAU E., « Les Écoles de Laon et d'Auxerre au IXe siècle », in *La scuola nell'Occident latino dell'alto medioevo, Settimane di studio del Centro italiano di studi sull'alto medioevo* 19, Spoleto, Presso la sede del Centro, 1972, p. 495-522.

Jong Won Seouh, *Knowledge and Action in Hugh of St. Victor's Commentary on the Dionysian Celestial Hierarchy*, Princeton, New Jersey, Ph. D. Dissertation, 2007.

Jouanna A., *Ordre social, mythes et hiérarchies dans la France du XVI e siècle*, Paris, Hachette, 1977.

Kantorowicz E., « Les mystères de l'État, un concept absolutiste et ses origines médiévales (bas Moyen Âge) », dans *Mourir pour la patrie et autres textes*, trad. L. Mayali et A. Schütz, Paris, Puf, 1984, p. 75-103.

– *Les Deux Corps du roi. Essai sur la théologie politique au Moyen Âge*, trad. J.-P. Genet et N. Genet, Paris, Gallimard, 1989.

Koyré A., « À l'aube de la science classique » (1935-1936), *Études galiléennes*, Paris, Hermann, 1939.

– « Le vide et l'espace infini au XIVe siècle » (1949), *Études d'histoire de la pensée philosophique*, Paris, Gallimard, 1950.

– « Les origines de la science moderne » (1956), *Études d'histoire de la pensée scientifique*, Paris, Gallimard, 1966.

– *La révolution astronomique. Copernic, Kepler, Borelli*, Paris, Gallimard, 1974.

Kuhn T., *La structure des révolutions scientifiques*, trad. L. Meyer, Paris, Flammarion, 1983.

– *La révolution copernicienne*, trad. A. Hayli, Paris, Les Belles Lettres, 2016.

Lamoreaux J. C., Rorem P., *John of Scythopolis and the Dionysian Corpus*, Oxford, Clarendon Press, 1998.

Lawell D., « Thomas Gallus's method as dionysian commentator : A study of the *Glose super angelica ierarchia* (1224), with considerations on the *Expositio librorum beati Dionysii* », *Archives d'histoire doctrinale et littéraire du Moyen Âge* 76, 1, 2009, p. 89-117.

Legge M. D., « John Pecham's *Jerarchie* », *Medium Aevum* 11, 1942, p. 77-84.

Le Goff J., « Les trois fonctions indo-européennes, l'histoire et l'Europe féodale », *Annales. HSS* 34, 6, 1979, p. 1187-1215.

– *Héros du Moyen Âge, le Saint et le Roi*, Paris, Éditions Gallimard, 2004.

Lemarignier J.-F., *La France médiévale. Institutions et société*, Paris, Armand Colin, 1970.

Lerner P.-M., *Le monde des sphères*, 2 vol., Paris, Les Belles Lettres, 1996-1997.

Lewis C. S., *The Discarded Image. An Introduction to Medieval and Renaissance Literature*, Londres-Cambridge-New York, Cambridge University Press, 1983.

Litt T., *Les corps célestes dans l'univers de saint Thomas d'Aquin*, Louvain-Paris, Publications universitaires-B. Nauwelaerts, 1963.

LUSCOMBE D., « The *Lex Divinitatis* in the Bull *Unam Sanctam* of Pope Boniface VIII », *in* C. N. L. Brooke *et al.* (eds.), *Church and Government in the Middle Ages*, Cambridge-New York-London, Cambridge University Press, 1976, p. 205-221.

– « The commentary of Hugh of Saint-Victor on the Celestial Hierarchy », *in* T. Boiadjiev, G. Kapriev, A. Speer (eds;), *Die Dionysius-Rezeption im Mittelalter*, Turnhout, Brepols, 2000, p. 168-172.

– « The hierarchies in the writings of Alan of Lille, William of Auvergne and St Bonaventure », *in* I. Iribarren, M. Lenz (eds.), *Angels in Medieval Philosophical Inquiry. Their Function and Significance*, Aldershot-Burlington, Ashgate, 2008, p. 16-19.

MAHONEY E. P., « Pseudo-Dionysius's Conception of Metaphysical Hierarchy and Its Influence on Medieval Philosophy », *in* T. Boiadjiev, G. Kapriev, A. Speer (eds.), *Die Dionysius-Rezeption im Mittelalter*, Turnhout, Brepols, 2000, p. 429-475.

MAIER A., *Die Vorläufer Galileis im 14. Jahrhundert, Studien zur Naturphilosophie der Spätscholastik*, Rome, Edizioni di Storia e Letteratura, 1949.

– *Zwei Grundprobleme des scholastichen Naturphilosophie : das Problem der intensiven Grösse ; die Impetustheorie, 2. Auflage*, Rome, Edizioni di Storia c Lcttcratura, 1951.

– « Die scholastiche Wesensbestimmung der Bewegung », in *Die Vorläufer Galileis im 14. Jahrhundert*, Rome, Edizioni si Storia e Letteratura, 1949

– « Das Lehrstück von den *vires infatigabiles* in der scholastichen Naturphilosophie », *Archives internationales d'Histoire des Sciences* 5, 18-21, 1952.

– « Die naturphilosophische Bedeutung der scholastischen Impetustheorie », *Scholastik* 30, 1955, p. 321-343 (repris dans *Ausgehendes Mittelalter*, vol. 1, Rome, Edizioni di Storia e Letteratura, 1964, p. 353-379).

MCCREADY W. D., « Papal *Plenitudo Potestatis* and the Source of Temporal Authority in Late Medieval Papal Hierocratic Theory », *Speculum* 48, n° 4, octobre 1973, p. 654-674.

MCCULLOUGH E. J., « St. Albert on Motion as Forma fluens and Fluxus formae », *in* J. A. Weisheipl (ed.), *Albertus Magnus and the Sciences, Commemorative Essays 1980*, Toronto, Pontifical Institute of Mediaeval Studies, 1980, p. 129-153.

KEPLER J., *La physique céleste. Autour de l'« Astronomia Nova » (1609)*, E. Mehl, N. Roudet (éd.), Paris, Les Belles Lettres, 2011.

NARDI B., « L'origine dell'anima umana secondo Dante », *in Studi di filosofia medievale*, Rome, Edizioni di storia e letteratura, 1960, p. 9-68.

OLIVA A., *Les débuts de l'enseignement de Thomas d'Aquin et sa conception de la* sacra doctrina, Paris, Vrin, 006, p. 331-332.

O'MEARA D., *Structures hiérarchiques dans la pensée de Plotin. Étude historique et interprétative*, Leyde, Brill, 1975.

OWENS J., « The Reality of the Aristotelian Separate Movers », *The Review of Metaphysics* 3, 3, 1950.

PACAUT M., *La Théocratie. L'Église et le pouvoir au Moyen Âge*, Paris, Aubier-Montaigne, 1957.

– *Les structures politiques de l'Occident médiéval*, Paris, Armand Colin, 1969.

PETERSON E., *Le livre des anges*, trad. C. Champollion, Paris, Desclée de Brouwer, 1954.

– *Le monothéisme : un problème politique*, trad. A.-S. Astrup, Paris, Bayard, 2007.

PINÈS S., « Études sur Awhad al-Zamân abu'l-Barakât al-Baghdâdi », *Revue des études Juives* 103, 1938, p. 3-64 et 104, 1938, p. 1-33. Repris dans *The Collected Works of Shlomo Pines. Studies in Abu'l-Barakât al-Baghdâdi : Physics and Metaphysics*, vol. 1, Jérusalem, The Hebrew University Magness Press, Leiden, Brill, 1979, p. 1-95.

– « Les précurseurs musulmans de la théorie de l'impetus », *Archeion* 21, 1938, p. 298-306. Repris dans *The Collected Works of Shlomo Pines*, vol. 2., *Studies in Arabic Versions of Greek Texts and in Mediaeval Science*, Jérusalem, The Hebrew University Magness Press, Leiden, Brill, 1986, p. 409-417.

– « Un précurseur bagdadien de la théorie de l'impetus », *Isis* 44, 1953, p. 247-251. Repris dans *The Collected Works of Shlomo Pines*, vol. 2., *Studies in Arabic Versions of Greek Texts and in Mediaeval Science*, Jérusalem, The Hebrew University Magness Press, Leiden, Brill, 1986, p. 418-422.

PIRON S., « Deplatonising the Celestial Hierarchy. Peter John Olivi's interpretation of the Pseudo-Dionysius », *in* I. Iribarren, M. Lenz (eds.), *Angels in Medieval Philosophy Inquiry. Their Function and Significance*, Aldershot, Ashgate, 2008, p. 29-44.

– « Le plan de l'évêque. Pour une critique interne de la condamnation du 7 mars 1277 », *Recherches de théologie et philosophie médiévales* 78, 2, 2011, p. 383-415.

POIREL D., « Le "chant dionysien" du IXe au XIIe siècle », dans *Les historiens et le latin médiéval. Colloque tenu à la Sorbonne les 9, 10, 11 septembre 1999*, Paris, Presses de la Sorbonne, 2001, p. 151-176.

– « L'ange gothique », dans A. Bos et X. Dectot (dir.), *L'Architecture gothique au service de la liturgie. Actes du colloque organisé à la Fondation Singer-Polignac (Paris) le jeudi 24 octobre 2002*, Turnhout, Brepols, p. 115-142.

– « Le mirage dionysien : la réception latine du pseudo-Denys jusqu'au XIIe siècle à l'épreuve des manuscrits », *Comptes rendus des séances de l'Académie des inscriptions et belles-lettres* 3, 151, 2007, p. 1435-455.

– *Des symboles et des anges. Hugues de Saint-Victor et le réveil dionysien du XIIe siècle*, Turnhout, Brepols, 2013.

PORRO P., « Intelligenze oziose e angeli attivi. Note in margine a un capitolo del *Convivio* dantesco (II, IV) », *in* S. Caroti, R. Imbach, Z. Kaluza, G. Stabile, L. Sturlese (eds.), « Ad ingenii acuitionem », *Studies in Honour of Alfonso Maierù*, Louvain-la-neuve, Fédération internationale des instituts d'études médiévales, 2006.

– « Angeli e triadi. Una nota sull'ordinamento delle gerarchie angeliche nel *Convivio* di Dante », *in* D. Lassandro (ed.), *Multa eruditio mitis humanitas. Omaggio a Michele Bevilacqua*, Bari, Cacucci Editore, 2014.

RIVIÈRE J., *Le problème de l'Église et de l'État au temps de Philippe le Bel. Étude de théologie positive*, Louvain, Bureau du Spicilegium Sacrum Lovaniense, Paris, H. Champion, 1926.

ROQUES R., *L'univers dionysien. Structure hiérarchique du monde selon le Pseudo-Denys*, Paris, Cerf, 1954.

ROREM P., *Eriugena's Commentary on the Dionysian Celestial Hierarchy*, Toronto, Pontifical Institute of Mediaeval Studies, 2005.

ROSIN A., « Die "Hierarchie" des John Peckham, historisch interpretiert », *Zeitschrift für romanische Philologie* 52, 1932, p. 583-614.

SCHABEL C., « Francis of Marchia's *Virtus derelicta* and the Context of Its Development », *Vivarium* 44, 1, 2006 : *Francis of Marchia, Theologian and Philosopher. Franciscan at the University of Paris in the Early Fourteenth Century*, p. 41-80.

SCHMITT C., *Théologie politique*, trad. J.-L. Schlegel, Paris, Gallimard, 1988.

SCHWARTZ Y., « Celestial motion, immaterial causality and the latin encounter with arabic aristotelian cosmology », *in* L. Honnefelder (ed.), *Albertus Magnus und der Ursprung der Universitätsidee, Die Begegnung der Wissenschaftskulturen im 13. Jahrhundert und die Entdeckung des Konzepts der Bildung durch Wissenschaft*, Berlin, Berlin University Press, 2011.

SENELLART M., *Les arts de gouverner. Du* regimen *médiéval au concept de gouvernement*, Paris, Seuil, 1995.

SKORNICKI A., *La Grande Soif de l'État. Michel Foucault avec les sciences sociales*, Paris, Les Prairies ordinaires, 2015.

SPEER A., *Die Entdeckte Natur. Untersuchungen zu Begründungsversuchen einer « scientia naturalis » im 12. Jahrhundert*, Leiden-New York-Köln, Brill, 1995.

STRAYER J. R., *On the medieval origines of the modern state*, Princeton, Princeton University Press, 1970

STURLESE L., « Il "De animatione caeli" di Teodorico di Freiberg », *in* R. Creystens, P. Künzle (ed.), *Xenia Medii Aevi Historiam illustrantia oblata Thomae Kaeppeli, o. p.*, Rome, Edizioni di storia e letteratura, 1978, p. 175-247.

– « Il *De animatione caeli* di Teodorico di Freiberg », *in* R. Creystens, P. Künzle (eds.), *Xenia Medii Aevi Historiam illustrantia oblata Thomae Kaeppeli, o. p.*, Rome, Edizioni di storia e letteratura, 1978, p. 193-196.

– *Storia della filosofia tedesca nel medioevo. Il secolo XIII*, Firenze, Olschki, 1996.

SUAREZ-NANI T., *Les anges et la philosophie. Subjectivité et fonction cosmologique des substances séparées à la fin du XIIIe siècle*, Paris, Vrin, 2002.

– « Angels, Space and Place : The Location of Separate Substances According to John Duns Scotus », *in* I. Iribarren, M. Lenz (eds.), *Angels in medieval philosophical Inquiry. Their Function and Significance*, Aldershot-Burlington, Ashgate, 2008, p. 89-111.

SUCHLA B. R., *Dionysius Areopagita. Leben-Werk-Wirkung*, Freiburg, Herder, 2008.

TAKAHASHI A., « Nature, Formative Power and Intellect in the Natural Philosophy of Albert the Great », *Early Science and Medicine* 13, 2008, p. 451-481.

TESKE R. J., *Studies in the philosophy of William of Auvergne, Bishop of Paris (1228-1249)*, Milwaukee, Marquette University Press, 2006.

TEYSSÈDRE B., *Anges, astres et cieux. Figures de la destinée et du salut*, Paris, Albin Michel, 1986.

THÉRY G., « Hilduin et la première traduction latine des écrits du Pseudo-Denis », *Revue d'histoire de l'Église de France* 42, 9, 1923, p. 23-39.

– « Documents concernant Jean Sarrazin, réviseur de la traduction érigénienne du corpus Dionysiacum », *Archives d'histoire littéraire et doctrinale* 18, 1950-1951, p. 45-87.

TREGO K., *La liberté en actes. Éthique et métaphysique d'Alexandre d'Aphrodise à Jean Duns Scot*, Paris, Vrin, 2015.

TWETTEN D., « Averroes on the Prime Mover proved in the Physics », *Viator* 26, 1995, p. 107-134.

– « Albert the Great's Early Conflations of Philosophy and Theology on the Issue of Universal Causality », *in* R. E. Houser (ed.), *Medieval Masters. Essays in Memory of Msgr. E. A. Synan*, Houston, Center for Thomistic Studies, 1999, p. 25-62.

– « Albert the Great, Double Truth, and Celestial Causality », *Documenti e studi sulla tradizione filosofica medievale* 12, 2001, p. 275-358.

ULLMANN W., *Medieval Papalism. The political Theories of the medieval Canonists*, Londres, Methuen, 1949.

VALLENTIN B., « Der Engelstaat. Zur mittelalterlichen Anschauung vom Staate (bis auf Thomas von Aquino) », *in* K. Beysig, F. Wolters, Berthold Vallentin, Fr. Andreae (Hrsg.), *Grundrisse und Bausteine zur Staats- und Geschichtslehre. Zusammengetragen zu den Ehren Gustav Schmollers und zum Gedächtnis des 24. Juni 1908 seines siebenzigsten Geburtstages*, Berlin, G. Bondi, 1908, p. 41-120.

VALOIS N., *Guillaume d'Auvergne, évêque de Paris (1228-1249). Sa vie et ses ouvrages*, Paris, Librairie Alphonse Picard, 1880.

VANSTEENKISTE C., éd., « *Procli elementatio theologica translata a Guilelmo de Moerbeke (textus ineditus)* », *Tijdschrift voor Philosophie* 2, 13rd Jaarg., 1951, p. 263-302.

VOELKEL J. R., *The composition of Kepler's Astronomia nova*, Princeton-Oxford, Princeton University Press, 2001.

VON IVANKÁ E., *Plato christianus. La réception critique du platonisme chez les Pères de l'Église*, trad. R. Brague et J.-Y. Lacoste, Paris, Puf, 1990.

WEBER M., *L'Éthique protestante et l'esprit du capitalisme*, suivi de *Les sectes protestantes et l'esprit du capitalisme*, trad. J. Chavy, Paris, Pocket, 1965.

– *Essais sur la théorie de la science*, trad. J. Freund, Paris, Pocket, 1992.

– *Sociologie des religions*, éd. et trad. J.-P. Grossein, Paris, Gallimard, 1996.

– *La domination*, trad. I. Kalinowski, Paris, La Découverte, 2015.

WEISHEIPL J. A., « The problemata determinata ascribed to Albertus Magnus, 1271 », *Mediaeval Studies* XLIII, 1960.

– « The axiom "*Opus naturae est opus intelligentiae*" and its origins », *in* G. Meyer, A. Zimmermann, P.-B. Lüttringhaus (eds.), *Albertus Magnus, doctor universalis : 1280/1980*, Mainz, Matthias-Grünewald-Verlag, 1980, p. 441-463.

– « The Principle Omne quod movetur ab alio movetur in Medieval Physics », *Isis* 1, 56, Spring, 1965, p. 26-45.

– « The celestial movers in medieval physics », in *Nature and motion in the Middle Ages*, Washington, Catholic University of America Press, 1985, p. 143-175.

WOLFSON H. A., « The Plurality of Immovable Movers in Aristotle and Averroës », *Harvard Studies in Classical Philology* 63, 1958, p 233-253.

– « The Problem of the Souls of the Spheres from the Byzantine Commentaries on Aristotle through the Arabs and St. Thomas to Kepler », *Dumbarton Oaks Papers* 16, 1962, p. 65-93.

YATES F., *Giordano Bruno and the Hermetic Tradition*, London-New York, Routledge & Kegan Paul, 1964.

ZAMBELLI P., « Le stelle "sorde e mute" ed i loro "motori" alle origini della scienza moderna? Un case-study storiografico. », *in* B. Mojsisch et O. Pluta (Hrsg..), *Historia philosophiæ medii ævi : Studien zur Geschichte der Philosophie des Mittelalters. Festschrift für Kurt Flash zu seinem 60. Geburtstag, vol. 1*, Amsterdam, Gruner, 1991.

ZANIN F., « Francis of Marchia, Virtus derelicta, and Modifications of the Basic Principles of Aristotelian Physics », *Vivarium* 44, 1, 2006, également dans *Francis of Marchia, Theologian and Philosopher. Franciscan at the University of Paris in the Early Fourteenth Century*, p. 81-95.

Table des matières

Achevé d'imprimer en septembre 2022
sur les presses de
La Manufacture - Imprimeur – 52200 Langres
Tél. : (33) 325 845 892

N° imprimeur : 220818 - Dépôt légal : septembre 2022
Imprimé en France